# 大学写作新稿

于为苍 编著

南京大学出版社

**图书在版编目(CIP)数据**

大学写作新稿 / 于为苍编著. — 南京 ：南京大学出版社，2017.8(2019.8 重印)

ISBN 978-7-305-18993-7

Ⅰ. ①大… Ⅱ. ①于… Ⅲ. ①汉语—写作—高等学校—教材 Ⅳ. ①H193.6

中国版本图书馆 CIP 数据核字(2017)第 166235 号

出版发行 南京大学出版社
社　　址 南京市汉口路 22 号　　邮　编 210093
出 版 人 金鑫荣

**书　　名 大学写作新稿**
编　　著 于为苍
责任编辑 刁晓静　　编辑热线 025-83592123

照　　排 南京南琳图文制作有限公司
印　　刷 南京新洲印刷有限公司
开　　本 787×1092 1/16 印张 19.75 字数 520 千
版　　次 2017 年 8 月第 1 版 2019 年 8 月第 3 次印刷
ISBN 978-7-305-18993-7
定　　价 49.80 元

网址：http://www.njupco.com
官方微博：http://weibo.com/njupco
微信服务号：njuyuexue
销售咨询热线：(025) 83594756

---

# 人生最美风景

## ——谈写作学习（代序）

人这一生要学习的东西可真多。刚一生下来，你就开始了学习生存的本领，要学会吃饭，学会说话，学会走路。一眨眼，你上了幼儿园，开始学习唱歌，学习游戏，学习讲故事，学习生活知识和技能，学习简单的礼仪和交际。

自从上了小学，你才真正开始了一生的学习生活。一年级就开始了作为母语工具课——语文的学习，三年级就开始了写作文。从此，你才真正开始了你自由表达的生活——这一生的写作活动开始了！

中考，高考，考生愁写作，老师愁写作，家长愁写作。为此，连幼儿园都在假期办起了写作培训班，那就更不要说中小学写作家教培训班办得方兴未艾、热火朝天了。也许你被中考的作文"烤化"过，被高考的作文"烤糊"过，也许你过关斩将，旗开得胜。但可能没多少人会说："我喜欢作文！我太喜欢了！"为什么？是因为写作太难了吗？No！那是你自己没上心（都是应试教育惹的祸！）不过，没关系！只要你现在"从头开始"，肯定能"脚下有路"。说不定你还能发表不少文章，以后成为作家呢。

从小到现在，尽管你可能都在学校和家里度过了大部分时光。但不可否认的是，你肯定在星期天或节假日跟随父母到过亲戚、同学、朋友家里作客，或者跟随父母、亲戚、同学和朋友一起逛大街、公园，爬山，游泳，旅游。你要说话，有感受，想交流。还不好意思，写在日记里吧。

或者因生病不能上课要写请假条，找人未着要留言，转学要证明书，入团要写申请书。你丢了东西找吧，要有寻物启示，谈个朋友要有情书来沟通。

大学毕业找工作要有自荐书帮忙，工作中要有个名片吧，你结婚了也要发个请柬。别人给你帮了忙，你要写感谢信；你求外地的熟人帮忙，要写信或委托书。

无论你从事什么工作，都离不开写作活动。

找了工作要竞聘上岗，你要演说吧。怎样工作，要有个打算。平时，你给单位做个计划，编个简报，写个新闻，出个板报，拟个广告，领导还不微笑？你出差要带介绍信，回来还要向领导作工作汇报。工作一年了，年末要述职总结。

你一不小心当了领导，就更需要写作啦：接待酒会上你要致欢迎辞和祝酒辞，送别时免不了欢送辞，外出也少不了答谢辞。开会需要讲话稿，你需要通知决定和会议纪要，还要经常向上级请示和报告。

你要发包工程，需要招标书；你要承包工程，需要投标书。向上级要任务要签责任状，做生意要有合同书，打官司需要起诉书（答辩状）。请人开讲座，要出海报，座谈会要有发言稿。有了经验常发倡议书，犯了错误要写检讨书。提拔人才用聘书，诚信有了公证书。人没了要讣告，领导致悼词。小事发通告，大事发公告，没事发安告，天气要预告。

你八小时之外（睡觉除外）都干些什么？

远足，爬山，游泳，打球，骑车。在QQ室，在KTV，在棋牌室，在蹦迪，在旅游，在购物，在影剧院，在Coffeehouse，文化休闲，十分惬意。但也不应忘记，湖光山色旁的碧绿草地上的阅读，还有夜色阑珊处的一豆灯火下的写作，更可谓潇洒中的儒雅，洒脱中的飘逸。愁怅寂寞时的一帧散文，可以洗濯你的思想和灵魂；烦恼忧虑时的一幅诗歌，可以过滤你的性情和睿智。

灵感来时的即时写作，情趣无比。写人可做人，叙事即趣事；描景绘物，出景入物；抒情说理，情满理足；你是编剧，编的是“阎王爷贴告示——鬼话连篇”；你是导演，导的是“人间阴剧——鬼哭狼嚎”；你是演员，演的是悲悲喜喜人间正剧中的“生、末、净、旦、丑”全员角色，荡气回肠，余音绕梁。

写中自有黄金屋，写中自有颜如玉。写中有山，写中有水。写中有花，写中有草。写中有鱼，写中有虫。写中有景，写中有情。写中有书法，写中有绘画。写中有相声笑，写中有雕塑美。写中有电影电视，写中有音乐舞蹈。写中有风土人情之趣话，写中有奇闻轶事之勾沉。

阅读使人聪慧，写作令人睿智。阅读可以开眼界，写作可以养性灵。阅读可仿人，写作可做人。阅读可以知历史，写作可以塑未来。

写作写人生，人生是写作。

**2017年5月6日于彭城**

**扫一扫**

**可练习各章不同写作类型**

# 目　录

## 文章写作论



## 作者能力论



## 写作过程论

## 文体写作论

# 文章写作论

# 第一章 写作意义

## 第一节 写作课意义

文章和口头语言一样，是人们交流思想、进行交际的重要工具。写作是人们学习、工作和生活的基本工具，是每个社会成员搞好各种工作必须具备的一种起码的素质。学习写作知识，提高写作理论素养和文字表达能力，是时代发展的要求，是社会发展需要，是建设和谐社会的需要，也是现代生活提出的重要任务。社会越向前发展，人们就越重视、越需要以书面语言为工具来组织社会生产和创造生活，进行政治、经济和文化活动，传播科技知识，交流社会信息，促进精神文明建设。

写作的本质是人在与客观世界的相互作用下，运用语言文字创制文章的创造性思维和行为活动，它是一种复杂的心理和精神生产劳动的过程，它不仅是个人情感和审美理想的抒发表达，而且也是交流思想、传递信息，进行精神生产的创造性劳动过程。写作是人类社会客观存在的一种社会现象、文化现象和生命现象，作为一种能力，它已经成为对现代人的基本素质的要求。同时，写作还是人们工作、学习和生活的必备能力。我们在工作社会中，处处需要写作，人人都要学会写作。

当今知识信息时代，云计算大数据互联网$^{+}$等世界性新技术革命的浪潮，正以高屋建瓴之势冲击着各个领域，日益影响着人类生活的各个层面。生活节奏在加快，信息流动和知识更新在加速，最基本、最重要的信息手段就是写作。写作作为以书面语言形式传输信息的社会活动，在现代化建设中起着不可估量的作用。而从社会发展的趋势看，未来的写作更侧重于以最快的速度来采集和加工信息，从而传递新的信息以作用于社会。写作面临着高科技的挑战，尤其是电脑写作的发展正方兴未艾，改变着几千年来传统的写作方式，带来了一种全新的思维，成为知识信息时代人们重要的生活方式之一。随着电脑信息技术的发展，写作将日益成为一种世界性的文化现象，它已渗入社会科学和自然科学的许多领域。文章成为信息生产、储存、传递、交流的一种主要手段，成了将先进的科学技术转化为社会生产力的重要媒介。正因为如此，国内一些专家学者把人们的阅读和写作能力称为“第一文化”，把掌握电子计算机语言称为“第二文化”。作为一个现代社会有文化的人，必须掌握这两种文化，而“第一文化”又是获得“第二文化”的基础。有专家、学者明确指出：如果说工业的描述手段是“蓝图”，那么科学技术的表达手段就是“文章”。由此可见，写作对现代社会与新科学技术的发展和经济建设有着十分重要的作用。

近年来，不仅全社会重视写作，把它看成是一门基础学科、应用学科，而且在很多理、工、农、医高等院校里写作也被列为必修课程，甚至被列为“核心基础课程”。现代写作课，从和谐社会建设的实际需要出发，开发智力资源，培养文理兼长的全面发展人才所采取的一项实际措施，有着深远的意义。学习写作，不仅能提高文字表达能力，同时也能提高阅读说话、听话的能力，其益处是多层面的。写作是所有大学生必须具备的一项基本功。大学生学会了写文章，不仅给日常生活带来极大的便利，更重要的是，将来走上工作岗位，能够有效地搞好本职工作，提高工作效率，使个人的聪明才智得以充分的发挥，从而为文明和谐的社会建设作出更大贡献。

## 第二节　写作课特点

写作教学研究和训练实践表明，写作课有如下特点：

### 一、技能性

写作课的重要任务之一就是让学生掌握必要的文体知识，从而能写出合乎要求的文章。这个任务以及写作课的基础课性质决定了其技能性。就“做文章”而言，写作确实是一门“术科”，具有训练的技术性。

### 二、实践性

写作课主要讲授与写作有关的理论，而其任务却是提高写作能力。写作实践，也就是把理论与实践结合起来，在理论的指导下，有的放矢地训练。

### 三、综合性

写作是一项综合性的脑力和体力劳动。写作需要人们的观察能力、分析能力、研究和解决问题能力，也需要人们的想象能力和创造能力；所谓的“技”和“能”指的是人的表达能力，这涉及人的语言能力、逻辑能力等。因此，写作课虽然是一门相对独立的学科，但它与相关学科如文学、历史、哲学、语言学、逻辑学和美学等有着密切的联系，具有很强的综合性。

### 四、延伸性

学习写作理论最终是为了培养实际的写作能力，而从接受理论到转化为实际能力的中间需要一个过程，由知识转化为能力的滞后性决定了写作课的延伸性。同时，写作本身既需要记性，也需要悟性和灵性。写作课所解决的仅仅是记性，而悟性和灵性就需要课下慢慢获得了。

## 第三节 写作课任务

写作课是高等学校普遍开设的一门综合性、实用性很强的基础课和工具课。写作课就是一门专业基础课，其基本内容就是讲授与写作有关的方方面面规律和法则。其基本任务是：根据理论联系实际的原则，通过讲授写作基础知识和各种文体的写作方法和技巧，有步骤、系统地加强写作训练，切实提高学生的写作能力，使其具有较高的表达水平和语言修养，为学好其他课程创造条件，为今后从事科学研究和搞好本职工作打下良好的基础。写作课的任务具体说来有：① 培养学生的阅读、分析、鉴赏能力。写作课要指导学生阅读分析一定数量的范文，锻炼提高学生对文章进行分析鉴赏和评论的能力，以便适应将来实际工作的多方面需要。② 让学生掌握具体的文体写作。这是写作课的中心任务，也就是通过系统的实践训练，使学生掌握各种比较常用文体的写作方法和技巧，并根据专业的需要，掌握特定文体的写作，能够写出合乎要求的文章或者文学作品来。③ 总的教学目标是全面提高学生的写作能力，进而达到提高学生的逻辑思维能力、深入思考能力、清晰的表达能力等目的，全面开发学生的智能。因此写作教学应注意以下几点：

**（一）全面提高写作教师自身素养**

知识信息时代，科技文化空前发展和进步，不仅为现代教育思想、教学理念和教学手段注入新鲜内容，而且对高校写作教师的自身素养提出了更高要求。有人提出高校写作教师应该是集学者、作家和教练于一身，即具有学者的理论修养，作家的写作能力，教练的训练技巧，以“名师出高徒”。

**（二）把握吃透教材写好教案**

教材是大学生学习写作的主要依靠，是教师备课的主要参考。教师整体把握和吃透教材的目的是驾驭教材，根据自己的教学经验、科研成果和手中的最新写作研究信息和资料，不断充实、完善和丰富自己的写作教案。在写作教案中应该注重教学、训练及实践，为此，提出几点看法供思考：

1. 更新教学理念。大学开设写作课的主要目的就是提高学生的写作能力、争取多发表文章，不是仅仅让学生靠死记硬背掌握写作理论，彻底改变过去“写作理论满堂灌、课下文章不会写”的现象，重在培养学生“想写、快写、会写”的创新思维和操作技能及争先恐后发表文章的强烈竞争意识，鼓励学生出版自己的作品和文集。

2. 创新教学程序环节。引人入胜的课堂巧妙导入，灵活生动的写作理论精讲在前，精当的名篇例文分析鉴赏及时插入，针对性实用性强的课堂训练（如5分钟快速作文等形式）随后，结合教学内容和学生训练成果的互动讲评（先学生、后教师）跟上，再加上教师的“下水”作文的对比提高，课堂气氛活跃，收获大，成果丰，效益高。

3. 用好课后训练。在每章后都有“思考与练习”供教学之用。教师可结合教学内容和自己的教学训练要求有选择地参考使用。

4. 根据教材、教案、教学大纲及学生实际，编写“写作训练计划(或方案)”及教后感，以供课堂教学、课后进行写作训练和教师的课后总结。

**(三) 采用多种教学方式和方法**

教学是一门艺术，永无止境。写作教学更是如此，它不应拘泥于课堂形式。因为写作是一种创造性思维活动，因此，教学过程也是师生一起进行创造美的过程，它能带给人以激情和兴奋，愉悦和享受，是一项轻松快乐的工程。怎样使学生参与和享受写作带来的轻松快乐呢？一是课堂开始的巧设悬念和曲径通幽的巧妙导入。不要开门见山，直接点题。可以用有关写作故事和趣话或音乐、电视专题片、动漫等技术手段开场。二是电子课件的运用。电子讲稿和教案、电视风光片、音乐CD、电视诗歌或散文、电子动画、影视作品等恰当使用。三是课堂的多样化。讨论、演讲、辩论、辅导、学术沙龙、答疑解惑、文字写生等课堂形式，灵活多变，花样翻新。四是抓好第二课堂。作文比赛、有奖征文、兴趣写作小组、文学社团、为社会服务写作(公益广告、营销策划、企业文化等)。五是重视电脑写作。开展手机短信、QQ、博客、微信等写作游艺活动。

## 第四节 提高写作能力途径

写作不仅是学习其他学科的基本功，是科学研究的重要表述工具，而且还是培养学生素质的重要方式之一。现代写作活动是直接提高现代人文化素质的实践活动，写作活动的精神产品(文章)是作者多方面素质的综合体现，它不仅体现了作者的文字功夫，而且涵盖了作者的道德修养、政治素质、知识素养、生活阅历、思维能力等多方面素质。写作是一种复杂而精细的精神生产，是一项十分严肃而艰苦的脑力劳动，要写好文章，就必须从严从难要求自己，不断地充实和锻炼自己，坚持不懈地从多方面努力，持之以恒，才能收到成效。

### 一、要端正学习写作的态度，培养学习写作的兴趣

写作是一种广泛的社会行为，应以严肃认真的态度，抱着对人生高度负责的精神去学习写作，培养学习写作的兴趣。对写作有浓厚的兴趣，热爱写作，热爱到忘我痴迷的程度，只有把写作当成一件乐事，才会陶醉其中，废寝忘食地去钻研，如饥似渴地去琢磨，最后才有可能登堂入室，打开成功的大门。要有认真、勤奋和刻苦的学习态度与作风。写作是一项复杂艰难的创造性系统工程，要意志坚定、持之以恒；写作一定要专心致志，聚精会神。不能心不在焉、魂不守舍，要心静，要投入；写作不能以成败论英雄，要成不骄，败不馁，屡败屡战。

### 二、要深入实际，丰富生活经验

文章是社会生活的反映，各类文章无不直接或间接地反映现实生活。阅世很重要，丰富而广阔的社会与自然界的现实，是文章取材的土壤，是写作的源泉。文章必须要有材料，而文章的材料只能来源于社会生活，文章的立意布局也必须符合社会实际。要深入到生

活中去，开阔眼界，增长见识，积累素材，丰富经验，只有在这个基础上，才能写出好文章来。

## 三、作者要加强自身的修养和锻炼，树立正确科学的世界观

作文首先要有人品，写作人品就是情感要真诚，心怀要坦荡。文章是作者的一面镜子，它常常体现着作者的思想、品德、立场、见识、才学、兴趣、爱好、感情、禀性、文化素养等。言为心声，文为人志。文和人大体上是一致的，善为文必先善为人。

**（一）树立正确科学的世界观**

文章是作者思想与人格的投影，要求作者在思想锻炼过程中，学习马列主义、毛泽东思想、邓小平理论、“三个代表”和科学发展观先进思想，提高理论修养，树立正确世界观、人生观、价值观、幸福观、节操观、使命感、责任感、荣誉感，作者要具有高尚的道德观念和思想品质，具有写作能力、品德和情操，就必须树立正确的世界观，有先进的思维方法作指导，全面锻炼自己。而正确科学的世界观是最先进的思想方法，因此要用正确科学的世界观指导我们自身的修养。树立正确科学的世界观，这是学习写作的根本。

**（二）提高自身素质**

文章是人的思想的直接反映。作者要写出正确反映和表现社会生活的文章，就要不断加强思想锻炼，培养高尚的人品，善于修身养性，加强德、识、才、学、情多方面的修养和锻炼。作者不仅仅为写作而写作，在更高层面上还与责任感、荣誉心以及各种神圣真理信念联系在一起。提高自身素质，还必须努力扩大自己的知识面，只有见多识广，才会有提高捕捉新事物、新现象的能力，才会有辨别是非、善恶、美丑的能力，这样在写作时才有可能出新意，文章才会丰富深刻。提高自身素质还要注意思维能力的训练，具有创造性思维能力，作者必须随时以好奇和开放目光审视周围世界，独辟蹊径，获得新的发现，达到独创目的。

**（三）掌握方法技巧**

写作知识就是前人写作经验的科学总结，就是揭示写作的一般规律，引导人们掌握写作方法，学习写作理论，掌握写作的一般规律，懂得写作的一些基本方法和技巧，并且自觉地在写作实践中灵活运用，在运用过程中心领神会，融会贯通，增强写作的自觉性，尽快提高写作水平。为此，要注意以下几点：① 听课要专心，善于将自己的写作感受和体会结合起来并找出症结和疑问加以及时解决。② 要写好三“本”：课堂笔记本、课堂练习本（5 分钟快速作文）和课外“杂志式”电子日记本（放在 U 盘）。③ 积极与师生交流写作经验和体会，集思广益，博采众长。④ 及时将写作理论和写作实践相结合，并用写作理论来指导写作实践。

**（四）要勇于实践，坚持多练习、多修改**

文章是写出来的，写作能力的提高主要靠大量写作实践。写作技巧需要经过日常练习，付出艰苦努力才能获得。多写，才能顺畅地表情达意；多写，才能熟能生巧；多写，才能获得新鲜的思想；多写，才能获得深刻的感受。哪个著名作家在成名前不是默默无闻地写了很多、很长时间。其成名的过程，就是其孜孜不倦努力写作的过程。写作能力的提高，关键是靠自己的自觉写作实践。人们常说：“文章读十遍，不如写一篇。”名家的经验之谈表明，只有勤学苦练，才会熟能生巧，运笔自如，真正掌握写作本领。因此作者要坚定信

心，认准目标，坚韧不拔，百折不挠，顽强拼搏，只有如此，才能具有卓越见识和独创精神，写出真实而自由的好文章。

多看多写多练，要按照循序渐进的原则有计划有步骤地进行。一般要遵循以下规则：由短到长再到简；由不规范到规范再到变化；由单一到多样再到专一。同时，练习的形式要灵活多样，各种各样的形式都要有意识地加以利用，并持之以恒。我们要广开渠道，增加写作机会和写作频率：① 大量阅读和鉴赏文章作品，从中积累写作材料，学习写作方法和技巧，实施仿写和创新。如阅读《微型小说选刊》，可使叙事文体写作主题深刻、结构新颖；阅读《散文诗》、《卷首语选》可使抒情写作语言优美；阅读《杂文选刊》可使议论说理写作幽默生动。② 敏锐观察和体验身边生活，捕捉和积累写作材料和写作灵感以写出文章。③ 积极参加学校文学社团，善于、巧于挤时间，见缝插针地进行写作练习实践，并加以修改和完善。④ 积极提高自身素养，勤于思考善于创新，使文章写作主题深刻，见地新颖。⑤ 积极参加各种征文比赛及投稿活动，及时使自己的劳动成果和价值得以实现，以产生更大的写作热情和兴趣。⑥ 开展“大拇指”写作（手机写作）和电脑写作活动，积极开发电脑自动化写作软件。

## 第五节　写作概说

### 一、含义

写作活动产生于文字出现的时期，六千年以前殷商时代的甲骨文，记录了当时人们打猎、祭祀和娱乐活动的实况。而文字产生之前，人们用实物和刻画图形符号记事，《周易·系辞传下》：“上古结绳而治，后世圣人易之以书契。”写作的“写”有“抄录、誊写、描摹”和“写意”、“写怀”之意，“作”是“劳动和制造”，引申为“撰述”、“创制”之意。写作经过了结绳记事——刀刻骨片——青铜竹简——丝帛纸张——电脑生成的历史发展过程，今天真正发生了翻天覆地的本质变化，前后不同时期的写作活动，尽管有粗放、精细之分，但其本质是相同的，并已经成为人类生存不可分离的有机组成部分。它是人类社会发展的需求和实践，写作活动在记载、开发和发展着人类物质文明和精神文明。

对于“写作”的含义，写作界是见仁见智，不同人有不同看法：“实践说”，朱伯石《写作与作文评改》：“写作是运用语言文字反映客观事物、表达思想感情的一种社会实践活动。”；“劳动说”，裴显生《写作学新稿》：“写作是作者运用书面语言符号创制文章的精神劳动。”；“思维说”：湖南三校合编《现代写作学教程》：“写作是一种用书面语言和一定文体反映主客观世界的创造性的思维并使之显现化的系统活动。”；“传播说”，庄涛等《新版写作大辞典》：“写作俗称写文章。它是人类运用文字、符号进行记录、交流、传播信息的语言活动。”；“操作说”，马正平《高等写作学引论》：“写作，是写作者为实现写作功能而运用思维操作技术和书面语言符号，对表达内容进行语境化展开的修辞性精神创造行为。”我们考察写作的本质，可以从不同角度和层面入手。就写作活动看，写作是一种认识活动，但又不单纯是对客观事物的认识，还包含着作者的体验。它是一种反映活动，但又不单纯是对客观的反映，还包含着作者的创造。它是一种创造活动，是作者心智结出的独特硕果。从心理学的角度看，在进行写作时，作者的主体心灵总是融合着客体、载体与受体，它是一种被人们称为“四体化一”的心理整合运动。从社会学的角度看，作者的写作活动，虽然以个体的方式出现，但它的价值只有在社会中才能得到实现，因此，写作主体的个性都带有普遍的社会意义。从美学的角度看，写作活动根源于人类生产活动中对真善美的追求和对完善与丰富人的本质力量的需要。所以，写作活动是一种自我意识的自由自觉的对美的创造。从语言表达角度看，写作需要严密的思维能力与思维运作的技巧，还需要语言的运用能力与语言表达的技能，从这个意义上讲，写作又是一门技术科学。

写作发展到知识信息时代的今天，也为信息技术的发展所改变。传统的写作方式发生了翻天覆地的全新变化，电脑写作的便捷，带来了写作自动生成程序的不断进步，文字输入快捷流畅，大块文字和句子可以随意组合扩张，写作内容剪切复制及文本调用、传播，快捷方便。电脑写作改变了人们传统的写作和阅读方式，体现了一种知识信息时代的全新思维理念。所以我们认为：写作是以思维和电脑语言为工具创制书面文章的行为技术科学。（“行为说”）

## 二、性质

写作学是研究写作活动的基本规律及方法的科学。其研究的具体对象是：写作活动的性质和特点、方法和技巧、文章写作活动中作者的素质能力结构及生成与控制、写作思维的构成和运用、语言的外化技巧等。写作是学好其他各门课程的基础，也是人们从事社会各项工作和进行科学研究的基础和重要手段。学习写作的目的在于理解和掌握写作的基础知识和方法和技巧，了解常用文体的写作规律和要求，并通过写作训练实践，把理论和实践结合起来，以提高写作与阅读鉴赏文章的能力和水平。写作所要完成的任务具体说来，就是通过学习写作，要能独立创新地写出观点深刻、中心突出、感情健康、结构严谨、语言生动畅达的文章，以适应各种工作的需要。写作是一种特殊形式的复杂的精神劳动和创造性思维活动，因此也有其自身的性质和特点。

### （一）个体性

写作活动，是作者感物言志、抒发情怀和表达审美愿望充分发挥主观能动性的创造活动，自然融进了其特有的人生经历、生活体验，表现着其独特的思维方法和审美情趣，闪烁着作者自己独有的气质、才气和智慧，也体现着作者的态度、愿望、目的和要求等。写作活动受作者自身的认识、意志、情感及思维方式所支配，这就使写作活动体现出作者个人自身本质的属性和特点即个体性，故有“文如其人”之说。这是因为：

① 写作是作者对客观事物进行个人心理体验的一种活动。尽管作者“悲落叶于劲秋，喜柔条于芳春”，但每个人体验到的悲喜的内涵和强弱程度是不一样的。如对于“远”和“近”，每个人的心理体验不同，所得结果也就不同，如顾城的《远和近》就恰切地表达了他独到的见解：“你/一会儿看我/一会儿看云//我觉得/你看我时很远/你看云时很近”。由于作者经历了一个时代的磨砺，对人生，对社会，对人与人之间的关系，对感情和爱情

等，都有自己独特的感受和“悟性”。再加上个人的独特的审美观和巧妙构思，因而形成了顾城个人独特的心理体验。作者借助于物象“云”，将“我”和“你”的关系处理得恰到好处，写出了“我”对“你”的主观心理感受。诗人在错觉中悟出一种深意：人与自然的和谐和人与人之间的隔膜，呼唤渴盼着一种相互理解、相互信任和谐融洽人际关系建立，突出表现了诗人自己独特的感受和巧妙的构思。写作就要充分地尊重作者个人独特的心理感受和体验。

② 写作活动又是个人头脑加工、个人思维活动的过程。通过作者个人头脑的加工，对外界事物的感知和内情的激荡，进行合乎逻辑的提炼、扬弃、协调和升华，并根据其表达意图，按照美的规律来营构作品，这个思维过程也表现出因人而异的个体性。例如古诗：“打起黄莺儿，莫教枝上啼。啼则惊妾梦，不得到辽西。”作者将“打起”强加给作品中的思妇，其好梦被黄莺的啼叫声打断，心烦意乱中，她恼怒地起身将树上的鸟儿赶跑了。诗人经过个人头脑的加工和想象，为我们活画出一幅征妇思夫的栩栩如生的场面和图景。

③ 写作是作者个性的体现。由于作者独特的感受，独特的发现，独特的表现方式，必然会带上作者个性化的特殊“印记”。而文章个性化的审美要求又反过来促进写作活动，必须是以个体化的方式进行单独劳动，不能集体进行。如毛泽东和陆游的同题《卜算子·咏梅》“风雨送春归/飞雪迎春到/已是悬崖百丈冰/犹有花枝俏/俏也不争春/只把春来报/待到山花烂漫时/她在丛中笑。”“驿外断桥边/寂寞无开主/已是黄昏独自愁/更著风和雨/无意苦争春/一任群芳妒/零落成泥碾作尘/只有香如故。”毛泽东笔下的梅花，斗雪报春，谦虚谨慎，乐观向上，而陆游笔下的梅花，消极悲观，孤芳自赏。一个是积极乐观，奋发昂扬；一个是消极颓废，孤芳自赏。可见，不同的作者，即使是对同一事物，也会显示出不同的个性、情绪和观点。

**（二）综合性**

写作是一种综合性很强的复杂的精神劳动，是写作者自身多方面的能力和水平的综合反映。① 多方面能力及水平包括：作者的思想理论修养，生活经验积累，知识结构，语言表达，研究鉴赏等心理、思维、审美等能力和水平。② 多学科知识包括：文艺理论、现代汉语、美学、心理学、生理学、哲学、艺术和现代科学等古今中外、天南海北、天文地理、琴棋书画等知识。③ 作者的生活感受、知识积累、思想情感、审美观念、心理智能、意志才气等多种素质和条件的综合体现。④ 作者的观察、感受、调查、阅读、立意、选材、布局、驾驭语言、运用技法、修改润色、处理文面和掌握传媒等能力，这些多层次多方位的综合因素，共同构成一个复杂的写作综合性系统。⑤ 文章是由题材、体裁、材料、主题、结构、语言、表达方式和风格等不同要素综合而成。就是一首诗，也是由多种意象综合而形成一个完整意境的，如李霁野的《乡情》：“乡情是——/有人占线的电话/无法投邮的信笺/是电视机选择性很强的天线。”整首诗是个隐喻，由并列的三个意象群综合而成，表现了思乡之情如何急切，描绘了思念亲人的一片痴情和思念而又不得相会的惆怅以及思念之情的如此敏感。意象之间虽然没有丝毫共同之处，但却有一种无法达到的距离感，这种距离感，导致了乡情的产生和糅合，从而获得了“以少胜多”、“意在言外”的美学效果。

**（三）创造性**

写作活动是一项创造性的精神劳动。其创造性表现在：

1. 从作者对写作材料和截取的生活处理上，显示出作者的创造性才能。作者调动储存的全部生活经验和积累，进行定向性的聚集，展开创造性的想象，从而形成全新的生活画面或意象。如奥地利诗人 E. 弗里德的《归化》："白手/红发/蓝眼睛//白石/红血/蓝嘴唇//白骨/红沙/蓝天空。"诗人抓住白、红、蓝三种色彩上的联系，迅速将三种意象作了两次转换，意象之间产生了诗意空白，白红蓝是美国国旗的三种底色，这就向我们创造性地暗示：这是一首反映美国青年被罪恶的战争夺去生命的悲歌。战前的活泼可爱，战伤时的垂死惨景，战后的暴尸异乡，于简洁单纯的意象背后，展示着一个巨大的战争悲剧，也隐藏着诗人对侵略战争的无情嘲讽和强烈谴责，读后让人灵魂为之震颤。

2. 从作者对材料的评价、表达方式的选用、表达形式的营构以及语言的运用上，都渗透着创造性。作者对材料的评价，往往寄寓在自己对作品中人物或事件的客观描述之中，如韩少功的《风吹唢呐声》："音符一个个像花开了，像星星亮了，像满山野杨梅红了，又甜，又酸，又涩。"

3. 从作者对主题的提炼和结构布局的匠心独运的创造性。如桂兴华微型小说《之间是……》：

之间是不堪回首的那段岁月。

你不再是你了。

疲乏和那终于安静的孩子蜷伏在你的怀间。

阳光，远远地在你身后。我瞧着你的梦，如同摊在双人床上的那堆玩具：再收拾，也搭不出当初的十九岁了。

你只能寄望于孩子。

可钢琴上散开的音符，又被壁钟那无可奈何的声响吞没了。

时钟与分钟象你的手臂在安排厨房内外。

拣不完的菜。洗不净的衣服。

虽然已被我一遗忘的名字和已经陌生的角落，在我眼前迭现。

在你的叙述中，我竭力想寻找你那张稚气的脸。

你却敏锐地听到了楼下的车铃声。

他那双无时不在的脚，走动着你后半生唯一的依靠。

也只有依靠他了。

你惘然地在门帘后面送我。

我再也不想跨入地逃出了这道门槛。

他眯起的双眼里，是我险些拔不出脚的沼泽地……

这是一篇言情微型小说，又是一个有情人未成眷属、无情人倒是生活在一起的爱情悲剧。于是"之间是"有了恋情闪回，也有了清醒理智选择："第三者"那善良美好人格，终于于痛苦和悲伤中顿悟、超脱和升华了，他走出了沼泽，本文在立意和构思方面极富创造性。

4. 写作的创造性尤其表现在语言方面，如莫言的《透明的红萝卜》："河上传来的水声越加明亮起来似乎它既有形状，又有颜色，不但可闻，而且可见。河滩上影影绰绰，如有小兽在追逐，尖细的足爪踩在细沙上，声音细微如同毫毛毕现，有一根根又细又长的银丝儿，刺透河的明亮音乐穿过来。”语言既富有个性特征，又具有强烈的独创性。

**（四）审美性**

从美学的角度看，写作活动根源于人类生产活动中对真善美的追求和对完善与丰富人的本质力量的需要。所以，写作活动是一种自我意识自由自觉的对美的创造，写作就是作者把自己对生活美的独特感悟和发现，以美的文章形式加以表现，用以寄寓自己独特的审美情趣和美学理想，来揭示生活美的哲理和真谛，给读者以美的享受和娱乐。如贾平凹的散文《钓者》：“那水是静止的，星月就在水里，鱼儿就在天上，他坐在这天上地下，盯着那浮子，浮子不动，人也不动，思想已沉在水里了，那文章呢，满河流淌着哩。”作者有形有色、动静结合、生动形象地为我们营造了一幅意境优美、哲理深邃的“月夜垂钓图”，与其说是写垂钓者钓鱼，还不如说是写垂钓者在钓灵感、钓文章、钓思想，并且钓出了一定的生活哲理和美的意蕴。

**（五）实践性**

写作是一种能力，主要是一种运用语言文字来表达思想感情的技术能力。任何写作理论都不能直接转化为写作能力，写作作为一种行为科学，具有很强的实践性和技术性。生活是写作的源泉，作者必须参加社会实践活动，到社会现实生活中去获取写作的源泉。要高度重视写作的实践，巴金先生说：“什么是技巧？我想起一句俗话：‘熟能生巧’”只有在写作实践中反复摸索，反复练习，不断积累经验，并掌握写作技巧，在实践中切实提高写作能力和水平。

**（六）记录性**

文章是社会生活和作者情感的真实记录，是社会历史和人类智慧的真实记录，写作就像时代的一架摄像机，忠实地记录着社会和生活的面貌。如列宁曾以《列夫·托尔斯泰是俄国十月革命的一面镜子》为题，阐述了列夫·托尔斯泰文学作品的社会价值和在文学历史的地位。同时，也说明了列夫·托尔斯泰文学作品是对俄国当时社会生活的忠实记录。

## 三、类型

按照写作对象和成果不同性质，我们可以把写作分成以下几种类型：

**（一）文学写作**

这是以具体的感性形式反映生活表现思想感情的文学创作。文学创作的突出特征是审美性，即具有生动的形象性和丰富的情感性，两者交汇融化为情感直觉造型。文学创作的样式，既是客观生活的反映，也是作者的艺术创造，充满了作者强烈的主观色彩。

**（二）理论写作**

这是以议论为主要表达方式的一种说理性写作。写作过程中运用逻辑的概念、判断和推理，对客观事物和社会现象进行探讨研究和分析评说，探求发现和创新，讲明道理。理论研究写作的要求是：意图要明确，主题要鲜明，体系要严密，语言要准确；论点准确鲜明，论据充分可靠，论证严密有力。写作技巧要求是讲究形象说理，融情于理，情理相映，相得益彰。

### （三）实用写作

这是社会生活和日常工作中经常使用的应用性文章写作。实用文章写作的要求是：特殊的作者身份，明确的写作目的，固定的读者对象，严格真实的材料，逻辑严密的表述，规范的行文格式，平实的语言表达。

## 四、要素

透视写作运动系统的情况，我们可以了解到写作的有机构成。从写作系统的心理意识活动方面看（从横向看），构成写作有四个因素。目的因：写作是社会、时代的需要，读者阅读及阅读反馈，形成了作者写作的动因和目的（主题）；质料因：写作要选择写作对象和写作材料，从而表现作者的思想情感和审美理想愿望（材料）；创造因：作者运用思维和语言，进行创造性的制作，从而创造出美的文章（审美立意）；形式因：写作是作者运用语言、文体、表达方式和写作技巧等形式因素反映主客观世界（结构）。写作正是由作者围绕着目的因，运用大脑指挥自己的各个器官，利用与开辟各种渠道，去接触、了解、认识、把握尽可能丰富的写作对象与材料，再融进自己的思想感情和美学理想，进而形成鲜明的主旨或确定的形象或一种情绪，选择和运用恰当的语言符号、方式方法和文章体式，尽可能完美地将其表达出来，形成完美的文章，这是一个以目的为核心，以创造为动力向外扩展的写作核心运动。

从纵向看，写作的系统活动也包括准备、构思、行文、传播四个过程。准备阶段：① 常规间接准备：写作指导思想、社会生活知识、科学文化知识、思维能力和书面表达能力。② 直接准备：采集阶段：写作对象、写作材料，研究、感受、把握写作对象和写作方法和技巧。构思阶段：主要是形成与确立写成作品的基本框架或蓝图的阶段，事关全局，是写作的关键阶段，务必苦心孤诣，尽善尽美。表达阶段：这是写作的落实和呈现阶段。即将构思：一落实为书面语言，二落实为一定文体，三要将原先的构思完善化，并通过语言与文体显现化和稳定化。传播阶段：这是写作成果的传递、检验和反馈阶段，作者要重视读者的反馈，才能促进自己的创作，文章才能真正实现其价值。

写作来源于人类对客观世界的能动反映和改造世界的愿望，写作活动遵照着马列主义反映论的一般规律，却又有自己独特的系统机制。写作运动的系统机制，是由客体、主体、受体、载体四者的辩证统一关系所构成和制约。

### （一）写作主体

写作主体就是文章的作者。它是写作活动的行为者和写作对象的认识者，也是语言文字的使用者和接受社会反馈的评价者，因此，写作主体在写作过程中起着主导和支配作用。写作是一种自觉的社会行为，加工制作，是写作主体的任务和目的。客观世界是多侧面、多层次、千姿百态、丰富多彩的，人的认识又是多角度、多途径、无穷无尽、不断发展的，因而加工制作艰难复杂而又大有可为。写作主体在实践中形成的感觉强度、记忆结构、经验积累、理解能力、审美情趣、气质性格等，凝聚成对生活和世界的基本态度和心理活动的独特性，形成了各不相同的心理角度和思维方式。

**（二）写作客体**

就是写作对象。文章所反映的对象是社会生活，包括社会生活中的人、事、景、物、理，这些对象一旦进入写作主体的视野，并引起表达愿望和交流冲动，这些客观对象就成了写作客体。它是文章产生的基础和前提。写作客体对写作主体有很大作用：① 写作客体产生感知，为写作启发思考，捕捉灵感；② 认知制约。写作客体是客观存在，对写作主体起着制约作用；③ 思想检验。写作主体的思想正确全面与否必须经过写作客体的检验。

**（三）写作载体**

写作载体是包含和运载写作内容的文章形体和传播媒介，是写作主体认识与再造客体的媒介和工具，又是主体、客体、受体三者之间的物质纽带。它在写作的系统运动中具有三种功能：一是思维的物质外壳；二是表达的物质手段；三是传播的运载工具。由于这种特定媒介和手段，人类对客观事物的认识与理想改造客观世界的愿望才具有了可表、可见、可传的物质形式，写作系统运动才获得了坚实的机体。

**（四）写作受体**

写作受体是指读者，只有写作活动的成果——文章进入流通传播领域，文章才具有了社会意义。读者既是文章的思维内涵的接受者，又是将思维内涵转化为实践内涵的实现者。读者的接受心理通过反馈影响作者的意识，进而制约作者的写作思维。随着网络时代的进步，随着作者与读者水平的同步提高，作者与读者的认识落差、心理间隙会越来越小，写作受体在写作系统机制中的作用会越来越明显。

客体、主体、载体、受体，四者通过写作关系互相联系又互相制约，组成了写作的系统工程。这是一项开放性工程：它来自客观世界，最后走向戈观世界，把主观与客观，物质与精神，个人与社会，认识与实践构筑在这以四大基石为基础的一座宏伟而又坚固的大厦里。它又是一项浓缩性的工程：它把宇宙和历史，共性与个性，爱与恨，是与非，浓缩于小小的大脑，凝聚于千变万化的笔端，流泻为五光十色的文字，熔铸为突破时空局限的篇章。写作运动的系统机制，清晰地表明写作是一种特殊的精神劳动行为。写作是一种劳动行为，因为它有劳动行为的主体（作者）和劳动行为的对象（客观世界），它有劳动行为的工具——书面语言及其记录符号；它有劳动行为方式——观察、调查、阅读、行文、传播等外部行为和感受、构思、交流、转化等内在行为；它有劳动的成品——文章；有劳动成品的市场关系——读者的感受、反馈和文章的传播。劳动行为的成品是思维的结晶，劳动行为的市场关系是精神产品的传递交流关系与思维的转化关系。写作是一种特殊的精神劳动行为，文章就是在这种复杂的系统机制中所进行的精神劳动行为的精粹成品。

## 五、目的

写作的目的表现如下：① 反映社会生活。反映生活本质，揭示生活哲理，这是写作义不容辞的任务，更是作者责无旁贷的使命。无论何种写作，作者都必须积极投身生活，设身处地地去体验生活，去发现生活的本质，去揭示生活的哲理，去表现生活的真谛。文学作品写作用形象反映生活的风俗人情，理论文章写作用逻辑探索生活中的哲理奥秘，实用文章写作用材料规范人们的行为准则，杂体文章写作用奇妙展现自然的丰富多彩。② 表达审美理想。作者将自己独特的审美理想和愿望、独到的审美情趣和审美取向，寄托于文章的主题之中，以美的形式来展现生活中美的内涵，给读者以美的愉悦和启迪。文学作品写作的人情人性美，理论文章写作的逻辑概念美，实用文章写作的材料规范美，杂体文章写作的灵巧奇妙美，都给人美的熏陶和感染，发人深省，令人回味。③ 传播时代信息。写作是有明确传播目的的行为科学，它传播的目的是为了认识规律、实现管理和沟通情感，它传播的方式是通过不同的文章体式和媒介（文字、声音、图像、网络等），它传播的效应是读者的感受（知、服、感、悦）；它传播知识，也传播思想，它是一个时代精神的真实的"传声筒"和"遗传密码"，它使文化和文明得以传承和发扬光大。④ 加强现代管理。写作不仅是一种社会现象，而且已成为人们的一种生活方式。写作活动规范和指导着人们的学习工作和生活，并推动着社会生活的各项工作的顺利开展。

### 六、功能

写作功能表现如下：① 记载功能。写作是思维成果的表述，是借助文字将思想固定、记载下来的一种有效手段。② 传播功能。写作是思维结晶的传达，是借助文字将思想转化为物质形态进行有效传播的手段。③ 开发功能。写作是思维和语言能力的开发，是智能开发的有效手段。

### 七、意义

写作意义如下：① 写作可以提升阅读品质。如果有写作习惯，就会研读作品，自觉地去揣摩作者在立意、布局谋篇、遣词造句等的匠心独运，会努力从别人佳作中去汲取写作营养。② 写作使人们更加用心地去品味生活、洞察世事，去捕捉工作、生活中有意义现象和信息，会自觉积累学识和经验。③ 写作帮助人们梳理思绪，使思想变得井井有条，使个体经验概念化。写作是非常有效的认知加工过程。④ 写作可以帮助人们深化认识。如果我们不就某个具体问题写成文章，我们的认识可能是一知半解或者肤浅的，而写作会迫使我们对问题作彻底的思考，从而深化和丰富认识。⑤ 写作能提升口头语言表达的品质。口头语言由于可以借助手势、表情和交谈对象，而书面语言就需要十分完整和精确。当我们在写作中练就了用完整和精确的语言来表达思想与感怀时，自然而然，口头语言的品质也就提高了。⑥ 写作会提升我们生活的品质，使我们更具有成就感。杜甫有诗云："文章千古事，得失寸心知"。贾岛的名句："两句三年得，一吟双泪流。"这说明写作是非常有生命意义的事情，每当看到自己付出心血与真情的文章发表，就会很有成就感和收获的快慰。

## 第六节　文章概说

### 一、含义

文章是用书面语言反映主客观世界、具有完整篇章结构的语言信息载体。它是反映客观事物，表达思想感情，具有完整意义和一定篇章结构的书面语言形态。广义的文章，泛指一切组成篇章的书面语言。

## 二、沿革

自从有了文字，就有了文章写作的活动，而文章在不同的历史时期，有其不同的意义。

文章本义是指错杂的色彩或花纹。如《周礼·考工记》："青与赤谓之文，赤与白谓之章。"文章最初也有"文绣"、"文采"的意思，与本义很近，如《楚辞·橘颂》："青黄杂糅，文章烂兮。"后来从本义中加以引申为"文辞"之意，如《史记·儒林列传》中"文章尔雅，训辞深厚"一语的"文章"即指文辞。春秋战国时期，文章是"礼乐法度"的意思，如《诗经·大雅·荡序》："厉王无道，天下荡荡，无纲纪文章。"其中的"文章"与现在文章含义是不同的。东汉末年，曹丕《典论·论文》中的"盖文章，经国之大业，不朽之盛事"，才真正有了今天"文章"的含义了。最早为"文章"作概念界说的是晋朝的挚虞，他在其《文章流别论》中说："文章者，所以宣上下之象，明人伦之叙，穷理尽性，以究万物之宜者也。"六朝时，文章又称"文翰"、"文笔"。1922 年，陈望道《作文法讲义》曰："用文字传达意义的制作，就是文章。"《辞海》："今统称独立成篇的，有组织的文字为文章。"《现代汉语词典》认为：文章是"篇幅不很长的单篇作品"，有时"泛指著作"。我们认为：文章是作者运用思维和电脑技术反映主客观世界、具有完整篇章结构的信息载体。一定的文章反映一定的客观事物和作者的思想感情。从内容上看，文章是作者对主客观世界的能动反映，是作者个人头脑加工的结果，是其创造性思维劳动的智慧结晶，它体现了作者的思想、感情、认识和理想。从形式上看，文章是以语言文字和思维为工具和手段来反映生活本质、表达思想感情的，它不同于其他精神产品，是因为文章以有组织的书面语言形式来表现作者独特审美情趣。从价值看，作为语言信息载体的文章，必须通过媒介的传递即读者的阅读，才能实现其社会价值。它是社会发展的工具。人们需要借助文章来表达对自然和社会的认识，总结改造自然与社会的经验，传递信息，交流思想感情。所以，文章的社会意义非常重大。

## 三、特点

### （一）符号性

文章作为反映社会和时代的语言信息载体，它的生成工具是语言文字符号，如中国的文章主要是用汉语言文字的形式而写成，此外还有一些少数民族语言文章；外国的文章是用不同国家的常用语言而写作的，虽然不同民族使用的语言符号、组合方式和使用方法、规律不同，但其语言都是一种记录的符号媒介，都是用来反映主客观世界、交流思想、传递信息的工具和手段。所以，文章既是一个民族和时代生活的记录，也是一个民族和时代的标识和符号。

### （二）信息性

文章反映社会和时代的风貌，是一个社会和时代生活的真实记录，也是作者思想感情和理想愿望的纪实表现，它用语言文字真实地记录和表现着社会信息、时代信息、生活信息和精神信息。可以说文章是一个国家、一个民族、一个社会、一个时代的立体全息图。

**（三）实用性**

自从有了文字和以文字为工具的文章写作活动以来，文章除了记录和反映生活以外，还在表现人类情感、交流思想、传递信息、间接推动社会发展方面起了很大作用。文章起源于劳动，是人类劳动和生活情景的真实记录，是社会和时代精神的纪实表现。它不仅记录了人类物质生活的流程，而且也记录了人类精神生活的变迁。从文章中我们认识了世界，了解了历史，学习了知识，掌握了技能。

**（四）文献性**

文章是社会生活和时代精神活生生的记载，是人类灵性、经验和智慧的真实记录，是社会时代发展留下的历史轨迹、人类文化和文明发展的历史见证。它是一座取之不尽、用之不竭的人类文化和文明的知识宝库，是社会生活、时代风貌永垂不朽的历史档案，文章是历史文化传承的载体和工具。同时，文章还是全人类所共同拥有的精神财富，一旦经过传播，便可以人人享用。

**（五）地域性**

不同国家和民族的作者，由于不同民族的历史品格、审美方式和写作习惯，从而形成了其极具民族特色和风俗习惯的千姿百态的文章。文章是不同地域的、民族的，也是世界的、人类所共有的。不同国家、不同民族的地域性文章，构成了世界文化的璀璨和丰硕。

## 四、类型

为了便于文章的阅读和写作，我们有必要把文章进行分类，以把握不同文章的特征和联系。根据人们阅读和写作的习惯，我们常常把文章分为以下几种：

**（一）文学作品**

这是以具体的感性形式反映生活表现思想感情的一种文章。文学作品的突出特征是审美性，即具有生动的形象性和丰富的情感性，两者交汇融化为情感直觉造型。文学作品的样式，既是客观生活的反映，也是作者的艺术创造，充满了作者强烈的主观色彩。文学作品一般包括诗歌、散文、小说和戏剧。文学作品各种样式都具有教育和认识功能，但最根本的是审美愉悦文化休闲作用。

**（二）理论文章**

这是以议论为主要表达方式的一种说理性文章。它运用概念、判断和推理等逻辑手段，对客观事物和社会现象进行分析评说，或对未知领域进行探讨和研究。评说的要讲明道理，探求的要有所发现和创新。理论文章其共同特征是：目的的明确性，观点的鲜明性，逻辑的严密性，语言的质朴性。理论文章一般分为：政治评论、思想评论、学术论文、专著、杂文、随笔、影视评论和文艺评论等。理论文章包括论点、论据和论证三部分。写作要求是：论点准确鲜明，论据充分可靠，论证严密有力。比较讲究形象说理，融情于理，情理相映，相得益彰。

### （三）实用文章

这是社会生活和日常工作中经常使用的一种应用性文章。实用文章的共同特征是：作者身份的特殊性，写作目的的明确性，读者对象的相对固定性，材料的严格真实性，表述的逻辑严密性，行文格式的规范性，语言表达的平实性。实用文章一般包括：行政公文、事务文书、宣传文书、经济文书、司法文书、礼仪文书、科技文书、外交文书和日常应用文等。实用文章的写作方法和要求是同中有异，异中有同。实用文章在所有文章中最有广泛的使用频率和重要的应用价值。

### （四）杂体文章

随着社会的发展和人类认识的进步，文学作品、理论文章和实用文章之间进行着渗透和杂糅，同时，它们和社会、自然、历史、地理、新闻、哲学、美学、艺术等学科也进行着互相渗透和杂交，从而产生着既具有文章性质、又有着其他学科属性的双（或三）重性质和特征的全新文章，我们称为杂体文章。如杂文、摄影小说、电视散文、科学小品、宇宙诗、网络文学、手机小说、博客微信等文章。杂体文章的共同特点和写作要求是：主题立意杂，一般是一文多事，主题多元化；文体性质杂，兼有双（或三）重性质和特征；思维方式杂，既有形象思维，又有抽象思维，还有灵感思维；表达方式杂，一般文章只需一两种，最多需三种表达方式，而杂体文章则至少需三四种或四五种表达方式；结构形式杂，自由灵活，变化多端；表现手法杂，运用多种艺术表现方法和多种修辞手法。

## 五、要素

文章的要素是指构成文章内容与形式的各种基本元素，主要包括两个方面：（一）内部要素有：① 题材是在文章中具体反映和描绘的社会生活事件、现象和人物等；② 体裁，是文章内容的具体表现形式，又称文体；③ 材料，是围绕写作目的在文章中表现主题的一系列现象和理论根据，包括人、事、景、物、情、理、数据等；④ 主题，是作者在文章中通过全部内容所表现出的基本观点；⑤ 结构，是文章内部的组织构造；⑥ 表达方式，是指文章写作中使用的具体方法和手段，它是文章反映客观生活的方式和角度，决定着文章的体裁；⑦ 语言，是文章写作工具和手段的符号系统；⑧ 风格，是指文章从整体上表现出来的独特而鲜明的风貌和格调。（二）外部要素：① 标题是指文章的名称，通常称为题目；② 开头，是文章的起始部分；③ 正文，是文章的中间核心部分；④ 结尾是文章的结束部分；⑤ 文面，是指文章在视觉印象上所显现出来的总体面貌。

## 六、功能

### （一）认识功能

文章是社会生活的真实反映，是社会时代风貌的客观展现。文章不仅能准确真实地反映一定历史时期的政治、经济、科学、文化、自然风光、风土人情，而且还可以真实地表现人物的内心世界和精神面貌，以及人物与社会和自然的关系，使人们从中获得社会和自然知识，掌握生活经验和技能。文章不仅能揭示社会和自然发展的规律，帮助人们认识自然，掌握自然规律并改造自然，而且还帮助人们认识社会，并改造社会，同时，文章还帮助人们了解自身，提高自己认识能力和认识水平。

**（二）教育功能**

文章是作者思想和观点的信息载体，它不仅传播知识，提高人们的思想认识，帮助人们正确认识世界和改造世界，而且还能帮助人们正确认识和改造自己的主观世界。文章对人们世界观的形成，道德情操的陶冶，思想作风的历练，生活习惯的培养，都会产生直接或间接广泛而深刻的影响。文章中概括出的人生哲理，塑造出的典型形象，表现出的美好情感等，都在从多方面浸润和感动着人们的心灵，激发人们奋发有为，更好地做人处事，以实现自己的人生价值和理想愿望。

**（三）审美功能**

文章是现实生活的反映。生活是美的，作为现实生活反映的文章写作过程，也是一个发现美的过程，更是一个表现美和创造美的过程。同时，文章写作的过程，还是一个作者用美的形式去反映美的内容，从而表达自己独特的审美理想和审美情趣，带给读者以美的愉悦和享受的创造美的过程。文章的审美价值，体现在人们特有的情感需求、心理需求和精神超越需求中，而文章正是人类精神升华的重要表现形式，使人们在审美的享受之中陶冶性情，滋养心灵，升华思想，激发意志，奋发向上。

**（四）实用功能**

文章对社会发展起着间接推动的作用和价值，但其中的实用文章和杂文却对社会的发展有着直接的推动作用。它不但可以直接产生社会价值和效益，而且还能产生明显而直接的经济效益。譬如杂文，它直接针砭时弊，批评世俗，反思历史，解读人生；再如一些实用文章，经济合同、市场调研和预测报告、广告等文章，可以直接给企业带来巨额利润和价值。

**（五）休闲功能**

现代社会，尽管人们进行休闲娱乐的方式是多元化而又丰富多彩的，但其中阅读文章的文化休闲是一种非常高雅和时尚的娱乐方式。书市里的熙熙攘攘，书店里的人络绎不绝，阅览室里的人满为患，图书馆前的车水马龙，无不昭示着文化消遣和休闲娱乐时尚的方兴未艾。

**（六）记载功能**

文章是生活的真实记录，是社会发展的历史记录。文章不仅真实地记录着时代的客观现实，而且也真实记录着作者的情感和智慧。它记录现实，也传承历史和文化。正是它的记载功能，才使我们五千的泱泱文化得以传承和发扬光大。

# 作者能力论

# 第二章 写作能力

人的写作能力是怎样产生的？人怎样来应用和控制写作能力呢？这是一个非常复杂和棘手的课题，更是写作教研中最为重要的问题。它深藏在作者的大脑和心底，看不见，摸不着。它不仅涉及心理学、生理学、思维学、美学，而且还与心脑学、神经语言学、写作社会学、写作行为学、写作心理学等学科有着千丝万缕的联系。

## 第一节 写作能力含义与特点

### 一、含义

写作能力是作者综合运用各种智力和技能完成文章制作活动的本领。它是作者在写作活动中各种内在和外在能力的总和。写作能力是一种高度综合的实践能力，其主要能力包括观察能力、体验能力、思维能力、想象能力、语言表达能力和谋篇布局能力等。

### 二、特点

写作能力是人的能力中一种特殊而复杂的能力，它是由人的各种能力综合而成并为写作活动服务的；同时，写作能力反过来又在提高和增强着人的能力。能力强的人不一定成为作家，但作家却是一个能力强的人，这也说明了人的写作能力在人的能力中起着核心作用。人的能力有先天的成分，也有后天的成分。因此，写作能力就形成了自己的特点：

**（一）客观性**

作者的写作能力有先天生成的成分，即与生俱来的客观存在性。作者的写作素质是其写作能力先天成分中的重要部分，从人的先天生理解剖到大脑皮层细胞群的配置，人的天资决定了人的禀赋、气质、情绪和意志。而人的天资素质，在客观上影响着作者的写作能力的生成，作者写作能力中的天生成分是客观存在的。天才作家并不少，从七步成诗的曹植到“斗酒诗百篇”的李白，还有曹禺、刘绍棠等。

**（二）主观性**

写作活动中，作者的写作能力后天的努力培养也是非常重要的。作者的各种素养较多地对写作能力呈直接性影响，如作者的思想理论修养直接决定着文章的思想深度；作者表情达意方面的艺术修养也直接决定着文章的质量。天才作家虽然不少，但靠后天主观努力功成名就、大器晚成者更多，如蒲松龄、曹雪芹、高玉宝、姚雪垠、莫言等。

**（三）抽象性**

写作活动中，写作能力是看不见摸不着的，它深藏在作者的大脑里和心底处。写作能力既是物质的，是一种客观存在的物质形态；又是精神的，是一种主观存在的意识形态。它不是具体形象的，而是无形抽象的，它没有形状，也没有重量。

**（四）动态性**

写作能力的表现形态是时刻流动的，它是忽快忽慢，强弱不定，自由自在，无拘无束的；是取之不尽，用之不竭的；有时它如涓涓细流，有时它似波涛狂澜。它蛰居于作者的大脑深处，奔腾于作者的胸腑之间。

**（五）综合性**

写作能力是一种高度综合的实践能力，是作者的智力和技能的综合，即是作者的素质、修养和能力的综合，也是作者的禀赋、气质、情绪、意志智力因素和观察能力、体验能力、思维能力、想象能力、结构能力和表达能力智能因素的大综合。作者写作能力组合的好坏，直接决定着文章写作的成败。

**（六）个体性**

由于人的大脑具有解剖学上的个性差异、微观心理上的个性差别，再加上作者后天写作修养和能力的不同，因此每个人都有属于自己不同个性特征的写作能力，所以也就产生着千姿百态、不同风格的天下文章。写作能力的个体性决定着作者感受的强或弱、体验的深或浅、文思的敏锐或迟钝、思路的开阔或闭塞、文章中基调的高昂或低沉、色彩的明亮或暗淡、情感的奔放或深沉、风格的豪放或婉约等。因此，其作品有“阳春白雪”，也有“下里巴人”。

**（七）创新性**

文章创制的过程，也是作者创新的过程，写作过程中认识事物的角度，分析的方法，思维的方式，创意的层次，结构的谋划，语言的表述等方面，都体现出作者的匠心独运。追求创新，这是作者写作的理想和愿望，也是写作能力的表现和结果。如莫言《蛙》结构形式的别具一格，马尔克斯《百年孤独》叙事结构上的独辟蹊径，都令人耳目一新。

## 第二节 写作能力构成

写作能力是一种高度融和统一的行为能力，不能绝对地把它分开，但从相对意义上，我们可以把写作能力加以分类，以便于更好地研究它的构成成分和产生过程。从不同角度分类，就有不同的构成成分。

### 一、从写作机制看，写作能力可分为

（一）观察能力。（二）感受能力。（三）思维能力。（四）想象能力。（此内容见二维码，故省略。）

以上四种能力是进行写作活动最基本、最重要的心理因素。是先天素质、后天环境、教育影响和个人努力几方面因素共同作用的结晶，是在人类掌握知识经验和从事实践活动中发展起来的，在写作活动中集中表现在选材的精妙、主题开掘的深刻、结构布局的独到和表现方法的美妙上。如陈启佑的《永远的蝴蝶》：

那时候刚好下着雨，柏油路面湿冷冷的，还闪烁着青、黄、红颜色的灯火。我们就在骑楼下躲雨，看绿色的邮筒孤独地站在街的对面。我白色风衣的口袋里有一封要寄给在南部的母亲的信。

樱子说她可以撑伞过去帮我寄信。我默默点头，把信交给她。

"谁让我们只带来一把伞哪。"她微笑着说，一面撑起伞，准备过马路去帮我寄信。从她伞骨渗下来的小雨点溅在我眼镜玻璃上。

随着一阵拔尖的刹车声，樱子的一生轻轻地飞了起来，缓缓地，飘落在湿冷的街面，好像一只夜的蝴蝶。

虽然是春天，好像已是深秋了。

她只是过马路去帮我寄信。这简单的动作，却要教我终生难忘了。我缓缓睁开眼，茫然站在骑楼下，眼里裹着滚烫的泪水。世上所有的车子都停了下来，人潮涌向马路中央。没有人知道那躺在路面的就是我的蝴蝶。这时她只离我五公尺，竟是那么遥远。更大的雨点溅在我的眼镜上，溅到我的生命里来。

为什么呢？只带一把雨伞？

然而我又看到樱子穿着白色的风衣，撑着伞，静静地过马路了。她是要帮我寄信的，那，那是一封写给在南部的母亲的信，我茫然站在骑楼下，我又看到永远的樱子走到街心。其实雨下得并不大，却是一生一世中最大的一场雨。而那封信是这样写的，年轻的樱子知不知道呢？

妈：我打算在下个月和樱子结婚。

作者对材料的选择是精心而巧妙的，用雨天寄信来构成悬念式的故事情节，为后边交通事故所酿成的爱情悲剧巧妙地铺设了伏笔。而主题的开掘和提炼，使爱情内涵的广度和深度都延伸和拓宽了：爱不仅是花前月下的海誓山盟和卿卿我我，更是相互间的彼此关爱和牵挂。文章的意蕴含蓄深邃，令人回味。作者在文章的结构形式上可谓匠心独运，出新出巧。人物形象刻画得简洁生动，寥寥数语，不仅道出了小说发生的事件，更勾画和衬托出了樱子的勤快贤惠、淳朴善良的个性和性格。小说的情节波澜起伏、生动曲折，尤其是造成读者心情强烈反差的"欧亨利"式的结尾与开头的首尾呼应，使文章结构更加严谨，也使行文的节奏快慢适宜，张弛有序。而环境的描绘和衬托，更是恰到好处，相得益彰。雨夜的五彩缤纷和心理的悲凉凄婉的对比反差，使悲剧更悲伤。富有色彩感的语言描绘，使典型环境和人物心情巧妙有机地融为一体，突出了主题意蕴。

## 二、从写作过程看，写作能力可分为

1. 采集能力

采集能力指作者采集写作材料的能力。它是对生活素材有关知识资料的收集和回拢,包括对作者的感情记忆心理体验等的捕捉。材料的采集是写作的第一步,是为写作提供原料的重要基础工作。作者采集能力的高低直接影响着写作材料的质量和文章写作的整个过程,作者要经常深入社会,体验生活,开阔视野,积累材料,提高自己的采集能力。如柳青为了写《创业史》,在农村体验生活一待就是几十年,几乎成了地地道道的农民。蒋子龙本人就是工人,一直生活在工厂,所以写出了工业题材的改革小说。因此,只要留意生活,随时都有写作的题材和材料。

2. 构思能力

构思能力是指作者对文章蓝图进行全面构想和谋划的能力。构思是在提炼主题的基础上,梳理思路,选取材料,设计和构建文章的基本框架。它要求构思新颖和奇巧。作者的构思能力直接决定着文章质量的好坏和价值的高低。

3. 表达能力

表达能力是指作者运用语言把构思好的文章雏形外化为书面文章的能力。表达能力体现了作者驾驭语言的技术水平,也反映了作者使用语言的功底。表达能力不仅要求作者要精心遣词造句,注重巧妙修辞,而且还要熟练掌握各种表达方式的运用和各种表现技巧的调配等。如戊林的《见鬼》:

一日,鬼王正在用餐,有小鬼来报:人间正在盖楼,地基离第一层地狱只有零点三公分了。鬼王大怒,遣一小鬼前往视之。

小鬼摇身变作一青年男子,来到施工现场,刚要进去,一门卫拉住他:“不戴安全帽不准进去!”小鬼被拉得着急,露出真面目来,门卫叫道:“小伙子,在这出什么洋相!”周围涌上数十观者。小鬼发威,抓到一条狗,咬破喉管,大吸其血,咕咕有声,观者中一人大叫道:“准是又在拍鬼片,摄像机不知伪装在哪。”又一个道:“那狗准是机器狗,脖子里装了红色饮料。别说,还真像!”

小鬼听得生气,长啸一声叫道:“各位,我是真鬼!”“像! 太像了!”观者大声叫好。一男士叫道:“此处不好,像发表演说一样,这剧本是谁写的? 我是作家,可以帮你们修改一下。”一老者道:“小伙子,演得好,我是导演,跟我合作吧,准保让你成为明星!”

这下人群涌动,有的拉小鬼合影,有的请他签名。施工队长走上前说:“由于事先没通知我们,招待不周,不过可否在片头上提一下敝建筑公司的名号?’”说罢递过红包,“不成敬意!”

小鬼大惑,半晌,挤出一句:“改日再拍!”跑回地府,告之鬼王,鬼王沉思片刻,切齿道:“见鬼,搬家!”

这篇小说所写荒诞事,而全篇跳出表达模式的规范,不写鬼扰民,而写民扰鬼,而鬼不堪民扰,结果黔驴技穷,无计可施,只好“搬家”,尤其最后一句,由鬼王说出“见鬼!”令小说不同凡响。文白相杂的语言表达,也别出心裁,引人入胜。

4. 修改能力

修改能力是指作者进一步完善和美化文章的本领和才能。文章修改的过程,也是一个不断加深思想认识,提高美学鉴赏水平和能力的过程。“文不厌改”,修改是写作必经之路,是文章写作中一个重要阶段,是对文章进一步完善和美化的过程。如马克思的《资本论》经过多次修改，曹雪芹的《红楼梦》"增删五次"，孔尚忍的《桃花扇》历时十五年，三易其稿，列夫·托尔斯泰的《战争与和平》反复修改七次。真可谓"文章是改出来的"。

## 三、从写作表达看，写作能力可分为

1. 叙述能力

它是一种介绍人物行为经历或交代事情发展变化过程的述说本领。它是一种使用频率最高、应用范围最广的写作能力，也是作者一种最基本的写作能力。老舍说过："写文章须善于叙述。"如贾平凹的小说《废都》开头："一千九百八十年间，西庄城里出了桩异事，两个关系是死死的朋友，一日死得泼烦，去了唐贵妃杨玉环的墓地凭吊，见许多游人都抓了一包坟丘的土携在怀里，甚感疑惑，询问了，才知贵妃是绝代佳人，这土那回去撒入花盆，花就十分鲜艳。这二人遂也刨了许多，用衣包回，装在一只收藏了多年的黑陶盆里，只待有了好的花籽来种。没想，数天之后，盆里兀自生出绿芽，月内长大，竟蓬蓬勃勃了一丛。但这草木特别，无人能识得口类。"叙述不仅引人入胜，而且还富有象征意义。

2. 议论能力

它是一种有条理有次序进行阐述观点表明态度的说理本领。这是由于人们生活和交流的实际需要产生的一种发表看法的说理能力。作者通过理论性文章来展示自己说理的巧妙和生动，表明自己观点的正确和有力。这种本领一方面来自逻辑和材料的有力支持，另一方面来源于智慧和技巧。如《词语别解》：

令："今"天努力一"点"，明天就有资格指挥别人。

舒："舍"得"予"别人，自己获得的是快乐。

马甲：以前一个人要伪装自己用面具，现在都改用马甲了。

嫁妆：丈母娘给女婿的回扣。

嫦娥：第一个登上月球的人。

迟到：发挥编故事才能的关键时刻。

寡不敌众：一个监考老师与一班考生。

解词式说理幽默而新鲜，别致而另类。

3. 说明能力

它是一种对事物或事理进行简明扼要解说和阐释的本领，是一种客观科学地解说和介绍的能力。它让人们正确了解信息，学习知识，掌握技术，丰富生活经验，增长见识才干。如《什么叫癌》："癌，古代写作'喦'，形象地说明它与正常的人体组织截然不同，犹如人体中坚硬隆起的岩石。欧美把癌叫 cancer，这个字也当'螃蟹'讲，表明它到处伸脚，横行无忌的特点。"介绍清楚明白，解释科学客观，说得生动形象。

4. 记载能力

这是作者运用语言和计算机技术熟练记录生活现实和内心情感的一种本领。它是作者的书写和输入能力的综合。也是作者运用语言记录的能力。文学作品用创造性的文字记载了社会生活，而应用文章用文字真实地记录了生活。

## 四、从写作素养看，写作能力可分为

### （一）非智力因素

① 禀赋。是指人的天资。它是形成作者写作能力的重要基础和前提，但写作水平的高低不完全取决于禀赋。② 气质。是指人的高级神经活动类型特点在行为方式上的表现，是个人心理活动的动力特征，作者个人的气质对写作能力的形成有一定的影响。③ 性格。是指人对现实的态度及与之相应行为方式中比较稳定的独特心理特征的总和，是人个性最重要和核心的成分，它影响着作者写作能力的形成，良好的性格有利于增长和提高作者的写作才能。④ 情绪。是情感体验的心理过程进行的具体形式，它能强化或弱化人的意志和动机，对作者的写作能力形成有直接的影响和制约作用。⑤ 兴趣。是指人的意识对事物所持的一种选择态度和积极探索的认识倾向，它在写作活动中有重要的推动作用，它常常成为启迪作者写作才能的媒介，直接决定着写作能力的生成和调控。⑥ 动机。是指满足与某些需要有关的活动动力，它是作者写作能力产生的内驱力，推动着作者去进行创造。⑦ 意志。是指人自觉地确定目的并根据目的来支配调节自己的行动，实现预定目的的心理过程，它能增强作者写作热情、信心、决心和毅力，激励其进行写作创新，直接影响和制约着写作能力的产生。⑧ 习惯。是指人在长时逐渐养成的行为倾向，习惯一旦养成，便会以情不自禁、不期而至的方式持续下去，它对作者的写作能力产生着重要影响。

### （二）智力因素

① 记忆能力。是人对所经历过的事情能够识记、保持和再现的能力，它是作者写作能力的重要组成部分，它保证了写作所需的大量艺术形象和写作构思的顺利进行。如邵飘萍，作为新闻界的翘楚，采访时从不记录，而靠的是其惊人的记忆力，还有沈从文到中央美院讲学，只拿了几件衣服，但却能滔滔不绝地将中国历代服饰的沿革一气呵成。② 理解能力。是通过揭示事物间的联系而认识事物本质和规律的能力，它是一种理性认识能力，是写作思维的分析力和综合力的集中表现。③ 直觉能力。是一种越过逻辑推理直接抵达事物底蕴的心理能力，是作者写作心理能力的重要部分，也有人称为作家的“第六感觉”。④ 阅读能力。是从书面语言符号获取意义的一种智力技能。阅读能力和写作能力相辅相成，通过阅读，可以获得写作材料，学习借鉴写作方法和技巧。阅读能力为写作能力奠定基础。古人云：“读书破万卷，下笔如有神”，叶圣陶认为：“阅读是写作的基础。”⑤ 鉴赏能力。是对审美对象进行充分体验和认识的能力。作者鉴赏能力的提高，对其写作能力的发展有潜在影响。如余秋雨的散文，以其独特的审美视觉，从多方面向人们昭示着中华民族博大精深的文化底蕴。他的非凡鉴赏能力，促使着其写作能力的提高。⑥ 创造能力。是对已积累的知识经验进行加工和创造新成果的能力。创造能力发挥主要作用的是创造性想象能力和创造性思维能力，它是作者写作能力中最重要和核心的因素。

### （三）素质

① 政治素质。是指人的道德观念和思想品质，它反映人的社会聚合力状况的素质。对写作活动的影响和制约具有决定意义，它是文章写作中作者灵魂和人格的体现，是作者

写作能力形成的重要因素和成分。② 心理素质。是作者素质的主要内容，它以作者的生理机制为基础，以作者的生活实践为条件，它对于作者的生活感受、写作冲动、构思方式及语言表达都有影响和制约，它是作者写作心理能力产生的物质来源。③ 文化素质。是指人在知识和智能方面的素质，它对作者在选材、构思和表达上有巨大作用，是形成作者写作能力的专业因素。

**（四）修养**

① 理论修养。它可以帮助作者开拓思路，深化认识，提高写作表现力，它也是作者写作能力的重要因素。② 艺术修养。作者的艺术修养对其写作能力的形成具有重要影响。③ 语言修养。语言是表达思想的工具，语言修养是作者写作表达能力的直接构成因素和成分。

## 第三节 写作能力生成内在机制

写作是人类个体行为的模式。写作活动的过程，从行为学上看，它是由写作的“需要→动机→行为→目标”的一个系统工程。需要是指人的客观需求在其头脑中的反映。动机是指人为了满足自己的某种需要而产生从事某种活动的思想。行为是指人为了满足某种需要，达到某种预言目标而采取的具体行动。目标则是指人期望达到的结果或成就。当人产生某种需要而又未得到满足时，就会在心理上产生一种不安的紧张情绪，成为一种内在的驱动力，即产生从事其某种需要活动的思想和动机。在动机的指导下，人就会从事两种先后不同的活动：一是目标导向行动，即在一定动机推动下，选择或寻找目标的活动；二是找到了目标以后产生的活动叫目标行动。在一个目标行动结束后，随着人体内部与社会环境的变化，人又开始出现新的需要，从而又产生新的动机和行为，周而复始。人类的写作活动就是一个这样的系统活动，即作者从精神和生理上产生了表达的需求和愿望，于是就产生了文章写作的动机，在这一写作动机的驱使下，就有了写作文章的行为，从而也就产生了写作行为的目标结果，即用文章来表情达意。

## 第四节 写作能力生成

写作能力的生成是由写作需要决定的。这是因为：一是写作是作者渴望认识世界、把握生活的需要。再现和总结人们认识和改造的过程和结果，是写作的主要目的之一，随着社会的发展，写作的作用日益重要，对写作的需求也越来越大，同时写作也成为人们必不可少的日常需要。二是写作是作者渴望表现自我、抒发自我感情的需要。写作作为一种手段，可以表达内心情感，起到互相沟通和交流情感的作用。三是写作是作者达到自我价值实现的需要。人人都有自己的人生目标，人人都有理想追求，人人都向善求美。准确定位自己、表现自我存在的价值，可以通过写作来实现。

写作的需要决定着写作能力的形成。作者的写作能力是由作者精神上和生理上的写作需要而产生的。它包括作者的写作动力系统和作者的写作运转系统组成。写作能力的动力系统是由作者的写作哲学、写作美学和写作心理、写作文化所决定的精神需要以及作者的记忆能力、理解能力、表达能力、观察能力、直觉能力、思维能力、联想能力和想象能力等要素构成，而作者的写作运转系统是由作者的知识、信息、智力、智能和习惯等要素以及作者的禀赋、气质、性格、情绪、动机、意志、兴趣和爱好所决定的生理需要构成的。其中，写作能力中的动力要素和运转要素是非线形性的、共时性的。它们相互关联，相互作用，相辅相成，使写作能力的活动驶入良性循环系统。使写作能力取之不尽，用之不竭，并且释放地有多有少，有快有慢，收放自如。

作者写作能力的动力系统和运转控制能力的产生和调配是非常重要的。一方面，写作过程中作者在写作哲学、美学、文化和心理诸要素的相互粿合而成的写作理想、愿望和追求，铸就了作者的写作文化审美方式和审美情趣，而作者的记忆能力、理解能力、表达能力、观察能力、直觉能力、思维能力、联想能力和想象能力的聚合使作者产生了强烈的表达需要和欲望，从而形成了强大的不可抑制的写作动力，其中写作哲学决定着写作的方向，写作美学决定着写作的目的，写作文化决定着写作的传播，写作心理决定着写作的质量，而记忆能力、理解能力、表达能力、观察能力、直觉能力、思维能力、联想能力和想象能力直接决定着文章生成的关键，这两方面的写作动力的有机融合交汇和互相加强，于是就形成了作者写作能力中动力系统的源源不竭动力。另一方面，作者写作能力的运转系统也是非常重要的，由于作者在禀赋、气质、性格、情绪、动机、兴趣和爱好诸要素的融汇形成了运转和控制合力，其中禀赋好的使写作文思敏捷，而气质决定着感受的强弱和思路的开阔或闭塞，性格决定着作者的写作思维方式；作者的知识和信息，决定着作者写作能力的广度和深度，智力和智能决定着作者写作能力的速度，而意志和习惯等要素决定着作者写作能力发挥的持久度、写作能力的流畅性、敏捷性和创新性，这正如一辆汽车，动力系统固然完美，但刹车控制系统不完善，即使动力再大，汽车还是不能正常运转和行驶。

## 第五节 写作能力调控

写作能力是由动力系统和运转系统两部分组成。写作能力的调控就是对写作的动力系统和运转系统进行科学有效地调节和控制、整合和运用，这是作者的写作节制和约束能力的体现，目的是使写作能力得以充分地发挥和利用。作者发挥主观能动力，在不同倾向的写作需要发生冲突时，控制约束某些强烈冲动，使其向着文章生成的方向发展。它是作者自觉的、有意识的，使写作能力不断提高和升华。写作能力的调控是在其不同方面和不同层次上进行的，如情绪调控、志趣调控、道德调控、技巧调控、整体结构调控和力度调控等方面。

## 一、写作能力的调控原则

### （一）流畅性

写作能力是立体动态、不断流动的，因此它的有效聚合方向必须有明确的目标和一定的顺序，而且连续不断，这样才能真正实现写作能力的取之不尽，用之不竭。因此就要求我们必须按照适合客观事物本身的方法来梳理、规范和引导，使写作能力的发挥更顺利、更流畅。如高晓声在创作陈奂生系列小说时，写作能力中的思维能力、想象能力、表达能力等异常活跃流畅，一气呵成地为我们塑造了一个新时期的农民典型陈焕生。

### （二）针对性

写作能力是具有相当强的目的性和针对性的。它的针对性主要是指，一要针对客观事物的本质规律和内在联系，二是针对作者不同的个性和不同文种的不同特点和要求。如，20 世纪 70 年代张志新烈士的事迹非常感人，很多作家都想以自己的特长来反映这一事件，但都没能表达出来，只有雷抒雁用诗歌《小草在歌唱》的形式地进行了恰切表现。

### （三）灵活性

写作能力是多方面能力合成的结果，由于能力的性质不同，使用的方向不同，因此，合成的方式也是不一样的。这就要求我们在调控写作能力时，要根据不同的思维方式和不同的文体写作，既要科学有效，更要巧妙灵活地进行调节和控制；既要使写作能力全面聚合，又要在此基础上突显某一方面的优势和特长，使写作能力发挥得更彻底，从而使具体文章写得更好。如巴金擅小说，曹禺长戏剧，而艾青工诗歌，孙犁精散文，他们同时还会写其他一些文章。

作者的写作能力有大有小，有密有疏，有快有慢，有清楚，有模糊，有高潮，有低调。所以，作者的写作能力需要进行积极的调控。

## 二、调控的具体方法

调控的具体方法有：①“小～大”。写作能力的开始产生一般都是经过从小到大的过程，这要求充分发挥作者的写作情绪和情感的能动作用，写作情绪和情感的积累和酝酿，使写作能力得到不断扩充和加强。如，我们在构思时，往往先是由灵感的一点爆发开始，灵感思维力越来越大，直至全面豁然开朗。②“弱～强”。写作能力因素之间的联系是渐次展开和扩充起来的，写作能力生成的过程中，既需要诸种能力的分析比较和归纳综合，又需要不断的聚合整理和熔炼锻造，因此，在写作兴趣和动机的运转控制下，作者的写作能力是从弱到强形成的。③“细～粗”。“文思泉涌”现象只是灵感爆发时才有的，此前的积聚则是如“涓涓细流”，作者的写作能力开始产生时是细微的，随着写作意志和毅力的运转调动，才慢慢汇集成河，波涛汹涌。如作者的表达能力，从表达的生疏间断，到表达的顺畅连贯，再到表达的流利完善，表达能力逐步增强。④“浅～深”。写作是对客观世界和主观内心的反映过程，是一个思想认识的深化过程，也是作者写作能力由浅入深的发展过程。写作能力在作者的认识能力和直觉能力的调节和控制下，由浅入深地向前发展，促使着写作思维能力的深化。⑤“模糊～清晰”。写作能力形成初期是朦朦胧胧、模糊不清的，在写作动机和意志的催化调节下，写作能力逐渐产生，不断明朗清晰以致饱满而强大。如构思文章的雏形阶段，描绘出的文章基本框架也由模糊逐步清晰起来，文章的蓝图也逐步丰满起来。⑥“无意～有意”。写作能力中有意识成分，也有无意识成分。写作时要使其中的无意识能力转化为有意识能力，这需要写作的动机和目标的调节规范。如观察能力或阅读能力，其本来目的是为了认识世界或开阔视野，作者要巧妙地把它们引入有利写作中来，充分挖掘其揭示生活本质、积累写作材料、借鉴写作方法和技巧等内涵，刻意为加强写作活动服务。

文学史上，我们往往看到这种现象，即不少作家在青少年时期写诗，中年写小说，晚年则写散文和长篇小说了。这种现象说明人的写作能力是在不断发展和变化的，是经过长时间培育起来的。从人类发展的历史和现代社会发展趋势看，我们人类正在逐步走向完美与和谐，人的各种能力也处在快速发展中，心理学最新研究成果表明，人的心理潜能和大脑能力还远远未被开发利用起来，人类有发展的潜力，有追求完美的天性，只要我们善于克服主客观上的影响，写作能力是有可能大幅度提高的。实践证明，要培养写作能力，其最佳时期就是青少年时期，因为写作能力中的诸要素在青少年时期发展最快。

## 三、培养方法

① 明确目标，坚定信心。学习写作的目标就是为了会写文章，从而发表文章。写作能力是人能力中最重要的核心，其提高不是一蹴而就、立竿见影的，要按照人的生理、心理发展的特点和写作的实际需要，有目的有计划地科学培养和训练。② 深入生活，不断积累。生活是写作能力的源泉，在生活中不断锻炼作者的各种素质修养和能力，在观察、体验和思考中不断提高写作能力。不断地积累写作经验，并使其有效地转化为写作能力。③ 结合理论，反复实践。实践出真知，更长才干。科学有效的理论指导下的写作训练实践，更能快速提高写作能力。积极参加文学社团和写作兴趣小组，开展写作竞赛和写作为社会服务等多种写作实践活动。④ 积极投稿，成功激励。及时把写作训练的成果整理修改和完善并投稿，参与社会上的各种写作征文，用积极的鼓励和发表文章的成功，来刺激作者潜在的能力迅速转化为写作能力。写作成功的喜悦会长久地激励其写作的热情和兴趣，从而促进写作能力的不断提高。⑤ 科学引导，合理开发。人在寂寞孤独时的日记，想家时的书信，交友时的手机短信和情书，博客微信，失恋时的诗歌小说创作等，应加以正确指导，合理开发和利用这样的写作“自然井喷”，挖掘潜力，开发写作能力。写作能力培养的方法和途径还有很多，针对不同的人有不同培养和提高其写作能力的办法，我们要因人而异，量体裁衣，积极培养，科学开发，不断丰富和完善作者的写作能力。

# 写作过程论

# 写作过程概说

写作来源于人类对客观世界的能动反映和改造世界的愿望，而写作手段的书面性，是这种认识与愿望得到了鲜明持久的外在表现，并获得了交流效益。

人类的认识无一不来源于实践，现实生活是写作的唯一源泉。但是，这种认识并不是一种照相式的反映，它必须经过人的大脑加工制作，它是大脑对信息进行选择性接受与定向性加工制作的结果，加工制作是写作主体的功能。客观世界是多侧面、多层次、千姿百态、丰富多彩的，人的认识又是多角度、多途径、无穷无尽、不断发展的，因而体现这种主客观关系的写作活动才这样艰难复杂而又大有可为。

写作过程是作者经过复杂的精神劳动写成一篇文章的过程，它是一个系统而完整的创造性思维活动的动态过程，是由物到意、由意到文的主客观复杂转化过程。文章写作的过程一般要经过四个阶段：第一阶段是采集阶段，即通过观察、感受和体验生活等途径，摄取积累写作材料，使客观外物逐步升华为作者的内识，在写作意图推动下进入写作的准备态势，这一阶段的主要任务是积累写作材料，保证文章的写作“言之有物”。第二阶段是构思阶段，即在采集的基础上，在“情”与“理”作用下，对文章内容和形式进行全面的谋划设想，它的主要任务是提炼和确定主题、谋篇布局定体，以保证文章写作的“言之有据”，并在内心精心营构文章的蓝图。第三阶段是表达阶段，主要任务是将构思成果物化并外化为文章，其主要过程是起草修改，用语言文字将构思好的内容变成具体的文章，保证文章写作的“言之有序”。第四阶段是传播阶段，即文章通过一定的传播渠道传达给读者以产生社会效应的过程，保证文章写作的“言之有的”。这四个过程，是环环相扣，有机统一的。

| 客体 | 主体 | 载体 | 受体 |
|---|---|---|---|
| 采集 | 构思 | 表达 | 传播 |
| 输入<br>材料⟶ | 情<br>内容← ↕ →形式<br>理 | 输出<br>语言→文章 | 媒介（文字、声音、图像、网络） |
| 感知飞跃 | 内孕飞跃 | 外化飞跃 | 风化飞跃 |
| 物 | 意 | 文 | 人 |

写作过程示意图

# 第三章 写作采集

## 一、含义

所谓采集是指作者根据其写作意图和文章主题去寻找和收集材料的过程。采集是写作最初始的一步，也是重要的一环。俗话说:“巧妇难为无米之炊。”对写作来说，这“米”就是材料，没有材料就写不出文章。

材料本义是指物质生产中的生产原料。写作材料，是指作者为一定写作目的写进作品中的生活事实和客观事理。与材料相关的还有素材、题材和资料。素材是指作者为进行文学创作所收集的材料，它是一些尚未经过作者加工整理的处于零散杂乱状态的原始材料，是题材的基础。题材有广义和狭义之分，广义的题材是指文学作品所反映的对象和社会生活领域，如工业题材、军事题材、爱情题材、城市题材等。狭义的题材是指具有人物、情节、环境的用来表现作品主题的一些完整的生活现象。资料是指理论研究和实用写作中所用的材料，如书籍、期刊、文献、图片、图表和数据等，它具有客观性和权威性。

## 二、种类

材料的种类很多，从其源处来说，主要有以下三种:① 直接材料。是作者的亲身经历，或作者在生活实践中所见、所感的材料。它是感性、鲜活的第一手材料，对触动作者情思、激发作者写作欲望有着至关重要的作用。② 间接材料。人们通过阅读以及其他方式获得的材料，就是间接材料，间接材料可以突破时空的限制，弥补人们感情上的不足。③ 发展材料。在直接材料、间接材料的基础上，经过作者的思考、分析、研究和一定的集中、概括而得到的材料，就是发展材料。发展材料带有很大的创造性，体现了作者的思想立场、观点、审美观、人生观等，也往往体现了作者对生活的认识和审美评判。从材料的性质和形态可分为:① 事实材料。即客观存在的社会生活现象，或文章中提供的具体情况，包括人物、事件、数据、图表等。② 观念材料。是指经典著作、文件、重要理论文章中的理念内容，它们具有科学性和权威性，还有一些日常生活中的格言、警句、谚语等，它们具有经验性和公理性。

## 三、意义

材料的意义:① 材料是写作的基础。写作必须要占有材料。只有在掌握丰富材料的基础上，我们才能写出好的文章。② 材料是主题的支柱。写作总要表达对客观事物的认识，表达正确的思想观点，正确的认识和思想观点即文章的主题，是从实践中获得并积累起来的材料中总结、概括出来的，观点需要材料的支撑才能站立起来。③ 材料是文章的血肉。从生活中广泛收集占有详尽而充实的材料，为文章提供丰富的内容，这是写作第一位的工作。④ 采集材料可以触发写作冲动，增强写作热情，作者在采集材料的过程中受到外物（材料）的刺激，感情自然会激荡起来。“情动于中而形于言”，感情强烈了，就有了发表意见的欲望，也就有了写作的冲动，写作热情就会不断增强，就会爆发出灵感的火花。⑤ 材料还是作者选定表达方式的依据。因为有的材料可以写成多种文体，而有的材料只能写成特定的文体。可见，材料是写作活动的基础，离开了材料，写作活动将寸步难行。正因为材料对于写作是如此重要，所以，写作首先要采集材料。

## 四、要求

采集材料的要求：① 高度自觉。作者采集材料应当尽早超越自发阶段，达到自觉的程度，变被动为主动。作者要主动、自觉地到生活中、书刊里和网上寻找写作素材。细致地经历、观察、体验、思索生活，从而获得丰富、细致、深刻而有系统性的材料。这是对生活材料认真审视、思索和发现的结果。② 广取博采。对于文章写作来说，占有的材料越多越好，采集材料是写作活动的第一步、也是第一位的工作，因此应当广取博采，多多益善。茅盾曾说：“采集之时，贪多务得……不厌其多。”（《茅盾论创作·有意为之》，上海文艺出版社 1980 年版，第 520 页）采集的材料多了，便于比较和鉴别，分析也就有了基础，构思选材就有了余地，表达起来才会触类旁通，左右逢源。作家们往往都有自己的生活手记和札记。③ 定向积累。作者可以根据写作需要和个人的兴趣，确定采集材料的目标和方向，即每个作者都要有一个材料凝聚中心。这个中心是他们在创作过程中自觉或不自觉形成的，材料凝聚中心与作者的写作中心联系紧密。材料凝聚中心的确立，有利于作者以较少时间、采集到较为丰富的材料，可以提高效率。从长远来看，确立这个中心对于作者的迅速成长，形成独特的写作特色是大有益处的。④ 采集素材要适合文体要求。文体在形成过程中，材料和文体格式的相互作用成为内容和形式的一种表现。我们应该在准备阶段就学会根据文体的需要去积累采集写作材料。如诗歌需要的是美的意象，其材料的采集多着眼于生活中诗情和诗意的捕捉，散文常常是通过生活中一件小事的截取，来展现生活的美好哲理，小说在于及时抓住生活中的人物、情节和环境来反映时代面貌，而戏剧重在突显生活中的矛盾，以展示人物性格和生活现实。因此，在采集材料时，一定要根据具体的文章体式来把握。

## 五、采集材料的方法

只有把平时自己看到的、听到的、经过思考的内容记载下来，才能“积学以储宝”，避免知识、灵感与智慧的流逝，写作起来才比较容易。

### （一）观察记录

这是观察之后的必要总结与记载。观察要确定一定的目标和重点，有目的、有计划地了解和掌握观察对象的情况，并把在观察过程中的收获真实而准确地记载下来。无论是科学观察，还是文学观察，都应当如此。观察记录的写法有两种：① 扼要式。对观察到的人、事、景、物做提纲式的记录，简明扼要，重点突出。② 素描式。把观察到的人、事、景、物写成一篇简短的传记或速写，生动具体，能鲜明地反映个性特征。

### （二）生活札记

把在生活中的见闻、随想、杂感等，随时记录下来，便是生活札记。生活札记的内容也非常宽广，反映了作者的生活阅历。把听到的、看到的、想到的记录下来，积累大量素材，创作时就会得心应手。

### （三）调查和采访笔记

调查和采访时，要与重要的当事人、知情人及其他有关人员接触，把向他们了解、核准的史实记载下来，这就是调查和采访笔记。做这种笔记，要耳快、手快，口勤、脑勤。同时，要注意避免遗漏和失实，尽量准确掌握较多的第一手材料。

### （四）读书笔记

这是阅读时，为提高阅读质量、巩固阅读成果而作的笔记。“眼过千遍不如手过一遍”，把读书时获得的体会、心得等记录下来，更有利于材料的积累。读书笔记的做法，常见的有以下几种：一是标记式。直接在文章中做一定的标记，如显示重点，表示感叹、赞扬，表示疑问、否定等，体现对文章要点、知识点的把握。二是评点式。阅读时，对文章作出评点，以眉批、夹批和尾批的形式，写出自己的见解或评价，在深入理解文章内容的同时，深化和发展自己的思考和思想。三是摘录式。即抄录重要且精彩的句段和主要内容。摘录后，要标明出处，分类保存，便于查找、实现材料价值。不要断章取义，扭曲原文。四是索引式。将资料的署名、文体、报刊名、出版日期、作者、页码等记下来，广泛掌握书刊中的有关材料，为查找、运用提供方便，形成一定的材料体系。五是心得式。将读书时的体会、认识、思考、疑问等记下来，加强对知识的融通，使所读的书活起来，与现实发生联系，与自己的思想发生联系。写心得是走自己的思想路线，使读书不再是机械地接受别人的思想，而是主动地吸取精华的有效方式。

### （五）报刊剪辑

就是有关报纸刊物内容的剪报集。许多著名作家在写作中曾大量运用报刊上的材料。报刊剪辑，首先要剪贴整齐，然后注明资料来源，并适当加上标题或者批语，再分类编号，装订成册。

### （六）资料卡片

理论研究工作者积累材料的重要方式。学会做资料卡片，可以培养自己挑选、思考、运用材料的能力，是学习写作的基本功。

### （七）收藏夹

在网上浏览和搜索写作资料是非常普及和快捷的，遇到资料可以点击收藏夹中的收藏，或用复制和粘贴的方式，把资料保存下来。

## 六、使用材料

“夕阳芳草寻常物，解用皆为绝妙词。”爱好写作，渴望提高写作水平，我们要养成勤于积累、善于积累的习惯，建设好自己的材料仓库，使写作成为一件比较容易的事。采集的材料并非都有用，因此，就要善于鉴别、选择和使用。

**（一）鉴别材料要真**

这是选择的第一步，鉴别材料要“精”，要由浅入深，从现象到本质，对材料的轻重、大小、主次、真伪都要有个比较，做到心中有数，正确的鉴别有助于认识材料的本质，实现由感性到理性的深化。鉴别材料包括鉴别材料的真伪、意义、作用等方面的工作：① 识别材料的真伪。辨别真伪，讲究质量，选择生活中那些真实性与代表性相统一的材料。② 识别材料的意义。所谓识别材料的意义，主要是指识别材料对表现写作意图的意义，在众多材料中寻找它们与写作意图的契合点。③ 识别材料的作用。材料的作用即材料对表现意图的价值。鉴别材料的过程，是对材料深入认识的过程，是作者从感性认识进入理性认识的关键一步，是为选择材料做好准备。

鉴别材料的程序是：一是总体分析。对占有的材料首先通过比较，确定材料的共同点和差异点，概略地找出材料所反映的内在联系，然后按材料的共同点和差异点分成不同的类别，把纷繁复杂的材料加以条理化、系统化。二是个体研究。对较为重要的材料进行认真分析，鉴定材料的客观实在性，弄清材料的精和粗、真和伪、优和劣、新和旧、重和轻、主和次、动和静等。三是加工提炼。通过前两个阶段的分析研究，将各种材料联系起来，经过一番加工提炼，综合成一个有机的材料整体，从而认识材料的现象和本质。

在整个鉴别材料的过程中，鉴别材料的主要方法是核实。其具体方法有：① 溯本求源。应注意引文要查原书、原件等原始材料；要尽量找到具有第一手材料的人核实几经传递的情况；有现场时，要赶到现场，在现场核实材料。② 寻求物证材料。③ 多方证实各种物的材料、各种人的材料、各种时间的材料，在某一事实上说法是否一致。若一致，基本上就可以认为是得到了证实。④ 逻辑判断。看这一材料是否符合逻辑规律。⑤ 技术验证。有的材料需要进行化验，取得技术鉴定。⑥ 校正误差。如将材料送本人审阅修订，或请原单位审核。

**（二）选择材料要严**

其具体要求是：一要看它与主题的关系，以主题为依据，选择和主题直接和间接有关，能说明、烘托、突出和暗示主题的材料。二要看材料是否典型，要有一定的深度和广度，能够深刻揭示事物本质，具有广大代表性和强大说服力的材料。三要看材料是否真实和准确，既合乎实际，经得起实践的检验。四要看材料是否新颖，即追求新鲜性和生动性，即能反映新事物、新情况、新经验、新问题以及事物生动活泼、具有形象特点的材料。四要巧于剪裁。剪裁是选材的基本功，指对材料的取舍与疏密安排是：以主题的表达为准，还要确定好材料的主次，做到取舍得当、详略得体，疏密有致。要善于精取，又要敢于割爱，才是选材的艺术本领。提高作者剪裁能力的方法主要有：① 养成敏锐的眼光和善于思索的头脑。要求作者在剪裁之前反复考虑，从那些表面纷纭复杂的现象中看清楚哪些是能够反映生活中某种本质规律的现象，从而将它们选择出来；至于那些不能反映这一本质规律或与这一本质规律无关的现象，则加以剔除。② 以确定的主题或中心人物、事物作为剪裁的中心。凡是有利于表现立意、主题（中心人物，中心论点）的材料，就选取备用，相反的则舍去。③ 在剪裁过程中注意完整与多样的统一。作者对材料的剪裁要从整体上、宏观上着眼，来安排剪裁的每一个步骤，以保证篇章的完整性。当然，完整不等于单调，完整是多样的统一。④ 剪裁应当注意加法与减法的辩证关系。剪裁就要把那些不相关的、非本质的东西通通剪去。只有这样，那些必需的、本质的东西才会显豁、突出。处理好剪裁中加与减的辩证关系，是整个写作过程中十分重要的一环。

**（三）运用材料要活**

这是材料工作的最后一步，指对选定的材料进行梳理、组织和运用，将其合理地安排在文章中。使用材料要求"活"。一是按照材料的不同情况，决定材料安排的先后顺序，要贴切自然，合理有序。二是按照材料的轻重程度和使用情况的不同，决定材料使用得详略疏密，做到繁简适度，浓淡相宜。三是按照材料和观点的统一关系，坚持从对材料的科学分析中引出正确的观点，使观点和材料有机结合。四是按照内容表达需要，灵活地运用多种表现手段，使材料的表述显示出不同的情调和色彩。从根本上说，材料的安排、运用受主题思想的支配。作者应具有内在的主体意识，吃透材料，并主动驾驭材料，通过运用，使材料的精华得到升华。使用材料的具体要求有：① 材料的顺序要贴切。在运用材料的过程中，应注意从表现出主题出发，根据材料的不同情况，决定安排材料的先后顺序，努力做到贴切自然，合理有序。② 材料的详略要得当。要注意安排好材料详略疏密，这当然也要根据主题的需要来决定。一般来讲，文章的中心事件、中心议题都应该详写，有典型意义的材料也应详写。材料的详略往往还受到文体因素的影响。记叙文体以写事为主，所以记叙事实的部分需要详写，议论、抒情部分则应略写；议论类文体以判断推理的逻辑方式来阐明观点，所以说理部分往往需要详写，所用的事例要求简明概括，一般是略写。③ 材料与观点相统一。对议论文章来说，在材料运用过程中，要坚持从对材料的分析中引出正确的观点，使观点和材料有机统一，成为统一和谐的整体。④ 材料要有一定的表达角度。所谓材料的使用角度，就是以一定的观点认识和情感体验，去辨识、分析已进入作者心里的写作材料。对材料的使用，要尽可能选取最佳角度，开掘思想情韵，调配笔墨色彩，让材料的表现意义最大限度地得到发挥，从而变平淡为生动，化一般为新奇。

**（四）分析材料要准**

写作中的分析就是要对观察、调查和阅读所得到的写作素材，进行分析、比较、归纳、综合的研究工作。在写作时才能提出正确的观点和解决的方法，使自己的文章有益于读者，有益于社会。这种分析工作主要表现为材料的整理、鉴别和观点的概括、提炼。1. 材料的整理、鉴别。对于观察、调查和阅读得来的材料，必须做好整理、鉴别工作，材料的选择、使用的基础，对于写作的成功与否，是很重要的。怎样整理、鉴别材料呢？材料整理：可按材料的性质分类，也可按材料的来源分类，或按材料的类型分类。例如，① 按时间分类有：现实材料、历史材料。② 按性质分类有：正面材料、反面材料。③ 按关系分类有：直接材料、间接材料。④ 按类型分类有：具体材料、概括材料。⑤ 按学科分类有：诗词、小说、散文、戏曲材料；或文学、艺术、科学材料。材料鉴别：材料之所以需要鉴别，是因为材料与事实具有不可分的联系，达到准确反映事实。观点的概括、提炼：在写作中，观点的概括与提炼是十分重要的。因为，现象只说明事物的表象，而观点才反映事物的本质。对观点进行提炼应注意以下四点:① 要善于提出问题。② 必须从全部材料中概括、提炼观点——分析、归纳、挖掘事物的本质。③ 提炼观点要自然地得出结论,避免外加硬套,不能生硬拔高,不要骛趋新奇,走向极端。④ 在表述观点时,用语要准确精当,简明扼要,不能模棱两可,不可故弄玄虚。

# 第四章　写作构思

构思是写作过程中的重要环节，是作者在孕育文章过程中所进行的一系列定向的、创造性的总体思维过程。作者在采集的基础上对文章进行整体性思考，包括选取、提炼题材，酝酿意蕴，确定主题，考虑人物活动与事件进展的布局，探索最适当的表现形式等，文章就是在写作构思阶段中形成的。因此，要想提高写作能力，就要研究构思的技巧，就要切实提高自己构思文章的能力。

## 第一节　构思本质

### 一、含义

构思是写作活动中作者赋予文章灵魂和形体的全面总体的思考过程，它是作者动笔前在大脑中反映和创造与未来文章内容形式内在联系的自觉意识过程，是写作活动中作者的主观认识与客观事物相契合的思维过程，也是作者对客观事物从感受到分析认识再到综合归纳最后加以适当表达的过程。写作构思是文章在作者心里孕育的活动过程，是一种创造性的高级思维活动，作者在丰富的积累和感受的基础上，对客观事物进行一系列的主观化艺术处理，创造出具有形象性、感染性和新鲜性的文章新面貌。构思又叫神思、创意、运思等。写作过程中的构思起源于作者萌发写作动机或接受特定写作任务时，而止于动笔前对文章总体框架已考虑成熟时。就文章的整个制作过程来说，它的任务是在提炼主题的基础上进一步拓宽和深化思想认识，疏通理清思路，分析选择材料，设计和构建文章的基本框架。构思决定着一篇文章质量的高低和价值的大小。

### 二、特点

构思有如下特点：一是客观性。这是构思的前提所在，构思建立在对客观而又全面的材料进行分析的坚实基础之上，充分尊重创造性思维的客观规律性进行的。二是创新性。这是构思的灵魂所在，是最显著的特性。创新是写作构思追求的目标，创新必须经过心灵的创造。创新性体现在写作的各个环节上，作者按照自己的写作意图和美学追求，使文章在选材的开掘深度、立意的深刻新颖、结构的标新立异等方面，达到内容新、形式新和内容美、形式美的完美结合。三是审美性。构思的整个过程贯穿着作者对美的追求。不仅追求内容美，还要追求形式美，并且总是希望自己的文章能给读者以美的享受。要使作品达到内容美与形式美的统一，需要作者的多方面努力，主要是选材要严，开掘要深；立意既新颖又深刻；结构要有创造性，敢于“标新立异”；语言使用要根据文章体裁、读者对象灵活地使用词汇、句式和修辞手段，尽可能做到内容与形式的完美统一。四是灵活性。构思中的思维活动是十分灵敏和活泼的，是跳跃变化的，思维的触角时时伸向四面八方。五是个体性。构思是作者个人所进行的，表现出作者的个人风格，使构思具有个体性的特征。所谓“文如其人”、“风格即人”，就是构思个体性的具现。六是指导性。构思过程中作者通过对生活的感受和理解、认识和评价，通过文章的内容和形式反映出事物的本质和规律，对文章写作活动起到指导、观照的作用。

## 三、任务

构思的任务：一是明确写作意图。作者的写作要求和写作目的要明确，构思的意图是以加工事实为依据的，作者要注意及时调整主观意愿与加工事实的关系。作者写作意图对文章结构安排、材料取舍、表达技巧都有制约和指导作用。写作意图要符合客观实际，符合社会需要，符合审美趣味。二是选准写作角度。构思时必定要对进入加工状态的材料进行改造制作，站在什么位置，采取什么方向进行改造制作，就形成了不同的写作角度。选准写作角度的目的，一是找到有效开启构思闸门的突破口；二是为了避免雷同而出新出巧。选准写作角度与作者的知识经验、个性气质、兴趣追求有密切关系。三是确定文章体裁。构思必须先确定文章的体裁，然后再考虑文章材料的安排，确定文章体裁，一是不能违背材料本身的客观性与适应性；二是体裁对加工材料也有选择的自由和要求；三是作者的心理定式对体裁的使用也有制约。确定文体关系着文章体裁的确定和文章构思的成败优劣。四是精选文章材料。随着构思意图明确、体裁确定、角度选定，选择材料在写作构思中的作用就更加明显和重要了。精选文章材料一要在意趣的指导下选择，二要在机智的影响下选择。五是谋划组织结构。安排文章结构是构思中最重要内容和任务，谋划文章秩序结构方式，离不开思路、脉络在时间和空间上的最佳排列组合。六是推敲表达方式。写作构思中的表达是借助内部言语进行的，思维是和内部言语紧密相连的，主要是词语与表象的联系，以便于使未来文章的语言形态更加科学、合理和成熟。

## 四、要求

文章写作要富于创新，在构思方面表现得特别突出。

一是翻与变。就是要善于翻旧变新，它要求作者思想要深刻、敏锐、活泼以及感情要浓郁、强烈、持久。如谌容的《减去十岁》非常新颖独到地表达了对“文革”浪费人们宝贵生命的控诉。二是精与巧。是指精—精炼、精深。① 对生活要挖得深，吃得透，抓住本质。② 给内容选择一个最鲜明、最经济的表达形式。如《钦差大臣》里的真假钦差，其中的误会、巧遇、曲折、颠倒、是巧而又巧，非常真实，因为它符合生活规律和逻辑。三是角度与手法。被人写烂的题材，有时换一下角度和手法，往往能取得很好的艺术效果。如关于吝啬鬼的故事，我们就知道世界四大吝啬鬼：严监生、阿巴公、葛朗台、泼留希金，但也有这样的吝啬鬼：花一分钱买芝麻一个一个地慢慢地吃；不花一分钱用手沾一手狗肉上的狗油，让孩子吮吸手指以示吃肉；吃鱼怕花钱，买鱼后挂起来，吃饭时“望鱼止馋”，甚至用纸剪成鱼望着吃饭。

构思要从大处着眼，这样就会站得高，看得远，高瞻远瞩，方能有深邃的思想力度和丰富的联想想象以及宏伟的气势，同时要积累丰厚，从小处着手，才会有独特的审美价值和个性。

### 五、作用

从写作过程看，构思有如下作用。一是形成写作“心境”的通道。写作心境是一种情绪的弥漫状态和神情专注、平静而又持久的情绪倾向。当作者把构思对象时刻挂在心上，走路时想它，吃饭时想它，睡觉时也想它，构思就进入了痴迷的佳境。据说拜伦因气愤构思时家人的打岔，曾把金表摔进火炉，并鸣枪示警！陈后山作诗，连猫儿、狗儿都撵到门外。当作者心情舒展，写作欲望强烈而又稳定，完全进入构思中时，写作心境才会出现。二是沟通采集与表达的桥梁。构思在采集和表达之间起着中介和桥梁作用。鲁迅曾深有体会地说：“静观默察，烂熟于心，凝思结想，一挥而就。”构思的顺畅、流通和敏捷，会使表达的脉络清晰连贯，文从字顺。要写好必先想好，要想好必先感受好就是这个道理。三是孕育精神胎儿的母腹。写作有点像母亲的十月怀胎一朝分娩，人物形象和故事的意义总是在孕育过程中逐渐明确起来，最后成熟了就写出了文章，孕育是对构思的形象化比喻。四是决定文章质量和命运的关键。文章的成败得失，关键在于采集基础上的构思情况如何。深意的开掘，最佳方案的诞生，结构上的大胆突破，靠的是构思；逻辑的严密，思路的开拓，激情的喷发，靠的也是构思。把好构思关口，文章至少成功一半。

## 第二节　构思进程

### 一、阶段

构思是写作活动的一个心理过程，构思本身的心理过程是分阶段性的。

一是触思阶段。构思一开始，往往得之于客观事物的触发。它常以灵感的形式出现，外物的触发是引起作者构思的契机。有时“触发”不是直接产生于对事物的感知，而是作者因某种情况产生创作的需要之后被有意识唤起的印象所触动。如王蒙听旁人谈起有一对青年男女在宿舍楼的公共信道的阳台谈恋爱，这是他的《风筝飘带》构思由来。写作构思的获得，是“长期积累，偶然得之”的结果。作者对生活的感受、情绪记忆、联想能力、审美创造意识等，是构思产生的内在原因和基础。作者心灵中有着长久的积蓄，不得不发，这是一种“外感”与“内蓄”的共鸣，使作者对现实事物做出强烈的反映，产生探索生活哲理美的强烈欲望，这种对现实事物的定向审美主义，使作者自然地把自己的创造激情、艺术想象云集在某一特定对象周围，或者顺应它的内在动势的延展，从而进入具体文章的构思活动。二是运思阶段。是作者在有了具体的把握对象和构思趋向之后，对出现在头脑中的信息材料作进一步的扩充、延展，并进行再体验、再认识的构思活动。运思阶段是构思中最苦的阶段。从主旨到形象，从体裁到结构，一切都没有完全定型，要求作者的思维活动要集中定向，主要在两个方向上同步展开。一是横向扩展，二是纵向挖掘。一方面，作者要凭借思维活动由原先的零星形象扩展开来，把各种感受、想象、情感意念串联起来，不断丰富构思的内容。另一方面，作者又需主动对材料进行再认知，努力透过客观世界的外表，把握其未被意识到的本质特征。想象的展开后组合，是作者思想认识深化的结果。同时又为新的组合上的再掘进提供了可能，再掘进的结果又导致更广阔的想象，唤起记忆中更多的储存，构成新的链接。在运思中，作者头脑里往往会不断跳出一些闪光的思想、精彩的语句或片断的形象，可以进一步使构思深化。三是定思阶段。在对未来文章的具体形式有了基本确定的设想后，作者进入由“意”或“形”到“言”的转化阶段，即从表现的角度出发，修正、调节前阶段已有的构思内容，赋予某种确定的形式。按照思路发展，对材料进行调整、组合，构成表达思想感情的逻辑序列，挑选最有价值材料，尽可能全面清晰地表现、传达出在意识中越来越定型的文章主要思想。并着眼于提高未来文章艺术性，提高增强主观写作意图物化程度以及物化效果。诸如作品的基调、风格、表现手法、技巧、具有特征的语言等。未来文章基本形式在新的意识中的具象化，标志着定思的结束，同时也是整个基本构思活动过程的完成。从构思的过程中可以看出，文章构思在作者思维活动中体现了由模糊而渐趋明晰、由粗略而渐趋精细、由表浅渐趋深入、由驳杂而渐趋凝聚的过程特点。

## 二、进程

### (一) 发散

发散是作者有目的地围绕一点生发，引向四面八方扩散，造成想象和联想，从而产生新的形象。其特性有：一是流畅。能迅速产生和组合大量记忆中的表象。条件有三：专一的心境；丰富的表象储备；强烈的激情和深刻的感受。二是变通。以不同的多种思路进行超乎寻常的想象和联想，灵活地进行表象的组合和选择。三是独特。发想的新颖脱俗，不同凡响。其引发是关键，发散型构思可以是形象的直觉式引发，也可以是非直觉的形象想象，还可以是概念的理性式联想。如臧克家《凯旋》组诗中第一首《联系》，构思的引发就是作者躺在病床上，面对天花板产生的直觉想象。老舍的《黑李白》、鲁迅的《狂人日记》等诞生也是如此。发散的方法：

1. 想象

它是发散的一只翅膀，它以观察为前提，以表象为基础，以知识和经验为跳板，以情感为动力。想象从心理学角度看，就是对人头脑中已有表象进行加工改组而建立新表象的过程。它能使人“跳过”某种思维阶段，想象出最后的结果。如埃及狮身人面像，安徒生的美人鱼和日本诼治虫的铁臂阿童木。想象的种类，以目的性和自觉性来分有：① 无意想象。没有特殊目的、不自觉的想象，属于想象的简单初级形式。如“白云——像某种动物”、“小孩的尿迹——地图”等想象以及我们睡前迷迷糊糊、困乏时的半睡眠状态展开的想象，都是无意想象，其特点是随意性和不自觉性。梦是无意想象的极端情况，它是一种心理活动，是在无意识状态下，表象奇妙的结合和改组，它不由人的主观意志来控制，可以超越时空的限制，不受现实生活中具体事物的束缚，它曲折地反映了客观和梦者的某种心理活动（“梦是心中想”，“日有所思，夜有所梦”）。描写梦境是发挥想象力的一个途径，不少名家的写作中常有梦的描述，如鲁迅的《野草》共二十三篇，其中九篇写的是梦境，如《失掉的好地狱》、《好的故事》、《影的告别》等。② 有意想象。即带有一定目的性和自觉的想象，它属于想象的高级形式。有意想象又可分为再造性想象、创造性想象和幻想。再造性想象，即根据图片、语言文字或别人对某一事物的描述，经过构想而在头脑中形成的具体形象。阅读过程中常常用再造性想象复原人物形象，使文字变成脑中的图象，从而使人事物活生生地立于眼前。如沙鸥的《新月》：“新月一弯/像一条小船//我乘船归去/越过万水千山//花红，夜暖/故乡正是春天//你睡着了吗/我在你梦中靠岸”。作者的想象以简约的文字给我们复原了几幅流动的画面，使思乡的美妙情致，再现得新鲜活泼，令人回味神往。再造想象要求：生动鲜明具体，可感性强，如身临其境。创造性想象，即不以现成的描述为依据，在头脑中独立地创造出全新的形象的心理过程。如鲁迅先生的阿 Q 形象就是如此。要注意：重视原形的启发，善于突破常规。幻想是不受愿望支配而不与创造性活动直接相结合的想象。幻想的东西虽不能立即实现，但往往成为激发人们为促成其实现而奋斗的动力。如嫦娥奔月的瑰丽幻想，在今天的宇宙飞船和太空行走中，不是已经实现了吗？幻想能丰富和完善人的想象能力。

想象与写作的关系。写作过程中，如果没有想象，就写不出好文章，想象的丰富与否，直接关系到作者写作能力的高下。王蒙在《我们的责任》中说：“没有精神的自由驰骋就没有文学。”即没有想象，就没有写作。① 构思离不开想象。构思过程中，想象是其起飞的一翼，从取材、立意、结构直至文章的定稿，尤其是文学作品中人物形象的塑造，情节的安排，意境的创造等思维活动，都有想象的参与。② 想象有助于开拓思路。思路是思维的线索和步骤，确定了主题，选定了题材，如何进行安排、组织，使之成为有机的统一体，这就需要形成一条明晰的思路，想象越丰富，思路也就越丰富，选择的余地就大。③ 塑造人物形象离不开想象。作者根据生活中的各种人物，经过想象的分析、综合、提炼，从而就有了阿 Q、武松、贾宝玉。写现实生活中的真人也要借助想象。④ 各种表现手法的运用离不开想象。写作中各种写作手法、技巧的运用，与想象密切相关。如比喻、起兴、夸张、拟人、象征等，都要靠想象来完成。如《月迹》：“我突然觉得，我们有了月亮，那无边无际的天空也是我们的了，那月亮不是按在天空上的印章吗？”再如李瑛的《紧急集合》：“急促的哨子在叫/叫他，叫你，叫我/叫起一座座山/赶快列队集合。”以上比喻和拟人的生动丰富的表现离不开想象。⑤ 想象有助于强化情感。一是感情唤起想象，如台湾诗人琼虹的《甜蜜的复仇》：“把你的影子加点盐/腌起来/风干//老的时候/下/酒。”二是想象强化着感情。如莎翁的《麦克白》中的台词：“想象中的恐怖远过于实际上的恐怖。”作家往往运用想象来强化感情，引起读者共鸣，这种强化感情的作用往往使人如痴如醉如狂，《红楼梦》出世，使人感动得“呜咽失声，中夜常为隐泣。”对书中人的评价“遂相龃龉，几挥老拳”。

想象有其独特要求：① 想象要以现实为基础。想象虽是新形象的创造，但它以现实生活为基础。从想象的材料说，它源于对生活的感知，从表象重新组合的原因上说，时代不同，所感知的内容也不同，因而通过想象组合而成的新形象也大不一样。孙悟空本领再高，大闹天宫时也只是一根棒子，并未从花果山向凌霄宝殿发射洲际导弹。② 想象要以理性为指导。想象虽“观古今于须臾，抚四海于一瞬”，但它归根结底要受理性的制约，以理性为指导。这就是理性的分析、判断和理解，文章结构的匀称、严密、连贯，虚实相生，有波澜变化等，都是理性的指导。具体表现为：一作者要有深刻的思想，独到的见解；二想象要有明确的目的性，以控制想象的方向；③ 想象时要不断审视和分析，确保有用的想象。④ 想象要以激情为动力。激情触发想象，而且又渗透在想象的过程中，丰富的激情不仅是再现和改组表象的原动力，而且往往可以弥补原有表象的不足。⑤ 想象要靠语言来调节和表现。想象是以表象再现和重新组合为其主要特征的，但表象的运动是在言语的调节上进行，并以语言的形式表达出来。如作家张抗抗的笔下雪是如此美丽：“冰雪覆盖了大地，然而春花夏草，并不甘它们的离去常悄悄地把自己的剪影，清风儿带到窗子上，唤起人们对夏日的怀恋。”多记想象笔记，好处如下：充分发挥语言在想象中的调节和表现作用；随时随地发挥想象力；可以将稍纵即逝的奇思妙想及时捕捉下来。

2. 联想

它是发散的另一翅膀。联想是作者感受到的新事物与记忆中的事物联系起来而形成的一种新的暂时神经联系，它是由感知的形象引起的一种回忆。展开联想需要深刻了解客观事物的本质特征，把握其内在联系，一要想得广，二要想得深，三要想得新。联想的方式有以下几种：链环式。由甲→乙→丙→丁，像一种环环相扣的锁链。其文字表现：“指挥员的正确部署（甲）来源于正确的决心（乙），正确的决心（乙）来源于正确的判断（丙），正确的判断（丙）来源于周到和必要的侦察，和对于各种侦察材料的连贯起来的思索（丁）。”（毛泽东语）辐射式。这种联想是以甲为中心向四面外生发开去。如：“它（甲—指革命高潮）是站在海岸遥望海中已经看得见桅杆尖头了的一只航船（乙），它（甲）是立于高山之巅远看东方已见光芒四射喷薄欲出的一轮朝日（丙），它（甲）是躁动于母腹中的快要成熟了的一个婴儿（丁）。”（毛泽东语）经过如此的联想，不同事物以被一个共同的端点联系了起来。追根索源式。这种联想是以甲为中端向纵横两方面连续发散开去，追根求源。如：太阳光的特征→闪电→豪迈→坚定（横）。→月亮→星星→悠远→萤火虫→轻盈（纵）。跨越式有两种情况：A. 跨越事物间“相关度”的限制，向远处深处进击。如艾青诗赞花样滑冰：“安详如高空的鹰，轻捷如低飞的燕。力学的梦幻，几何学的迷恋。没有休止符的音乐，没有标点的诗篇。”花样滑冰的风采神姿与鹰翔燕舞之间相关度高，容易联想，但与力学、几何学、音乐、诗之间相关度低，是高度跨越的远区联系。B. 跨越事物间“可观度”的限制，进行“虚体”与“实体”间的转化。古诗词中这种联想比比皆是：“忽见陌头杨柳色，悔教夫婿觅诸侯。”（实→虚）“含情欲说宫中事，鹦鹉前头不敢言。”（虚→实）“何当共剪西窗烛，却话巴山夜雨时。”（跨越时间可观度）“东边日出西边雨，道是无情胜有情。”（跨越寓意的可观度）。跨越式联想，需要弥补眼睛观察的局限和克服相关事物间的障碍，与想象力结合向深远处开掘。

### （二）收敛

收敛就是集中、回拢思维的对象性客体，经过筛选、摈弃和淘汰与构思无关的表象，并对与思维有关的表象进行分析、综合和概括。一是一个中心，两次收束。任何文章的构思，都要在处于中心地位的东西确定前后进行两次较大的收束。寻找和确立主旨，从众多材料中选择最佳的立意，就是一次从“不定向→定向”思维的收束，收束到写作意图上来。接着还要围绕这一中心筛选和选择材料，这又是一次从“不定向（材料来源于四面八方和可替性）→定向（围绕中心）”的思维收束，构思至此也就趋于成熟。这个中心就是文章的支撑点，生活的亮点，依托的形象或事物处于中心地位（如人物、月亮、丑石等）。实用文章由于构思对象不同，故仍以人、事、物为中心，有的则以一个总论点为中心。二是分析与综合。这是收敛的两翼。构思是为寻找和确定处于中心地位的东西，完成两次收束过程，靠的是分析基础上的综合。分析是从不同的角度，对人、事、物、理各方面进行解剖，拓展思路，为综合和收束创造条件。如我们分析人：即人可以从内、外划分。“内”可分为“形”、“神”两部分，而“形”又可分为肖像、行为、语言和习性，“神”可分为性格特征、精神风貌、心理状态和气度神韵；“外”可分为“纵”、“横”两部分，而“纵”又可分为青少年时期、中壮年时期和老年时期，“横”也可分为人际、社会和环境等方面的种类。

分析与综合或从概念入手，或从表象入手，然后进行推导，走向思维的收束。如《论偶像破坏》一文，作者先从偶像的趣话点出它“受人尊重”但又“无用”的特点，然后分析它的危害性“骗人”，从而概括出破坏偶像的目的在于树立真理和科学的信仰。议论说理和科学论文的构思一般都是这样“收→放→收”或“总→分→总”的思路。文学创造也是这样：“人物的模特儿也一样，没有专用一个人，往往嘴在浙江，脸在北京，衣服在山西，是一个拼凑起来的角色。”（鲁迅语）分析和综合离不开判断和推理，分析是构思步步展开的推导过程，综合是推导的结果。如高晓生的《陈奂生上城》的构思分析，它从结果一直推导到原因，最后综合成“他是有点莽莽撞撞，只晓着往前冲，他去买帽子，没想到卖了油绳去买帽子，门已经关掉了，要明天买了。”分析和综合统一在比较的认识过程中，是对构思对象的立体考察。

### （三）突现

构思中突现的一般进程是：冥思苦想→暂时搁置→断续思考→潜意识思考→机遇撩拨→脱颖而出（顿悟）。概括起来有三个环节：沉思→机遇→顿悟。沉思是突现的起点，当作者经过发散和收束思维而未果时，在有意识冥思苦想中把各种信息和心理活动纳入潜意识层，并在其中互相碰撞、融和、再生和过滤，等待着突发时机，这种表面看来的搁置和构思中断，实际是转入“地下活动”期，以期待着突发的机遇，“得之在俄顷，积之在平日”。没有“踏破铁鞋无觅处”的苦功夫和“众里寻它千百度”的艰辛，就不会有“得来全不费功夫”和“蓦然回首，那人却在灯火阑珊处”的顿悟。如老舍的《骆驼祥子》的构思，就是以“祥子”为中心，通过平日深入细致的冥思苦想，从原型的祥子，到各色各样的祥子及其生活，最后是典型化了的祥子。思路步步深入，意图逐渐明朗。机遇是经过沉思产生顿悟的媒介，它是导致构思创造性发现的意外事件和潜意识向显意识转化的外在条件。机遇以内心接受力为前提条件，正如 J. 亨利所说：“伟大发现的种子经常漂浮在我们身边，但只在有心人的心中生根。”周克芹的《许茂和他的女儿们》创作的诱因是“偶尔看到赤脚在田埂上挖野菜的妇女和小女孩，那妇女抬起头，眼前一亮，很快爬上山坡摘下一朵鲜红的刺梨儿花，然后转回来，插在小女孩头上，娘儿俩脸上绽出欣悦的笑容”的情景。对外界信息的高度敏感，是捕捉机遇的内动力；认识机遇的偶发性，抓住时机，善于捕捉它。生活中的很多故事、趣话、轶闻，在文学家听来就是一出戏、一部小说或一首诗。要善于用心灵的眼睛去捕捉机遇。顿悟是写作构思的最后阶段的灵感爆发和写作思维的豁然开朗，是作者长期辛勤劳动和苦苦思索的结晶，当作为写作心理孕育的突变和飞跃的灵感时，作者的思维异常活跃，丰富的想象、感受和体验，伴随着想象、联想所诞生的新的审美形象纷至沓来，原来单薄而粗糙的审美形象以最快的速度升华为丰满而典型的艺术形象。无数作家深刻的经验和感受证明了这一点。列夫·托尔斯泰在构思《安娜·卡列尼娜》时，写开头很痛苦，但后来正是受了普希金的“客人们都到别墅来了”的影响和启发，爆发了灵感，才使他给自己的作品安排了一个：“奥勃朗斯基家里一切都混乱了”的开头，顺着这个开头，作家的一切感受、构思及预先想好了的故事等都有了归宿。构思必须拥有灵感的核心，灵感是构思的精华。

## 第三节 构思技巧

在构思过程中，行之有效的方法包括：① 寻找构成文章的线索。线索就是把文章的全部材料贯穿成一个有机整体的内在脉络。抓住线索是构思文章的重要方法。② 巧妙地穿插与交织。穿插和交织是叙事性文章的基本技巧，它们都是作者对文章进行整体构思的结果。穿插，主要是就文章的组织方法而言的；交织，主要是就不同的线索而言。③ 悬念与伏应。悬念和伏应是文章中常用的方法，也是文章构思中常要考虑的问题。悬念，主要是用于叙事性文章，尤其是文学性的叙事文章更为常用。伏应是伏笔和照应，各类文章里都可以运用。④ 铺垫与衬托。铺垫，就是为主要情节和故事高潮的到来，从各个方面、各个角度所做的准备。衬托，就是通过主要对象与次要对象，中心事物与周围事物之间的比照，来鲜明地突出主要对象、中心事物。⑤ 恰当的语体和情调。语体，即语言的体式和色调。语体可大致分为四类：科学语体、艺术语体、报告语体和应用语体。情调主要是指语言风格上的特色。

### 一、方式

构思的方式是因人而异，有的爱好躺着构思，有的喜欢站着构思。人的性格和爱好不同，于是就出现了五花八门千奇百怪的写作和构思方式。如：外国的莎士比亚、莫里哀、马克·吐温、巴尔扎克、笛卡尔和中国的齐白石等，他们都爱躺着构思。古希腊哲学家和科学家亚里士多德像小学生一样，一边写作一边咬指甲；挪威剧作家易卜生写作时一定要把他的死对头斯特林堡的画像放在书案上面对自己以激励和鞭策，才能写出好剧本来；英国童话作家卡洛尔和伍尔芙一样，喜欢站着写作；英国小说家狄斯累利写作时一定要穿上晚礼服，与此相反，爱尔兰诗人穆尔，非得全身脱得精光才能下笔；法国作家大仲马写作时，不同体裁用不同颜色的稿纸和不同颜色的铅笔，如写小说用蓝色，写诗用黄色，其他文体用浅红色；法国作家福楼拜写作时，在稿纸上方只写一行，其余用来修改，他喜欢白天睡觉，晚上写作；法国作家兼音乐学家罗曼·罗兰，写作时常常面对镜子根据自己表情来刻画作品中的人物；法国诗人、剧作家罗斯丹和美国的政治家科学家富兰克林，他们都喜欢泡在浴缸里写作。中国文人构思趣事也很多。如：王勃的"睡中思"、杨大年的"闹中思"、李白的"醉中思"、王筠的"玩中思"、鲁迅的"坐中思"。此外，还有的喜欢趴在床下写作，有的喜欢憋在阁楼里写作等。

据美国长岛大学贝格尔博士研究，当一个人舒舒服服地躺着时，心境比较平和、惬意，联想力和想象力丰富缜密，思考深入、广阔。从生理学看，人躺着思考时大脑接受信息的渠道变少，精力异常集中，便于挖掘思维的潜力；此外，因为躺着脑血流量有增加的趋势，大脑血液供应充分，营养充足，精神状态最佳，记忆力和想象力强。所以，躺着思考是一种能最大限度地开发潜意识、开拓智慧的思维形式。写作心理思维习惯，从文化大背景上看，可能会给不同民族带来消极影响，但在文章写作上，不能因为构思心理习惯和构思方式不同而可以简单地决定其好坏。

写作构思这一心理活动过程中，构思的心理方式，不同作者，不同文章，自会有不同的心理方式：① "十"字式。即交叉、开放性直线构思，它向外放射，互斥、进击、超越为内在特点，交叉、发散是其心理思维方式，意识流小说多采用这种构思方式。② "圆"字式。"圆"字式即相接、封闭性曲线构思，它是向内连接的，稳定、平衡、和谐为内在特点，还原、收束是其心理思维方式，传统戏曲和章回体小说常采用这种构思方式。③ 求同构思。即局限于既定的理解和现成的答案，作者受别人构思的影响和引导，形成单一确定的构思趋势。如清末的才子佳人小说。④ 求异构思。即不理会既定的理解和答案，作者大胆探索，形成多元的创造性的构思趋势。⑤ 变态构思。即突破了思维惯性，超越日常的条条框框，变形、怪异、荒诞就是变态构思，这是作者心理现实与客观现实比较呈现出来的不和谐或反和谐，但必须以作者的生活经验和规律来反射生活的本质。如卡夫卡的《变形记》。⑥ 自由构思。作者思维活动不受任何预定的路线、目标的限制，而是自由自在地进行。从感知开始，各种思绪和各种记忆中的表象会联翩不断地呈现，作者的思想和情感都是自然而然出现的。⑦ 命题构思。又称为限定构思。作者在命题的规定性之下充分发挥构思的主动性，使构思取得良好的结果。因为他人命题之后并未完全限定作者只能使用某一类材料，确定某一条思路，表达某一种思想，写出某一样感情，而是在这些方面都留有广阔的天地，构思是比较自由的。前人写旧诗，标题常用"偶成"和"赋得"的词语，所谓"偶成"就是自由构思写作的，而"赋得"则是定题分韵后再构思的作品。⑧ 形象运思。这是写作运思中的形象思维方法。这种形象构思法，是一种艺术地把握世界的思维方法。在文学创作中，它不仅始终不离开生活的具体可感的形象形态，而且驰骋着想象、饱和着情感，围绕艺术形象的萌生、发展、成长的过程而进行思维。以血肉丰满的艺术形象来揭示出生活的某些本质或规律。它与艺术感觉、情绪记忆、联想、想象等交融在一起，取决于作者的思想水平、生活经历、文学素养及掌握艺术技巧的程度。⑨ 抽象构思法。这种构思又称为逻辑思维或理论思维方法。它是对于客观事物抽象间接概括的反映，是运用概念、判断、推理的思维方式来反映事物的本质。抽象构思法包括形式逻辑思维和辩证逻辑思维，两者是互相渗透、不可分割的，但它们不是平等发展的，而各有特殊的思维规律。抽象构思法在议论文、杂文、评论（思想评论、文艺评论、新闻述评等）、学术论文写作中经常运用，在文学创作中也同样地存在着。⑩ 想象构思法。是作者进行回想、联想和想象来处理、加工材料，升华和提炼主题的思维行为。对构思方法的理解与掌握，不能只凭记忆，重要的还在于实践，要与立意炼意、聚材选材、谋篇布局、遣词造句、润饰修改等结合起来，使之融会贯通，相辅相成，共同发挥作用。⑪ 提纲法。是以文字符号记录写作构思中思维的要点，是作者思维轨迹的视觉化，它便于作者把握思维进程和构思的总体框架，对提纲的反复推敲，会不断完善文章的内容和形式。提纲可分为人物提纲、情节提纲、结构提纲以及总体提纲、局部提纲等，它是一篇文章的设计图，提纲是由构思通向未来文章的桥梁。列提纲，便于抓住要领，理清思路，及时把构思的成果有条理地显示出来，作为正式行文的基本依据。提纲的粗细、详略、长短，全在个人习惯。在创作过程中，作家为求更完美地表达创作意图，还会不断修改提纲，甚至出现部分的背离或全部推翻原有提纲的情况，这正是作家艺术构思不断完善、深化的表现。⑫ 腹稿法。简单短小的文章通过“打腹稿”的办法进行构思。即作者在心中把所要写的文章思考成熟，然后直接写出来，也就是用内部语言将成熟的构思肯定下来。⑬ 备忘录法。指随意将思索中点滴所得记在纸上，以备进一步展开和深化构思。如一个名字，一句很妙的对话，一个极富特征的形象、场景细节等，经作者思索，常常能发现它们的内在联系，可以根据创作意图把它们有机地组合，使文章轮廓逐渐显现，这种构思轨迹反映了由量变到质变的过程。⑭ 细节启动法。指从生活中发现捕捉细节而触发、推动整个艺术构思。徐迟说：“构思往往集中在一个细节上。”细节对构思的启动，主要表现在：或诱发创作初念，或推动情节发展，或孕育人物形象，或暗示主要思想等。细节启动构思，离不开作者整个思想艺术修养潜在的作用。⑮ 倒寻结尾法。指从结尾处开始构思作品的方式。这是不少剧作家的一条共同经验，也深受诗人散文家、小说家的重视。好的结尾，往往显示出作者的思想深度、艺术才华和对现实生活的新发现，因此这种构思最能取得异常强烈的艺术效果。冯骥才构思时首先强调“有一个好的结尾”。他认为：“结尾比开头重要得多……最为容易成功和最容易失败之处往往就在这里。”⑯ 回转反馈法。指高潮结尾处突然把矛头转向原先发出动作、制造矛盾的主人公身上，造成一种独特的反馈效果。这种手法可以使情节曲折有致，生动有趣，艺术效果强烈。⑰ 元素换位法。任何事物都是有一定量的因素组成，性质也由各种因素按一定排列顺序所决定。如果换掉其中一个元素或改变一下排列顺序，那么事物就会发生变化。对于创作来说，换元能够产生新的思路，获得创造性的成果。

构思提纲：为了便于梳理思路，使构思轨迹更清晰和连贯，有必要编写构思提纲，其程序和内容如下：

一是写主题句。主题意蕴在文章中具有核心的地位，第一步的提纲工作是确立主题意蕴。如果说文章是一个精神生命，那么材料是血肉，结构是骨骼，语言是细胞，表达方式是皮肤，线索是脉络，而主题意蕴则是大脑和心脏。二是拟制标题。标题服务于主题，标题可以更换，主题不能随意更换。文学作品标题一般有：一是形象概括意蕴。这类标题常见，因为象征手法是传统手法，符合文学的本性。著名文学作品中这样的标题有《红高粱》、《城堡》和《老井》等。二是内容提要。指文章内容，即题材范围。三是与主题有关的一事一物，或人物语言。四是人名、地名、时间等。这类标题要求：形象、含蓄和新奇。文学名作标题如《阿Q正传》，新颖独到，土洋结合，具有象形作用，像阿Q及清末国人拖着小辫的脑袋。好的标题画龙点睛，使人一见钟情，反映出作者的文学和思想造诣。三是简述内容。内容简述，有的称剧情简介、情节梗概等，包括"主题＋层义＋要点"，在文学性文章中可以写作过程、部分及要点。四是选择结构。即文章正文的安排。文学性文章结构：一是纵向发展式。按照事物发展的时序或过程进行，这种结构建立在叙述这种表达方式的顺叙、倒叙等基础之上。倒叙尽管将结局或最突出的片断提到开头，但主体仍属于纵向发展式，因为作者和读者都有明确的时间意识。线索层次清晰，但易生沉闷感。这就必须注意主次详略，重点突出。二是横向发展式。按照事物构成的序列展开，分成几部分。五是标明层义。即全文的纲，层义有两种写法。一是标题写法，没有标点符号，简明扼要。这种写法的长处是简洁清楚，易于把握。二是句子写法，是完整的一句话，这种写法的长处是具体明确。最好是两种方法交替，在简单明了的地方用标题写法，在复杂难记的地方用句子写法，根据具体情况而定。这样，层义具体表现在文章中有两种，一是居中排列的小题目，二是每层次或段落开始时的项目。六是写出要点。文学性文章提纲中，应有较大的创作自由，在这里就只需要写出要点或重点——可以是各种提示如方法、技巧、警句和灵感等，可以是形象的特征等。

## 第四节 提炼主题

提炼主题，构思的内容之一。构思阶段作者主要完成三个任务，即提炼主题、谋篇布局和选择文体。这也是作者全方位对文章内容和形式进行美的选择和谋划。文章主题的深刻与新颖，形式的巧妙和创新，关系着文章写作的质量和成败。

### 一、含义

主题是作者在说明问题发表主张或反映生活现象时，通过文章和作品的全部内容表达出来的基本观点。主题是文章所要表达的基本思想和写作意图，是作者对生活的认识、评价和理想的表现。我国古代文论中所说的"意"、"主意"、"义"、"理"、"旨"、"主旨"、"主脑"、"志"、"神"等与主题的含义已大体相当。主题在文学创作中叫主题思想，在记叙文中叫中心思想，在议论文中叫中心论点，在说明文中叫说明中心，在应用文中叫思想观点或目的。它是文章的灵魂和统帅，古人云："意者一身之主也。"此外，主题的另一涵义相当于广义的题材概念，指社会生活和现象的某一方面，如"改革主题"、"战争主题"等。作者在认识生活与获得感受的基础上，进行反复认识，深入开掘，才能确定文章的"基本范围"，孕育出主题思想，并围绕这个主题，进行选材布局，把散乱的材料有机地串联起来，从而形成一个和谐完美的整体。

## 二、特点

主题一般具有以下特征：一是客观性。主题包含了题材本身的客观意义和客观价值。它是来自生活，是作者通过观察社会、体验人生而得到的客观真理，具有两方面的涵义，一是指主题是对客观现实的反映，是现实生活的产物；二是指主题所体现的思想意义是对客观现实生活的概括和总结，是符合客观现实发展规律的。二是主观性。即带有作者自己的主观感情色彩，凝聚着作者对生活主观的认识和评价，它是作者头脑加工的产物，具有主观性。三是时代性。主题具有时代特征和历史色彩。任何一部作品的主题都是历史的，都是属于那个时代的，主题的时代性具体表现为阶段性，即某一主题只能是对某一特定历史阶段的反映，它概括了某一时代心态、思想和氛围等风貌。四是多义性。是指可从社会生活和现象的某一方面提炼挖掘出许多不同的主题。有时也指一篇文章表现了几方面的问题。篇幅短小的文章，一般只有一个主题；但在篇幅较长、内容复杂的作品中，主题往往具有多义、复义的特征。它使文章内涵更加丰富，给人以更多方面的思考和启迪。

## 三、形成

文章的主题意蕴有五个层次：① 客观真实层次。主题意蕴最基本的层次应该是客观层次，即准确反映了作品中心内容，如形象、情节的本质真实和客观特色。② 时代特色层次。最突出是新颖性和先进性。作者要力求站在时代前列，以新的思想认识作为写作主导思想形成的基础。人类社会的思想认识是不断发展的，表现在文学作品中的写作主导思想当然也随之变化提高，即写作主导思想的共性基础。③ 文化色彩层次。要求作者的思想文化修养尤其是民族文化素养的提高，使得主题意蕴具有民族文化的色彩。④ 哲理意味层次。哲理简单说就是具有普遍性和永久性的理趣。具有哲理意味的主题意蕴给人启迪，发人深省。⑤ 审美生命层次。美是具有自由创造本质的个体生命。主题意蕴最高的层次应该是审美的生命认识。

主题形成是这样开始的：一是作者在深入和体验生活中，受观察的对象和材料的感染，引起写作冲动，产生了强烈的爱憎感情和反映事物的愿望，此时的主题还处于萌发状态，即有感尚不清晰，有思尚不深刻。二是通过观察分析，形成半朦胧状态的主题。三是分析、思考、对照、比较形成鲜明的主题。具体说来就是作者在丰富多彩的生活里，观察到各种各样的人物、事件和现象，是其感到特别激动，深有体会和感受，产生了写作冲动和欲望，此时在作者头脑中形成一定的写作意图和思想观点，并随着思想观点的不断深入和完善，逐渐形成比较明确和完美的写作愿望和审美理想，因此就形成了深刻而典型而又具有普遍社会意义的主题。主题是作者长期积累和反复思考的结果。

## 四、表现

主题的表现方式多种多样，有的通过抒情、议论表现主题；有的通过情节、场面的具体描绘揭示主题；有的用作品自身的逻辑力量来暗示主题；有的通过发人深省的问题提出主题等。可通过正面直叙、侧面烘托、托物言志和以反取正等方法来加以表现。

主题的表达有直接和间接两种：① 直接表达是指作者通过议论、抒情，把思想直率地表达出来，即开头点出主题，开宗明义，如魏巍的《谁是最可爱的人》、吴伯箫的《歌声》。或结尾才揭示全文主旨，以卒彰显志，如鲁迅的《一件小事》、峻青的《秋色赋》。或篇中点题，即前文铺垫后在文中关键或要紧处，用简明精辟的语言，将主题点出，然后加以论述，使之深化。如贾平凹的散文《丑石》中“丑到极处，便是美到极处”；或逐层显意，即作者在文章中层层紧扣主题行文，使主题如串珠之线，贯穿全文。如黄宗英的报告文学《大雁情》及一些实用文章。② 间接表现是指作者把自己对生活的认识和评价融于笔下所描绘的生活图景中去，通过人物、情节和环境的描写自然而然地流露出来。如方纪的《挥手之间》、朱自清的《荷塘月色》。

主题表达的角度有两种：① 总揽全局，鸟瞰式表达。作者居高临下，高瞻远瞩，它可以是现实图景与历史画面相结合，以追溯历史来反映现实，如秦牧的《古战场春晓》；可以是截取生活横断面来展示生活的长河，鲁迅的《孔乙己》；也可以是选择局部的生活，以显示整个人生，如朱自清的《生命的价格——七毛钱》，还可以将过去、现在和未来的图景交织在一起，如茹志鹃的《剪辑错了的故事》。② 因小见大，于细微处见精神。即善于选择“生活片断”集中体现主题思想。虽细微、平凡，却可以“一叶知秋”。可以选择某一人物事件的速写，反映人物的一角，如星新一的《波可小姐》；可以描绘局部的生活场景，以反映生活的一角，如契诃夫的《胖子与瘦子》；也可以精雕细刻平凡的风物，于细微处见精神，平中见奇，寓意深远，如许地山的《落花生》。

## 五、作用

任何文章和作品都有主题。主题是文章的生命，即主题是文章的灵魂和统帅，是组织文章内容和形式使之成为有机整体的核心，它决定作品思想性的强弱，倾向性的好坏，质量价值的高下，社会意义的大小等因素。同时作者根据表现主题的需要，决定内容的取舍，进行艺术的调度，考虑表达的方式，以达到内容与形式的完美统一。故刘熙载在《艺概·文概》中说：“古人意在笔先，故得举止闲暇；后人意在笔后，故至手忙脚乱。”主题的具体作用如下：① 决定题材的确定。题材是文章中用来说明或表现主题的材料，它是生活素材加工和提炼的结果，必须围绕着主题展开和进行，即主题决定着题材的形成。如郭敬明的《梦里花落知多少》，作者在经历了人生如梦的青少年时期的风风雨雨后，积累了丰富的写作素材，在表现全新青春意念和价值的主题统摄下，形成了学生题材的小说。② 决定材料的取舍。标准就是看其与文章主题的关系，即根据文章的主题筛选取舍，按一定的顺序将材料贯穿与组织起来，形成完整统一和谐的整体。如贾平凹的散文《月迹》围绕“月亮是个好”的主题，只选了“盼月、等月、争月和寻月”四个生动而典型的材料，充分表达了美好的事物到处都有，只有追求才会拥有的生活哲理。③ 决定结构的设置。文章的内容又决定着文章的形式，反过来文章的形式又为其内容服务。因此，文章的结构、技法的选用，必须服从和服务于主题的需要，如古人所说的“以意役法”、“因意定法”。如韩翰的诗歌《重量》：“她把带血的头颅/放在生命的天平上/让所有的苟活者/都失去了/重量。”作者围绕着生命价值这一主题，运用最简洁的结构方式和最形象的写作技巧，来歌颂张志新烈士的伟大和崇高。④ 决定语言的运用。陈骙在《文则》中说："辞以意为主，故文辞有缓、有急，有轻、有重，皆生于意也。"文章的遣词造句，受文章主题的支配，以表现主题为目的。由于主题不同，其文体的详略、轻重、缓急和语调也各不相同。如莫言笔下夜色笼罩的河面："河上传来的水声越加明亮起来……有一根根又细又长的银丝儿，刺透河的明亮音乐传过来。"（《透明的红萝卜》）。作家将自己独特审美视角和新鲜审美理想注入了特定的人物（黑孩）之身，经过错位使黑孩眼中的自然景观刹那间变异，抽象景观变得具体而富有动感和质感，给人以神奇、鲜活、新异的美感意蕴。⑤ 决定题目的制作。文章题目的制定也要适合主题的需要，即文章的主题决定着题目的产生和确定。主题和文章内容有着极为密切的关系，即文章内容决定文章题目。好题目能揭示文章主题，兆示文章内容，增强文章表达效果。

## 六、提炼主题

提炼主题是指对初步形成的主题进行加工完善，开掘深化，即对主题进行加工、深化和升华、以形成最佳主题的过程，也是作者的思想认识不断深入和提高的过程。注意点：① 必须有正确的世界观和方法论作指导。从而使文章的立意正确深刻而新颖。② 必须有足够丰富材料。提炼主题必须要有丰富的材料为基础和前提。③ 必须有现实针对性。④ 必须通过"个性"反映"共性"，即通过个别来表现一般。作者要深入事物内部分析其个性特征并揭示事物发展的规律。⑤ 敢于大胆质疑，善于拓宽思路，多角度思考问题。在提炼主题时，要充分施展自己的聪明才智，敢于提出新的见解，善于多方面、全方位、多角度地思考问题，从而提炼出深刻而新颖的主题来。

### （一）要求

提炼主题要求有：① 正确。指文章的思想要反映客观事物本质和规律，反映生活本质和规律，反映人民的意志和感情，它取决于作者思想认识水平的高下。它要求作者思想认识正确，能以正确的世界观、人生观、价值观作指导，加强思想修养，提高认识能力。如杨朔的《荔枝蜜》，通过对蜜蜂价值认识的逐步深入，揭示了人生存的意义就是无私奉献这样的主题思想。② 鲜明。指文章的思想要明确，作者态度要明朗。陈述事实、分析问题、解决问题的办法和措施，都必须具体、确切。既不能抽象笼统，也不能含糊其词，总之，中心的表达应直言其事，直接明白。如贾平凹的《丑石》，作者对丑石的寂寞生存的伟大大加称颂，溢美之词，毫不隐瞒。③ 集中。指一般文章只能有一个主题，只表达一个中心。古人云："立意要纯"、"意多乱文"。如冰心的《笑》，它通过三个有关笑的场面的描绘，将博大精深的母爱之情集中地加以表现和展示。④ 深刻。即指文章能够揭示事物本质，反映事物内部规律。这是主题的深层次要求，作者要有真知灼见，能够准确地把握和发现客观事物的本质意义，深入思考，深入开掘，给读者以深刻的思想启迪。如美·奥莱尔反战的微型小说《在柏林》的结尾："车厢里一片寂静，静得可怕。"深刻地揭示了战争给人们肉体上和心灵的摧残和呼唤和平的重要。⑤ 新颖。指文章的思想和见解新颖独到，标新立异，富有创造性。要求作者在思维方法和选取角度上有所创新。如朱自清的《背影》，它选择父亲爬过月台给儿子买橘子的动作背影，别具一格地道出了父子之间互相关爱的挚情。⑥ 巧妙。从主题产生的过程看，它是作者长期积累、妙手偶得的，是作者在奇妙的联想想象和独到的分析概括中深入挖掘的结果，是其美好的写作愿望和客观生活巧妙融合的结果。如贾平凹的《月迹》，它将“美好的事物到处都有，只要你去追求，就会拥有”这一主题巧妙地融于稚气的孩子在盼月、等月、寻月和争月的场面之中，别具匠心地通过侧面描写，非常巧妙地表现了文章的主题。

### （二）原则

主题是作者主体意识与客观现实相互作用的结果，但主题的提炼与形成，却受制于作者的思想、学识与素养。如何提炼主题呢？① 要从全部材料出发提炼主题。如《为了六十一个阶级弟兄》作者从全部材料中提取出三方面材料：军民鱼水情深、干部关爱群众、医护人员的大力抢救等，这集中体现了社会主义制度的无比优越这一主题的深刻。② 要从揭示事物内在意义的分析中提炼主题。写人着力对人物思想感情的挖掘。如王润之的《内当家》，作者从女主人公李秋兰这个头脑清醒而又充满主人公自豪感的人物身上，不仅挖掘出了她身上的传统妇女的美德：勤劳、贤惠、善良、讲风格而又顾大局，同时，也挖掘出了新形势下党的新政策深入人心的魅力。③ 善于从异向开掘使主题新颖巧妙。如“班门弄斧”原是贬义，但若从人才的选拔上看，它却有利于人才的脱颖而出，故有《“班门弄斧”好》。四是结合现实，鲜明体现时代精神，如小酌的《妙语人生三部曲》：

德国诗人歌德，以一首小诗概括人生走向成熟与完美的经历：“少年，我爱你的美貌；壮年，我爱你的言语谈吐；老年，我爱你的德行。”

中国诗人刘大白，曾赋诗一首赞美人生三部曲：“少年是艺术的，一件一件的创作；壮年是工程的，一座一座地建筑；老年是历史的，一页一页地翻阅。”

诗坛老将臧克家，写一首小诗表现中国农民穷苦悲惨的生活：“儿子，在土里洗澡；父亲，在土里流汗；爷爷，在土里埋葬。”

女作家由今，自通过三辈人对饮料的不同喜爱来反映不同阶段的生活：“孩子喜欢汽水，他只尝甜味；父亲爱喝咖啡，这里亦苦亦甜；爷爷要喝白开水，因为他极淡极淡”。

学者王鼎均，对人生三部曲更有其独特的体味：“上帝把幼小的我们给了父母，把青年的我们给了社会，到了老年把我们还给了我们自己。”

### （三）方法

① 归纳概括法。就是围绕一个问题、一件事情搜集到一大堆材料后，从个别的、特殊的事物出发，经过分析、比较和综合，得出有关事物的一般性的结论。如历代旅行者高度概括中国四大名山的特征：“峨眉天下秀，泰山天下雄，华山天下险，黄山天下奇。”“落后就要挨打”，这是政治家对近代中国屈辱历史的警世概括。“时间就是金钱，效率就是生命。”这是改革者对深圳发展经验的准确概括。归纳概括需要作者具有一种异中见同的高远目光，能从众多不同的现象中看出共同的东西，能从不同的材料中发现它们之间的内在联系。② 追根溯源法。作者抓住一些异常现象和问题穷追不舍，步步紧逼。所谓追根溯源，就是对特殊现象多问几个为什么。追根溯源是使文章主题深刻直达本质的重要方法。追根溯源中，获得了深刻含义，深化了文章的主题。③ 纵横联系法。事物并不是孤立存

在，一定事物总是存在一定时空之中，是一定历史或现实产物，应把它放在特定历史背景和现实大环境中来考察，其意义和价值就显现出来了。作为纵横联系法，把写作对象放在历史与现实的宏观背景之中，通过古往今来、上下左右联系对比，来探索其独特意义和价值的方法。纵横联系就要善于找出事物的时空关系。“纵”指时间，就是事物现状与历史联系。“横”指空间，就是一个事物与它相邻或相关事物的联系。通过一纵一横的联系比照，事物个性特征和深层意义就会清晰地凸现出来。④ 逆向思维法。文章立意要新颖，主要有两条途径：一是材料新；二是角度新。要使立意真正独辟蹊径，立异标新，就必须克服惰性的惯性思维定势，积极运用创造性思维。其中逆向思维就是使立意出新的一个好方法。如一些成语、谚语是前人生活的经验之谈，但是有时也不免带有历史局限性。有不少文章，特别是思想评论、杂文就常“反其意而用之”以出新意。如一些文章标题：《开卷未必有益》、《近墨者未必黑》、《不知足者常乐》、《响鼓也用重锤敲》、《酒好也怕巷子深》、《久在河边站，一定会湿鞋吗？》，主题一目了然，令人耳目一新。逆向思维，标新立异，需要深思熟虑之后的真知灼见。同时，作者要敏锐地感应时代气息，体悟时代精神，以当代人的思想观念去评价生活和把握世界。

写作是一种用语言文字表达人类思想感情以认识世界、改造世界的能力。在形成写作能力因素中，创意能力较其他因素显得更为重要。一是在深入生活、学习社会中去发现、去创造。社会生活是创作的唯一源泉。这不仅是指生活供给我们写作的素材，而且是指生活启迪我们的智能，使得我们心明、眼亮、耳灵。在生活中“长期积累，偶然得之”。二是要突破陈旧性思路，进行创造性思维。要创新文章的思想内容和表现形式。三是正确把握创意的方法。总结前人的写作经验，作者要“脱套去陈”，不人云亦云，需要把握正确的方法：① 深入开掘主题。作者要深入开掘——认识、分析、研究、发现，才能获得新颖的积极的主题和思想。② 进行改造制作。只有对原材料进行改造制作之后才能表达自己独特的见解，使主题具有崭新的意思。③ 选取立意角度。对于同一个事物，立意角度变换，往往会出新意。因为客观事物具有多面性，是立体化的，不同的角度去观察和思考，就会发现不同的思想意义。借鉴不应依傍古人和他人，做到“创意造言，各不相师”。

## 七、文题

文题是写作过程中必须掌握的实际问题。必须加以仔细研究，以便在文章写作过程中熟练运用。文题是文章的名称，通常称为标题或题目，是文章的有机构成部分，是文章的眼睛。它和文章的思想内容、体裁、情调、色彩有密切联系。好的文题能够引起读者的阅读愿望，帮助揭示文章主题，对全文起画龙点睛的作用，增强文章效果。因此，写文章必须把文题拟好。主题常常通过文题反映出来。文题一般说来有如下作用：① 揭示主题。如《明星有意　商海无情》、《弱肩担孝道》。② 提出问题，发人深思，引导读者深入理解主题。如《马路菜场何时登堂入室》、《陶红——正是桃红柳绿时》。③ 形象地概括文章的思想意义，一定程度上暗示主题。如《知法·执法·只罚》、《袁鸣不“愿鸣”？姜丰又“将封”？》。④ 指出文章的内容范围，帮助读者理解主题。如《氧吧，掀起你的盖头来》、《〈四姑娘〉招婿》。

文题与主题虽然关系密切，但二者并不是一回事。主题是文章的中心思想，文题则是文章的名称，一篇文章，文题可以更换，但主题是固定的。如鲁迅的小说《祝福》改编越剧后叫《祥林嫂》，文题变了，但主题没有变。一篇文章只能写一个主题，但文题可不止一个。如《红楼梦》又叫《石头记》、《金玉缘》。写文章必须先确定主题，但文题可以在文前、文中或文后拟定。

文题虽然和主题不能等同，但和文章内容却有着极为密切的关系，即文章的内容决定着文章的文题。不论写什么文章，我们都要重视文题的制作。而制作文题的原则是：既要注意思想性，又要讲究艺术性；既要与文章内容相贴切，又要新颖有特色；既要文字简洁，又要注意造语精美。同时，题目与文章体裁和风格有联系，制作时还要考虑到与文体和风格相适应。因此，对文题的要求如下：① 准确。文题准确，切合文意，是拟定文题的最基本的要求。拟定文题要准确地反映文章的思想内容，做到主题与内容相符。不要过宽或过窄，要恰如其分，如《有"瓜"自远方来》、《厂长，你大胆地往前走》。如鲁迅的诗歌《哀范君三章》后来改为《哭范爱农》更准确贴切，改"哀"为"哭"，又充分表达了悲切哀悼的深情。② 醒目。醒目的文题，能引人注意，留下深刻印象。所以拟定文题时，文题必须鲜明地表现文章内容，并要有强烈的视觉效果和冲击力量，要注意字数的安排和结构的整齐。如《项链与枷锁》、《阳关道与独木桥》、《"跑"部"钱"进》、《心安理不得》、《用才・护才・妒才》等运用对比、对偶、引用、反复、回环、顶针、拈连双关修辞手法的别出心裁和花样翻新，不仅使文题醒目，而且还显示了作者思路的活跃、联想的丰富、构思的巧妙和智慧的敏锐。③ 新颖。文题的新颖是指要大胆创新，标新立异，善于生动活泼。即形式要新，构思要巧，表述要奇。如要写男女平等的文章，《愿 1=1》要比《论男女平等》、《女人比男人差吗》好得多，《丑陋的中国人》、《大官、大款、大腕、大众》，文贵创新，同样文章的题目也是贵在创新，只有独创，才能拟出新颖奇巧的好文题。④ 精炼。拟定文题要做到语言高度概括，言简意赅，简洁凝练，使人一目了然，易于理解，便于记忆，并有深刻印象。恩格斯在 1860 年《致马克思》的信中说："我认为，标题愈简单，愈不费解，便愈好。"如鲁迅的《药》、《死》、《火》、《祝福》；巴金的《家》、《春》、《秋》等就比较简洁精悍。

文题的类型：① 开门见山，直接点题。读者一下子就能把握住文章的主题，如《一花知春》、《矛盾论》、《资本论》、《我的老师》等，它一目了然，片言居要。新闻、议论文和应用文常常采用。② 概括文章主要内容。它只涉及文章的内容和范围，并不表明作者态度和观点。如《挪威的森林》、《废都》、《创业史》。③ 点明文章题材或事件。如《人民英雄纪念碑》、《毛主席的煤油灯》、《说句心里话——谈教师商海的酸甜苦辣》。④ 用设问、比喻或象征的手法间接揭示主题。如《林海雪原》、《暴风骤雨》、《红日》、《蛙》等。它针对性强，发人思考，生动形象，寓意深刻，议论文或文学作品常常采用。⑤ 说明文章的起因、环境和心情。如《灯下漫笔》、《教师节有感》、《读书偶得》等。⑥ 引用名言作文题。如《全世界无产者联合起来》、《文学是战斗的》、《几家欢乐几家愁》等。⑦ 以人名、时间、地点作为文题。《孔乙己》、《长江三日》、《白鹿原》等。⑧ 引用诗歌、成语、谚语、口语等作文题。如《月朦胧，鸟朦胧》、《梦里花落知多少》、《鞠躬尽瘁》等。⑨ 拟人化、描写式的文题。如《时间的脚步》、《带着青春上路》、《长江在欢唱》、《路霸，罚你没商量》，生动形象，吸引力强，常常用于记叙文。⑩ 反语、借代式文题。如《为了忘却的记念》、《痛打“落水狗”》、《爱拼才会赢——张家港人的创业史》等。

如果从行数上看，文题又可分为：一是单行题目，它简洁、明了，适合于任何文体。如《有的人》、《茶馆》、《写作学研究综述》。二是双行题目，它大多用于消息、通讯、报告文学、调查报告、学术论文、总结等。有两种形式：① 引题与正题配合的题目形式：《昔日穷过渡今天迎“熊猫”（引）大寨建成电视村（正）》；② 正题与副题配合的形式：泛用于其他文体中，如《善弈者谋势 不善弈者谋子（正）合肥市电子研究所能获纯利润 24 万元（副）》、《一泓真情心底来——论散文的抒情艺术》，正副题一实一虚，互为表里。三是多行题目，采用引题、正题和副题组成的形式，常常在消息写作中使用。引题是烘托气氛、引出正题，正题是对主要内容的概括，是内容的具体化；副题是补充说明事实，交代背景或点明意义。四是小标题，是内容多、篇幅长的文章分层而提出的要点。使用小标题，使文章条理清楚，脉络分明。

## 第五节 谋篇布局

### 一、含义

谋篇布局就是谋划文章的篇章结构。确定和提炼好主题，选择了材料，接着要考虑如何将全部材料有条理地连缀成篇，这就需要作者沿着一定思路将散乱的材料进行合理的组合安排，使之成为一个完整和谐的有机整体，这就是谋篇布局。是作者升华认识、疏通思路、理清材料、设计文章蓝图的必由过程，是合理布局，巧妙安排，流畅写作的前提。此外，文章的松紧、梳密、转接、伏应、首尾圆合、张弛有致等也属谋篇布局范畴，必须在曲折善变、周密严谨的前提下作精细的安排。表达构思主题，常常需要一个好结构方式，更准确地说是整体框架。结构要服务于主题意蕴。高明、巧妙的结构，属于构思的责任和内容，常常靠灵感的促发。文章的结构本质，最突出的是社会生活的客体内容：人物、事件、环境、景观及其所存在的客观的逻辑联系。构思的目的在于使它们成为新的艺术生命的组成部分。大体有几个方面：一是人物与人物关系的建立，人物的命运。人物与人物之间的关系，决定着作品的规模、层次和构架。二是事件与矛盾冲突的展开。三是环境和环境的设置。三者在具体创作过程中是融为一体、综合进行的。

### 二、性质

在谋篇布局过程中既要考虑其本身技巧性问题及其社会性、历史性诸方面问题，如公文的规范体式，消息的背景选择，又要考虑其民族性、情趣性，如诗歌的起承转合，戏曲的插科打诨，散文的涉笔成趣，小说的密不透风、疏能跑马等。谋篇布局的民族性、情趣性既要符合内容的需要，读者的需要，真实地反映谋篇布局的客观规律性外，又要根据时代变化而变化，即反映谋篇布局的主观创造性。谋篇布局的社会性、历史性、民族性、情趣性是相互关联的，蕴含着民族的符合审美情趣的继承和发展。

## 三、意义

文章的谋篇布局关系到文章的成败，直接影响到主题的表达和内容与形式的统一、和谐和完美，影响到文章的实用功能或审美价值。

## 四、要求

文章布局实质上是客观事物固有组织形态和逻辑关系与作者思路契合的产物。完美的布局应该在客观与主观辨证统一下，做到完整、连贯、周密，以求得文章布局之美。完整指文章布局显示组织形态是一个有机统一整体。一是字词句构成的框架是完整的，不能残缺破碎，比如文章重点突然改变，线索一下子无影无踪等；二是框架内安排的内容，如整体与部分，部分与部分之间都要比例适当，匀称和谐，有机统一。三是语言情调和风格也应该协调统一。连贯是指文章谋篇布局各个部分联系顺畅通达，首尾一贯，如行云流水，不现雕琢拼凑的痕迹。在文章中表现为叙事脉络清楚，论证推理逻辑严密，情感起伏变化自然，以及起承转合没有断裂阻隔，过渡照应合情合理，层次段落井然有序。周密指文章布局上下左右都围绕中心，没有缝隙漏洞和自相矛盾的地方，内在逻辑联系紧密周严。连贯周密都是对文章布局完整的补充和强调，它们既反映布局的客观规律性，又反映布局的主观创造性，只有在这个前提下，布局才有可能做到严谨活泼、曲折多姿。自然指谋篇布局要顺理成章，收放自如。“长行于所当行，常止于不可不止”。谋篇布局要条理清楚，疏密有致，上下衔接，断续得当，前后连贯，使文章的结构既浑然一体，又自然和谐。

## 五、原则

谋篇布局的原则表现如下：

### （一）整体性原则

谋篇布局必须遵循整体性原则，注意文章总体的完整与统一。文章结构是一个有机联系的整体，我们要认识这个结构系统，就要善于从结构对象本身所固有的各个方面及各种联系上来全面构想，从结构的整体与层次、整体与部分、结构与功能、环境与运动的辩证关系上来把握文章的谋篇布局。整体性原则有三个方面内涵：① 完整性。谋篇布局要重视完整性。文章是个气韵生动的整体，是结构的各个部分有机组织起来的，具有鲜活的艺术生命力，必须像生命一样头、身、尾俱全，首尾圆合，通篇一体。② 必然性。是指文章的头身尾依照必然性规律，各自处于合理位置，不能随意安排。必然性规律是指文章结构安排符合事物发展的规律，揭示事物内部及其他事物之间的有机联系。记叙文体记人叙事写景，主要以时间、空间为线索谋篇布局，议论文体则按照对事物的认识规律及提出问题、分析问题、解决问题的顺序来谋篇布局；咏物抒情的抒情文体，在以作者感情抒发或以所描绘的事物为线索来谋篇布局；说明文体则按照事物的空间联系、变化过程、主次顺序来谋篇布局，这都是客观规律事物发展的必然规律所决定的，我们只有按照这个必然规律来谋篇布局，文章才能顺理成章。联系性是指文章的各部分、各事件、各部门之间实现了有机联系，牵一发而动全身，部分与部分、部分与整体间相互作用，融为一体，在一个系统中，各个要素有机结合，密切相关，按照合理的结构组织起来，就会产生所有单个要素在分散状态下或一般组合状态下所不具备的新的功能。按照整体联系性原则安排文章结构时，就会产生整体大于部分之和的功能。

**（二）适应性原则**

适应性原则是指文章的谋篇布局必须注意适应文章内容、立意及体裁等方面的需要。① 谋篇布局要正确反映客观事物内在联系和规律。文章是客观事物的反映，反映事物的前因后果、来龙去脉以及事物内在联系的逻辑性，这样才能使文章的结构严谨自然，完整统一。如记叙文一般是写人、叙事、描景或状物，这些无不具有先后和空间变化的特点，因而谋篇布局必须以时间、空间变化为顺序，其结构形式一般表现为：序幕—开端—发展—高潮—结尾—尾声。小说的情节安排可以倒叙、穿插、跳跃、闪回，但生活内在的联系和规律不能随心所欲的改变。作者在塑造人物形象时，不仅严格按照特定生活情势下的人物的典型性格来刻画人物形象，而且还恰到好处地将人物放到当时的历史客观环境中去塑造，充分尊重和反映当时客观生活的内在联系和规律。② 谋篇布局要服从作者表达意图的需要。主题是文章的灵魂和统帅。写作时，选择和确定材料应根据主题的需要，组织和安排材料，也必须根据主题的需要，努力做到为表现主题服务。文章布局不仅是客观事物本身固有组织形态的反映，它同时还是作者表达意图的巧妙体现。一般文章自不用说，就是文学作品表达意图也像一根红线在暗中牵动全局。③ 谋篇布局要适合不同文章的体裁。不同文章体裁由于反映内容和写作目的不同，自然要求布局适合各种文体的特点和要求。文章的结构不仅要为表现主题服务，还要适合不同体裁的特点。不同体裁的文章，在反映生活的角度、容量及其表现方式上也不尽相同。如文学体裁中，诗歌是分行分节的，富有音乐性和节奏感；戏剧是分幕分场的，具有强烈的戏剧冲突；散文是美文，一美在语言，二美在意境，所以要善于捕捉生活的诗意和富有诗意的意境；而写人记事的文章，主要通过叙述、描写展现事件、塑造人物，一般要求按照人物经历和事件过程的客观顺序布局，使前因后果，来龙去脉清楚明白。议事论理的文章主要是摆事实、讲道理，它离不开概念、判断和推理，一般要求按照事理内在逻辑围绕中心论点，用总分、递进或并列式布局，抒情类、说明类文章的布局，都有各自的文体特点和要求。不同体裁即使表现同一内容，因体裁不同，布局也不会相同。因此，谋篇布局既要合体又不能拘泥于文体的局限，必要时可以吸收其他文体的形式和长处，在变化中求发展，出创造。④ 要适应不同读者层的审美需求。谋篇布局要有读者意识，不同的读者层，由于其思想修养、知识水平、社会环境、生活方式、工作性质等不同，他们的审美要求与审美趣味也必然有一定的差异。因此我们在安排文章的结构时要引起足够的重视，充分考虑读者的接受要求和效果。要保证文章传播的读者群体和文章的有效传播途径的稳定和畅通。

**（三）创新性原则**

创新性原则是指谋篇布局既要依据不同文章样式的自身特点，遵循各自的大体规定与格局，同时又要看到结构对文章内容、立意及读者接受的反作用，敢于破格，锐意创新，以新的结构方式去反映客观事物与作者的思想认识。

创新观念在这里是指敢于运用独到的新构架来反映客观事物的规律和作者认识的轨迹。文章要有头有尾有躯干，有条有理，有疏有密，有断有续，要上下衔接，前后连贯。但文章的谋篇布局没有固定的格式，不能墨守成规，要善于“随物赋形”（苏轼），灵活变化。结构贵在有特色，有个性。作者应该以意运法，标新立异，使每篇文章的结构具有自己的特色，以更好地反映丰富多彩的客观世界。尤其是富有创造性的文学作品，更要在谋篇布局上独辟蹊径，标新立异。如张承志的《北方的河》以人称替代人物，以心理感受替代情节，以情绪变化调整文体，奇特新鲜的谋篇布局，展现了文字间所深藏的极为丰富的神秘的文化底蕴。

## 六、内容

谋篇布局的主要内容：

**（一）梳理思路**

梳理思路就是在深刻认识和理解客观事物的基础上，按照写作意图和文体需要，经过充分的思考，把材料有条有理、井然有序地进行安排。广义上说，思路就是人们思考问题时思维活动的线路或轨迹。而写作中思路是作者为了深化和表达其思想认识而遵循的思维活动的线路，即思路是思维活动过程中的轨迹，是作者有规律、有条理而又连贯的思维活动过程。它实际既是作者对客观事物观察和分析的线路，又是作者安排文章内容和形式的依据，是作者对文章谋篇布局的思维过程。思路是文章结构的基础，而结构是思路在文章中的反映，是思路的直接现实和外在表现形式。逻辑性：严密、清晰、有条理，这是指思路的开展应该周密而没有缺损和疏漏，对结构的谋划应当全局在胸，脉络畅通，先后有序。灵活性：开阔、活跃、敏捷，这是指思路的展开要富于丰富的想象和联想，对某个问题能从多方面展开思考，打破思维定势，反应灵敏迅速。

写作思路的推进，凝聚着作者的生活体验和知识积累，也凝聚着作者的情感力量和创造精神。具体说来，形成思路的条件：① 作者的创造精神是推动思路的主动力。文章写作，贵在创新，追求新颖的内容和形式是作者永远的写作理想和愿望，作者的创造力越强，推动思路的动力就越大。② 作者的思想感情是推动思路的助动力。思维活动的引起和加速，与思想感情的产生及其强度大有关系。“登山则情满于山，观海则意溢于海。”情思满怀，浮想联翩，情感的激动对加速思路的运行起着重要的作用。如从未见过岳阳楼的范仲淹应朋友之约，凭着对岳阳楼的热爱之情，写出了气势磅礴的千古绝唱《岳阳楼记》。③ 作者的生活体验是推动思路的原动力。生活体验愈丰富，联想就愈广泛，人的思维就愈活跃，写作思路的推进就愈有坚实的基础。如刘绍棠富有丰富的运河两岸的生活积累和体验，写出了以《蒲柳人家》为代表的“运河”系列小说，还有“知青文学”的产生，无不昭示了社会生活是形成文章写作思路的动力。④ 作者丰富知识的积累是推动思路的底动力。知识的积累是写作思路产生动力的基础，知识积累越多，作者写作思路的动力就越大。如秦牧的散文集《艺海拾贝》，知识丰富，情趣盎然，启人智慧，发人深省。

构思被称为“驭文之首术，谋篇之大端”（刘勰《文心雕龙·神思》）。就因为它对于定全文格局、搭好通篇框架具有十分重要的作用。因此执笔行文前一定要理清思路，使之流畅通达，具有条理性、逻辑性。梳理思路的要求如下：① 讲求事物顺序。任何事物和事理，总会具有各自发展变化的顺序和规律性。例如时间分先后早晚，春夏秋冬；空间有上下左右，内外表里；人生由少到老，从生到死；事物发展过程由发生、发展到高潮、结局。因此在梳理思路时，要遵循事物发展的规律和顺序。或由表及里，或由内而外；或先因后果，或由果溯因；或先正面后反面，或先反面后正面；或从开端到结局，或从结局到开端，等等。思路要有条不紊，做到条理清楚，次序井然。② 搞好材料梳理。在构思过程中，许多与主题有关的材料，常常会同时在作者的头脑中涌现出来。这些材料，有的与主题有密切的联系，有的只有间接联系。这就要求作者对这些材料进行鉴别和分析，根据材料的性质和特点进行分类和梳理。把相同的材料加以集中，勿使分散；把相近材料加以辨析，勿使混淆；把主要的材料加以突出和强调，放在文章的关键部位。经过精细的鉴别和梳理，写起文章来才会做到各就各位，详略得当。③ 注意逻辑关系。在认识事物、分析事理时，一定要注意事物之间的内在联系和发展规律，务求思维活动具有严密的逻辑性。例如，前面的原因必然导致后面的结果，后边的结局必然起于前面的开端。文中的论据必然能推导出论点，中心论点必然能统帅各分论点等。只有充分注意材料之间的逻辑关系，运笔行文才会丝丝入扣。④ 编制写作提纲。用文字形式把构思过程简明扼要、纲目分明地记录下来，便是文章的写作提纲。编制写作提纲是把思路定型化。它既可以帮助作者组织材料，又可以使作者思考问题更周到、更严密。写作提纲有粗细之分，往往因人因文而异，没有定格。纲领式提纲比较粗略，只写明内容要点、层次划分。细目式提纲较详细，不仅要写出文章的内容要点，还要写明结构的具体内容，如怎样开头、结尾，如何过渡、照应等。说理性文章不仅要列出中心论点和分论点，还应列出论据材料和论证方法等。

梳理思路可以从以下方面入手：① 分析研究客观事物的内部规律。摸清规律，便于梳理思路。② 依据写作意图的需要，展开思路，结构文章，要服从写作意图的需要，要从表现主题出发，主题是统规思路发展的红线。同一作家，由于意图不同，思路也不一样。③ 考虑不同文体的特点。不同文体反映生活的容量不同，角度不一样，展开思路的方式也有所不同。

**（二）组织结构**

结构是建筑学的一个术语，指建筑物的基本构造框架。而文章的结构是指文章内部的组织构造，即安排材料次序所形成的组织构造，是指文章各部分按一定的组合关系联结而成的序列形式。结构还可以称之为组织、布局、章法、格局、文序等。它是作者表达思想反映客观世界的重要手段。是文章整体与部分、部分与部分的内在联系和外部形式的统一。文章结构的任务，就在于从表现主题需要出发，沿着一定的思路，将所选用的材料组合连缀成一个有机统一的整体。思路是结构的基础，是作者安排文章内容和形式的依据；而结构是作者的思路在文章外部形态的体现；文章的结构规律在一定程度上影响着作者的思路。同时，结构还要受到文章的内容、体裁、读者阅读心理、作者思想水平、审美情趣、组织才能的影响。结构具有客观性，必须符合客观事物的内在联系及其发展变化和结局的过程；同时，结构也具有主观性，同样的题材内容、同样的主题思想，不同的作者有不同的结构。

如果说主题是文章的灵魂和统帅,材料是文章的血肉,那么,结构则是文章的骨架。具体说来如下:① 好的结构有利于揭示主题。安排结构的根本任务在于有效地揭示文章的主旨。为使文章的主旨直达人心,必须把主要的事件突出地表现出来,而对其他的事件则根据各自的重要性把它们做深浅程度上的妥帖安排。因为文章的主旨在大部分作品中不是直接表达出来的,它潜藏于精心结构的材料中。通过材料不同的组合关系,引起读者不同的思考,唤起他们不同的情感体验。这种思考和体验,就是文章希望表达的主旨。② 在精心结构中调度材料。结构对材料有支配调动的作用。材料的好坏、主次都在安排结构时得到检验,从而决定材料的取舍详略。在结构的安排中,有些看似有用的材料却并不是必需的,有些小材料却能起到意想不到的作用。结构对材料的调配,在说明性文章或学术性文章中,也显得相当重要。有些概念复杂的抽象事理,很难一下子让读者理解和接受,这时就应该精心安排文章的结构,合理使用材料,由浅入深,由具体到抽象,把深奥的事理介绍给读者,主旨是调度材料的依据,结构对于调动材料也很重要。③ 结构有利于安排层次。文章的结构,对层次起着制约和整合的作用,恰当的结构有利于安排层次,使层次清楚,逐层深入,一气贯通;也可使层次轻重分明,避免平板单调。④ 结构在一定层次上反映了作者的审美观。人们在认识和表现客观事物时,总是以"我"的特有的方式、方法进行,这样,在千差万别的众多结构形式中,必须反映出各种各样的审美个性和艺术形式来。这也是文章得以发展和演进的重要原因。

如何设计结构,必须考虑到实用、美观的原则。写文章也应如此,安排文章的结构,必须考虑到有利于反映客观事物,有利于表达作者思想感情,有利于激发读者的阅读兴趣。结构的基本原则是,正确反映客观事物和人类思维的发展规律和内在联系;有利于主题的表现而不是相反;要考虑不同体裁、不同读者的不同要求;应"量体裁衣"、"因文布局",努力求异、创新;要求做到:严谨、自然、完整、统一。具体说来:(1) 紧扣主题。文章结构要为突现主题服务。无论是拟制标题,设计开头、结尾,还是确定详略主次,都要考虑到主题的需要。(2) 有条不紊。安排文章内容要有先后的顺序。安排得好,文章就顺畅自然,脉络清楚,读者易于了解掌握。写文章要有条理,条理化是安排文章结构的最基本的也是最重要的要求。文章的条理性表现在三个方面:① 是合乎事物本身的发展顺序和规律;② 是合乎人们认识事物的顺序和规律;③ 是合乎艺术结构的基本规律。(3) 严密不漏。是指文章的结构要严丝合缝,毫无疏漏,即文章的结构要严谨。一些比较复杂的内容,常常需要梳理众多的头绪,理顺纷纭的线索,这需要特别注意上下、左右、前后、内外的联系,以防前后矛盾,上下脱节,左右相撞,内外失调。(4) 完整统一。一篇文章总应该有头有尾有中心,无论叙述一种情况或者说明一个问题,或抒发一种感情,都必须十分注意结构的完整和格调的统一。(5) 新颖巧妙。文贵创新。创新,不仅表现在内容方面,也表现在形式方面。生活总在变化,世象总在更新,文章内容和形式也要与之相适应。就结构来说,就是要有变化。刘熙载在谈文章结构时说:"格局要整齐而变化。"文章结构的艺术性,要不落俗套,引人入胜。新颖巧妙,是结构的最高要求,古今中外的文人无不刻意追求,我们要想把文章写好,当然要在这方面努力。(6) 匀称鲜明。匀称是文章结构形式上各部分比例协调均衡,它是文章形式美的一种体现,也是结构合理性的一种表现。所以元代乔梦符有“凤头、猪肚、豹尾”之说。而鲜明是指文章内容展开的节奏,如层次的跌宕起伏、富于变化。

提高结构能力应注意四个方面:第一、在日常的工作、学习、生活中注意“锻炼思路”,重视思维活动条理性的训练。第二,重视“打腹稿”,要学会“袖手于前”,“凝神结想”,做到“成竹于胸”,使文章结构具有严密逻辑性和条理性。第三,养成编写提纲的好习惯,按提纲写作。第四,经常进行剪裁和结构的单项练习,如层次、段落安排,选择开头或结尾,等等。

文章的结构包括内部结构和外部结构两种:(1) 内部结构。主要指构成文章的思路和线索,是文章的内在逻辑在篇章中的表现。思路是作者写作时思维活动的路线;线索是作者用以串联全文思想内容的人、事、物、情、理。在具体的写作中,思路和线索的形式是多种多样的。内部结构主要有两种类型:① 主观型结构。这种结构是以写作者的思想认识、心理活动的次序、变化来组织材料的。主要有:一是情感结构。这是写作者按照自己的主观感受、情绪变化来组织材料、进行表现的形式。二是思辨结构。其特点是按作者的思想认识、理性分析进行结构。如依照“提出问题”、“分析问题”、“解决问题”或“摆出谬论”、“批驳谬论”、“击破谬论”写出的评论文章。三是意识流结构。作者依照自己意识的流动来组织材料。这种结构的内容通常表现为“内心独白”、“自由联想”和“象征暗示”。② 客观型结构。这种结构是以客观事物本身的内在结构为依据组织材料、进行表现的。具有明显的“摹制”的特点。主要有:一是时空结构。作者依照客观事物的产生、发展、消亡的时间、空间对材料进行组织和安排,不加任何改动、调换。二是人物结构。作者客观地依照起初人物的原样进行写作,保存原有人物自身的结构特点。三是事物结构。作者客观地依照事物本身的内在结构组织材料。(2) 外部结构。主要指文章的外部存在形式。它的结构方式主要有:① 纵式结构。从开头依照“顺流而下”或“直线向上”逐层发展到结尾。② 横式结构。从开头至结尾的各层次之间是平列的形式。③ 交错式结构。即以纵式为主、横式为辅或以横式为主、纵式为辅而纵横交错地安排材料。④ 连环式结构。用一环扣一环的方式将有关材料组织起来。⑤ 包孕式结构。一种结构中包含着其他结构的形式,如大的结构中包含着中、小结构,是故事中套故事的结构。

由于文章反映的对象不同,表现形式各异,因此,它的结构形式也千差万别,千变万化。详细概括起来有以下几种:(1) 叙事结构。叙事类文章,写人记事,大都以人物、事件或与之有关的物件作为线索,反映人物事件的因果联系。它的时空序列有两种情形:一种与人物事件变化发展相联系的时空顺序基本上是按客观顺序展开的,符合人物经历、时间、过程原有的时空顺序,表现为开头、发展、高潮、结局的阶段性和完整性。这种结构即使有倒叙、插叙的变化,也不妨碍客观时空顺序的连贯和清晰,所以适合传统的阅读习惯。如郭敬明的小说《梦里花落知多少》。另一种是有意打乱时空,使时间变化和空间顺序交错、叠合和跳跃,使有限的时空框架能容纳更多的内容,更为有利,刻画人物心理。运用这种结构表面看来时空被打乱,而内在的逻辑联系依然存在,如《为了六十一个阶级弟兄》。(2) 事理结构。文章大都以事理概念、定义作为线索,反映事物内在各个方面的因果联系。事理结构中,一是议论类文章,以论点为中心,包括引论、本论和结论。它可以纵向递进，也可以横向平列，还可以纵横结合。如胡世宗的《微笑是一把神奇的钥匙》，提出了在我们生活中“微笑是一把神奇的钥匙”这一新颖论点，然后从生活中的方方面面都需要微笑，论证了“微笑”的重要，最后启发我们“人人都要牢牢攥着这样一把神奇的钥匙。”二是说明类文章，若说明的是事物，可以从特征、功能、构造方面结构布局或按照事物类属关系布局；若说明的是事理，则可按照原因、条件、结果的因果关系布局结构。如叶圣陶的《景泰蓝的制作》。(3) 情感结构。抒情类文章常以情感作为线索，连缀人物、事物、景物的片断画面。它的时空顺序不是客观顺序而是情感顺序。文章起伏变化都随着作者或者作品中人物情感起伏而变化，具有强烈的表现力和感染力。(4) 蒙太奇结构。蒙太奇又叫电影分镜头，在电影电视创作中，以中心任务和中心事件作为线索，将分镜头剪辑、交换后再组接成为有机的艺术整体，来刻画人物形象和表达思想内容。文章布局借用蒙太奇手法将散在不同时间、空间的生活画面、场景按表达意图和情感组接起来，并根据表达需要闪现、突出。这种结构省略了中间烦琐的场景过渡、交代和叙述，所以节奏明快，画面感强。一些小说、报告文学有时采用蒙太奇结构的布局。如徐福铎的报告文学《她的中国心》。(5) 意识流结构。以作者和作品中人物的心理意识流为线索，运用开放性的辐射方式来切割时空，连缀相对独立的意识流程。它具有主观的随意性和跳跃性。意识流结构常采用自由联想、内心独白以及梦境、幻觉等心理表现手法来揭示人物隐秘的内心世界，刻画人物性格。如鲁迅的小说《狂人日记》，王蒙的《蝴蝶》、《布礼》等。(6) 规格结构。有些文章布局有统一的规定和格式，不能随意变换，自行其是。如公文虽以事实或事理作为线索，但其结构布局必须包括文头、行文和文尾三个部分。再如消息，有一种“倒金字塔”结构，包括标题、电(讯)头、导语、主体、背景和结语。规格结构布局便于形式统一严整，庄重大方。(7) 综合结构。综合结构是以上述某一类型为主兼用其他类型的布局结构方式，在篇幅较长的文章中多见。(8) 逻辑结构。根据事物的内部联系，运用逻辑思维的方法，组织安排文章的材料，就是逻辑结构。一般的说明文、议论文，大都使用这种结构形式。文章结构的段落层次之间，大都是事物本身逻辑顺序的反映。逻辑结构按照事物内在联系来组织安排文章的层次。议论文、说明文常采用这种结构方式。逻辑结构有以下几种形式：① 并列式结构。每个层次所表达的意思是平行并列关系，是对事物各个侧面进行说明和论证。议论文、说明文和有的散文常采用这种结构。② 递进式结构。人们对客观事物的认识，总是由浅入深、由表及里的。这个认识过程，反映在文章的结构上，就是层层相连、步步深入的递进式结构。③ 因果式结构。层次之间的关系是因果关系，或者先分析原因再交代结果，或者先交代结果再分析原因。④ 对比式结构。将一组相反的材料对比起来安排结构，从而突出文章的中心。⑤总分式结构。它又有三种形式：一是“先总后分”式，前后文的关系是总分关系，先合后开，先摆出论点，再举例论证。二是“先分后总”式，前后文的关系是分总关系，即先开后合，先具体陈述事实或理由，然后再归纳出一般性结论。三是“总—分—总”式，各个层次之间的关系是“合—开—合”的关系，即开头提出论点，中间具体论证，结尾得出结论。总之，结构的类型多种多样，写作时应根据文章的体裁、内容灵活安排，千万不要把结构看成死的框框和模式。

组织文章的结构是一门艺术。首尾圆合，结构完整，前呼后应，层次分明，这是对结构的基本要求。而曲折有致，波澜起伏，疏密相间，张弛有度，则是从艺术角度提出的更高要求。同样的内容材料，由于结构组合方式不同，表现的效果就大不一样。如果组织得新颖巧妙，就可能取得引人入胜的艺术效果。常用的结构技法有：① 抑扬法。文章内容是反映人的情感的，结构又是作者经过自己头脑加工的，因此，结构也具有人的感情。而人的感情是起伏变化需要控制的，这就要求作者对所要表现事物的情感进行艺术的处理，表现在结构上就是，或欲扬先抑，或欲抑先扬。这种组合方式，不但可以增加文章的变化，而且可以突出事物的特征和人物思想感情的变化过程。② 张弛法。张弛有度，此起彼伏，方能显示文章的活力。张与弛，在记叙文中是指情节场面的紧张激烈与轻松舒缓。在写作中，作者有意将热闹场面与平静场面、紧张情节与轻松情节相交替：时而车水马龙，时而月明人静；时而金鼓齐鸣，时而浅唱低吟；时而剑拔弩张，时而举杯畅饮……错落有致，跌宕多姿，这就是张弛有度的结构布局。说理性文章中的张与弛，主要体现为论证过程中的层层推进、推理与举证的交替进行，夹叙夹议。论证的材料由远而近，论证的层次由浅入深，论证的方式正反结合，便会产生一张一弛的节奏感。③ 断续法。文章的结构布局要一脉相承，紧扣主要线索一直写下去，才显得前后连贯，文气流畅。但一味平铺直叙，就显得直露呆板。因此，有时作者在描写主要情节的过程中故意中断叙述主要事实，插入或分叙别的话头，这就是断；然后又返回到文章主线，接上原来的话题写下去，这就是续。一篇文章时断时续，时离时合，造成文章结构的摇曳多姿。如章回体小说中的“花开两朵，各表一枝”、“欲知后事如何，且听下回分解”，使小说的结构波澜起伏，文章节奏跌宕生姿，引人入胜，令人难忘。断续手法的合理运用，可以使现实与回忆、当前与过去交汇融和，互相映照，产生电影蒙太奇般的艺术效果。④ 婉曲法。文是看山不喜平。写文章应笔法婉转、曲尽其妙，避免平直呆板，一览无余。古人写诗作文有“忌直贵曲”的传统，讲究直中求变求曲。婉曲法一是充分利用生活本身的曲折多变。世间万物无不处于发展变化之中，有其自身的曲折复杂性。如山有起伏高低，路有曲直平凹，人有美丑善恶，事有大小好坏，理有是非正误，情有喜怒哀乐…只要从生活实际出发，抓住矛盾的发展变化，把握事物的常态、变态，注意现象的必然偶然，搞清事件的来龙去脉，然后灵活巧妙地布局谋篇，文章往往自成曲折、平添波澜。如黄宗英的《大雁情》、孟晓云的《胡杨泪》，就是利用现实生活和人物经历的自然曲折而写成的好作品。二是直中求曲的艺术手法。尽力用写作材料本身的曲折性是不够的，而在某篇布局上善于随机应变、灵活曲折却更为重要。文章的曲折变化表现在各个方面。有变化才有曲折。在谋篇布局时要掌握一些曲折变化的技法，对形成文章的波澜起伏是大有助益的。如能适应内容需要，巧妙地处理好分合、点面、正反、顺逆等关系，文章结构就会曲折多姿，令人耳目一新。

**（三）理顺线索**

文章的结构有内外之分。内部结构是指文章材料内容之间的内在联系，主要表现为线索的贯穿；外在结构是指文章外在的存在形式，主要表现为层次的组合。把文章的全部材料贯穿为一个有机整体的内在脉络叫线索，它是作者组织材料的思路在文章中的反映。线索不仅贯穿于整个情节发展的过程中，将有关场面连缀成情节整体；也贯穿于文章非情节因素之中，把情节因素和非情节因素连在一起，它能使文章的结构线脉贯通，头绪清楚，材料统一，严谨周密，并起着结构全文的作用。

文章内容有繁有简，篇幅有长有短，因而线索的设置也可多可少。从数量上看，情节较简单、头绪较单纯，可设置一条线索，成为单线。若情节复杂，头绪纷繁，可设两条或两条以上的线索，称谓复线。复线又可分为主线和副线、明线和暗线、实线和虚线。主线是文章安排主要材料贯穿全篇的主要线索，又叫"主脉"，任何文章都只有一条主线，它要求必须清晰、鲜明、突出，必须贯穿于文章的始终，起组织全篇材料和统领各条副线的作用。从性质上看线索有：① 以人为线索。有两种情况：一种就是在文章中设置一个线索人物，这个人物在全文中只是穿针引线的次要角色，它的主要作用是串联情节、贯穿全文。以人物的视觉为线索，人物常以"我"的身份出现。如茹志鹃的小说《百合花》中的"我"、林海音的散文《城南旧事》中的小樱子、刘绍棠的小说《蒲柳人家》的何满子等，他们虽然也是文章中的人物，但却不是主要人物，而只作为见证人或目击者；另一种以人物的活动或人物性格的发展为线索，他们是文章中的主要人物。如高晓声的"陈奂生"系列小说中的陈奂生，路遥的《平凡的世界》中的孙少平、孙少安，故事情节都是围绕他们展开和发展的。② 以物为线索。作为线索的物，常常富有象征意义。虽然往往并不是文章所表现的主题，但它却贯穿于文章的始终，把不同时空中的材料联系起来，形成一个有机的整体。如莫泊桑的小说《项链》中的项链，冯骥才《我的书桌》中的书桌，就是作为组织情节内容的线索出现的。③ 以事为线索。在有完整情节的作品中，常用中心事件来串联材料、构制篇章。以事为线索则是突出某一事件的思想蕴涵，或发生、发展、变化的过程。如王跃文的小说《国画》，文章主要围绕人事改革问题以及官场中各种腐败的事情来组织安排结构。需要说明的是"以人为线"和"以事为线"常常互相联系，不可分割，因为，"事由人生，人由事显"，只是各有侧重。④ 以理为线索。以作者认识事物的思维过程为线索来安排篇章，通常用于论述性文体。人们认识事物、解剖事理，从生活中发现和提炼思想、观念和哲理，这是有一定的规律和条理的，以理为线索正是作者认识客观事物的规律性和条理性的思维过程在文章结构中的具体表现，也是作者对生活的理解和评价，它能给人以启迪。如一些议论文和杂文，还有一些哲理散文等。⑤ 以情为线索。就是以作者的情感起伏变化作为线索贯穿全文，串联起触动过情感的材料，表现作者对生活的感受和体验来感染读者。如三毛《梦里花落知多少》、余光中《乡愁》，巴金《随想录》等。⑥ 以"眼"为线索。即以文眼为线索。文眼是文章经过艺术概括集中而形成的思想感情的聚光点，是指诗文中那些最有表现力、最能帮助读者理解文章主题思想或脉络层次的关键词句，它凝聚着文章全部精神和深刻奥秘。如："一帆一浆一扁舟/一个渔翁一钓钩/一俯一仰一顿笑/一江明月一江秋。""一"字是诗人在情感上的一种体会和认识。它把十个意象串为一体，使全诗弥漫着一种轻松、悠闲、静雅的气韵和爽快的鉴赏、欣喜之情。线索具有客观存在性和主观认识性。客观存在性是指线索存在于客观事物或事件的始终，它如人身上的脉络、衣服上的针线一样，是一种客观存在。主观认识性是指任何客观存在的线索，如果不被主体发现和认识，它对于具体文章的布局构思是没有意义的。构思中认识到的线索，可以成为文章的结构线。

### （四）组合有序

结构主要体现在层次段落的表现次序和组织安排上。层次清楚，段落分明，是对一篇文章起码的要求。文章是由若干个部分组合成的一个整体，材料按什么方式进行组合安排，实际上是个顺序问题，材料从头到尾怎样组合，也就是段落、层次安排与衔接的问题。层次和段落在文章中关系密切，但又有明显的区别。

层次是指文章表达客观事理的意义单位和表现次序。它反映了作者思维活动的进程。它是客观矛盾的各侧面、事物发展的阶段性以及认识和表达事理的思想步骤在文章中的体现。所以有人把层次叫作意义段或部分。它是文章思想内容的表现次序、事物发展的阶段性进展、客观矛盾的各个侧面、人们认识和表达问题的思想进程在文章中的表现和反映。体现了作者思路展开的步骤。层次是谋篇布局的主要环节，也是安排和表达内容的主要手段。层次的划分是有其客观标准和依据的，主要标准和依据就是文章的具体内容和基本方式。层次体现着作者对整篇文章大的布局安排，层次确定，整篇文章便大局已定。章法已定，构架也就形成。因此在考虑文章层次展开时，要特别注意内容表现的次序问题，应根据梳理的线索依主题的需要安排布局。由于文章内容体裁不同，层次安排的方式也不同。先看内容不同，如反映事件，文章层次安排与事件的发生、发展、高潮、结局的各个阶段和各个侧面有关；反映物件，文章层次安排与物件本身的状态、特征、性质、功用各个方面有关；反映景观，文章层次安排与景点本身变换或景观角度转换有关；议论说理文章的层次安排与内容的逻辑联系有关；抒情文章的层次安排与情感变化有关。再说体裁不同，如戏剧文学，层次安排离不开分幕分场；公文的层次安排离不开公文体裁格式而对内容所做的切割。层次安排虽各有特点和依据，但都必须围绕写作意图、目的，慎重处理好整体与部分，部分与部分之间的主从、并列、因果、递进、对比、条件等逻辑关系。层次的要求：一是层次的内容要完整，一个层次单独表达一个完整的意义单位；二是层次之间要有一定的内在和外在联系，即在文章内部有着内容意义的转换，在文章外部表示由总到分或由分到总。

段落是组成文章最基本的独立单位，段落是构成篇章的基本单位，具有换行的明显标志。是文章思想内容的转折，间歇造成的文字上的停顿。它在内容上表现出文章逐步展开的步骤，在形式上显示出文章最基本单位的组织次序。段落的作用表现在逻辑地表现思维进程中的每一转折和间歇，清楚地反映文章内在层次和节奏。一般来说，长段适宜于表现复杂细微的内容，纡徐舒缓；短段则适宜于表现精粹的思想、飘忽的思绪，灵动的慧心，给人以跳跃感。段落使文章眉目清楚，便于阅读，给人回味，还能起到强调重点、加强印象、传达感情色彩的作用。段落的要求：一是每一段落内容单一和完整；二是段与段之间的意思要连贯、顺畅、自然；三是段落长短适度，匀称得当。

段落和层次有联系，又有区别。层次着眼于思想内容的划分，段落侧重于文字表达的需要。一般情况下，层次大于段落，即几个段落合起来成为一个层次，少数情况下二者一致，即一个段落等于一个层次，如毛泽东的《一个极其重要的政策》。特殊情况下段落大于层次，如毛泽东的《人的正确思想是从哪里来的?》，一文短得只有一段，但却说明了三个层次方面的问题。划分段落的目的是为了把作者的思路有步骤地表达出来，帮助读者领会各层次的意思，掌握全文的思想内容，为了表达的需要，有时还划分了一些特殊的自然段，如强调段、过渡段。

**（五）通贯圆合**

文章骨架搭好，组合顺序也筹划就绪，接着就要考虑文章的前后通贯，首尾圆合，它包括过渡和照应，开头和结尾。

1. 过渡和照应

过渡和照应它们是结构中有机组成部分之一，它使文章连接紧凑，前呼后应。过渡，古人叫换头，过文，过接。是指文章上下文之间的衔接和转换，多用具有承上启下作用的段落、语句，把文章前后的段落层次连接起来，使文章脉络清晰畅通，层次紧凑自然。它是上下文连接贯通的纽带，起到承上启下、穿针引线的作用，使全篇内容组织严密，文气贯通，浑然一体。文章需要过渡之处：一是内容开合处，即文章内容由总到分，或由分到总时需要过渡。如胡耀邦的《坚持两分法，更上一层楼》。二是内容转换处，即文章内容由一层意思转入另一层意思，两个相临层次段落间需要过渡。如王英琦的《有一个小镇》。三是表达方式变换时需要过渡。如由倒叙转顺叙，由顺叙转插叙时往往依靠过渡实现转换，由议论抒情转入叙述描写，也要过渡。如史铁生的小说《我的遥远的清平湾》中的过渡。四是叙述人称改变处需要过渡。如鲁迅的小说《祝福》先写“我”到鲁镇过年，见到了祥林嫂“她”，然后又回到“我”的见闻。文章中两次人称的改变处，作者都作了恰当的过渡。过渡方法有：一是段落过渡。如鲁迅的小说《祝福》用了两个过渡段过渡；二是句子过渡，如“为此，特通知如下”、“依据上级指示，我们做了以下工作”等；三是词语过渡，如“因而”、“然而”、“总之”、“由此可见”、“综上所述”等；四是小标题过渡，如毛志成的杂文《众生相杂识》分别用了“某交警形象”、“公共汽车上的老师”、“善恶之间”、“信手可赠千机金”、“看相的学问”、“大人物与小人物”、“酒场俗雅”、“丑态与美态”六个小标题加以过渡；五是空白过渡，很多文章或作品中作者采用预留空白的办法表示文章内容的变化和转换，巧妙地进行过渡；六是章、回或汉字数码（一、二……）来过渡，长篇小说常常采用此法，而戏剧则常用幕或场过渡；七是特殊字号（体）来过渡，一些报纸杂志常用“首字上悬或首字下沉”特殊字体作过渡的标志，这是小标题的一种变体。

照应也叫呼应，或伏应。是指文章的前后关照呼应。前面写的后面要有着落，后面写的前面早有埋伏。表达行文前有因，后有果；先有源，后有流。文章的照应，常常分成伏笔与照应，因应而伏，伏必有应。写文章时交代在前，照应在后；暗示在前，挑明在后；伏笔在前，应笔在后。文章通过前后照应，能帮助读者了解文章的脉络，它使文章内容前后贯通、紧凑严谨，重点突出，曲折多姿。照应方法有：一是照应标题，即文章的内容照应文章的题目。如王愿坚的《七根火柴》中，文中两次数火柴的情节，照应了标题，突出和深化了主题；二是上下文照应，指文章中前后内容之间的照应。陆文夫的《小贩世家》的竹梆子前后多次照应，使文章内容紧凑。三是首尾照应，指文章的开头与结尾之间的照应。如叶圣陶《藕于莼菜》：“与朋友喝酒，嚼着薄片的雪藕，忽而怀念起故乡来了。”而结尾：“所恋在那里，那里就是我们的故乡了。”首尾呼应，文章前后内容浑然一体。

2. 开头和结尾

它们是文章有机组成部分，因为它们处于文章结构的显要位置，具有不可忽视的重要作用，开头与结尾，以及文章结构的整体形态，直接关系到文章内容的表达效果。历代文人对开头与结尾的重要性多有论述。刘勰提倡“首唱荣华”，元代乔梦符论作乐府时曰：“凤头、猪肚、豹尾六字是也。”（陶宗仪《南村辍耕录》）明代谢榛在《四溟诗话》中曰：“起句当如爆竹，骤响易彻；结句当如撞钟，清音有余。”他指出文章的开头像燃放爆竹，使人为之一震，格外引人注目，启发读者思路，急于读下去；结尾如撞钟，清音绕梁，余味无穷，印象深刻。因此，写文章要注意开头和结尾，并且注意学习掌握写好开头和结尾的方法。

开头是指文章的起始部分，又称“起笔”，“发端”，是指文章从哪里下笔，从何处写起。开头是文章结构的有机组成部分，是作者思路的起点。俗话说得好：“万事开头难。”写文章也如此，开头让人费尽苦心。开头对全文起着控制、引导和领起作用。开头目的是抓住读者、吸引读者。文章开头难，首先就难在对所要表现的事物有深刻而全面的认识，难在对纷纭复杂的客观事物理出一个头绪来。其次，如果没有找准全文思路发展的方向、切入的角度，写起来就觉得很不顺畅。再次，全文的基调、色彩和风格，很大程度上也是由这第一步所决定的。因此高尔基说：“最难的是开头，也就是第一句。就像在音乐中一样，第一句给整篇作品定了一个调子，通常要费很长时间去寻找它。”（高尔基《论文学·我怎样写作》，人民文学出版社 1978 年版，第 264 页）因此，文章的开头，要处理好三个环节：① 定好基调。基调，就是贯穿全文的情感倾向和语言色调。基调的高低、强弱、隐显，能反映作者的心情与文章的格调。文章的基调或庄重严肃，或轻松活泼，或平实稳健，或凝重苍凉，或幽默诙谐，或明白晓畅，或率直豪放，或朦胧婉约，或慷慨激昂，或亲切平易……基调对于全文极其重要，需要作者认真思考。要特别注意开头几句话的语调，是否适合于这篇文章的内容和格调。如贾平凹《土门》：“当阿冰被拖下来，汪地一叫，时间是一下子过去了多少岁月，我与狗，从此再也寻不着一种归属的感觉了。”文章一开始就为全篇定下了一种轻松活泼、幽默诙谐的调子。开头调子要定得准，定得好，应该遵循以下原则：第一，要考虑文章的全局。要定好调子，必须胸有全局。如果孤立地只考虑开头，那么这个开头就可能和全篇内容缺乏有机联系，或者和全文语言风格很不协调。第二，要考虑文章的体裁。体裁不同，文章的基调也各不相同。一般说来，公文文体宜庄重严肃，措辞准确严谨；文学文体宜轻松活泼，措辞生动形象；应用文体宜朴实稳健，措辞明白晓畅。② 选好视点。观察一个客观事物，从不同角度和层面着眼可以获得若干视点。但文章反映事物不能面面俱到，把观察到的一切都记录下来，而只能从那些具有价值和意义的地方着笔，这就要选择视点。所谓视点。就是作者观察事物的着眼点，写作表达的着力点，它是文章内容的核心，为作者组织材料、安排结构规定了一个明确的方向。面对全部写作材料，首先应该列出各种写作角度。经过全面分析，深入思考，然后选择最能突出事物本质和特点，最能说明问题、切中要害之处作为写作重心。选定视点，可以使文章谋篇过程进入基本定型阶段。选定视点，应遵循以下几条原则：第一视点要小。面面俱到是选择视点之大忌。突破口小，才容易深入。作家常常只选取一个横断面，如人物活动的一个片段，一个瞬间，一个场景，事物发展的一个侧面，却能以小见大，蕴含深远。第二视点要近。写作的目的在于传达某种思想意蕴，因此选择视点应注意现实针对性。针对社会时弊，针对群众心态，针对现实需要。只有富有针对性和现实感，文章才能收到良好的社会效果。第三视点要新。老生常谈的话题，即使很正确，也会因为人所共知而使人厌烦。因此选择视点应出其不意，以新取胜。力求做到人人心中所有，人人笔下所无。③ 写好开头。文章的开头，在文章中占有突出的位置。唐彪在《读书作文谱》中说："通篇之纲领在首一段，首段得势，则全篇皆佳。"好的开头应遵循以下原则：① 开头是最合理的截取点。文章的开头不单是如何写的问题，而更重要的是从何处写起的问题。客观生活赋予的时空界限是无止境的，作者从何写起，将切入点确定在哪个阶段，哪个部位最合理，最重要的标志是看它是否恰到好处地逼近文章的中心或高潮。如果开头离中心太远，入题太慢，文章势必冗长乏味；如果太近，则使人感到突兀而不自然。② 开头是最有力的突破口。将突破口选在哪个部位，首先应考虑它浓缩生活的效果，以及能否形成文章整体上的和谐统一，能否使各个局部与整体紧密有机地联系在一起，创造一种寓丰富于单纯的格局。其次，开头应该有利于向文章的深处发展。开头往往从某一点突破，使文章沿着突破口规定的方向发展下去，从而达到意境深远的目的。我们说的突破口往往选定在事物矛盾最尖锐集中、最能一针见血、切中要害的部位。③ 开头是最精彩的开场戏。开头是对读者的第一印象，要富有美感和吸引力。李渔在《闲情偶寄》中说："开卷之初，当以奇句夺目，使人一见而惊，不敢弃去。"

写好开头应做到：一要服从主题需要，与下文衔接自然；二要新颖生动，富有吸引力；三要言简意赅，凝练明快；四要适合文章体裁，自然得体。开头的方法很多，有原起、直起、陪起、喻起、突起、翻起、逆起、设句起、引语起等。常见的开头方法有以下几类：一是开门见山。这类开头不枝不蔓，直接入题。或揭示全文内容，或交代写作动机，一下子让人抓住文章的主要内容或主题。若是记叙文，就直写其人，直叙其事。如舒婷《在那颗星子下》："母校的门口是一条笔直的柏油马路，两旁凤凰夹荫。夏天，海风捋下许多花瓣，让人不忍一步步踩下。我的中学时代就是笼在这一片花雨红殷殷的梦中。"若是议论文，就开宗明义，直接立论，或者单刀直入，直接反驳。如龙应台《不像个女人》："有个气宇轩昂的男人每次见到我都会说：'胡美丽，我不喜欢你。''为什么？''你不像个女人！'"。在说明文中，开头常常直截了当，点明说明事物。如丁明《千姿百态花烂漫》："花，是一种观赏植物。"抒情性文章常常围绕其内容和主题进行直截了当的抒情。如《梦，在春天里》："她从冰雪晶莹的天国扑进了春的世界，带一身洁白的雪花……"二是概括内容。即对文章所表达的主要内容进行简洁的概括，以表明文章的主题。如张抗抗《逝去的书信》："在许多年中，我们依赖书信维持生活。书信是我们寂寞日子里稀少的欢乐和光明。……"三是交代目的。即对写作背景和意图进行说明和交代。如方方《工作着是美丽的》："在大学时，读到女作家陈学昭的一篇小说《工作着是美丽的》，这篇小说的名字比内容更加打动了我。每次当我写完一篇小说或者是做完一件事，以全身放松的姿态活动筋骨时，我总能想到这句话：工作着是美丽的。"然后作者运用事例说明了"说易做难"，"做，才是美丽的。"四是提出疑问。设置疑问，引人入胜。如高低的《温柔》的开头："温柔，你体尝过吗？你给予过吗？"还有毕淑敏《素面朝天》："素面朝天。我在白纸上郑重写下这个题目。夫走过来说，你是要将一碗不白皮面，对着天空吗？"五是运用引述。即利用神话故事、谚语民谣、诗词歌曲等开头。这类开头，起笔曲折委婉，先旁顾左右，然后渐入正题，曲径通幽，开头比较曲折、委婉。如林清玄《心田上的百合花开》："在一个偏僻遥远的山谷里，有一个高达数千尺的断崖。不知道什么时候，断崖边上长出了一株小小的百合。"文章接着叙述了百合花艰难的生存处境和默默无闻的生命价值，最后指出了"以花证明自己的存在"的意义。再如朱湘《画虎》："画虎不成反类犬，刻鹄不成终类鹜。"起势峻陵，别具一格。六是介绍对象。直接说明文章要表达的事物。如茅以升《桥梁远景图》："桥是什么？不过是一条板凳。两条腿架着一块板，板上就可以承担重量。把这板凳放大，'跨'过一条河，或是一个谷，那就形成一座桥。……"生动形象地说明了桥不仅渡人过河，而且可以赏心悦目。七是渲染气氛。即开头描写环境，烘托气氛，从写景状物中，渲染气氛，烘托人物。如程习武的《清水》开头："叶天士醒来的时候，鸡还没有叫，夜还沉沉的。叶天士走到院子里，如水的夜风立刻就浸了身。他仰面而望，夜空辽远，繁星烁烁，地上的花木隐约人目，该红的还红，该青的还青。……"文章生动形象地写出了一个古代为官清正典型——叶天士。

总之，文章的开头是千百万化的，但都要紧扣中心，为主题服务。文章的开头，不要起笔太远，这样入题太慢；也不要起笔太快，没有展开的余地；更不要空洞抒情或写景，游离主题。

结尾是指文章的结束部分。又叫"收笔"、"结处"。它是文章结构的有机组成部分，是文章内容自然发展的必然结果。结尾在文章中起到深化主题、突出中心、增强文章感染力的作用，它不仅能提升文章的品位，而且给人以启迪，发人深省，余味无穷。故有俗话"编筐编篓，重在收口；描龙画凤，难在点睛。"常用的结尾方法有：一是总结全文，深化主题。如汪国真《我喜欢出发》："是的，我喜欢出发，愿你也喜欢。"结尾短促有力，进一步总结和深化了文章探险和追求的主题；二是展望未来，表现信念。如罗兰的《秋颂》："秋是成熟的季节，是收获的季节，是充实的季节，也是澹泊的季节。它饱经了春之蓬勃与夏之繁盛，不再以受赞美、被宠爱为荣。它把一切的赞美与宠爱都隔离在澹澹的秋光外，而只愿做一个闲闲的、远远的，可望而不可即的秋。"作者表达了澹泊洒脱的愿望和理想。三是抒发情怀，感人肺腑。如马朝虎《丑娘》："娘知道自己丑，从没有照过相，活了一辈子哪，连一张照片都没有。娘，你真的就不留下一点痕迹，不给我一点点的想头？"作者的悔恨、愧疚和抱憾之情令人潸然泪下。四是蕴含哲理，发人深思。程乃珊的《春华秋实话园丁》："教师的种籽撒在教室里，而果子，却是若干年后，结在社会上。……"歌颂了教师"燃烧的是自己，照亮的是希望"的无私奉献精神。五是含蓄委婉，令人回味。如谢大光的《落花枝头》："细微的簌簌声打断了我的遐想，又是几片飞红漂落下来，'落花辞树虽无语，别倩黄鹂告诉春。'多情的落花委托黄鹂向春天嘱咐什么呢？请明年再到枝头上看吧，那满树的繁花硕果就是答案。"文章哲理意蕴含蓄，意境深邃悠远。六是戛然而止，干脆利落。如冯骥才的《珍珠鸟》："我笔尖一动，流泻下一时的感受：信赖，往往创造出美好的境界。"文章结束的短促有力，但却让我们回味无穷。

文章写作，讲究开头的新奇不凡，结尾的余味无穷。新奇不凡能引人入胜，余味无穷能发人深省。

## 第六节 确定体裁

### 一、含义

文章体裁是文章的形式因素之一，是文章内容的具体表现形式，简称“文体”。一切文章都有一定的体裁。各类文章的体裁在形式、结构、语言运用上，都有各自的特点。文章体裁的形成和演变是为一定的社会生活所决定。某些文体的形成，与在一定的社会发展阶段出现的技术条件及其他因素密切相关。还有一些新的文体，是由于社会生活某方面的需要，而从国外输入的。各类文章体裁在发展过程中会有一些不适应的部分或快或慢地被淘汰，这也与社会生活的发展变化有着直接或间接的关系。

### 二、类型

现代文章体裁，从广义而言，可从不同的角度分类：① 从表现手法分有：记叙文体、议论文体、抒情文体、说明文体；② 从社会功能的角度分，有新闻文体、应用文体、文艺文体；③ 从语言风格的角度分，有政论文体、文艺文体、科学文体、公务文体。

### 三、原则

体裁是文章的整体外部表现形式和存在形式。古人云：“文章以体制为先。”构思时，体裁选择恰当，就能更好地表现思想内容。选择体裁要遵循以下三条原则：① 根据材料特点选择体裁。写文章要量体裁衣，因“材”定题。一定的材料对于一定的“体”具有一定的选择性和制约性。一般来说，应根据不同材料在真实性、形象性、典型性、新颖性等方面存在的差异，来选择与之相适应的体裁。比如抒情文体与叙事文体对材料的要求就大不相同。前者以主观感受为主，后者以客观事实为主。对某种事物感触很深，作者可以把它写成散文，却无法把它写成消息或通讯；情节复杂的人物故事，可以把它写成小说，却不好把它写成诗歌。尽管有些材料适用于几种体裁，但最适合某一材料的体裁毕竟只有一种，我们尽可能找到它。② 根据写作意图选择体裁。不同体裁的文章，其性质作用也是不同的。文学作品的作用适用于怡悦性情、陶冶情操。论说文体的作用是研究问题，以理服人。新闻文体的作用是报道信息，鼓舞人心。实用文体的作用是解决问题，立竿见影。选择体裁时，必须考虑各类文体的性质和自己的写作意图。鲁迅较多写杂文而少写小说，就是因为当时思想领域内较多短兵相接的交锋；记者之所以把“神舟十一号”发射和回收的事迹写成新闻不是写成报告文学，就是为了及时把航天精神传遍全国，鼓舞人民。③ 根据作者专长选择体裁。写作是一种个体性很强的精神创造活动，不同的作者具有不同的品质素养和语言运用能力。体裁的选择也应遵循充分发挥作者有利条件的原则，以便使精神产品的质量得到保证。比如，作者擅长抽象思维，有较高的理论素养，选择论说文体就比较容易发挥优势。相反，作者的形象思维较强，语言表达富有文采，那么选择记叙或抒情性文体就更为合适。总之，题材的选择必须考虑作者自己的写作专长或习惯。

# 第五章 写作表达

## 第一节 写作表达概说

构思成熟以后，作者还需要用语言文字符号，将处于“内孕”状态的思维成果“外化”为书面文章，这一过程就是表达。语言表达，就是作者运用准确生动的语言，把心中已经构思好的文章蓝图，转化成为书面形式，以准确生动地反映客观事物和表达思想感情的过程。这是写作过程中非常重要的外化构思成果的必经阶段。从本质上说，写作表达是作者运用语言将思想转化为文章的过程，在写作中有着举足轻重的作用。表达是运用写作技法的前提和基础，许多写作技法包含于表达之中；写作技法又具体体现着表达，是表达的延伸和拓展。深刻理解和熟练运用语言和各种表达方式是写好文章的基本功。

写作表达是思维起飞的一翼。作者的思路能否畅通无阻，依赖于两种材料：通过感知摄取的事实材料，通过表达掌握的语言材料。表达对构思的促进作用表现如下：一是促进构思。构思中的信息由于常常处在概念的、形象的、语言的和非语言的交织状态，需要借助内部言语的表达活动的引发，把它们理顺，才能使构思流畅。二是完善构思。在感知和构思中，一些心中的冥思苦想及不周之处和模糊不清，一旦诉诸文字，便难以敷衍，促使作者更深刻地进行思考，使构思得到完善，达到成熟。三是理清思路。思路的梳理需要借助一定的表达行为。无论构思如何严密、精细和详尽，都不可能使思路梳理得清清楚楚，而写作表达，却可以更进一步地使思路畅通，使构思合理。

## 第二节 表达原则

语言表达是要遵循一定的语言法则和规律的，其表达原则有：

### 一、合乎语法和逻辑

语法是语言的结构方式，它是遣词造句的法则。语言必须合乎语法，否则就会病句连篇，无法准确地表情达意。要做到运用语合乎语法，要求每个句子都应做到：① 结构完整。句子由各种成分组成。说一句话，各种应该有的成分都必须有，不能残缺不全。具体地讲，就是主语要明确，谓语无疏漏，宾语不残缺，各种附加成分要恰当。② 搭配得当。句子成分之间的搭配有一定规律，不能随意打乱。只有做到主谓相配、动宾相合、偏正相应、联合相当，才算搭配得当。③ 语序合理。句子中词与词结合是有一定先后顺序，不能随意颠倒，随意变动。④ 关系明确。复句中各个分句之间都有一定关系和内在联系，如并列关系、因果关系、递进关系、选择关系、承接关系、假设关系、转折关系、条件关系、目的关系等。用语合乎逻辑，符合思维规律和客观事理，做到概念明确，判断恰当，推理严密。

## 二、符合文体特点

不同文章体裁有着不同个性特点，对书面语言自有其不同要求，选择使用语言一定要符合所写文章的体裁特点，这就是语体和文体相适应的问题。选用语体，要与文章体裁以及文章具体内容相符合。一般来讲，记叙文体、抒情文体以记叙型和描写型语体为主，议论文体以议论型语体为主，说明文体以说明型语体为主，应用文体以实用型语体为主。选用语体要有原则性，也要有灵活性，在一篇文章中，往往是一种语体为基础，从具体内容出发，兼用其他多种语体。如描写时结合议论，议论时结合说明，说明时结合叙述等。选用语体要根据读者对象适当变更语体；还可以从作者的专长爱好出发，有所偏重。总之，既要使语体和文体相符，以保证全文的和谐统一，又要结合文章具体内容、读者需求以及作者专长，灵活采用语体，使文章活泼多姿，努力做到原则性和灵活性的高度统一。

## 三、风格和内容和谐统一

语言风格是人们在写作用语中表现出来的个性特征。不同作者、不同作品都有不同语言个性，因而形成不同的语言风格，在写作实践中，不仅要使语言合乎语法逻辑，符合文体特点，而且还应使语言风格适应不同文章内容的需要，做到语言风格和文章内容的高度结合，和谐统一。如精确和模糊，是两种截然不同的语言风格。所谓模糊语言，是指在内涵外延上不精确不确定的语言。人们对客观世界总有未认清的东西，反映在语言表达就有了模糊语言。如应用文中常常出现的词语“近年来”、“基本上”、“酌情处理”、“参照执行”、“一般情况下”、“某种意义上”等，都属于这种类型。有时，由于环境和对象的关系，不宜说得太明确，也就采用了模糊语言。如医生在诊断书上常常写道：“尚未发现明显病灶。”就是较典型的模糊语言。模糊语言在外交辞令、文书中更是经常出现。再如简洁与丰繁，也是语言中对立的两个方面。有时为了表达某种情感，在用语中可以进行有意的铺排渲染，形成丰繁的语言。如陈道阔的《南温河波涛》：“现在，他犹豫了，他不想暴露那张照片，也不想立即得到那个神圣的庸俗幸福的痛苦欢乐的悲哀滚烫的冰凉的吻。”这一心理描写，将人物心里那样一种既崇高又卑微，既狂放又拘谨，欲爱不能，欲舍不忍的复杂痛苦的体验和意识，痛快淋漓而又狂放无羁地表现出来，收到了因情感意绪上的跳跃、突兀、休止和空白而意外扩充增大了感情内涵的表达效果。

文章不能单独使用一种表达方式，而要经常借助其他的表达方式来丰富或加深文章的内容，使文章显得绚丽多彩，对读者也具有更大的吸引力。综合运用多种表达方式要注意：① 要用得自然。兼用的表达方式之于主要表达方式，如同枝叶之于树干，都是自然的从它上面生长出来的，不能为兼用而兼用。② 要用得灵活。主要的表达方式跟其他表达方式的结合要有灵活性，不能采取单一的模式。要根据内容要求选择相应的表达方式。该叙述时娓娓道来，该写人时细致描绘，该抒情时发自肺腑，该议论时发人深省。③ 要用得巧妙。所谓巧妙，就妙在使读者在不知不觉中接受作者的意图。这种情况在抒情文中比较常见，因为作者的感情不能靠用“喜”“怒”“哀”“乐”一类字眼来表示，还必须借助于对人、事、物的表述，才能把这样的感情具体化，这就意味着记叙、说明、议论这种表达方式都能在抒情文中找到自己的位置；而在读者这一面，每到这些地方往往觉得作者是在谈天说地，读得津津有味，却不知在情绪上早已受到感染，待到读完全文，才醒悟到原来这是作者有意的安排。④ 各种表达方式的交错使用。叙事写人饱含激情，字里行间流露深情，写景状物注入真情，景中有情，情中有景，情景交融；议中有叙，叙中有议，夹叙夹议。力求用得自然、灵活、巧妙，给文章增加光彩。

## 第三节 表达方式

运用语言符号反映客观事物、传情达意的方法和手段就是表达方式，它是文章反映客观生活的方式和角度，是作者在表现中心思想时把对事物的认识传达给读者的具体方式，是作者在写作表达过程中所在的立足点和角度，是文章反映客观事物的一种方式。它决定着文章的体裁；表达方式是由写作目的和表达内容所决定的。人们在长期的写作实践中逐渐摸索和形成的基本的表达方式，即叙述、描写、抒情、议论、说明五种类型。

### 一、叙述

#### （一）含义

叙述是作者在文章中对人物经历和事物发展变化过程的交代和介绍。它是写作中最基本最常见的一种表达方式。叙述有六个要素，即时间、地点、人物、事件、原因和结果。写清六要素，给读者以清晰而完整的印象。叙述是记叙类文章的主要表达方式，文章背景的交代、场面的转换、情节的展开、对话的联结、人物的行为、历史过程的演进、时代的更替，都要借助于叙述来完成。叙述能使对象的各个侧面联结起来而成为一个有机的整体，它如线索一样，把文章的各个因素天衣无缝地加以编织，让读者顺利地了解文章的内容。

#### （二）作用

叙述作用是多方面的：① 介绍人物的经历和事迹。通过对人物身世、地位、经历和事迹等情况的介绍，使读者对所写的人物有一个全面的了解。② 记述事件发生、发展的过程。事件的发生、发展有一定的原因，各种事物间有复杂的联系。通过叙述，把事物的过程交代清楚，揭示其发展变化的原因及事物的内在联系，让读者掌握事态全貌及其本质。③ 交代事物之间的关系，串联片断的故事和生活画面。④ 为议论性文章提供论据。议论性文章的事实材料的论据，主要靠叙述来提供。在说明文中，对解说对象的一般交代，也使用叙述。在应用文中，对有关情况来龙去脉的介绍，也离不开叙述。

### （三）人称

人称就是作者叙述时的观察点、立足点。叙述要有主体，即有“谁”来叙述，表现出来就是人称。因此所谓人称，就是作者认识事物和表现事物的角度和立足点。它在一定程度上关系着文章的基调，关系着叙述内容、感情色彩、语调和气氛以及主题表达的最佳效果等重要问题。人称主要有以下几种形式：① 第一人称。作者在文章中以当事人或目击人的身份出现，以“我”或“我们”的口吻叙述，就是第一人称。在日记、书信游记、回忆录中大都使用第一人称，那么“我”就是作者本人。在不是讲自身经历的文章中，也可使用第一人称，这个“我”就不是作者而是作品中的一个人物。优点是面对读者，侃侃而谈，便于沟通感情，使人觉得真实亲切，也易于直接抒发感情和发表议论。它的局限性：一是作者的叙述受时间、空间的限制，不能超出我的耳闻目睹和亲身经历的范围；二是不好直接写别人的心理活动；三是不便写自己的某些情况。② 第二人称。是以“你”或“你们”为对象的叙述。用“你”为叙述线索，如同与主人公直接对话，语气亲切自然，情绪交流酣畅淋漓，具有一种双向交流的对话性质，第二人称具有“透视性”，它便于作者挖掘人物心理意识，探究人物内心世界。既可以让人物作心理呈示，又可以从人物之外作心理描写。使叙事人可以自由出入于人物的思想意识内外。③ 第三人称。是作者在文章中以局外人身份，用第三者“他”或“他们”口吻进行叙述。这种叙述，“我”隐在文章背后不出场，但却无所不知，无所不晓，作者站在比较客观的立场上叙述人物经历和事情过程。其优点是，叙说方式灵活，不受视觉、感受的限制，也不受时空的限制。为了弥补第三人称缺乏第一人称的亲切感，可以利用人物的对话或独白，抒发感情，表达心意，增强文章的客观效果。

一篇文章中的人称应该是一致的，如果需要交替使用两种人称，那就要在人称改换处交代清楚，或者有适当的过渡，以提醒读者，一种方法是用清晰、脉络分明的人称转换来表示，即用过渡句、过渡段、空行或加小标题的转换。如鲁迅的《祝福》，文章使用第一人称和第三人称，但因为在交换处成功地用了一个过渡句：“然而先前所见所闻的她的半生事迹的片断，至此也连成一片了。”这样一来表达效果非常好。另外一种方法是不露痕迹的转换。为了真实地展示人物心理，增强文章的波澜和感人的力量，便在心理刻画上无拘无束、自由自在地交替使用多种人称。如张承志《北方的河》写男主人公第二次横渡黄河时的感觉：“渐渐他感到两臂上的三角肌发酸。我累了，他机警地想。上次我一点儿也不觉得累，记忆中只有轻松活泼、满心舒畅。这回刚游了一半你就累了，而且这回你没有走那四十里路，肚子里是白荞麦馅饼而不是青枣子。伙计，你在衰老。他突然觉得满心凄凉。”这种对心理意识的描述，人称变换随意自由，清晰自然。但是，运用这种人称转换法时，必须把握准表述对象，稍有疏忽，就会发生紊乱。这种叙述方式的交错，是叙事的创新，更是文章结构方法的匠心独运，不仅丰富和增大文章内容的含量，而且精妙地凸显文章的主题意蕴。

### （四）方式

叙述有多种方式，从叙述先后次序上分，有顺序、倒叙、插叙和平叙；从叙述详略程度上分，有概叙和细叙；从叙述的线索上分，有合叙和分叙；从叙述的不同角度划分，有直叙和间叙。① 顺叙。就是按照事情发生、发展的先后顺序来叙述。有的是按时间先后顺序叙述,有的是按作者的行踪展开叙述,有的是按事件的发展进行叙述,有的是按作者认识变化加以叙述。顺叙的长处是由头至尾,次第井然,便于组织材料,容易贯通文理,与读者的接受心理也非常贴近。叙述要分清主次、详略得当,力戒写流水账。② 倒叙。就是把事件结局或某个最突出片断提到前面来叙述,然后再从头进行叙述,俗称倒插笔。倒叙优点是以其突发时性造成对读者强烈刺激,巧设悬念,引人入胜,使文章开卷生波,牢牢抓住读者。采用倒叙要找准起点,一则因引人耳目,吸引读者;二则衔接自然,文理贯通。③ 插叙。是在叙述进行中,中断原来叙述,插入与中心事件有关内容的另一段叙述,这段插入的叙述结束后,再继续原来的叙述。插入的内容,或是过去的一件事,或是另外一件事,但它不发展情节。使用插叙使文章容量加大,对表现人物和实现主题具有积极作用,而且有断有续,能调剂读者情趣。插叙分为三种:追忆过去情节片断的插叙叫追叙;对上文加以补充解释,对下文做某些交代插叙叫补叙;插入部分是逆行的(即由近及远,由今及古)的插叙叫逆叙。④ 平叙。叙述两件或两件以上同时发生事情,先叙述一件再叙述另一件,或两件交叉进行的叙述叫作平叙。这种叙述有分有合,一般是先合叙,然后中断合叙线索,用"花开两朵,各表一枝"办法,先述一事,再述另一事,最后复归于合,多采用交叉叙述,它可以使头绪纷繁的人与事表现得有条不紊,且能突出紧张气氛,增强表达效果。齐头并进的叙述,又可以使平行发展的事件交代得眉目清楚而从容不迫,使读者开阔视野,获得立体感受。⑤ 概叙。是概括粗线条的叙述,给人以整体认识,并能较快地推进情节的展开,加快文章节奏。⑥ 细叙。即详细具体的叙述,能精细地展现事物的面貌,以慢节奏给读者留下深刻而强烈印象。⑦ 意识流。意识流叙述方法是对传统叙述方式的一种突破,其核心就是大胆地袒露自我,暴露人物的心灵,依此为中心,将人物的联想、意念、梦幻、独白等等,自由驰骋,任意组合。意识流是一种全新的叙述方式,最适用于表达人物复杂的心理活动。

**(五) 要求**

① 线索分明,交代清楚。线索是串联文章材料推进内容发展的内在脉络。叙述时无论是以时间为线索、以人物、事物或中心事件为线索,以单线和复线、明线和暗线进行叙述,都要有条不紊,次第井然。② 详略得当,突出重点。对人物和事件,凡是重要地方,能深刻表现主题之处,叙述要详细,有所侧重,突出重点。对于次要地方,不需要着力叙述地方,就要略写。③ 起伏有变,曲折生动。"文似看山不喜平",叙述也要有张有弛,断续结合,有详有略,离合相生,使之波澜跌宕,起伏多变,快慢适宜,断续恰当,妙趣横生。

## 二、描写

**(一) 含义**

描写就是用生动形象的语言对人物、事物和环境状态进行具体生动的描绘和刻画。描写抓住事物形状、神态、声音、色彩、气味、质地等进行逼真生动的描摹刻画,使读者获得具体而明晰认识和感觉,犹如身临其境一般。描写是文学作品中塑造人物形象,再现环境风貌必不可少的重要手段。描写与叙述有着十分密切的关系。这种关系表现在两方面:一是时间与空间的关系。叙述的事实是一种时间势态,而描写是一种空间形态。时间势态有的靠一定空间形态予以显示，而空间形态发展、变化离不开时间势态延伸、转移。时间与空间、事实与形象是相辅相成的，这就构成了叙述与描写的时间关系。只不过空间形态相对稳定，而时间势态流水无情，因而叙述总是不断地开拓着描写空间，描写总是跟随着时间势态来表现空间形态。二是血肉与骨架关系。事实总是由原因、过程和结果构成的，叙述也就重来龙去脉，势态清楚。形象只要看得细，想得细，就可以描写得形态逼真、栩栩如生。所以，叙述对于描写来说是搭骨架，描写对于叙述来说是填血肉。依据叙述搭起的骨架，在其中增添血肉，加以丰富的描写，就可以成为血肉丰满的动人篇章。从以上两个方面关系可以看出，叙述是描写的基础，而描写又丰富了叙述。尽管这两种表达方式各司其职，可以单独叙述事实，可以单独描写形象，但更多的时候还是按“事实引出形象、形象丰富事实”的规律，以“叙述快则描写少，描写多则叙述慢”的节奏综合表达写作内容。因此描写和叙述经常结合起来使用，特别是在文学作品中，有时交汇在一起不容易分开，所以又将它们合而为一称为“描述”。

**（二）作用**

描写能把事物具体生动、鲜明清晰地呈现在读者眼前，使读者产生如见其人、如闻其声、如历其事、如临其境的感觉。描写的作用主要有三点：① 表现人物的外貌、言谈、举止和心理。② 表现人物活动、事件发展的背景和环境。③ 表现事物的状态和特点。

**（三）特征**

① 客观性。文章是现实生活的真实反映，因此，描写对象都是生活中真人真事、真实场景和环境面貌等客观事物，是实实在在的客观存在，这也体现了描写具有真实性特点，即描写是真实地再现社会现实生活中真人真事、真实场景和真实的环境面貌。② 主观性。虽然描写具有客观性，即真实地再现客观事物。但其真实不同于照相和摄影那样完完全全的照搬照抄、一点不漏，它不可避免地、多多少少地带上了作者自身主观情感，即作者对客观现实生活倾注了自己独特的审美情趣，真实的客观具有了主观情感性。③ 完整性。描写在文章表意功能上具有较为独立的相对完整性，它单独地表达着一个完整的意义内涵和完成着结构上的建构作用。④ 画面性。任何描写，都极具画面感，这是由描写真实性本质所决定的。作为真实反映客观世界的文章，尤其注重撷取生活中真实美丽的风景，来营造美妙如画的意境。在文学作品中，描写的画面感更强。

**（四）内容**

描写的内容是指描写的对象，从写作实践看，描写的主要内容有以下方面：

*1. 人物描写*

人物描写指通过对人物外貌、内心、语言、行动等各方面的描写，勾画或塑造人物形象，刻画人物性格。人物描写，既要发掘人物的本质特征，使人物性格本质化，又要抓住人物的个性特点，使人物个性化，做到共性与个性的结合。人物是描写最多、最主要而又最复杂的对象。记叙类文章，既要写人，又要写事。写人的文章中，主要通过人物的语言、行动、思想来表现人物，虽然离不开事件，但是要以描写人物为主，事件通过人物贯穿起来、表现出来；记事文章，主要是写事，在记叙和描写事件中表现人物。不管是写人的还是记事的文章，能够把人物写得生动形象，就能有效地感染读者。要写好人物，主要从以下几个方面入手：

(1) 外貌描写。外貌描写也叫肖像描写，即对人物容貌、体态、神情、衣饰等外部特征的描写，依此刻画人物，揭示人物的思想性格。人物的音容笑貌、服饰举止、风度姿态总是与他的社会地位、生活境遇、性格爱好、个性气质以及民族、家庭的遗传特征等因素相关，肖像描写的作用在于揭示构成“这一个”人物的上述种种特征，反映人物的身份、职业、经历、性格，从外貌的变化透视人物的内心世界。外貌描写必须抓住与表现主题关系密切的主要特征来写，不宜面面俱到，千人一面。(2) 行动描写。是指对人物的举止、动作、行为的具体描绘和摹写。行动是人物性格的具体表现，人物的性格更多的是由人物的行动表现出来的。茅盾说过，人物的性格必须通过行动来表现。描写人物行动，要真实自然，形神兼备，性格鲜明。人手的动作是行动描写的重要内容。常言道：手眼通神。眼睛是心灵的窗户，画龙须点睛，手与眼睛同样传神，手的描写也有“点睛”作用。行动描写除此之外，还有一种人物造型法描写。它是指选择人物在一个短暂的停顿中所呈现出来的动作姿势，进行雕像式描写的方法，有如戏曲表演中的“亮相”和美术中的“剪影”。其特点是：一是描写人物的某一特定姿势，而不是表现其众多的举止动作；二是对人物作静态的固定的描写，而不是流动的表现人物的活动；三是只描写人物特定姿势的轮廓，而不是对这一姿势进行精雕细刻。这种技巧能使人物形象获得某种视觉特征，给人以立体感；能透过一个富有特色的姿势动作，集中突出地显示人物的精神特质、思想风貌以及人物所处的时代环境气氛，给读者留下鲜明强烈的印象。应用此法，应注意选择人物的典型姿势造型，而且在一篇文章中不可多用，要用在关键处，多用则毫无意义。(3) 语言描写。是指通过人物的言语解释人物性格的方法。“言为心声”，语言是人物思想的直接现实。语言是人物思想品质、性格特点、心理活动的表现，成功的语言描写必须符合人物的身份职业、社会地位、经历教养、生活习惯、精神状态，使读者听其言、见其人、知其心。不同的人物有不同的语言，同一人物在不同的时间、不同的环境中，由于情绪、性格的变化，其语言也有明显的差异。语言描写必须从塑造人物形象、刻画人物性格、表现主题出发，对人物的语言进行加工提炼，使其个性化、典型化、生活化。人物的独白、对话，特别是作品中人物的那些个性化的语言，在表现人物心理活动和思想面貌方面，具有非常重要的作用。独白是一种默默地或大声地自言自语，它反映着人物心理活动。对话是指人物间的交谈或讲话，它包括两个人的对答，一个人对大家讲话，几个人在一起谈话。其主要作用是塑造人物形象，刻画人物性格，叙说人物心理，发展故事情节。它要求个性化，要符合人物的年龄、身份、教养、经历，所处环境和特定事件过程中的心理状态，要善于选用现实生活中的口语、俗语、歇后语，使人物对话有生活气息，力求干脆简练。(4) 心理描写。指把人物心理活动生动形象地描绘出来，以展示人物内心世界，写出人物的精神风貌。从某种意义上讲，人物肖像、行动、语言描写等均是间接表现人物心理的手段，而直接心理描写的重要性就更不言而喻了。心理描写的方法，可以又由作者描述剖析，也可以由作品中人物表白、倾吐，还可以通过描写人物外在形态，间接地显示，通过对环境、景物、氛围的感觉来表现。它是揭示人物内心世界经常采用的表现手法。描写人物的心理活动，大致有以下几种手法：① 由作者从旁对人物的心理活动给予描述分析。② 人物内心独白直接吐露自己的思想。

③ 在人物回忆往事、憧憬未来时，插入适当的心理描写。④ 通过环境气氛、行为等表现人物内心活动。如电影电视中用翻腾的巨浪显示人物内心的剧烈感情冲动，用失手表现人物的失神等。⑤ 通过梦境、幻觉折射人物内心世界。梦境是人在睡眠状态对生活积淀的变形反映，是对现实生活的一种曲折表现。而幻觉原是一种不正确的知觉，是人在昏迷或糊涂状态中对生活的一种虚假的感觉。梦境和幻觉是描写人物的思想活动和精神状态，表现人物的内心世界的重要方法。⑥ 利用心理细节刻画人物内心世界和突出文章主题。所谓心理细节，就是指小说中人物在特定环境中由特定情绪引起的刹那间的心理意识的细微变化及其由此生发开去的顿悟想象。心理细节在作家特定的心态意绪和独特的审美观照下，通过反恒常的扭曲、变态及错裂等艺术表现方法，使其触须向着人的意识深处和心灵象征方向发展，从一个独特新异的视角触及人物性格的灵魂和凸现深化着文章主题。心理细节描写越来越为作家们所重视。心理细节有如下种类：a. 时空压缩式。这种心理细节的写作表现形式往往是作者在特定情绪下，将客观现实中的自然时空压缩转换为心理时空，前后时空可以任意杂糅、叠合，前后跳跃、神出鬼没中，形成小说内容的间隔性，以丰满充实其内涵。如莫言《红高粱》："父亲就这样奔向了耸立在故乡通红的高粱地里属于他的那块无字的青墓碑。"这里过去与现在互融，这种压缩互融式的心理细节，凸现了文章的主题，确立了整篇作品的气势，具有瞻前顾后的开阔感，不仅突出了汉民族特有的凝重深厚，而且也生动地展现了小说内涵的弹性和张力，塑造了我们时代历史感的象征模式，与马尔克斯《百年孤独》的开头有异曲同工之韵。b. 化虚为实式。当代小说，重在表现人物的心灵感应，展示人物个性的丰富性、复杂性和多元性。而心灵感应的情绪则是抽象的，甚至是虚幻的，常常用心理细节来加以具象化，如韩少功《风吹唢呐声》："音符一个个像花开了，像星星亮了，像满山的野杨梅红了，又甜，又酸，又涩。"这里，作者将看不见、摸不着的听觉，在心理意识的特殊过滤下，具象成了看得见、摸得着的视觉和味觉，使唢呐生动形象地吹出了生存的悲苦和欢乐，也吹出了世俗的冷暖和炎凉。c. 错裂变形式。从按受美学角度看，读者审美品位在反恒常的扭曲错裂和变形中能得以满足和提高，异质美感能带给人们以全新的感受和愉悦。邓刚《龙兵过》中轮船经过渤海和黄海交界处时，"潮差形成的湍急的海流，像利刀似地劈开两个海，淡黄色的渤海和深蓝色的黄海中间齐刷刷划开一条线，犹如两种挨在一起的色块，互不相染，有人竟听出船底'咯噔'一声，上了一层台阶！"作家在这里从独特的感知方式和审美需求出发，将听觉感知转换为触觉感应，表现着老渔民对大海深厚感情的、具有职业敏感的一种心灵昭示和奇特体验。d. 荒诞变态式。心理细节在反映作者独特审美意蕴时，为了达到异质美感的表现，常在反恒常的扭曲变态中，荒诞地叙说着生活，从而造成读者心理上的一种审美反差。如阿城《遍地风流》："早上出的白太阳，父亲往山上走，走进白太阳里去，我想父亲有力气啦。"这一荒诞变态的心理细节，字字词词中都涵盖了无穷无尽的只可意会而不可言传的情趣和感悟，也浸透着无限的诗情画意。f. 情感复沓式。心理细节在切入心理深层结构和立体意识层面上有其独特、丰厚的内张力和丰富性，从而增强着个性生命的时间感受和内心节奏。如陈道阔《南温河波涛》："现在，他犹豫了，他不想暴露那张照片，也不想立即得到那个神圣的庸俗幸福的痛苦欢乐的悲哀滚烫的冰凉的吻。"这一心理细节将人物心里那样一种既崇

高，又卑微；既狂放又拘谨；欲爱不能，欲舍不忍的复杂痛苦的体验和意识，痛快淋漓而又狂放无羁地表现出来，收到了因情感意绪上的跳跃、突兀、休止和空白而意外扩充增大了感情内涵的表达效果。心理细节的审美效应有：一是丰满人物形象，人的精神世界和心理活动又是极其丰富复杂和变化微妙的，心理细节能准确而生动地传达出人物的内心秘密和性格的本质；二是照亮故事情节，心理细节是点燃和照亮情节离不开的一道亮丽的风景，没有心理细节，就没有情节的亮点和火花。三是深化主题意蕴。文章要表现深邃丰蕴的历时性和现实时代潮流的共时性，就必须使主题多义多元，恒久、隽永的主题意蕴要靠富有象征意义的心理细节来深化和升华。四是凸显审美情趣，读者审美意识的提高和文化休闲的时兴，使得文章写作在与读者情感共鸣之中昭显自己独特的审美理想和情趣，便理所当然地要借助心理细节达到诗样的意境。心理细节，不仅巧妙生动地传达出人物内心底蕴和性格本质以及由此而体现着的作家审美理想和情趣，而且还可以借助人物内心深处的微妙反应及其变化层面，曲折地折射出时代、人生和社会对人深刻影响的轨迹和印痕。

*2. 环境描写*

环境是人赖以生存的场所，是人物的一面镜子。环境是指人物成长、活动和事件发生、发展的时间、地点、周围情况的条件及气氛。环境描写直接影响到人物塑造、主题表达和作品艺术感染力，同时也是渲染氛围，增强文章美感的重要因素。环境描写的作用具体有：一是展现人物的生存环境。这是最基本也是最主要的作用。环境往往具有潜在决定人物性格和命运的作用；二是烘托映衬人物性格，即人所生存的生活环境，能够折射出人物的性格和情趣。三是传达情感和情绪，人物对环境倾注了感情，使客观环境染上了人的主观情感。环境描写包括社会环境描写、自然环境描写和场面描写。

(1) 社会环境描写。社会环境描写主要指人物或事件所处的社会背景的描写，可以是社会风貌、时代气氛、风土人情，也可以是家庭处所、室内陈设以及人们的社会关系等。它要求真实典型，具有时代和乡土特色。如周作人《乌篷船》："小船则真是一叶扁舟，你坐在船底席上，篷顶离你的头有两三寸，你的两手可以搁在左右的舷上，还把手都露出在外边。在这种船里仿佛是在水面上坐，靠近田岸去时泥土便和你的眼鼻接近，而且遇着风浪，或是坐得不小心，就会船底朝天，发生危险，但是也颇有趣味，是水乡的一种特色。"水乡静穆的自然美，一幅闲适自在、无忧无虑的休闲，使人身临其境，心旷神怡。

(2) 自然环境描写。自然环境描写就是对自然景物的描写。自然风景是文章中常见的描写对象。通过对自然风光山川景色的描绘，能使人如临其境，受到赏心悦目的效果。自然景色的描写具有表现和衬托人物性格的作用。作者通过对大自然风光的描写，营造美丽旖旎的意境。如沈从文《沅陵的人》："溪流萦回，水清而浅，在大石细沙间漱流。群峰竞秀，积翠凝蓝，在细雨中或阳光下看来，颜色真无可形容。山脚下一带树林，一些俨如有意为之布局恰到好处的小小房子，绕河洲树林一湾溪水，一道长桥，一片烟。香草山花，随手可以掇拾。"道出了作者的审美情趣，熔铸了全文意境的氛围和情调。

*3. 场面描写*

场面描写就是把特定时间地点内人物在环境中活动的画面勾画出来。常见的有生活场面、劳动场面、战斗场面、运动场面以及各种集会场面等。场面往往是自然景色和社会环境的集中表现，是叙述、描写的综合运用，因此，场面具有综合性；场面描写以具体的生活画面为主，是形象的再现，所以场面描写又具有形象性；同时场面描写总是在运动中进行，而且要写人物的活动及活动场所的时空扩展和延伸，这又形成了场面描写的动态性。无论是塑造人物，发展故事，还是表现主题都离不开场面。写场面要突出重点，要根据表现人物和主题的需要，选择好重点，点面结合，以点带面，把整个场面写得主次分明，层次清楚，气氛合情入理。如贾平凹《月迹》："我们都看着那杯酒，果真里边就浮起一个小小的月亮的满圆。捧着，一动不动的，手刚一动，它便酥酥地颤，使人可怜儿的样子，大家都喝下肚去，月亮就在每个人的心里了。"语言调皮、活鲜富有动感，动静交融地写出了月迹的可爱可怜、美轮美奂。

4. 细节描写

细节描写就是对人物、环境、物件等某些细小而含义深刻的侧面或细部所作具体而细致的描写。达到"借一斑略知全貌，以一目尽传精神"的作用，能刻画人物的精神世界和时代风貌。许多有经验的作家，以独特的观察、敏锐的感受和出色的创造捕捉细节，使其具有以一当十的作用。细节描写一般都是选择细部，从小处着眼进行细致入微的描摹和刻画。张贤亮《绿化树》："忽然，我在上面发现了一个非常清晰的指纹印！它就在白面馍馍的表皮上，非常非常清晰，从纹路来看，它是一个'罗'，而不是'萁'，一圈一圈的，里面小，向外渐渐地扩大……噗！我一颗洁亮的泪水滴在手中的馍馍上去了。"选用两个细节，真实细微，极为传神，非常细腻地传达出人物的内疚、感激而又难言的复杂心情。细节描写要求真实典型、生动传神，它对于渲染氛围，构成文章意境具有不可忽视的作用。此外，细节还可以推动情节的发展，它可以作为线索贯穿于情节之中，细节是推动情节发展的活跃因素。细节只是构成情节的有机组成要素，而不是故事情节的主干。细节只有服务于主题的表达，成为主题的有机组成部分，才能发挥它应有的作用和价值。老舍《月牙儿》："是的，我又看到月牙儿了，带着寒气的一勾儿浅金。多少次了，我看见跟现在的这个月牙儿一样的月芽儿，多少次了，它带着种种不同的感情，种种不同的景物，当我坐定了看它，它一次又一次地在我记忆的碧云上斜挂着。它唤醒了我的记忆，像一阵晚风吹破一朵欲睡的花。"看似写景，但却是表现作者意识和心理活动的细节描写，它以诗化的细节描写笼罩全篇，暗含着酸楚凄恻的悲凉和惆怅，真实再现了人物生活的典型环境，生动逼真地反映了当时社会现实。细节描写不能单独存在，它总是依附于其他各种描写，如对人物环境或物体的描写之上。细节描写以真实为生命，它来自于对生活的精细观察，反复提炼和加工。许地山《落花生》："落下来的花瓣，有些被她们的鞋印入泥中；有些粘在妹妹身上，被她带走；有些浮在池面，被鱼儿衔入水里，那多情的燕子不断把鞋印上的残瓣和软泥一同衔在口中，到梁间去，构成它们的香巢。"这是作者在生活中经过仔细观察、精心提炼出来的细节，逼真而精细。

**（五）方法**

描写是叙事类文章最基本的一种表达方法，它有种种类别，就描写的繁简而言，有工笔和白描；就描写的角度而言，有侧面描写与印象描写；就描写的状态而言，有静态描写与动态描写；就描写对象的关系而言，有对比描写与衬托描写。① 细描。是对描写对象作精雕细刻的描写，详尽而细腻。运用细描要从写作意图和作品具体情境出发，写人绘景、状物要注意突出重点，不可用得太泛太多。② 白描。原是中国绘画中的术语。指用经济的笔墨，精炼质朴的文字对事物进行描写，寥寥几笔就勾勒出事物的本质特征。白描重在写意传神，很少用比喻。孙犁《荷花淀》“月亮升起来，院子里凉爽得很，干净得很，白天破好的苇眉子潮润润的，正好编席。女人坐在小院当中，手指上缠绕着柔滑修长的苇眉子。苇眉子又薄又细，在她怀里跳跃着。”这一段描写有景有人，犹如一幅素描，语言简洁明快，自然朴实。白描手法的关键在于逼真地刻画事物的本来面貌，要求语言准确、简洁、不能写得过繁过细。这就要求作者具有深厚的生活积累和敏锐的洞察力，同时具备用精炼质朴的语言简练质朴的语言描述某事物的能力。冰心《笑》：“一条很长的古道。驴脚下的泥，兀自滑滑的。田沟里的水，潺潺的流着。近村的绿树，都笼在湿烟里。弓儿似的新月，挂在树梢。一边走着，似乎道旁有一个孩子，抱着一堆灿白的东西。驴儿过去了，无意中回头一看。——他抱着花儿，赤着脚儿，向着我微默的笑。”月挂柳梢，夜色迷蒙，悠长的“古道”，滑泥，流水，驴儿，此情此景成了一幅水墨画。③ 静描。即静态描写，是指对处于相对静止状态的人或事所作的描写，指某个阶段和某一时刻中相对静止的状态。贾平凹《天上的星星》：“夜空再也不是荒凉的人，星星们都在那里热闹，有装熊的，有学狗的，有操勺的，有挑担的，也有高兴极了，提了灯笼一阵风儿似的跑……”用拟人化手法寓动于静，使静态的星星有了动作和形象，生动有趣，静态语言调皮活鲜富有动感。尽展美感意蕴，意境在动中显幽美奇绝。动描。是动态描写，是指对客观对象活动状态的描写。动描有两种情况：一种是描写客观对象，包括人、景、物在运动变化中的状态；一种是寓动于静，将静止的事物动态化，使静止的事物活动起来，静中求动，静中求活，富有动态美感。动描，即动态描写常常运用拟人、比喻、夸张的修辞方法，使描写对象动态化，处于活动状态。洛夫《一朵午荷》：“雨落在它们的脸上，开始水球沿着中心滴溜溜地转，渐渐凝聚成一个水晶球，越向叶子的边沿扩张，水晶球也越旋越大，瘦弱的枝干似乎已支持不住水球的重负，由旋转而左摇右晃，惊险万分……荷身一侧哗啦一声，整个叶面上的水球倾泻而下，紧接着荷枝弹身而起，又恢复了原有的挺拔和矜持，我们也随之嘘了一口气。”真实描绘出了荷叶上那晶莹剔透的水球及其雨中荷叶的态势，也真实形象地道出了作者主观情感上那不易察觉的淡淡寂寞寡愁的淤积和消散。莫言的《红高粱》：“八月深秋，无边无际的高粱红成咣洋的血海。高粱高密辉煌，高粱凄婉可人，高粱爱情激荡。秋风苍凉，阳光很旺，瓦蓝的天上游荡着一朵朵丰满的白云，高粱上滑动着一朵朵丰满的白云的紫红色影子。”这是一种寓动于静的动态描写，它逼真地再现了北方农村秋风苍凉、白云游荡的自然美景。④ 侧描。即侧面描写，它是一种间接描写方法，主要用来写人。侧描不直接对人物进行描写，而是通过其他人物的态度、议论和评价，达到间接表现人物的目的。这种方法能给人留下更多的想象余地。通讯《追老姚》：“‘嗨，老姚还给咱们组织地头读报组哩！’他慢慢拾掇着挑起水桶，一挥手：‘这个老头子，工作可真行，晴天人骑车子，雨天车子骑人——脚踏车往肩上一扛，腰一弯，可有个架势……‘喂，乡亲们！看今天的报纸呵，……’怎么积肥，怎么用料，怎么耕地，怎么读报……到最后大喊一声：‘走罗！’真有个听头。”作者采用了侧写方法，通过一位中年饲养员来描述老姚的工作情况，间接地展示了姚濯新积极的工作态度、热情的服务作风，表现了他全心全意为人民服务的精神品质和一心一意助人为乐的高尚情操。⑤ 印描。即印象描写，它是一种间接描写，它不直接摹写客观对象，而是从观察者的角度描写对客观对象的印象，重在主观感受。⑥ 比描。即对比描写。它将两种事物放一起进行对照比较，以突出各自的特征，给人以强烈的感受。如杜甫的诗句“朱门酒肉臭，路有冻死骨。”对比描写不限于两事物之间。可以运用对比描写的方法，将人物在不同情境、不同场合、不同年代的外貌、神情、动作进行比较对比。对比描写要注意，在同一篇作品中不能多用，否则，就会失去了对比的意义。⑦ 衬描。即衬托描写，它是一种烘云托月的写法，它或是以景物烘托人物，或是用人物衬托人物。与对比描写不同的是，对比是两相对照，相得益彰；而衬托是以“云”托“月”，描写的重点很明显。衬托有正衬和反衬两种。杨沫《青春之歌》：“黑得像墨水一样的海水卷着巨浪是可怕的，但是林道静的眼里，这黑暗的社会更可怕。”顾城《一代人》：“黑夜给了我黑色的眼睛/我却用它来寻找光明”。

**（六）要求**

① 目的明确。描写要有明确目的，必须为表达内容服务，应从表现主题、刻画人物出发，人物描写的目的是为了刻画人物形象，而环境的描写也是为刻画人物、突出文章主题服务的。② 突出特点。作品中的人物和事件都是在特定环境中形成发展的，描写人物、事件、环境时必须突出特点，在共性中把握个性，从而形成鲜明而突出的人物形象。③ 生动可感。描写要具体、鲜明、生动，使读者有如见其人、如临其境的感觉。描写要求新，要富有创造性。同时要充分调动和运用比喻、拟人、反语和对比等修辞手法，把作者的主观爱憎感情倾注于描写之中，创造出一种完美而新颖的艺术境界，令人可见、可闻、可感。④ 倾注感情。文章要表现作者爱憎褒贬之情，主要靠描写来体现。文章本来就是用来表情达意，抒发作者真实感情的，因此，倾注感情是把自己的爱憎褒贬之情渗透在具体的描写之中，使写出的内容更加深刻感人。

## 三、抒情

**（一）含义**

抒情就是抒发和表达作者的感情。感情是人需要、动机与客观事物相撞击而产生的一种心理活动。人的感情，有喜怒哀乐，爱憎好恶，激动赞叹，紧张恐惧等。抒情就是作者在文章中抒发自己的主观感受，它表现事物在作者内心激起的感情及变化。因为人们对周围的事物见解不一，所以渗透着作者主观的感情色彩。这种主观感情，在文章中自觉或不自觉地流露出来，从而引起读者的共鸣，增强文章艺术感染力。除消息、公文、科学论文等文体外，各类文体中均可运用，文学写作中运用更为普遍。在文学中抒情是指通过抒发内心强烈感受和感情来塑造艺术形象，它常常带有抒发者本人的鲜明个性特点。

**（二）方式**

抒情可分为直接抒情和间接抒情两种。直接抒情，又叫“直抒胸臆”，指作者不借助于任何其他手段直接表白和抒发自己的思想感情。是作者或作品中人物直抒胸臆，直接倾吐内心的激情。这种抒情方法常常在感情发展到高潮时使用，感情浓郁，气势奔放，势不可挡，催人泪下，动人心魄。直接抒情特点是率直真切，痛快淋漓，诚挚坦露，气势奔放，如破堤江水，一泻千里，势不可挡，惊心动魄。如杜甫的《春望》、苏轼《水调歌头》、文天祥的《过零丁洋》、郭沫若的《凤凰涅槃》都是运用直接抒情的名篇。但此法用之过多，情感抒发可能会流于空泛，一般在感情激昂难以控制时喷发而出，易收到较好效果。直接抒情的方式有以下三种：① 激情倾泻法。指运用短句、排句、叠句等形式表达出作者激越、亢奋的激情。文句简短有力，节奏紧凑，文势排山倒海。② 火山喷射法。指以激烈的语调与言辞将作者积郁满腔的情感像火山爆发一样喷射出来。运用此法，要求作者的感情真挚强烈，要做到言辞洗练简洁，干净利落；切忌虚情假意，故作激烈。③ 强烈呼告法。指以强烈的呼喊和诉说来加强感情的抒发。此法一般用在矛盾发展到高潮，人物内心感情激动到极点时。人们悲喜或愤怒之极，或面临生死攸关的时刻等，会情不自禁地发出强烈的呼告。运用此法应注意适应人物感情的发展，水到渠成，自然发泄，否则随意使用，会产生空洞、不恰当之感。间接抒情，是指把感情融于形象之中，通过叙述、描写、议论、比喻等方式，借助具体人事物景，使抽象主观感情客观化、形象化，成为可以被观赏者再体验的对象，可收到含蓄隽永、余味无穷的效果。它是写作中较为常见的抒情方式，比直接抒情具有更大效应。间接抒情，更多是通过对心理活动和客观存在的抒写，曲折地表达情感。① 写人抒情。在一往情深地描写人物中抒发一腔深情。人物的喜怒哀乐，情操精神，总是会打动读者，这种深情在描写人物的过程中就会情不自禁地被作者抒写出来。② 叙事抒情。就是在叙述事情时抒发情怀。此法要点是将浓郁感情融于笔端，表面看是冷静的记叙，实则表现了作者真挚细腻的情感，特别要抓住传情的关键细节，重笔渲染，使人可触可感，产生强烈的共鸣，令人心灵震颤，产生激情，心潮澎湃，激情难禁，很自然地把激情倾注在字里行间。在叙事中处处显露作者的情感。③ 绘景抒情。就是在描绘景色中抒发感情。“一切景语，皆情语也。”（王国维语）当作者观赏景色而有所寄情，即移情入景时，这种审美愉悦和留恋之情，往往催动着作者忍不住要把那景色描绘出来，于是作者感情也就随着景色描绘而抒发出来。作者寓情于景，绘景抒情，融情于景，情景交融，是创造意境的重要手段，它能使文章含蓄隽永，意味深长。绘景抒情，关键在于对描写对象要有深刻、独特的感受，情与景要相互协调，这样，才能情景相生，物我一体，产生特有的艺术魅力。④ 状物抒情。是以特有心境，极致地描写事物，物中有情，情中有物。状物抒情要情深意挚，酣畅淋漓。状物抒情选择物象要准确，物与情应有某种相通之处，注意抓住物象主要特征。此法要点是描写事物要紧扣与此事物有关的人事变迁、生死荣辱等，一草一木，一砖一石，处处都浸染着人物的喜怒哀乐，作者对事物看是冷静描绘，但读来却字字含情。⑤ 论理抒情。是指在论述道理时抒发认识真理的真挚之情，真知使人激动，真挚令人振奋，因此论理抒情是一种激情评点式说理，是理智与感情的艺术融合，以理激情，以情论理。论理是抒情式的论理，而抒情是论理式的抒情，情理相偕，相得益彰。论理抒情的内容是思想结晶，给人以智慧的启迪和理性的劝谕，它以艺术的语言，给人以爽目沁心的美感。论理要精辟深邃，富有哲理。⑥ 说明抒情。即用说明形式抒情，这里说明不同于一般意义上的表达方式，而是指文章中对客观事物进行富有主观意识地解说。说明抒情，哲理色彩浓郁，美的内涵丰富。直接抒情与间接抒情常常结合起来使用。可以在叙事、写景、状物中直接抒发情怀，也可以边叙述，边描绘、边抒情，使人事物景和情交织起来，以获得强烈艺术效果。

### （三）要求

抒情要求如下：① 感情真挚。抒情要“真”。发自内心肺腑的真情实感才有感染力和说服力。白居易说：“感人心者，莫先乎情。”情真意切才能动人。只有发自内心肺腑的真情才是最有感染力的。真情实感来自于对生活的真切感受和深入思考。② 生动具体。抒情要注意感情丰富性和复杂性，选择适当表现手法，比喻、呼告、反复、夸张等手段，化虚为实，把抽象及不易表达的感情写得具体而生动。③ 服务主题。抒情要同文章中叙述和议论的客观事物及事理协调一致，要有助于主题和内容的表达，有助于作者和作品中人物感情的抒发。④ 自然和谐。自然是指抒情要根据文章提供的具体情境自然而然地抒发，即抒情是来自心底，自然而然地流淌出来。并要恰到好处地把握抒情的时机和火候，要在非抒不可的情况下再抒情；和谐是指抒情的感情色彩和基调要与主题相吻合，和谐一致，还要与描写的具体环境、作者的身份和心境相统一。如朱自清的《荷塘月色》情景融为一体，情调一致，自然和谐。⑤ 富于变化。感情是人对客观事物的态度。客观事物是复杂的，人们的感受和情感也是丰富细腻、复杂变化的，因此抒发情感要表现出情感的丰富性和复杂性，善于表现出情感的复杂层次变化。⑥ 展示个性。抒情不仅要表现作者鲜明强烈的思想感情，还要具有独特个性风采，从而给人留下鲜明深刻印象。

## 四、议论

### （一）含义

议论是作者对客观事物进行评论，以表明自己的观点和态度。议论是人们直接阐明观点、表明态度的一种表达方法，是对客观世界所做的理性认识和概括反映，它要揭示事物共同具有的本质联系，它是客观全面的。议论能体现出人们的理论修养、知识水平和逻辑思维能力。精彩的议论宛如理智的诗篇，精湛的说理富有感染力。议论的用途非常广泛，在议论文中，它是议论说理的主要形式，运用概念、判断、推理和证明的思维形式阐明事理。在记叙文中，它用来评价作品中人物和事实，为升华人物情感和深化主题服务。在应用或其他文体中，有时也发议论，作为评价，点明事物内涵，使文章主题更加鲜明。议论是用语言把道理有条理地说出来，它是人智慧的闪光，具有不可抗拒的思想力量。

### （二）要素

完整的议论包括论题、论点、论据、论证四个部分。这四个部分通常被称为议论的四要素。

#### 1. 论题

论题是议论内容和范围中需要阐释、分析的问题，是作者要论证的中心思想，是对某个问题的分析、议论和评价。论题的范围很广泛，有政治的、艺术的、科学的，也有生活方面的。对事物和问题，只要我们仔细观察，认真分析，从不同的角度截取横断面，进行分析评价。选择恰当而有意义的论题，就决定了议论的价值，给读者正确认识和有益启迪。选择论题时：一要审时度势。一个时期有一个时期的形势和工作重点，选择论题就要看形势。二要选择主观上有见解的论题。在选择论题上就需要选自己主观有独到见解的论题，这样议论才对读者有益。选择论题要有可论性，对社会生活中某些事物有深刻认识与理解，这样才能站得高，看得远，善于掌握其本质，摸清其规律，提出有可论性论题。三要选择那些处于萌芽状态的问题。选择这一评论，就会引起人们重视，防止今后再发生，就能促进事业健康地发展。另外，选择论题要从实际出发，使议论有的放矢；选择论题还要注意普遍性问题，把问题谈深论透。选择议论的问题有大有小。论题有针对性、可论性，关键在于对事物有正确的认识。而提高这种能力，广泛阅读，深刻思考，勤于积累，善于分析是必不可少的。

2. 论点

论点又叫论断，是作者对所论述问题提出的基本观点和主张，它是议论的中心。有的理论文章只有一个论点，全文围绕它进行分析和论述，这个论点叫中心论点。有的理论文章所论述的问题比较复杂，除了中心论点外，还有从属于中心论点的小论点，这些小论点是为中心论点服务的，称之为分论点。在一些很短的议论文里，往往只有中心论点，没有分论点，但仍根据表达内容的需要分层进行论述。论点是论述的中心，是选择和组织材料的依据，也是论证的出发点和落脚点。议论文的成败优劣首先取决于它。因此必须具备以下几个条件：① 正确。论点正确是议论的第一要求。正确就是能科学地反映客观事物本质，符合事物发展规律。文章论点和作者政治立场、世界观、思想方法有密切关系。② 鲜明。即作者观点明确，赞成什么，反对什么，应该明确表示出来。不能吞吞吐吐，含混其词，模棱两可，一篇文章只能论述一个基本观点，不能同时论述两个或两个以上基本观点。构成基本观点的概念、判断应当十分明确，不能引起歧义。③ 新颖。这是较高要求。所谓新颖，是指见解有独到之处，能给人以新的启发。这种见解，或是别人未曾提出的；或是别人虽提出过，但作者的看法与之不同，有独到之处；或是别人提出的见解，作者感到不够完善，需作部分补充、修正的。如果作者的论点是人所共知的一般原理和基本规律，那也应该有自己独特的认识与感受。论点的形成需要经历一个复杂的过程。论点产生于材料提炼和思想凝聚，形成有四个阶段：第一阶段：发现问题。问题的发现是论点形成的开始。在生活学习和工作中，人们有所见闻和感触，产生种种疑问和困惑，于是激发起一种答疑解惑的强烈愿望，这就是发现，这就是思考引发。学起于思，思源于疑；有了怀疑，才有感悟。所以，发现是形成论点的起始阶段。第二阶段：提出问题。用明确的语言把种种疑惑表述出来，需要经历一个由模糊变清晰、由笼统到具体的思考过程。善于提出问题，往往能取得以小见大、平中出奇、旧题翻新、借浅求深的效果。问题提得准、深、巧，这是论点提炼质量的前提条件。第三阶段：分析问题。分析就是从事物诸多方面和层次着手，梳理头绪、比较差别、寻求联系、研究规律。分析能把握问题全貌，把问题表达得准确、深刻。分析方法很多：可以作条件分析，也可以作结构分析；可以作因果分析，也可以作现象与本质分析。第四阶段：综合问题。经过全面分析，问题主次轻重，内外因果就清楚，问题核心也就容易把握。综合就是抓住主要矛盾，鲜明观点就会跃然纸上。

3. 论据

论据就是用来证明论点的理论和事实。它是议论的基础，解决“用什么来证明”的问题。论据有理论论据和事实根据。理论论据包括马克思主义原理，名人名言，方针政策，科学公理、定义，以及从群众长期生活经历中概括出来有价值的俗语、谚语和经验之谈等。事实论据包括具体事例和数据。具体事例可以是古今中外各种事实或文章及作品中所反映生活形象。论据是文章议论的基础，故对论据有如下要求：① 紧密。即论据和论点有紧密本质联系，这是选择与使用论据首要条件，也是重要原则，只有具备了这一条，才能构成论据。② 真实。论据是论点基础，论据真实，论点就可靠。因此所用论据必须确凿无疑，不允许夸张，更不允许有半点虚假。③ 典型。论据材料有代表性，最能反映事物本质，可以起到以一当十的作用。④ 充分。要求论据尽量丰富和全面，这样可以从更多层面去加以证明。要做到论据充分，就要广收博取，多多益善，但使用时还要精选。⑤ 生动。论据不仅要有论证性，以产生说服力；而且还应该讲究生动性，以产生感染力。议论，主要是以理服人，但鲜明生动的论据，还可以以情感人。这一要求在政治性议论中尤为重要，因为不仅要宣传政治主张，而且要鼓起人们的热情。

4. 论证

论证是指运用论据证实论点的过程和方法。论证是论点与论据之间的桥梁，是论证推导的方式。论证是一个复杂过程，找出论据与论点之间的逻辑关系，显示出其内在联系，达到观点与材料的统一。它是沟通论点与论据的手段，也是反映逻辑思维运动的形式，论证要解决“如何证明”的问题。论证的要求：① 逻辑性：论证过程就是把论据与论点联系起来的逻辑推理过程。论证要合乎逻辑，要具体运用逻辑推理方法，使论据与论点之间建立起必然联系。一般说来，归纳推理、演绎推理是逻辑推理两种基本形式。归纳推理是由个别到一般的思维形式，演绎推理则是由一般到个别的思维形式。只有正确运用推理方法，才会使论证恰当，具有严密逻辑性，从而使议论有巨大说服力。② 顺序性：根据何种思路进行论证才能把道理说清楚，才有说服力，这是逻辑问题；采用什么方法安排，这是方法问题。作者要分清论证的先后次序和主次详略。论证过程是以形式逻辑为指导，以论证结构和进程为对象的推导形式的终结。必须自觉地运用辩证逻辑。在论证的实践中还必须具备分析与综合的基本能力，越是复杂的论证对象，越需要精辟的具体分析。议论离不开综合，最终归宿是经过提炼和概括的主张和看法，其中凝聚和深化了的思想，离不开综合能力，综合既要注意质的准确性，还要注意量的适度性。事物都有各自的性质，综合的任务就在于发现和提炼事物间的共性，准确地归纳同类事物的共同质。

**（三）方法**

议论方法有两大类：一类是通过摆事实讲道理来正面论述自己观点的正确性，这叫立论，也叫证明。另一类就是通过摆事实讲道理，证明对方观点错误，这叫驳论，或叫反驳。在论证中，证明和反驳并不是截然分开的，有时在正面证明自己论点正确时，要批驳某些错误论点；或者在驳斥错误论点时，要进一步提出自己的正确论点。

1. 立论基本方法

立论基本方法有：① 归纳法。就是由若干个别事物推出一个一般性结论的方法。即从个别事例中推出普遍性的认识。这种方法是立论中用得比较普遍的，是很有说服力的一种方法。② 演绎法。就是用一般原理原则去推论出个别事物、事理结论的方法。③ 例证法。是以事实为论据来证明论点的方法。论点是从客观事物和人们实践经验中概括出来的。因此，议论中如果用恰当的事实作为论据来证明论点，自然容易为人们所理解、信服和接受，即所谓的“事实胜于雄辩”。④ 引证法。是引用经典性言论，科学公理、定理，生活中的常理等为依据，证明论点的方法。引用的作用有四：一是对于某些论点和概念进行阐释；二是用引用来的材料直接证明论点；三是对某些论点或概念进行引申；四是引出论题。引用的形式有两种：一是直接引用，二是间接引用。引证法可以摘引原话、原文，也可以转述内容，要忠实于原意，不能断章取义。如果是摘引原话，就连词语、标点也不能有差错。⑤ 因果法。是指议论中通过揭示事物因果关系来证明论点的方法，可以以因证果，或以果证因。⑥ 类比法。是根据事物之间已知相同或相似之点，推出它们之间未知相似之点的一种方法。它把两类某些属性相同或相似事物放一起进行比较，从而得出有关结论。比较类推是此法的根本标志。其特点是从个别到个别。已知事物是此法的重要条件，此法的论证过程即是用含意明确已知事物与类似的未知事物进行比较，从而推论出未知事物的明确含意。此法的运用，始终伴随着具体事物，所以它具有其他论证的方法所不具备的形象具体、内容生动的特点，容易使读者在形象的感受中明白道理，接受作者的观点；由于它还具有较明显的推理内容，因此具有较强的逻辑性。类比法从“相似点”上看，有等量类比和非等量类比的两种；从形式上看，有并列式类比和递进式类比两种。类比论证十分有力，读来令人心悦诚服，产生强烈的共鸣同感。⑦ 比喻法。是用比喻或故事来证明论点的方法。这是一种把抽象的道理形象化，是读者从中领悟深刻道理的方法。

2. 驳论基本方法

驳论是一种特殊证明方式，就是证明某一论点是错误的。驳论可以驳论点，也可以驳论据、论证；驳论据、论证最终目的是要驳倒错误论点，树立正确论点。驳论除了遵循议论方法的一般要求外，还有其特殊要求。反驳要义正词严，针锋相对，抓住要害，有的放矢。驳论常用以下几种方法：(1) 反驳论点。反驳论点就是批驳对方论点是虚假的。反驳论点可运用直接反驳和间接反驳的方法。直接反驳就是直接指出论敌观点错误和荒谬。可以引用确凿可靠事实加以证明；也可以从理论上进行证明，从而指出敌论点是站不住脚的。间接反驳，是暂不直接涉及对方错误观点，而通过有关论点论述、分析来证明对方论点错误和荒谬。间接反驳又可分为反证法和归谬法。① 反证法就是证明与对方论点对立的新论点是正确的，根据排中律，也就证实了敌论是错误的。运用排中律，即在真与假、是与非之间不能都肯定，都否定，不是同意这个就是同意那个，要保持思想的明确性。② 归谬法就是先承认对方论点是正确的，之后按其逻辑进行引申和推论，最后暴露出对方论点荒谬和错误，以达到“以子之矛攻子之盾”目的，使文章写得生动活泼，批驳辛辣有力。(2) 反驳论据。反驳论据就是驳斥对方论点所凭借的事实和理由。论点是有论据支撑的，驳倒了论据，论点也就站不住脚了。在釜底抽薪的过程中，使对方不攻自破。(3) 反驳论证。就是揭露对方论点和论据之间逻辑关系错误，从而达到推翻对方论点目的。反驳论证主要是反驳对方讲歪理。抓住对方逻辑推理上自相矛盾地方加以揭露和驳斥。论据错误表现形式是多种多样的：有的是大前提与结论矛盾；有的是自己论点之间矛盾；有的是论据与论点之间矛盾；有的是推理上的错误等。(4) 驳论的程序。① 研究论点。论点必须明确统一。研究论点，就是要检验对方在议论中是否严格遵循论点规则。② 检验论据。事实论据必须真实可信，必须典型有力，这是选择和运用事实根据的两条原则。违反这两条原则，论点就难以确立。论据虚假，结果推出不可靠的结论。理论论据的原则是准确与精要。事实论据的检验，可以依靠调查、核对，理论论据的检验则可以查阅原著和推敲原意。③ 分析论证方式。论证方式的检验，就是要用归纳论证、演绎论证和类比论证的基本法则，去发现那些似是而非的推断，找出错误的症结所在。总之，议论的方法是多种多样的，且每一种方法，都有自己的特点。在论证过程中，究竟选用哪种方法，是用一种方法，还是两种方法，或者几种方法，这要根据议论的目的和内容来决定。不过应尽可能灵活，尽可能多样化。灵活多样，可以使论证生动活泼，增强说服力。

## 五、说明

### （一）定义

说明就是对事物或事理作简明扼要的解说和阐释。它用言简意明的文字，把事物形状、性质、特征、构造、成因、关系、功能解说清楚，把事理的概念、特征、来源、种类、变化等内容讲述明白。说明主要是对事物和事理进行客观、科学阐释与解说，让人对它们有正确了解和清楚认识，给人以各种各样知识。说明的使用范围是很广泛的，在一般的说明文中，要求用简明扼要文字，把有关事物特点明白准确地表述清楚，所以主要用说明这种表达方式。在科学报告、教科书中，说明性文字占有较大比重。在记叙文和议论文中也有这种表达方式。随着科学技术迅速发展，社会交往也日益频繁，人们认识领域不断拓展，说明方法在各个领域中得到普遍运用，从教材讲义、科学报告、字典辞书、类书方志到著作注释、文物鉴赏、产品说明等都离不开说明方法。总之，说明在文章中发挥了重要的作用。它能较好地把事物特点、实际价值和客观意义等介绍出来，把内容表达得更为完美。

### （二）种类

说明方法分类历来有不同的标准。以目的为划分的标准，可分为三类：① 阐释性说明，主要是说明事物特征和本质，阐述事物变化和规律。各类教材、科学实验报告等都属此类。② 简述性说明，主要是指通过对事物简要介绍使人对其有概略了解。如工艺流程介绍、人物生平简介以及文学作品的内容提要、图画影像的解说词等均属此类。③ 实用性说明，主要是用来说明事物性能、社会生活中必须遵守规章制度等，如产品说明书、各种法典、规则条例须知等，均属此类。此外，还有形象地说明，比较生动活泼，富有情趣，也为人们所使用。

### （三）特点

① 解说性。即把某种事物、现象或道理解说清楚，让人们对客观对象有个认识和了解。“说”是手段，“明”是目的。② 客观性。即按照事物本来面貌如实说明介绍。说明着重解说事物或阐释事理的各种属性，不渗入作者个人的主观倾向和感情色彩，主要是作冷静客观的介绍。③ 简明性。说明只求把事物或事理讲明白，不需要铺陈渲染，在许多情况下，它只使用具有高度概括的专门术语，行文简洁明了。④ 科学性。解说事物和事理必须揭示其本质特征，符合事物本身发展规律和实际情况，不仅概念准确，判断恰当；而且

还要分析透彻，揭示事理。⑤ 知识性。说明主要是讲明道理，教人知识。从而使人们通过知识来掌握本领和技术。⑥ 趣味性。说明是向人们介绍知识和道理，让人们了解事物的变化规律，常常采用多种表现手法生动形象地说明事物的面貌和本质，增加说明的趣味性，以增强文章的吸引力和感染力。

**（四）要求**

说明是一种广泛使用的表达方式，它在很大程度上显示着一个人知识水平和思维的精确性、明晰性和条理性。要很好地运用说明方法，要有清醒的头脑、细致观察能力和丰富知识，此外还应注意以下几点：① 抓住特点。任何事物都有自身质的规定性，一个事物的特征是区别于其他事物的标志。说明只有抓住特征，才能使人们对被说明的事物有确切的了解。② 选好角度。说明要从读者对象的实际出发，根据对象的知识水平、职业情况和年龄大小等特点，选取不同角度，以强调某方面内容。③ 客观冷静。说明要有尊重客观事实的科学态度。一般不以主观好恶而随意褒贬。④ 准确简明。说明有严格的科学性，准确是说明的生命，说明还要力求做到言简意赅。

**（五）方法**

宇宙中事物品类繁多，千差万别，人世间事理奥妙无穷，千头万绪。说明事物和事理方法当然也应多种多样，并善于根据对象特点灵活加以运用。说明的方法要根据所说明事物具体情况和说明目的来决定。常用的说明方法有：① 定义说明。定义说明又叫“下定义”。就是用简明语言对某概念所包含本质特征作规定性的说明。定义要科学，表述要严密。在说明中，定义说明用途广泛。在各类教科书和议论、说明文中，常用此法；一些工具书也用定义说明。一般下定义，若概念有别称的，可以同时并列，然后归纳说明其本质特征。采用定义说明，被定义项外延与定义项外延或外延的和必须相等，不能宽也不能窄。下定义是非常严密、准确、概括的说明方法，难度较大。下定义时，除了注意掌握事物的本质特征外，还要遵守下定义的规则，即定义者和被定义者外延必须相等；不能用否定形式；不能用比喻说法；不能前后循环。② 注释说明。又叫诠释说明，就是对事物某种属性进行解说和阐释。这种说明方法应用非常广泛，它常和定义说明结合起来使用，先下定义，然后诠释说明，使读者对事物和概念既有概括的认识，也有具体的了解。注释说明有三种方式：一种是与行文融为一体，另一种是穿插在行文中间，用括号或破折号标出，还有一种是在当页下端和文章末尾与行文隔开，这种注释一般用于说明写作目的、背景、出处和释义等。注释与定义不同，它不要求对概念作完整解说，只要求揭示概念一部分内涵即可。格式上，不像定义说明那样固定，定义说明一般为“是”字判断句，注释说明不受这个限制，语言上也可以写得比较自由活泼。所以有时没必要给概念下定义，或下定义比较困难时，可用注释说明的方法。③ 举例说明。是举出实例来解释事物或事理的一种说明方法。举例说明可以使抽象变得具体，深奥变得浅显，大大提高了说明效果。但所选事理要准确，有代表性。举例说明有两种方法，一种是代表性举法，一种是穷举法，上面说的是代表性举法。穷举法是对要说明的事物或事理，把全部例子都列举出来，一个不漏，这就是全局。④ 分类说明。就是把被说明事物按一定标准分成不同类别和不同方面进行解说。它是认识事物的重要手段。这种说明方法可以把复杂事物分门别类，解释得具体而有条理。其作用是区分出各个类别的差异，使被说明对象的种类明确，使读者更好地把握某一事物的特征。划分类别需要注意两点：一是每次分类只能根据一个标准，不能随意改变。分出各类内容是并列的、互相排斥的。二是要从写作目的出发，确定分类角度。一个事物从不同的角度可以分出不同的类别。⑤ 介绍说明。就是把被说明对象本质特点和所属范围作简明扼要的说明和介绍。介绍有事理介绍和事物介绍。其中较为常见的有人物介绍、物品介绍、科学成果介绍、科普知识介绍、地理状貌介绍和风景古迹介绍等。介绍说明法是一种应用广泛的基本说明方法，使用时，要根据写作目的、被说明事物特点、读者对象而定，能反映事物特征、本质的多介绍，读者不知道的多介绍，反之则少介绍。⑥ 比较说明。就是把几件可比事物，同一事物不同阶段或不同侧面进行比较，借以说明事物的特征、性质。比较不是说明专有的方法，只是运用比较方法来介绍和解说事物的时候，具有说明的作用。“不怕不识货，就怕货比货。”比较可以使大小、轻重、好坏、美丑等都容易凸现出来，给人留下鲜明的印象。比较说明能帮助人们更好地认识事物、事理之间属性差别。⑦ 数字说明。就是运用数字解说事物属性或特点。有的事物、事理，不从数字的角度去说明，是难以显示其属性和特点的。一旦运用数字说明，便受到奇特的效果。⑧ 拟人说明。就是将介绍的事物，赋予人的形象和性格，让事物以人的形象，自我活动和表现，从而把它的特征、特点生动具体地解说出来。⑨ 比喻说明。是根据事物之间相似点，用读者已知或易知其他事物作比方，来说明某一具体和抽象事物。比喻说明，可以变复杂为简单，变抽象为具体，变模糊为清晰，容易产生生动形象、通俗易懂的说明效果。运用比喻说明，要注意比喻的贴切、明白、连贯和客观。⑩ 图表说明。是指运用图解、图示、表格等来说明事物特征的方法。它的特点是节省文字、直观，使人一目了然。以上我们介绍了十种说明的方法，这当然不是说明方法的全部，如还有比喻说明、引用说明等。在说明事物时，往往不是单用一种说明方法，而是把多种说明方法结合起来运用。

**（六）顺序**

说明顺序，决定着说明的结构安排。说明顺序，常常遵循客观事物的自身构造和规律。从写作角度看，说明的顺序就是说明的线索。说明顺序大体有如下几种：(1) 按事物的发展先后说明。一般说明运动、变化、发展事物，大多采用这种说明方式。着重说明某一工作程序或过程的，叫程序说明。程序说明要按照实际操作顺序写，一般采用分条目写法，把每一阶段行动步骤列为一条。这样既省略过渡句，看起来又一目了然。按照时间先后顺序来说明事物的方法，应用的范围十分广泛。它要求在说明事物过程先后时，能够清晰地分辨出来。也就是说，无论是在文章中标明时间或未标明时间，时间的概念必须清楚，必须使读者读后对所说明事物先后有一个完整清晰的认识。如遇到难以理解的步骤和方法时，还需要加以解说，不仅要说明为什么这样做，还要说明做时应注意的事项。有些物品使用和制作程序比较复杂，只靠语言很难表达清楚，可利用数字和图表辅助效果。着重说明一种事物发展、变化规律和一些抽象事理的，叫事理说明。说明事理的用途广泛，如实验报告、职业介绍、生活常识等都离不开事理说明。事物是多种多样的，事理也是千变万化的，因此说明事理的方法也不拘一格。(2) 按事物的空间位置说明。说明相对静止事物，大多采用这种方法。静止事物，总是占有一定空间，并有它存在表现形式。人们就是按照事物空间存在形式和自己观察顺序，或从外到内，或从上到下，或从前到后，或从整体到部分依次作介绍说明。(3) 按事物的属性不同说明。各种事物都有它一般属性和本质属性。每一事物都是个性与共性，特殊性与一般性的统一体。从这一认识出发，按事物的属性不同来说明，有三种类型：① 对事物从它的属性关系上进行分类说明。② 个性与共性统一，代表性与一般性的统一，即事物的典型。③ 为说明某一事物在同类事物中的优越性，从共性中突出个性，从一般性中突出特殊性。(4) 按因果关系说明。事物和事理是有内在逻辑关系的。说明这种关系，其中最主要的是原因和结果的关系。这种关系有两种表现形式：① 从原因到结果的说明。② 先说结果后说原因。事物的发展进程本来是原因在前，结果在后。文章先让读者看到一个结果，目的是让人们与作者共同去思考、探索、追寻为什么会产生这个结果，找到答案。因此这种因果倒置的说明方法是有其客观需要的。把结果放在前面，它的目的一是对结果的强调，二是引起读者的兴趣。

**(七) 语言**

说明语言是说明事物和事理所使用的语言。它以解说事物、阐明事理为主要目的，使人获得某种知识。说明的语言要求简明准确，通俗易懂，清楚明白，条理分明。说明即解说，它既是手段，也是目的。说明不是为了说服人和感动人，而是为了使人明白，获得知识。富有知识性、趣味性是说明语言的一大特色。说明方式是以解说事物和阐释事理为基本内容的，又是以传播知识、讲述科学为主要目的的。因此，说明的语言表述是很有自己的特色，即一要精确可靠，以求科学性；二要浅显易懂，以求通俗化。(1) 精确性。各种语言的表达都有一个共同的、最根本的要求，那就是准确。只有准确，才能达到交流思想感情的目的。对于说明方式来说，仅仅准确还不够，必须达到知识确切可靠、表述严密无隙的程度，也就是说必须要精确，即① 材料确凿可靠。说明方式表述中，有来源出处，有数据引文，有制作程序，有实验方法。凡在说明文字中引用的一切材料，必须是查之有据，真实可靠的。对于说明方式的语言表述来讲，臆造和虚构，夸大和缩小，都是不允许的，因为它们必然会损害事实的科学性原则。② 道理严密可信。说明方式表达中，常常涉及事物的性质、规律以及基本原理。说明必须严密，不能疏漏和草率。以定义说明为例，给一个概念下定义，必须归类准确不宽不窄，特征鲜明不多不少。定义说明中稍稍放宽一点，增多一点，就会走向谬误，就会违背科学。③ 语言贴切可懂。说明方式的语言表述应该以贴切而明白为基本原则，因为说明的目的在于解说事物和阐释事理。含蓄隐晦、拐弯抹角的表述，对说明方式来说是不适用的。说明必须在“明”字上下功夫，尽力避免语言表述中的同语歧义产生误解的现象。说明语言的精确性，突出的表现在实验数据和操作方法这两个方面。因此，语言表述的精确可靠，应该列为说明方式要求的第一原则。(2) 通俗化。说明最终目的是通过“说”使人“明”，说明效果应该使读者由不知到知，由不会到会，由不解到解。因此，说明的语言表述应该力求浅显、通俗、质朴、平实，即使是专业性较强的科学论著，也应该尽量减少文字障碍，以便读者易于理解，易于掌握。普及科学知识的说明文字，更应该做到通俗化。好的说明方式不以文采取胜，而以新奇知识吸引读者。所以，语言表述应该以说明白、讲透彻为基本原则。

# 文体写作论

# 第六章 文体写作概论

大学写作包括两部分，即写作基础理论和写作应用实践。在写作基础理论部分，我们学习了文章写作的基本方法，即确定主题、选择材料、谋篇布局、构段造句、选词以及文面书写等方面的内容，这是一切文章写作所必须具备的基础能力，是学习写作方法与技巧必须首先掌握的。文体写作是写作应用实践部分，讲述各种文章的写作方法和技巧。在具体文章写作中，由于写作目的不同，所写的文章性质、形态是不相同的，于是就产生了各种不同的文体。

文体是文章的体裁样式，是构成文章形式方面的要素。文章的内容必须通过一定的体裁样式表现出来，文章写作要受文体法则的影响和制约。因此，文体写作论就成为构成写作学的重要有机组成部分。不同的文体在自身发展的过程中，形成了各自反映社会生活、表达思想感情的特殊方式，具有各自的规律和特点，我们要了解和掌握这些规律和特点，增强文体意识，即提高对文章体裁的敏感、辨析和认定的能力。如何选择、驾驭不同文章体裁，要根据作者自己专长、掌握材料特点、写作目的、读者接受效果等来确定，既要“合模”入体，又要创新变通，这样才能得体地实现文体写作的目的。

## 第一节 文体概说

### 一、含义

文体就是文章的体裁、体式或样式，指独立成篇的文本体裁(或样式、体制)，是文本构成的规格和模式，是某种历史内容长期积淀的产物，它是一种独特的文化现象。文体反映了文本从内容到形式的整体特点，属于文章形式范畴，它的构成包括表层文本因素，如表达手法、题材性质、结构类型、语言体式、形态格式；深层的社会因素，如时代精神、民族传统、阶级印记、作家风格、交际境域、读者经验等。文体的特征及其划分，往往取决于其层面结构中某些因素的强化、突出或变异。社会经济文化的发展促进了文章的演进，于是，文章的表述形式日见丰富。文章的发展促进了文体的完备，也推动了文体写作理论的研究，人们开始对各种文章现象进行分析、探索，试图找到某些规律性的东西以指导文章写作，文体写作理论也就应运而生，其中包括文章体裁的探讨。

## 二、功能

文体的客观存在是一种社会文化的需求，但更重要的是依赖于自身独特的功能。德国姚斯在《走向接受美学》中认为："文学的形式类型既不是作家主观的创造，也不仅是反思性的有序概念，而主要是一种社会现象。类型与形式的存在依赖于它们在现实世界中的功能。"每一种文体都具有其他任何一种体裁所无法取代的功能以及审美效应。正如莱辛在《汉堡剧评》中所说："各种体裁的诗歌不可能改善一切，至少说两种体裁不可能产生完全相同的完美效果；但是每一种体裁可以尽其所能做到最好的改善，而且在其范围之内做得比其他体裁更好——那才是它的特定目的。"

## 三、内涵

1. 文体在某种意义上也可以说就是表达，就是选择，就是风格，甚至也可以说是一种基调。每种文体都具有某种对现实社会内容的表达功能，这是文体的本质特征，也是它产生和存在的前提。它在表达同一思想内容时，可以在对等的种种方式中进行选择，即选用最恰当的再现思想内容的形式。作者在构思创作过程中，总要选择最符合创作意图和对象的某种体裁结构及其规定性。它往往以历来展现在作者面前的体裁丰富性为前提。在接受美学的观点看来，文体也是读者的一种强调，达克尔·里法泰尔在《文体分析标准》中说："文体被认为是在不改变意义的情况下给语言结构所传达的信息添加的一种强调（表达的、感情的或美学的）。这也就是说，语言表达，而文体强调。"文体的意义，根本上取决于某种非语言的个人或文化的特质，也可以说取决于某种民族文化的思维方式和心理机制等深层结构。而后者又归根结底受制于一个民族的生存境况，以及它的生产力水平和生产关系。每一种文体只有当它的先决条件、它的文化为它获得了地位时才能存在。因此，文体从本质上说是一种受文化制约的相对观念。

2. 文体是内容和形式的统一。文本内容决定体裁形式，选择、运用哪种文体，取决于表现对象的特点以及作者反映的具体方式。任何文体都同其一定的表达内容相适应，新文体的产生依赖于新的历史环境，然而文体一经形成和确定，又会反作用于表达内容，对它具有一定制约和要求。同时，文体形式本身就具有内容的性质。没有不与内容相联系的形式，外在形式的性质完全取决于借助它们得以表现的内容性质。内在的东西无一不溢于其表。从根本上来说，审美形式就是起源于现实内容，并是它长期沉淀、风化的结果。前苏联莫·卡冈在《艺术形态学》中指出："种类和体裁不是学究们臆想出来的，已经衰亡的，'裸露的'，'空洞的'形式结构，而是其中历史地发生着'内容的凝固和稳定'的形式。"而德国西奥多·阿多尔诺在《论艺术与社会的关系》中所说的则更为深刻："艺术与现实世界的对立存在于形式领域；但是一般说来，这只会以诸如审美形式是内容的积淀这样一种经由中介的方式发生。"

3. 文体又是历史性和稳定性的统一，每种文体都具有独特的历史形态和表达内容，既同一定的社会文化背景、生产力状况以及人们的表达需求相适应，又有某种在历史上比较稳定的结构方式。这种统一，反映了发展和继承的关系，稳定性保证了文体自身的优良传统被继承下去，是文体发展的一种方向性“罗盘”。而历史性则使文体不断发展、创新，逐渐走向成熟和完善。随着历史文化积淀的加厚，文体的内涵会不断更新，有时也能相对独立于产生它的社会根源，克劳斯在《论文学类型》中说：“获得它们自身的生命与自足性，超越历史的命运”，会具有“重新获得功能”的可能性，从而被开掘出新的表达功能、社会功能和审美功能。文体界定的理论极其重要，没有它文体世界将不可思议，与经验也不相符合，理论上的文体同“历史的”或“实际的”，即从文本写作这一事实中产生的文体，其差异是不断变化、相互影响的。关于文体的定义不可能固定不变，它总是在事实的描述和理论的抽象之间不停地发展和创新。

## 第二节 文体分类及意义

### 一、含义

一切文章都是客观事物的反映，是再现生活和表现自我的统一。然而客观事物是纷繁复杂的，文章的形式是多姿多态的，为了更好地了解文章结构和内容，掌握各类文章写作方法与技巧，就必须对文章进行分类。纷繁复杂的客观事物，造成了文章形式的多姿多态，为了更好地认识和掌握文章写法，必须对文章进行分门别类。鲁迅曾说过：“凡有文章，倘若分类，都有类可归。”所谓文章分类，就是以文章为对象，根据其反映客观事物的方式予以分门别类。即把一些属性相同的文章归纳集结在一起，把不同的文章区分开来，并根据它们之间的联系和从属关系，理出文章的类别及其种属关系。文体分类是人类认识文章规律的一种成果。多杂纷纭的客观事物，带来了文章的多种多样，因此，从不同的角度和不同的层次上要给文章进行分类，文章的这种多角度、多层次的分类，表示了文章反映客观事物的形形色色、大大小小的方式。文体分类具有悠久的历史，中国古代文体论萌芽于先秦，发轫于魏晋，成熟于齐梁，此后便蔚为大观，绵延千余年。我国最早的文体分类，主要体现在文章总集的编目上，一般比较粗略，大都着眼于实际功用。而自觉的文体分类始于曹丕《典论·论文》。之后文体辨析日益趋向精细。在文体辨析的同时，人们越来越重视探讨文体的本质，文体分类的着眼点开始由实际功用转向表现功能。

### 二、沿革

纵观文章发展历史，我国文体分类大体经历了以下几个阶段：

**（一）萌生阶段（商代——春秋战国时期）**

在人类历史上，从文字产生到文章形成，经历了很长时期。我国商代才有明显的文字记载，殷墟出土的甲骨文和铜铭文是我国最早文章形式和最初文体。真正文章体制的奠定是在周代以后出现的“六经”——《尚书》、《诗经》、《周易》、《礼记》、《春秋》和《乐记》。《诗经》分风、雅、颂，采用赋、比、兴的表现手法；《尚书》以年代先后编序，其中有誓、命、训、诰。明人屠隆在《文论》中指出：“《易》之冲玄，《诗》之和婉，《书》之庄雅，《春秋》之简严，绝无后世文人学士纤秾佻巧之态，而风骨格力，高视千古。”我国文章体制的基本完备是在春秋战国时期，诸子百家影响下的说理和叙事文章，形成了文章分类的孕育胚胎，是我国文体发展的重要阶段。

**（二）成熟阶段（魏晋——民末时期）**

春秋战国时期虽然出现了完备的文章体制，但还没有对文章体裁的研究，而文体研究大致始于魏晋六朝时期。曹丕《典论·论文》指出“文本同而末异，盖奏议宜雅，书论宜理，铭诔尚实，诗赋欲丽。此四种不同，故能之者偏也；唯通才能备其体。”后经陆机《文赋》、李充《翰林论》、挚虞《文章流别论》、任昉《文章缘起》，到刘勰《文心雕龙》，发展和巩固了这一理论。梁太子萧统编的《昭明文选》，将作品分为三十七类，刘勰《文心雕龙》分文体为三十三类，北宋李昉编的《文苑英华》分文体为三十八类，明代吴讷《文章辨体》分文体为五十四类，明代徐师曾《文体明辨》分文体为一百二十七类，清代姚鼐《古文辞类纂》分文体为十三类，曾国藩的《经史百家杂钞》分文体为十一类。

**（三）发展阶段（“五四”——新时期）**

“五四”运动也是新文化运动，白话文的涌现，尤其是鲁迅小说、郭沫若诗歌和戏剧文体创新，以及散文、小品、理论文章、新闻报道及机关公文新面貌出现，为文章分类格局革新提供了依据，显示了文章新分类的端倪。夏丏尊、刘薰宇《文章作法》把文章分为记事文、叙事文、说明文、议论文、小品文五类，鲁迅和茅盾在《中国新文学大系》中采用了文学四分法，即小说、散文、戏剧、诗歌。叶圣陶《关于文章体裁的几个问题》中说，文章按性质可分为记叙文和论说文；按语言可分为现代文和文言文；按韵律可分为韵文和散文；按文学部部门分为诗歌、小说、戏剧、散文，此外还有应用文。

**（四）创新阶段（新时期以来）**

新时期以来，各种文体发展变化正在全方位地展开，不仅文学与其他学科结合和联姻，产生众多新样式，诸如摄影小说、电视散文、网络诗歌、手机小说等，而且由于经济全球化、和谐社会和命运共同体建设理念的提出，涌现了各种各样新的实用文种，如网络新闻、电子合同、图文传真、话音邮件、售货确认书、博客微信、云计算、大数据和互联网$^{+}$等，这是一种世界性潮流，方兴未艾，使文章形态更加绚丽多彩，新时期以来文体分类也呈现出多姿多彩的美丽华章。

纵观文体发展演变过程，我们很清楚地看到，文章体裁经过了一个由少到多、由粗到细的历史过程，而文章的分类也经历了由简到繁、由博返约的过程，使文体分类更为全面和简化，也说明了社会发展和进步，有力地推动了文体分类的历史演进。国外文体分类的发展，和我们大体相近，只是在时间上比我国略早一些。文体分类，是文化研究的一项重要内容。文体分类同写作学、文章学、目录学、文学批评、文集编纂等有着密切联系，并正在逐渐独立成为一门新的科学——文体分类学。掌握一些文体分类的基本知识，对于文学欣赏和批评、文章选篇和编辑、阅读写作能力的提高，都是十分有益的。

## 第三节　文体分类原则方法

文体的形成、发展和演变是一个历史过程。随着社会的发展和人类认识的进步，文体也在不断地发展和变化，如有的文体形成并发展了，而有的文体形成后又消失了，有的则逐渐演化，又形成了新的文体。即文体随时代的发展而变化。文体变化虽然复杂，但文章的分类仍有基本规律可循，因为一切文章的基本规律是相同的，而不同文体之间又有些细微的差别，因此，文体分类要有一定的原则、标准和依据，以反映出人类对文章内容和形式本质的科学认识。

文体分类是一种科学研究，它运用人类思维共同的原则和方法，通过最基本的比较研究法，对文章进行分门别类的总结和归纳。比较是文体分类的前提，文体分类是比较的结果。在比较的基础上，根据文章的共同点和差异点，将文章分门别类，以反映客观事物之间的联系和区别。为了使文体分类更加合理科学，更符合文体分类的实际，我们要注意文体分类的原则和要求。一是科学性原则，即文体分类要符合客观规律和文章体裁自身特点要求，能正确反映客观事物内部本质和文章自身结构特征。二是包举性原则，即文体分类要穷尽，将文体所有部分都包含在内，不能遗漏；三是对等性原则，即文体分类，在性质上平等而并列，清晰而明确。四是创新性原则，即文体分类要与时俱进，勇于创新，以新的思维方式和理念，及时反映文体分类发展变化新动向、新信息和新成果。

文体分类有不同的标准和尺度，因此，文章就形成了不同的类别。有的侧重文章的语言，有的侧重于文章的结构，有的侧重于文章的题材，有的侧重文章的风格，有的侧重于文章的主题，有的侧重于文章的功能和用途，有的侧重于文章的表达和表现方式，有的侧重于文章表现效果等。随着知识信息社会的到来和科技日新月异的发展，文体分类越来越离不开文章传播所依赖的媒介，这是历史潮流和社会发展的必然趋势。如最近新出现的电视诗歌、网络小说、电子报、手机小说、博客等，都是当代科学技术发展的结果。文体分类的依据在于文体的构成因素，它决定了文体特点的形式。一般来说，文体的构成具体包括文章因素和社会因素两大方面，前者指表现手法、内容、结构、语言、形态；后者指时代、民族、阶段、风格、场合，文体构成的任何一个因素，都可以成为文体分类的依据。

文体分类应当具有统一的科学依据，社会生活的日趋繁复必然带来文体的日益增多，对文体进行必要归纳分类，能实现对文体现象整体把握，利于深刻认识每一具体文体性质和作用。以简驭繁，实现对文体现象宏观把握，是文体分类的目的。如何实现科学的文体分类，是现写作研究中的一项重要课题。通过对以往文体分类经验教训的总结与反思，进行文体分类必须具备两个前提：一是文体分类必须建立在对各类文体最深刻本质特征的把握基础之上，文体分类的依据就在于找到不同文体实质中存在着的某种共同性，对文体实质的深刻准确把握，实际上是为保证文体分类的科学性奠定基础。二是文体分类应当具有统一的科学依据，叶圣陶在《作文论》中提出："分类的事情有三端必须注意的：一要包举；二要对等；三要正确。包举是要所分各类能包含该事物的全部分，没有丝毫遗漏；对等是要所分各类性质上彼此平等，绝不能以此涵彼；正确是要所分各类有互排性，决不能彼此含混。”这三条要求的核心，就是分类依据应当统一。现代文体特征的多重性，决定了文体之间集合方式的多样性，绝对精确尽管不可能实现，却又应当成为人们认识活动所追求的目标。

## 第四节 现代文体分类大略

随着现代文章研究的不断深入，现代文体分类也越来越科学。不同研究领域，对现代文章的分类有不同观点和主张，有的是从文章反映社会生活的不同方式角度来分，有的是从文章表达工具即语言角度来分，有的是从文章题材内容角度来分，还有的是从文章表达方式角度来分。寻求统一的分类标准，是人们长期探索的一个重要课题。如有人认为文体分类的依据，应当是人的意识功能。人之所以需要写作，是为了表现对世界的认识和看法，而这种认识和看法的具体内容会因其所使用的掌握世界方式的不同而不同，一定的内容总是与一定的形式相依存才有可能得到恰当的表现。从“文章是客观事物的反映”这一角度来看，写作的客观基础是人的社会生活；但从文本是人类脑力劳动的产物这一特点而言，写作的客观前提则是人的意识功能。写作从本质上来说是人类意识活动的表现形态之一。从生活形态转变为文本、文体形态的整个写作过程中，人的意识功能担负着统摄双方的重要作用，人们通过其意识功能自觉地把握纷繁复杂的社会生活，自由地创造出纷繁复杂的文本、文体现象，只有意识功能的统摄作用，才有可能真正把握住文体现象的“总纲”，从而实现对文体的科学分类，因此，现代文体可以分为：

1. 认知性文体

认知，指人们感知、认识世界、获得知识、解决问题等一系列认识过程中的心理活动。马克思所说的人对世界的实践→精神的掌握方式，强调的是人的意识对客观世界反映的直接性，也即人对世界的认知。它通过人与客观世界的有目的的接触，使客观世界与人的意识储备之间形成直接联系，在主体感知、掌握客观世界发展变化情况的同时，直接作出相应的情感评价和价值判断，实现人对世界的认知。人们通过这种意识活动方式所获取的思想内容写成的文本，就构成了认知性文本。它包括通常所说的新闻、说明、应用等方面的文本。作者写作的目的在于将自己对客观世界的了解和判断及时告诉读者，使读者能以间接的方式来实现对世界的实践→精神的掌握。这类文本是人们获取信息的重要来源，在社会生活中发挥着日益增强的重要作用，越来越引起人们的普遍重视。

2. 析理性文体

析理，即分析事理，其目的在于把握事物的内在规律，以理论的方式实现人对世界的掌握。它通过各种理性思维方法，寻找构成事物整体性的种种内在联系以及这些联系的发展规律，使人们从内在本质上掌握这个世界。人们将析理活动获得的结果——理论，通过一定的书面形式表述出来，这就构成了析理性文体。它包括评论、学术论文等，析理性文体中的思辨过程，往往最能体现出作者的创造才能和鲜明个性。

3. 审美性文体

审美，即人对美的对象的欣赏。审美意识的核心是审美感受。它指的是人们在欣赏美的自然、艺术品和其他人类产品时，所产生出的一种愉快的心理体验。这种心理体验是人的内在心理生活与审美对象之间交流或互相作用的结果。审美感受的获得与人的审美趣味、审美能力、审美观念、审美理想等密切相关。运用一定的文本形式将自己的审美感受表现出来，就构成审美性文体。它包括诗歌、散文、小说和戏剧等，审美性文体中的审美过程，体现着写作主体对美的理想的憧憬和追求。

现代文体的分类是见仁见智，异彩纷呈。但综合各学科在现代文章分类领域之优长，结合文章写作的规律和特性，我们可以从文章写作的角度，对现代文体进行审视考察和归纳分类。我们认为文章可以分为以下四类：第一文学文体：诗歌、散文、小说和戏剧。第二理论文体：杂文、申论、新闻评论、文学评论、影视评论、学术论文等。第三应用文体：公务文书、事务文书、礼仪文书、经贸文书、司法文书、外交文书、科技文书、实用文书。第四边缘文体：

（一）文学文体内部渗透交叉形成的边缘文体：（1）诗歌与小说交叉：叙事诗、诗体小说；（2）诗歌与散文交叉：抒情诗、抒情散文；（3）散文与戏剧交叉：对话体散文、话剧；（4）小说与戏剧交叉：对话体小说、提示剧；（5）诗歌与戏剧交叉：剧诗、诗剧；（6）散文与小说交叉：叙事散文、散文体小说。

（二）文学文体与其他学科交叉形成的边缘文体：（1）文学＋历史＝传记文学；（2）文学＋地理＝游记文学；（3）文学＋自然科学＝科学小品；（4）文学＋社会科学＝杂文；（5）文学＋新闻＝报告文学。

（三）文学各体与其渗透形成边缘文体：诗歌＋历史＝史诗，散文＋历史＝传记，小说＋历史＝历史小说，戏剧＋历史＝历史剧；诗歌＋地理＝风景诗，散文＋地理＝游记，小说＋地理＝地理小说，戏剧＋地理＝地方戏；诗歌＋新闻＝报告诗，散文＋新闻＝纪实散文，小说＋新闻＝纪实小说，戏剧＋新闻＝报告剧；诗歌＋自然科学＝科学诗，散文＋自然科学＝科学小品，小说＋自然科学＝科幻小说，戏剧＋自然科学＝科学剧；诗歌＋社会科学＝政治抒情诗，散文＋社会科学＝杂文，小说＋社会科学＝社会小说，戏剧＋社会科学＝社会问题剧；诗歌＋电视＝电视诗歌，散文＋电视＝电视散文，小说＋电视＝电视小说，戏剧＝电视＝电视剧；诗歌＋网络＝网络诗歌，散文＋网络＝网络散文，小说＋网络＝网络小说，戏剧＋网络＝网络剧；诗歌＋音乐＝配乐诗，散文＋音乐＝配乐散文，小说＋音乐＝音乐小说，戏剧＋音乐＝音乐剧；诗歌＋摄影＝诗配画，散文＋摄影＝散文诗画，小说＋摄影＝摄影小说，戏剧＋摄影＝电影。诗歌＋手机＝手机诗歌，散文＋手机＝手机散文，小说＋手机＝手机小说，戏剧＋手机＝手机剧。

本书文体分类法、中外文学文体分类异同和外国文学分类法见下表：

- 文章
  - 文学文体
    - 诗歌
    - 小说
    - 戏剧
    - 散文
  - 理论文体
    - 杂文
    - 申论
    - 新闻评论
    - 文学评论
    - 影视评论
  - 应用文体
    - 学术论文
    - 公务文书
    - 事务文书
    - 礼仪文书
    - 经贸文书
    - 司法文书
    - 外交文书
    - 科技文书
    - 实用文书
  - 边缘文体（一）文学文体内部交叉形成的边缘文体：

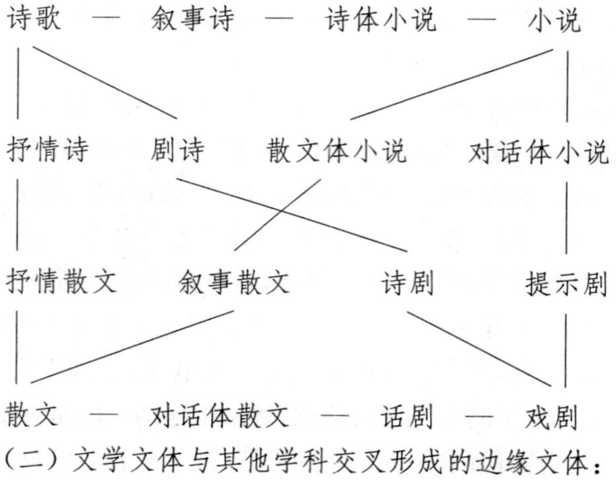


（二）文学文体与其他学科交叉形成的边缘文体：

1. 下圆为文学，它与其他学科的交叉形成的新文体：

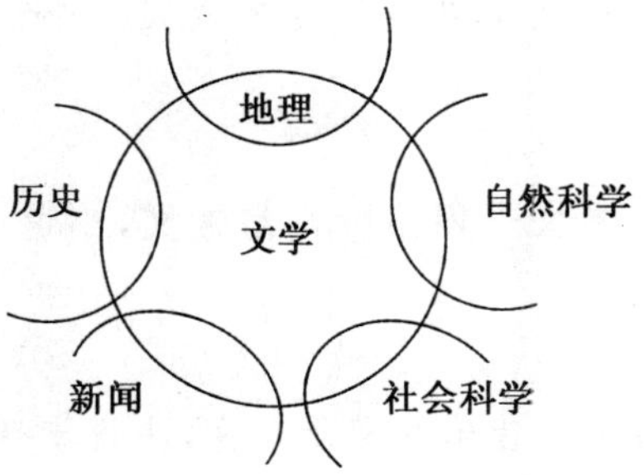


(1) 文学+历史=传记文学

(2) 文学+地理=游记文学

(3) 文学+自然科学=科学小品

(4) 文学+社会科学=杂文

(5) 文学+新闻=报告文学

2. 下圆为X,它代表其他学科,文学各体与其渗透形成边缘文体

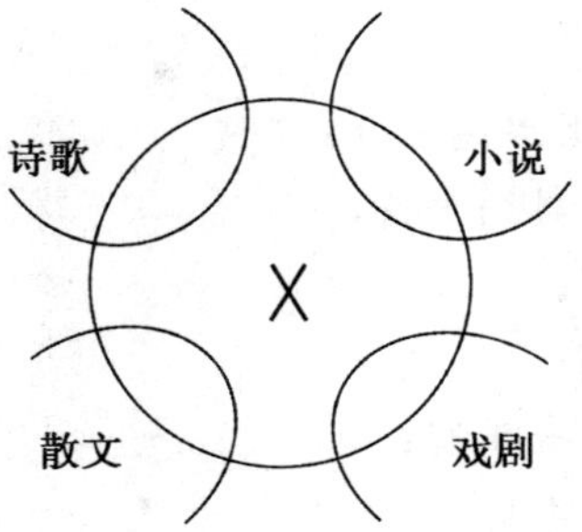


(1) 当X=历史时:

诗歌+历史=史诗,散文+历史=传记,小说+历史=历史小说,戏剧+历史=历史剧。

(2) 当X=地理时:

诗歌+地理=风景诗,散文+地理=游记,小说+地理=地理小说,戏剧+地理=地方戏。

(3) 当X=新闻时:

诗歌+新闻=报告诗,散文+新闻=纪实散文,小说+新闻=纪实小说,戏剧+新闻=报告剧。

(4) 当X=自然科学时:

诗歌+自然科学=科学诗,散文+自然科学=科学小品,小说+自然科学=科幻小说,戏剧+自然科学=科学剧。

(5) 当X=社会科学时:

诗歌+社会科学=政治抒情诗,散文+社会科学=杂文,小说+社会科学=社会小说,戏剧+社会科学=社会问题剧。

(6) 当X=电视时:

诗歌＋电视＝电视诗歌，散文＋电视＝电视散文，小说＋电视＝电视小说，戏剧＝电视＝电视剧。

(7) 当 X＝网络时：

诗歌＋网络＝网络诗歌，散文＋网络＝网络散文，小说＋网络＝网络小说，戏剧＋网络＝网络剧。

(8) 当 X＝音乐时：

诗歌＋音乐＝配乐诗，散文＋音乐＝配乐散文，小说＋音乐＝音乐小说，戏剧＋音乐＝音乐剧。

(9) 当 X＝摄影时：

诗歌＋摄影＝诗配画，散文＋摄影＝散文诗画，小说＋摄影＝摄影小说，戏剧＋摄影＝电影。

(10) 当 X＝手机时：

诗歌＋手机＝手机诗歌，散文＋手机＝手机散文，小说＋手机＝手机小说，戏剧＋手机＝手机剧

……

3. 文学各体与其他学科三交叉渗透融合：

(1) 诗歌＋音乐＋舞蹈＝音乐舞蹈史诗；

(2) 戏剧＋音乐＋舞蹈＝舞剧；

(3) 诗歌＋音乐＋戏剧＝歌剧；

(4) 戏剧＋音乐＋电视＝电视音乐剧；

(5) 戏剧＋电影＋科学＝科幻电影；

(6) 散文＋音乐＋电视＝电视风光片。(见下图)

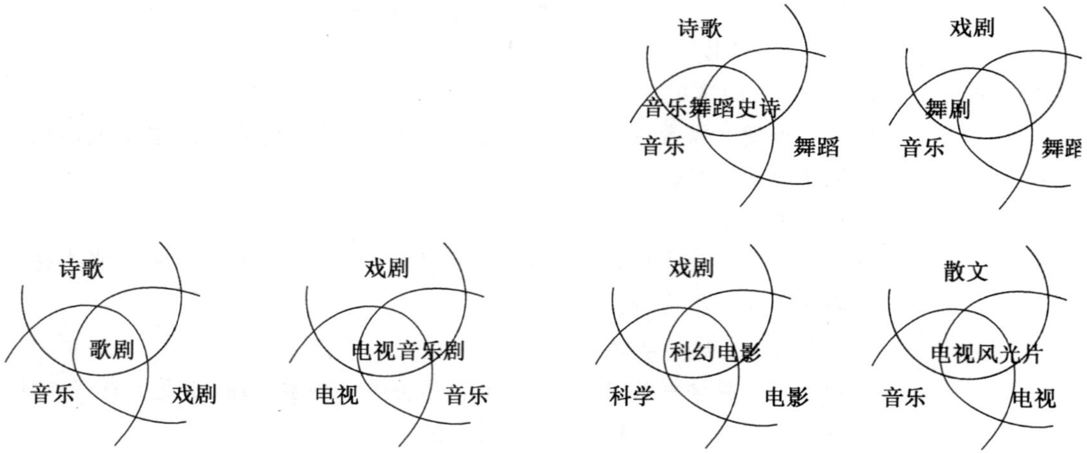

<table>
<tr><td rowspan="7">外国文学三分法</td><td>戏剧类</td><td></td><td>全同</td><td></td><td>戏剧类</td><td rowspan="7">中国文学四分法</td></tr>
<tr><td rowspan="2">抒情类</td><td>抒情诗</td><td>同</td><td>抒情诗</td><td rowspan="2">诗歌类</td></tr>
<tr><td>抒情散文</td><td>异</td><td>叙事诗</td></tr>
<tr><td rowspan="3">叙事类</td><td>叙事诗</td><td>异</td><td></td><td rowspan="3">小说类</td></tr>
<tr><td>小说</td><td>同</td><td></td></tr>
<tr><td>叙事散文</td><td>异</td><td></td></tr>
<tr><td></td><td></td><td>全异</td><td></td><td>散文类</td></tr>
</table>

中外文学分类对比表

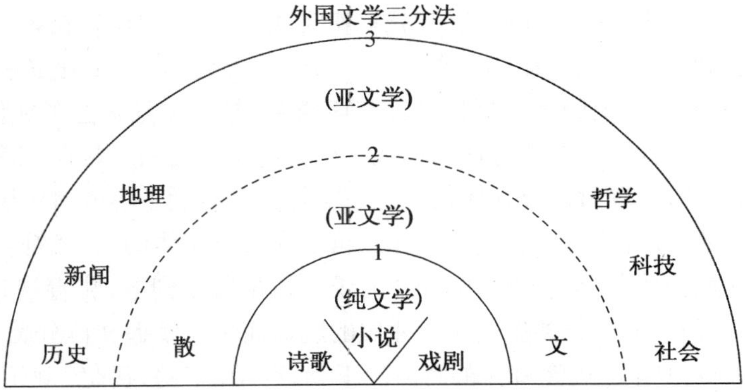


## 第五节 文体分类的写作意义

写作活动本质上是人的创造性思维活动，即写作是人创造性思维活动的再现。而写作活动中对文体选择是至关重要的，它是写作活动中重要内容之一，是作家确立写作重心、形成独到写作风格的主要表现。而文体的分类，对作者的写作活动产生着重要影响。具体表现在以下方面：一是文体与思维关系。文体与思维的关系是很密切的。文学作品是形象思维，它通过人物语言、行动、心理等来展示人物性格和命运。非文学作品则运用逻辑思维，借助判断推理等手法，直接揭示事物内部规律。表达主题相同，但表现方式迥然有别。不同文体大脑具有不同的敏感度，对不同文体进行写作训练，可以开发大脑思维潜力。文体分类对作家惯常思维的形成有影响，而思维也对作家擅长文体更有制约和影响。二是文体与语言关系。文体不同，语言风格特点也不相同。文体不同，语体色彩也不同。文学作品对语言要求是形象、含蓄、生动、感人，非文学作品对语言要求则精确、平实、简明、连贯。文体分类，更有利于作家语言风格形成，进而形成了作家不同创作风格和特长，如王蒙和贾平凹的散文体小说，张承志、何立伟的诗体小说，汪曾祺的笔记体小说，刘心武的纪实小说，莫言的新感觉小说，从而出现了鲜明的时代风格、民族风格和个人风格。三是文体与结构关系。文体与结构关系其实就是文体对所写事物内部组织结构形式的要求。结构体现思路，思路是结构外在表现，而思路由文体决定，文体由写作目的统摄，作者必须选取最合适、最巧妙思路来实现其写作目的。应用文体都有相对固定格式，每一种文体格式都与结构密切相关，说明着文体决定文章思路和结构，而文章结构和思路对文体形成起着十分重要的作用。四是文体与表现手法关系。不同文体有着不同表现手法，文体决定着文章表现手法运用。而文章表现手法对文体特色形成又有着促进作用。不同文体有着自己不同表现手法，每一种文体都各有其轨，各行其道。

综上所述，文体分类与写作过程中诸要素有着千丝万缕的联系，而文体分类对于各种文章的写作起着促进和推动作用。文体分类对写作的作用具体表现在：一是文体分类决定着文章写作。没有对文体的认识，就不可能有文章写作活动。写作某种文章，应先具有对该文体性质、特点、方法和规律的认识，就写作实践而言，文体认识在先，文章写作在后。二是文体分类有利于找到文章最佳写作形式。写作某类题材，必先确定它适用于哪种文体，各种文体经常和所反映的客观事物有着密切联系，熟悉并且掌握了文体分类规律，就能为所获得的材料寻找到一个更合适的形式。题材与体裁之间经常存在着某种相应的规律，所以应注意形式，为题材而寻找体裁。三是文体分类有利于形成写作风格和特长。作者选择符合自己才情的体裁，更有利于创作。可以在各类文体中，选择符合自己才情和兴趣的一种体裁或数种体裁作为写作方向去实践。如曹禺工剧本，艾青擅诗歌，王蒙专小说，杨朔爱散文。四是文体分类促进文学才俊的脱颖而出。掌握文体分类知识和规律，可以促使作者在文章写作上早慧和脱颖而出。王勃、曹植、李泌、杨亿、刘绍棠等都是早慧作家。

对文体进行科学的分类和系统的研究，有着重要的意义。它可以帮助人们了解各种文章产生、演变过程，深入认识各种文章性质特点和写作规律，不仅有利于人们认识各类文章共性，更有助于人们掌握每种文体特征；既有利于指导写作训练实践，使文章写作规范合体，显示出作者独特写作风格，同时还有利于更好地发挥文章社会作用。因此，学习写作，必须具备文体分类的基本知识，有明确的文体意识。

# 第七章 文学文体

## 第一节 文学文体概说

### 一、含义

文学是人们运用文学语言描叙艺术形象、表达思想情感的一种创造性的审美心智活动。是一种以语言为媒介进行创作的艺术，它通过自荐的想象活动，把经过选择的生活经验体现在一定的语言结构中，以表达作者对于生活的某种发现和体验。文学是人类一种重要的精神活动方式，人类对文学需求实际上源于生命和生存需要，是人类社会结构中一个组成部分，它与经济、政治、历史、哲学、宗教等一样，是社会生活过程的诸要素之一和其中重要一环。文学作品物化了人的形象思维成果，是一种具有审美价值的精神产品，它是人们在精神生活领域中的一种审美性和创造性的发明。文学作品通过塑造艺术形象、塑造典型人物来反映社会生活，给人以精神上的愉悦，引起人们的情感激动，使人产生美感，属于生活意识形态的范畴，因此，它具有反映性、社会性和话语性等特点，这是文学的本质。即它归根到底是社会现实的反映，是一种社会实践活动，是一种包括作家、作品、读者审美欣赏实践和文化环境等环节在内的复杂文化流程。同时，文学还是一种特殊类型的审美意识形态，审美是人类与世界之间的一种无直接功利的、形象的和情感的关系状态。

现代文学写作则是在现代高新技术和网络环境支持下的一种用文学语言描述艺术形象、表达现代人情感的创造性的审美心智活动。现代人的工作方式和生存方式比过去发生了巨大的转型，它改变了人们的审美方式和文学趣味，文学写作的内容和形式正以日新月异的速度变化着。影视文学对传统的书面文学形成了巨大的冲击和挑战，精短文学正以蓬勃的生态迅速蔓延，网络文学和手机小说在人们不经意中悄然崛起。许多精短、新颖文学形式在传达着现代人对生命、对历史深层哲理探求；许多宏大、系列文学巨著正对一个变化、转型时代进行着高度的史诗概括；许多纪实式、图文并茂的新式文学文本在表达着现代生活里人们新的价值观念和新的道德伦理观念……现代文学写作不仅仅是改变了人们的写作方式和情感交流的手段，更重要的，它带来了现代文学写作从观念到形态的历史性变革。

## 二、特征

一是感性特征。文学作者作为一个创作主体，首先能引发其审美关注和写作冲动的，必是生活中一个性格鲜明的人物形象、一件具体生动的生活事件、一处形神皆备的独特景物。作者经过主体心灵的孕育，写进文学文本中的是一个性格鲜明、命运曲折的人物，一件波澜起伏、趣味横生的事件和一处有着特定光彩和神韵的景物，而读者通过文学语言感知这些具体、个别人物、事件、景物，来领悟作者所寄寓的审美体验和审美情感。人物、事件、景物不可替代的具体性和个别性构成了文学写作的感性特征，这个特征决定了文学写作的过程是从事物的个别经过写作主体心灵的孕育再走向事物的个别。文学写作的对象是个别事物，阅读感知的对象也是个别事物，这个具有了审美价值的"个别"充分地呈现着现实世界的感性形态。作者的艺术才华就在于其能在具有感性形态的"个别"中感受和发现它的概括性和普遍性。作者写的虽然是一个个具体的人，但其能够通过文学写作活动让这具体的一个人概括某一群人；写的虽然是一件件具体的事，但其能够让这件事代表某一类事；写的虽然是一处处的景物，但他能够让这个别景物显现众多同样的景物。文学写作就是通过描述，展示人、事、物的感性特征来作用于读者的各种感官而形成人的审美感觉和审美体验。二是情感特征。作者因为被生活中一个个人、一件件事、一处处景所感动，他把它们写进文学作品并让作品感动其他读者。只有作者自己真正动了感情，才有可能在成功的文学写作中感动他人。文学写作，作者必须带着感情观察生活、体验生活，他要通过机智巧妙的艺术构思来渲染感情、强化感情，要通过充满情感体验的文学作品来感染读者，实现文学文本的审美功能。列夫·托尔斯泰在《艺术论》中指出："艺术是传达情感(作者)和体验情感(读者)的一项人类活动。"就十分精辟地概括了作为艺术的一个种类的文学写作的本质特征。三是间接特征。文学写作使用的媒介是书面语言，人们是通过阅读、理解文字后，根据词意和句意来想象、复现文学作者所描述的文学形象。文学写作描述的文学形象不是像美术、雕塑、戏剧和影视那样在人们视觉中直观生成，而是在人们头脑里通过大脑艺术想象间接生成的，这既是文学写作的一些局限，也是文学写作独具的艺术优势和特长。因为文学写作所创造的文学形象是想象的、间接的，这就为读者借助自己的知识、经历、情感来再现文学形象提供了巨大的创造空间；文学作者也可以利用这一特征创造性地组合、提炼含蓄精美的文学语言，供读者凭此展开丰富的艺术想象，并与文学作者共同创造文学的艺术形象，文学写作的魅力在相当大的程度上就是由文学语言媒体的这种特性构成的。

## 三、分类

中西现代采用文学"四分法"。"四分法"的分类标准相对宽泛。它根据文学写作在形象塑造、体制结构、语言运用、写作方法等方面的不同，将文学写作的成品分为诗歌、小说、散文、戏剧。作者在文学写作过程中如果以抒发强烈情感为中心，通过丰富新奇的想象和富有节奏、韵律的语言，集中、精炼地反映社会生活，这就是诗歌写作。作者如果以塑造人物为中心，通过描述特定的故事情节和具体的生活环境，深刻地、多方位地反映社会生活，这就是小说写作。散文写作和戏剧文学写作的内涵与外延相对复杂。一开始人们将一些非诗歌、非小说、非戏剧文学作品统称为散文，这是文学写作历史上的一个进步，因为这样将诗歌、小说、散文并举，确实把许多非文学写作的成品排除出去了，有利于对散文写作的艺术规律进行深入探讨。但随着现代生活的发展，在散文这个大类中，杂文、报告文学、史传文学、科普小品等散文小类纷纷兴起并得到了充分的发育、生长。这时人们排除上述几个小类的成品，把那种以创造情境为中心，通过广泛灵活的选材和情文并茂的构思、用短小精悍的真实性文章来反映社会生活的写作称为散文写作。随着现代科学技术的发展，戏剧文学的外延也开始扩展了，同是以人物自身言行作为塑造艺术形象的材料，影视文学出现并获得了前所未有的繁荣与进步，因写作手段和发表方式的不同，网络文学开始冒出地面并引起了众多文学作者、读者和研究者的关注。“四分法”所运用的分类标准因为涉及了文学写作成品的本质与外观、内容与方法，它能比较准确概括一些文学写作现象，能深入地探讨文学作品的某些写作规律，它的分类原则直到今天仍有广泛的影响，仍然能够成为我们深入研究文学文体现象和文学写作规律的出发点和基本点。对不同的文学写作成品进行分类的目的，就是为了科学地掌握不同文学文体的写作规律和写作技巧。

## 四、功能

文学写作作为一种人的高级审美心智活动，作者写作动机在相当程度上是为了满足人类对情感价值的自觉追求，因此，它成为了一种无现实功利目的的审美创造活动和审美体验活动。孔子认为“诗可以兴，可以观，可以群，可以怨”。提出了文学作品有审美的作用（兴、怨），有认识的作用（观），有教化的作用（群），《毛诗序》注重文学作品的教化作用：“先王以是经夫妇，成孝敬，厚人伦，美教化，移风格。”指出文学作品具有促进家庭和睦、激发人尊老爱幼情感，增强伦理道德观念，净化社会风气，移风易俗的功能，而曹丕则认为文章乃“经国之大业，不朽之盛事”。文学写作认识功能和教化功能必须通过审美功能才能实现，文学写作通过描叙人们没有经历过的生活，通过揭示生活现象所包含的哲理与意蕴，让人们在更阔大范围和更高层次认识社会和自然，接受正确的真善美教育，心灵得到净化，道德得以提升。文学写作通过文学语言描述功能和情感功能，塑造充满主观情感的艺术美形象，让读者感受和体验到形象美的愉悦，达到在情感上感染读者、打动读者，让读者的经验与文学作品蕴含的情感产生共鸣，在充满美的享受中学到新的知识，受到深刻的道德教育。文学语言的形象性、音乐性和愉悦性能使读者强烈地感受到美的语感，文学写作中叙述惊心动魄的故事和坎坷曲折的人物命运，激活读者的阅读兴趣，文学写作中抒写的那些人类共有的深层情感，也能引发读者强烈的情感共鸣，即使是那些纪实类的文学作品描写到的普通人的日常生活，也会使读者在其中发现自己，领悟到生活的真谛而获得强烈的阅读喜悦，读者是伴随着美的享受和娱乐的心境，在潜移默化中得到启发，获得教化。

## 五、技巧

写作技巧在文学写作活动中具有极其重要的作用。一是写作技巧是实现作者写作意图的重要条件。作者的写作活动具有一定的写作意图，即作者在文学作品中表达思想内容及其表明理想和愿望，而要使作者写作意图圆满实现，就必须依靠写作技巧。二是写作技巧是构成文学作品艺术性的内在因素。文学作品的艺术性，即文学作品反映社会生活或表达思想感情所达到的完美程度的取得，决定于作者的世界观、创作方法和写作技巧，文学艺术性表现在作家在一定世界观的指导下，运用各种写作手法创造出具有审美价值的艺术意境和典型形象，给读者带来审美愉悦。文学作品的艺术性更多地体现在与内容和谐统一的艺术形式中，而艺术形式的完美创造则依靠写作技巧。文学写作技巧表现如下：

**（一）艺术规律**

文学不是一种单纯以表达认识与思想为主要目的的交流工具，而是一种艺术作品。要求生动活泼，写出情感、性格，具体感人。文学写作是认识活动与审美创作活动的统一，是作家一种创造性的精神劳动，作家经过充分观察和创作动机激发，采用形象思维方式，通过艺术化构思、多样化表现手法和语言方式，将其对自然、社会与自我的认识、体验和情感倾向表达出来的过程。文学写作是一种认识活动，也是一种审美活动。作为认识活动，文学创作要求艺术真实和艺术概括。作为一种审美活动，文学创作又要求进行情感的把握和形式上的创造。这是文学创作的基本要求和一般规律。具体包含两方面：文学写作既要求艺术的真实，又要求艺术的概括。文学创作首先要求具有真实性，这样才能使读者产生信任感和认同感，读者才会有为之吸引和感动，从而获得思想教育和精神享受，真实性是文学写作的基础和前提，它是艺术创作的生命。文学创作要符合人性、人道，符合社会和历史的发展规律，真实性是指艺术的真实，它来源于生活真实，而又高于生活真实，它是一种特殊的审美化真实。艺术真实与生活真实不同。生活是艺术创作取之不尽、用之不竭的源泉，艺术真实是以假定性情景表现对社会生活内涵的认识和感悟，而并不一定反映历史或者现实生活中真实存在的事物。假定性艺术真实的外在特征，即透过表层揭示生活的内蕴是它的实质。作家可以根据自己认识和感悟，对真实生活进行加工和提炼，通过想象和虚构予以重现、变形和再造。一般说来，理想型与象征型作品的艺术假定性特别明显，它们或者把现实形象与幻想非现实意象融会为一个荒诞、神话般的情景世界，或者完全抛开现实形象而以虚幻意象代之。前者如《西游记》中的唐僧是现实形象玄奘的改造，孙悟空、猪八戒、神仙、妖魔等形象的结合；后者如寓言、童话中的拟人化动植物世界，神话、传说的神仙、鬼怪世界等。同时，艺术真实也与科学真实不同，它有强烈的主观性，比如，尽管哥白尼的日心说早已告诉我们太阳系星球的运动规律，但关于“日出日落”的景象照样不断出现在文学作品中，并给我们带来许多美的享受，而日出日落正是人对于天体运动的主观把握而已。

艺术真实是以主观性、假定性来体现的，同时文学作品又要求进行艺术概括，要求作家创作出既具有鲜明独特的个性又具有普遍性的艺术形象。它大致包括两种方法：一是在广泛占有生活材料的基础上进行集中概括。二是以一个生活原型出发，同时吸收其他生活素材。如《红楼梦》中贾宝玉，罗曼·罗兰笔下的约翰克斯朵夫等人物形象就是这样塑造出来的。文学创作既要求对社会生活的真情把握，也要求艺术形式上的创新。情感精神与艺术形式是两个分不开的实体。它要求作家对自己的创作对象作出情感性体验和评价，它必须经过作者的真情体验，以诚挚的情感表达，以积极、美好和高尚的情感态度打动人、感染人，只有经过刻骨铭心的体验，作家才能进入自由创作的无人境界，达到精神高度自由甚至物我两忘的状态，在这种状态中，作家对客观物象的把握才具有深邃性。作家获得这种创作境界，他们的作品才具有真情，才富有感染力。形式创造同样是文学创作的基本要求和原则之一，即作家要赋予自己的创作对象以一定的艺术形式。它既体现为对内容内在结构的把握，又体现为利用语言材料以及结构、体裁、韵律、表现手法等艺术手段，使之呈现出独特的外在形态。它具体表现为三个方面：① 从内容出发去选择创造形式，而不是削足适履，生搬硬套。鲁迅曾说过，搞创作，宁可将做小说的材料缩成速写，也绝不可把速写的材料拉扯成小说。即体裁的选择应该服从内容的需要。② 应当发挥作品形式对艺术表现的能动作用，在一定的形式内使内容获得新的升华。③ 重视和创造相对独立的形式美。这在诗歌中体现得尤为突出，如节奏、韵律和诗行的排列，诗节的编排等，本身就具有形式上的美感。

**（二）艺术方法**

文学写作的三大特征影响和制约着文学写作的基本方法。文学写作方法从不同侧面体现着文学写作规律，虽然各种文学体裁都有各自特殊的写作规范和写作要求，但它们又被文学写作的基本规律概括和制约着。① 典型化具象概括方法。文学写作的感性特征首先要求诗、散文、小说、戏剧艺术形象是个别的，并通过这个别艺术形象激活文学阅读者的感情体验和审美意识，个别还应该同时体现概括性，它概括得越多越普遍，就此提供给读者的思考、想象的空间就越阔大，领悟的内涵就越丰厚。文学写作的艺术形象既来自生活具象原型，又要超越具象原型，文学形象基本品格要求与现实中生活原型不具有同一性，现实生活中的具象原型如何演变成为文学写作的艺术形象，这就要使用典型化的具象概括方法。它在具体文学写作中有两种情形：对于散文之类的纪实性的文学体裁来说，典型化具象概括方法就是在纷纭复杂生活素材中，选择有审美价值的文学写作对象，对此原型进行合理想象提炼，通过突出渲染某些材料来丰富和强调原型本质特征。对于小说、戏剧等虚构性文学体裁，典型化具象概括方法就是将许多个别原型材料进行分解，将分解后有用材料精华组合到个别形象上，使其具有一般特性和独特鲜明个性生命，即鲁迅所说“杂取种种，合成一个”的方法，正如梁信所说《红色娘子军》中的吴琼花是由“女丫头、女烈士、刘秋菊”三个人物合成的，文学写作中形象思维过程实际上就是这种方法的运用过程。② 意象化情感表达方法。文学写作情感特征要求作者将无形情感有形化和特征化，作者就必须将审美注意放在生活原型的细节上，将构思的想象、思维放在生活细节提炼和表达上。一个文学意象在各种文学文体具体写作过程中有不同的外化形态，诗歌里是一个诗美意象，散文里是一个散文情境，小说里是一个高质量写人细节，戏剧里是一个戏剧场面，影视文学里是一个影视镜头，网络文学就是一个表达的意位。作者可采用比拟、借代、比喻、象征、怪诞等艺术技法和技巧，使文学意象以鲜明的形象特征和饱满的情感特征有形地展示出来。作者还可以采用并置、延宕、对比、重复等艺术技法和技巧将文学意象联结形成一个特定的体现作者某种独特艺术体验和审美评价的艺术有机体。③ 超常语言审美组合方法。文学形象间接特征深刻地影响着文学写作的语言方法。文学写作语言以时间上先后承接的线性方式通过听觉、视角进入读者大脑，读者在理解文学语言基础上按照一定次序重新将文学形象进行组合与复现，于是便出现了文学语言特定的表现性、模糊性和多义性，来强化突出文学作者某种独特审美感觉和审美体验。因此，文学写作语言可以打破一般语言常规用法，以“陌生化”形态和手法来表达写作者主观思想情感。文学写作为了追求生动性和形象性，可以通过形象感、动作感强的动词来组合文学语言，文学语言为了含蓄、多义、形象、生动，也可以通过超常的组合方式来提炼陌生化、新奇的文学语言，如冰心的散文《往事》：“乡愁麻痹到全身，我揉着头发，发上揉到乡愁；我捏着指尖，指上捏着乡愁。”生动形象地表达作者乡愁的独特感觉，文学语言的形象性、表现性、多义性、模糊性正是通过这样超常的审美组合方法得以充分的实现。

## 六、写作准备

文学写作是一项艰苦劳动，从事文学创作需要多方面准备，下苦功夫，花大力气。作家谌容在《痛苦的选择》中深有体会地说：“这条路竟是这么坎坷、这么难行、这么劳累，这么需要我一步一滴血地往前迈。”一是生活准备。文学作品是客观现实生活在作家头脑中主观反映的产物。它源自社会生活，因此文学写作的第一步就是深入生活，体验生活，积累生活，打下坚实的生活基础。王蒙《创作是一种燃烧》：“没有对生活的注视、寻找、开掘、积累，就不会有紧随着生活的步伐前进的文学，这个规律是无情与无法代替的。”这异常深刻地阐述了文学与生活的密切关系，并特别强调了对生活的注视、开掘和获取新的启示的重要性。在深入、体验生活时，要勤于思考，学会敏锐地观察生活，观察人物，要坚持写生活手记、创作札记、日记等，以便积累素材。二是思想准备。文学作品作为提高人民思想境界的精神食粮，作为引导人民前进的“灯光”，它要求作者要用正确的世界观指导写作，要提高思想觉悟，提高理论素养，培养敏锐洞察力和深刻理解力是从事文学写作的重要准备。作者创作必然是在一定世界观支配下进行，只有在先进世界观指导下，才能正确地认识生活、分析生活、评价生活，通过现象抓住事物本质，写出受人欢迎的好作品。作家孙犁说：“作家第一要努力确定自己的世界观，前进的方向……这是作家的生命。”孙犁自己正是这样做的，所以他写出了《荷花淀》、《风云初记》这样优秀的作品。三是艺术准备。文学写作是艺术创造，有了正确思想指导，具有一定生活基础，不一定就能写出文学作品，这里还需要一个必不可少的条件，就是艺术方面准备。文学作品从取材、立意、结构、人物刻画、表现方法直至语言锤炼等全都离不开艺术技巧。高尔基在《论文学技巧》中指出：“应该研究文学的劳动手法和技巧，只有在掌握了这种技巧的情况下，才有可能赋予材料或多或少完美的艺术形式。”四是技巧准备。写作技巧的掌握是有一个过程的，这个过程可以分为两个阶段。一是“技能”阶段，一是“熟练”阶段。“技能”阶段，是无法之中求有法，能过观察、体验、多读、多写，学习并掌握了一些写作基本手法，且能将它们运用于写作实践。“熟练”阶段，是有法之中求变化。在技能的基础上，进而掌握包括写作辨证艺术在内的多种写作手法，并能将它们纯熟自如、富于创造性地运用于写作实践，掌握写作技巧，对写作具有重要的意义。如何提高写作技巧呢？① 师法生活。生活是写作源泉，丰富多彩的大自然和人类社会，不仅为我们提供了取之不尽的写作材料，而且为我们提供了生动鲜活的关于写作形式与写作技巧的深刻启示。如巧合与悬念，往往是某些生活事件展示在人们面前时固有形式或手法；对比与映衬，常常是构成大自然优美景观及艺术美感的重要因素和手段；人生和自然的规律中寓含着曲折美、变化美、节奏美；常见的景象中包含着动与静相反相成的艺术辩证法则……因此，我们学习写作技巧，必须首先向生活学习。只有勤于观察生活，深入体验生活，才能使自己的写作技巧真正得到提高。② 阅读借鉴。即从古今中外的优秀文学艺术作品中汲取营养，优秀的文学艺术作品，其内容和形式都具有较高的完美程度，其写作技巧往往是娴熟而又富于创造性，从中可以学习借鉴文学艺术技巧和表现手法。姚雪垠在创作长篇小说《李自成》时曾写过这样两句诗："独临碧海朝精卫，遍借金针绣凤凰。"说的是博采众长，凡是有成就的文学作家无不具备渊博的知识。不但要精读文学名著，还要研究其他艺术，如音乐、绘画、雕塑、戏剧、电影等，以丰富自己的艺术修养。如诗人艾青少年时代就喜欢美术，并在法国学习过绘画，这对他后来写诗产生了积极的影响。③ 经常练笔。俗话说："拳不离手，曲不离口"、"熟能生巧"，写作同样要多写多练多实践。文学写作无捷径可走，多写多练才能逐步掌握其写作规律和方法。古人云："读十篇不如做一篇。"多写才能熟，熟能生巧，这是不可更易的规律。郁达夫在《再来说一次创作经验》中讲过："要多练技巧，另外也无别法，多读多想多写之后，大约技巧总会有一点长进的。"只有经常写，反复写，才有可能在作者身上固定下写作技巧的习惯化系统和自动化写作的行动方式，从而使作者自觉写作。

## 第二节 散　文

### 一、含义

散文，是一种以记叙或抒情为主，取材广泛、笔法灵活、篇幅短小而又富有文采的文学体裁。散文有广义和狭义之分。广义散文，在古代指的是一切不押韵的文章，是韵文以外的一切记叙性和议论性的文体。现在是指包括通讯、随笔、杂文、回忆录、传记、报告文学、速写、传记文学、记叙文、抒情文、游记、科学小品等文体。随着写作学科发展，许多文体自立门户，散文范围逐渐缩小。狭义散文指文艺性散文，秦牧在《海阔天空的散文领域》中说："不属于其他文学体裁，而又具有文学味道的一切篇幅短小的文章，都属于散文的范围"。它是一种以记叙或抒情为主，取材广泛手法灵活、篇幅短小而又富有文采的一种文学样式。随着文体的发展，叙事散文中的通讯、特写、传记文学、报告文学等，已经发展成为独立文体，自成一类；议论散文则有了专门的名称——杂文，也从散文中分了出来。我们要学习的主要是抒情散文、叙事散文和其他类型的散文。作者可以根据自己的人生阅历、文化素养和爱好，或写作抒情散文，或作叙事散文，或写文化散文，或作智慧散文，或写游历散文，或作其他类型的散文。

中国是一个散文大国。古今的散文大家和作品，享誉很高。新时期以来，我国的散文创作出现了前所未有的好势头，散文创作持续热闹火爆，涌现了一批专事散文的作家，一些学者、诗人、小说家、评论家、艺术家也跻身其中。林非《傅德岷主编〈中国现代散文发展史〉序》中说:"'五四'以来的中国散文史……它最为重大的意义是企图号召整个民族,彻底地走向人性的解放,树立科学和民主、平等和自由的现代文明观念。多少散文家都通过自己洋溢着独特个性的笔角,在不同的领域之内,从种种不同的视角,程度不等地完成着这个神圣的使命。"优秀散文,坚持对人始终关怀,坚持文学应该有益于人心世道,应该净化、美化和慧化人心,艺术上坚持众美并具、雅俗共赏的原则,成为色香味俱全的文化品位的精神食粮。散文作者应该顺应时代潮流,关注社会人生,以自身人格力量打动读者。散文属于高雅的精神产品,散文的开放是精神的开放、境界的开放,中外散文名家成功经验证明,散文创作必须讲究风格创新,才能保持散文独到的审美个性。

## 二、特点

散文是一种内容丰富、题材广泛、篇幅短小、体裁多样、形式灵活、文情并茂的文体。在写作上,它有以下特点:一是内容丰富,题材广泛。散文内容涉及自然万物、各色人等、古今中外、政事私情……可以说是无所不包、无所不有。可以写国内外和社会上矛盾、斗争,写经济建设,写文艺论争,写伦理道德,也可以写文艺随笔,读书笔记,日记书简;既可以是风土人物志、游记和偶感录,也可以是知识小品、文坛轶事;它能够谈天说地,更可以抒情写趣。凡是能给人以思想启迪、美的感受、情操的陶冶,使人开阔视野,丰富知识,心旷神怡的,都可选作散文题材。二是思想精辟,诗意盎然。散文是真情实感的产物,那些优秀篇章,都有思想火花闪耀,表现着作者对时代和人生深刻认识与精辟见解。秦牧说得好:"凡掷地作金石声的作品差不多总是包含着鲜明的思想、结结实实的思想。有闪光的思想之焦点,飞跃着不灭的思想之火焰的。"散文是诗意盎然的,杨朔说过:"好的散文就是一首诗。"苏联作家巴乌斯托夫斯基也指出:"真正的散文是充满诗意的,就像苹果饱含着果汁一样。"三是短小精悍,自由灵活。我国古代散文名篇多数是很短的,韩愈《马说》150字,柳宗元《小石潭记》193字。现代散文名篇多数也是很短的,许地山《落花生》482字,茅盾《白杨礼赞》1 074字。散文写作要求做到短小精悍,以小见大,言近旨远。自由活泼,灵活多样。从形式上来看,散文较其他的文学体裁更为自由灵活。冰心在《谈散文》中说:"散文比较自由。"散文写作的自由灵活,指的是表达方式灵活自如,不局限于某一种表达方法,散文写作可以记人、叙事、状物、写景、抒情、说理、呐喊、怒吼、抨击、赞颂、幽默、讽刺、高歌、浅唱、漫谈、絮语、嬉笑怒骂、妙语解疑……各式各样、应有尽有。其次,作者可以自由、灵活地选用各种体裁来写,赋铭、速写、游记、书信、日记、序跋、偶感、随笔、回忆录、读后感……任人选择,因人而异,都能写成佳作。四是形散神聚,博而不杂。"形散神不散",这是许多散文作家的经验之谈,散文必须"散",必须"博"。从形式上看,它运笔如风,不拘成法,似乎散漫无章,行文时断时续,时而勾勒描绘,时而倒叙联想,时而感情迸发,时而侃侃议论,既有天文地理,又有伦理人情,但它的"神"却是始终不散的,是首尾一贯的,表现着作者一定思想感情的。散文始终紧紧围绕一个中心,贯穿一条红线,结构紧凑,层次分明,详略得当,重点突出。如秦牧的散文《社稷坛抒情》,尽管它天上地下,古今中外,包罗万象,却始终围绕着"歌颂赞美养育我们的土地和创造我们伟大民族文化历史的劳动人民”这一主题思想。五是直抒胸臆，自具风格。散文要求作者写真情实感，这是散文的生命，只有直抒胸臆，把真情实感捧给读者，才会赢得读者喜爱。散文写作要“文如其人”，散文名家都有自己创作风格，鲁迅散文的深刻、精炼、峭拔，郭沫若散文的气势浩荡，清丽缠绵，茅盾散文的深刻，老舍散文的诙谐，冰心散文的慈爱，叶圣陶散文的严谨畅达，方纪的散文潇洒俊逸等。六是冥思苦想，文采斐然。优秀散文都是作者冥思苦想、刻意加工的结晶。作者运用散文笔调，一方面表现散文的灵活自如，另一方面则表现散文的丰富文采，散文的文采不仅有华丽的，而且有朴素的。富有文采的语言都是从新鲜、活泼的口语中来，是对优秀的古代散文创造性的继承，也是作者仔细选择、锤炼和加工的结果。

## 三、种类

散文按内容和表达方式的不同，可分为三类：一是记叙性散文。以记叙人物、事件、景物为主散文，称为记叙性散文。这类散文以写人记事描景为主，常常是截取几个生活片断，或集中写一两个场景，写人也比较简练概括，着重突出人物的某一侧面，而且不需要塑造典型人物。散文的写人记事描景，意在情感的抒发，而且作者常常直抒胸臆。① 记叙人物散文。全篇以人物为中心，偏重于人物描写，取材于真人真事，在此基础上加以剪裁和加工，常常把叙述、描写和抒情结合起来，直接倾诉自己思想和感受，如鲁迅《藤野先生》，常抓住具有特征的细节和片断，鞭辟入里，抒发感情。② 记叙事件散文，以事件发展为线索，偏重于事件叙写。涉及人物比较分散，甚至是一掠而过。它叙述事件可大可小，可追忆一件年代久远的事，也可记述刚刚发生的一件新事；可以是有头有尾的完整故事，也可以是支离破碎的片断剪辑。但都曲折有致，饱含感情，富有意义。如吴伯箫的《记一辆纺车》。③ 描写景物散文，偏重于描写景物，其内容十分广泛，山川景色，风俗民情，名胜古迹，建筑新貌等，都属描写对象。描写景物散文景物必须完全真实，不允许整饰和虚构；但又不是照相式的实录，而是透过作者独特的观察，发现不同的美的所在，并融注自己的感情，达到情景交融的目的，它既真实自然，又富于感情；既迷人以景，又动人以情；给人美的感受和思想启迪。二是抒情性散文。主要是通过写景状物来抒发感情，散文中景和物都是作者抒情依托，是为作者抒发主观感受服务的。抒情性散文常常采用直抒胸臆、借景抒情和托物言志方式，借助于比兴、象征、拟人等手法，通过塑造人物形象和优美深邃意境达到抒情目的，如朱自清《荷塘月色》、《春》，茅盾《白扬礼赞》，郭沫若《银杏》，杨朔《茶花斌》等。三是议论性散文。往往借助于形象描述和情感抒发来论理。它的论理常常是通过形象议论说理，既以情感人，又以理服人。这种议论性散文有人称为文艺性论文，可归入杂文之中，如邓拓《燕山夜话》、《三家村札记》。

## 四、写作

散文写作注意点：

### （一）精于立意

散文立意要从生活实际出发，凭着鲜明感受，锋锐观察能力，同人民同时代共同跳动的脉搏，深厚的感情，丰富的想象，深沉的思索，就会感到我们生活中洋溢着的诗意。这诗意，就是使我们心灵受到触动，豁然开朗，思想突然升华，感情更为纯洁成就诗的灵感，我们要为散文立意就要敏锐捕捉住它。这是作者心灵的颤动，思想的闪光，是散文写作的依据和源泉。

**（二）善于构思**

构思是作者对生活素材进行加工提炼过程。作者要在构思中为散文思想内容寻找尽量完美的艺术形式，使思想性与艺术性达到和谐统一。因此，构思要解决立意、选材、创造意境、确定体裁、基本手法、布局谋篇等问题。(1) 确定体裁。散文体裁灵活多样，有了一个好思想，并选取了表现这一思想的材料，就要考虑散文体裁，确定具体体裁的原则是内容决定形式，形式为内容服务。要根据立意内容来确定散文的具体体裁。(2) 寻找线索。散文材料是很散的，材料像珍珠，珍珠互相之间有内在联系，作者要寻找线索，将这些散乱珍珠穿起来，成为一串光彩夺目的珠圈项链。散文常用线索有：① 感情线索。人的感情在生活中发生变化，如由厌恶到喜爱，或从喜欢到厌恶，就可以用这条感情的线索把一些似乎没有关联的材料联结起来。② 事物线索。生活记忆中许多有纪念意义、难以忘怀的事情、物件，托物咏志地抒发作者自己独到的生活体验和发现，阐释人生哲理。③ 人物线索。如写某一个人物在不同时间、不同地点的活动，可以用这个人物作为线索串联起来，也可以用另一个人物把不同时间、不同地点、不同人物、不同内容的事物串联起来。这个人物还可以是写作者本人“我”。④ 思绪线索。面对某一事物、景物沉思遐想，“骛趋八极，心游万仞”，“观古今于须臾，抚四海于一瞬”，“笼天地于形内，挫万物于笔端”（刘勰《文心雕龙》），就能通过联想与想象，把有关的材料组织在一起，表达原定的主题思想。⑤ 景物线索。“一切景语皆情语也”。通过景物描写，在写景中融进作者思想感情及其变化过程。⑥ 行动线索。如游记以游程行踪为线索。刘白羽写《长江三日》就以游程为主线来写，当然，全文还有一条哲理性的思绪线索：“战斗——航进——穿过黑夜走向黎明”。(3) 巧妙立意。立意是作者通过文本全部内容所表现出来的基本思想和写作意图。散文尤其讲究立意，散文是立意的艺术。散文题材散，没有立意，就会是一盘散沙。丰厚的审美意蕴，可以充分发挥小题材、小文本的文体优势，让读者在极短的时间内获得尽可能多的审美享受。所以散文立意精彩与否，决定文本境界尊卑，品位高低。论形式精美，散文不如诗；论主题凝重价值，散文不如戏剧、小说；论表意直接明白，散文不如史传与论文。但散文文体优势却在于赋予自由灵活文本以超乎平常的审美价值与灵性立意，使读者心中获得一种强烈审美效应，超越时空局限，产生一种永恒的艺术魅力，立意多样性会使文本境界呈现出多样性。(4) 创造意境。散文意境是情和景的交融，是意和境的统一，是作者浸透了时代精神的主观感情、意志与自然环境和社会环境的统一。意是灵魂，境是血肉，意高则境深。散文意境是诗的意境，即所谓“诗情画意”。它是可以捉摸感受的，是物质形象的，但它又是动人心弦的、震颤魂魄的，是精神和性灵的。如朱自清《荷塘月色》创造出的一种淡雅、闲静、情景交融意境，这种优美的意境，正是散文写作要努力追求、刻意创造的。

**（三）巧于布局**

散文由于篇幅短小、笔法灵活，它要运用精巧的布局来表现意境美，达到意境与结构，内容与形式的和谐统一。散文布局要把握住线索，写人记事，绘景状物，都要抓住情感发展脉络。这样，散文的结构就能显示出明晰“形散神聚”的美感。同时，在布局中要把握住情感变化、描述详略、疏密，注意连接和组合，以造成结构的波澜起伏，腾挪跌宕。因此，散文结构的要求如下：① 散而不乱。一篇散文里，常常写了二、三件或更多的事情，材料零散，至不关联，就要做到“散”而不乱。所谓“散”就是要撒得开，即取材广泛，笔法灵活；所谓“不乱”，就是要收得拢，即结构紧凑，主题集中。秦牧曾说：“散文虽‘散’而不乱，全靠思想把那一切材料统一起来”。② 波澜起伏。散文布局要使线索发展曲折变化，摇曳多姿，引人入胜，把读者情绪推向高峰。造成波澜起伏的结构方法很多，先抑扬顿挫，欲擒欲纵，虚实相生，巧没悬念等等不一而足，但都要从生活出发，做到出人意料而又在情理之中，为突出其主题思想服务。③ 疏密有致。即在结构布局中，粗略和详细，要配置得当，不要平均用力。一篇散文，尽管内容驳杂，思路开阔，其中必有交代过场的地方，这就形成了“疏”的需要；又必有详细描述的重点，这就形成了“密”的需要，疏密有致，就是从表现主题出发，把详略处理得恰如其分。

散文的传统布局方法有：① 链条式：这种结构方式好像链条一样，由几个生活片断或几个场景按纵的方式组合起来，似断实连，脉络明晰，井然有序。② 蛛网式：这种布局如同蜘蛛织网，开始点出网心，然后围绕着这个核心向四周伸展，纵横交织，愈织愈多。这种布局不受时间、空间的限制，它以情感为总结，任情思奔涌，想象奔腾，疏密有致，浓淡相宜。③ 曲径式：这种结构恰似玲珑剔透的园林布局结构，曲径回廊，溪水盘旋，曲径通幽，于末尾处才露出美丽如画的景致，这种曲折变化的布局适合表现含蓄优美的意境。④ 并流式：这种结构方式是一种并列横式结构，它往往精选出几个生活片断，或不同的人和事，或同一人物、同一事物的不同侧面去表现主题，它不受时间空间的约束，布局大体整齐匀称。

随着散文创作主体的审美意识、创新意识的自觉与强化，在散文营构艺术理论探求与创作实践中，既有对传统的承接，但更多的是借鉴西方现代主义文学、借鉴小说和影视文学的营构技巧，依托高科技的现代传媒手段，进行大胆的创新与变革，显示出作者极其开阔的营构视野，充分张扬着作者的创作个性与审美追求，也极大地丰富了散文创作的艺术内涵，有效地增强了散文文体的艺术魅力。散文新潮布局方法有：① 意象纷呈的意识流。文章以具有心灵独白意味和情感自叙状态来述写自己情感经历，以朦胧的色彩，感觉化、幻象化的语言，甚至用虚幻、象征，写出一种很深刻的心理真实。作者写自己真真切切而又缥缥缈缈的心理感觉，将情绪、感觉、生活画面搅在一起，有如一种下意识流动，无定格，也无定向。重视心理展示，从生活的细小处着笔，用镜头呈现的方式，像是影像制品。刘烨园的《桦》就是这种写法，因为夜读米兰 · 昆德拉的《生活在别处》而引发出万千思绪的起伏流动，已逝的青春，昨日的爱情；昨天、今天、明天；上帝、我、她……书里书外，现实幻景，流转纠缠，在飘忽朦胧的语境中，传达一种理性沉思。② 物象罗列的散点铺排。这是一种非逻辑、发散性思维方式文体表现，呈平铺状或成立体状。周涛常用这种散点铺排式的全景结构来写散文，其长篇或超长篇的散文《蠕动的屋脊》、《游牧长城》等，由各自独立、甚至表面上看有些干系不大的各部分松散组成，潇洒自如，而又吞吐八荒，“是在沉郁苍茫中展开的一部多声部的人类、自然及个体生命的庄严合唱”。③ 集景组合的拼贴画式。这也是别有情致的一种营构方式。作者有意将完整事件或情节拆散、分解，然后再重新组接拼贴，故意制造出一种迷离、新奇的情致。这是对中国现代散文史上的所谓“散文画”创作理论的一种发展与新变。如向启军的《小街驶过乌篷船》，特意将苗乡人的生活图景和“他”与故乡的生活联系的两条线索切割成一幅幅画面，然后再将其互相穿插、组接，将生活具象与思绪中的意象，以及情感深层的心像勾连、拼合。④ 细节摹写的具象式。即像写小说那样用细节展示和情节摹写再现情景，使得散文情节化，让作者情感、意绪从生动的情节展示中自然而然地流露出来，让读者不知不觉中陷入作者所设置情节中，领略其中艺术魅力。这是用中国传统小说的构思方法，营构一种情节曲折、故事性强的散文文本，读起来，就像是读小说一样，有的甚至像是写笔记体小说，具有很明显的传奇色彩。这种营构方式，更增强了散文的可读性、可感性，使得散文在以情感人、以美娱人等诸多艺术内质的基础上，又增添了一种以生动情节吸引人、以具象描述感染人的艺术魅力。随着现代传媒手段的运用，广播散文、电视散文等表现形式的出现，散文对小说、戏剧、影视文体的营构艺术的借鉴越来越频繁，情节化、细节化、意象化趋向也越来越明显。除上述种种以外，还有许多探索性的营构方式。如王蒙的《也算学问》之五，用“例句：……造句……”的“造句练习”方式，句式复沓，分行排列。《说“吹牛”及其他》之六、《再说安详》等用条例式，如做公文；《风格散文》则用列词条方式，凡此种种，不胜枚举。营构方式是作者才思、才能得以充分展示的“用武之地”，新时期散文作者，或者从历史的角度出发，在传统的承接中求新变；或拓开视野，从其他的文体文本中找借鉴；或是把目光投向未知、未来的预想空间，大胆创造，大胆探索，以此来拓展散文的营构空间，使散文重新焕发出勃勃生机，呈现出前所未有的繁荣势态。

**（四）明于断续**

散文要“散”得起来，要注意断续技巧。明于断续，才能使散文在行文上挥洒自如。贾平凹在《怎样写好散文》中说：“记住：越是你知道多的地方，越要不写或者写得很少；空白，这正是你要写的地方呢。”他认为“讲究了‘空白’处理，一是散文可以散起来，断续之，文能‘飞起’，神妙便显也。二是散文可以含蓄起来，古人也讲过：意在笔先，故得举止闲暇，看似胡乱说，骨子里却有分数。”

## 五、造境

散文作者追求一种情和景、意和象的艺术融合与统一，也期望创造一种主观内情与客观物境交织渗透而构成的艺术境界。所以，有无意境，意境深浅厚薄，是决定散文质量高低、俗雅品位的重要因素。散文意境是指其所描绘客观景象和作者审美理想高度融合统一而形成的一种艺术境界。它能使读者通过想象和联想，如身入其境，在思想感情上受到感染。“意境”较之“意象”，具有更深厚、更宽广和更独特的审美涵蕴。意境是情意与客观图景的融合，是物境的情意化，或者说是情意的物境化。物境是整体系统的，是由多个物象组合而成的画面、图景。就像是一幅画可以包含山、水、树木、花鸟、人物各类物象，再融合作者的情意，就会构成一个具有生命律动、充盈着气韵神采的立体艺术建构。就客观物境看，散文是趋向于实境表现，着意于具体真实的客观景、境描绘的。其意境创造发端于实境，借助于融情融意的实境描写来创造意境，追求艺术美感。散文可以多角度、长镜头地摄入，展示宽广立体的表现空间。它可以多维度、大时空的充分展示物境，可以使画面呈现出多维性特点。就主观情意看，散文要求用强烈的情感来充当意境创造的原动力，用真挚的情感来营构能打动人、感染人的真境，要用深刻而又具有个性化的情感来建造深厚而又独特的审美意境。散文情意的生成与融入有其独特之处。一是散文情意生成受文本宽容影响，散文随机性、随意性比诗歌大，可把握性比诗歌强。散文可以大痛大感、大彻大悟、寄情寄意抒写；点滴之得，些微之感，可信手拈来，寄寓物景。智者之思，哲人之理可以用散文意境蕴涵；芸芸众生一己之思，一时之感，也可以用散文来表现。散文可以包容大情大理，也可以包容小感小意。只要寻找到合适的物境，融情融意，就有感人诱人的意境。二是散文情意的可表现性。散文情意表现机遇和表现形式相对宽松、潇洒。情意或深或浅，只要能与物境巧妙融合，都可以构成散文意境。因为散文铺叙性可以使画面充分展开，呈现出多种多样画意与质感。散文可以容纳不同情意与质感多幅画面，也可以同时铺展不同侧重点不同性质的画面，如侧重情意的心态画面，侧重物景的物态画面，侧重铺叙的事态画面，或侧重描绘的景物画面等等。散文可以展示一个情意生成发展，直至高峰结束长长的心路历程，可以展示一种情意构成多种内涵的复杂情状，也可以在一个文本中，通过展示各种质感的物境，容纳非常丰富复杂的各种情意情态，这就是散文在意境创设中显示出来的特有情意表现优势。

散文作者在日常生活中，机智敏锐地捕捉到了有表现力的生活物象，经过情感孕育和意念浸染，或者是哲理思索，内化为意象，再用生花妙笔外化成生动可感的画面与情境，并将其巧妙的组合铺展开来，自然能吸引人，感染人。由于作者审美兴趣、审美观念和艺术情趣的差异和意象本身审美特性和内涵品质不同，在意象组合中便会有不同审美追求，因而使得组合方式千差万别。作者在意象组合时，一般都追求一种空间营造密度和厚度，追求一种能体现一定的审美规则的灵活性和自由性，追求一种能创造惊喜、激发兴趣的新鲜感和新奇感，追求一种既自然流走而又有所遮掩的、适度的显示障碍与阅读障碍感觉等等。基于如此种种的审美追求，使得意象组合艺术领域呈现出异彩纷呈的局面。

**（一）散文意象的组合方式**

散文意象的组合方式有：① 有序的逻辑性组合。依照某种外在可感顺序与联系，作有步骤、有规划的更迭与转换。可以用串联式组合，将不同时空背景下一个个独立意象用叙事链或情思链串起来，使众多有相似、相同内涵的意象汇聚一体，形成一种聚合优势。② 自然的感觉性组合。这是一种无序流动状态，一种完全依靠主观感觉的自然组合。铺排意象时，不在乎意象之间因果联系，也不看重时空关系，甚至切割自然的时空联系，任主观意绪自然流走，依靠感觉来转换铺设。每一个意象都是由感觉而来，随感觉而走，开阔而又空灵。③ 交叉式组合，将有着相反、相对内涵的意象对比组合，将有相似相连关系的一系列意象的人为切割后的再交叉拼接。④ 跳跃式组合。不依时空发展而显明晰轨迹，而是跨越式前进，迅速地转换，只留下一路蛛丝马迹，若隐若现，而更多的却是时段空白，留给读者许多想象空间，显得活跃灵动而又不是隐晦难辨。⑤ 叠加式的组合。真挚别致的情意融合在特定物象中，就能创造出富有个性色彩的意象。不同涵蕴的意象建构与组合，不同的情意蕴涵方式，不同的物境设置与语义表达方式，就会营造出不同的文本意境。独特的立意价值，独特的意象蕴藉和独特的意境品位，就会形成散文独特的艺术境界。

### （二）散文意境的构成要素

散文意境的构成要素有：① 诗情。是散文中荡漾着的牵魂摄魄的氛围和情韵。诗情是散文中氛围和情韵的结晶体。氛围是笼罩洋溢于散文中一种特定的环境气氛。情韵是作者在散文中流露出来的感情基调和韵味。氛围和情韵是诗情构成的因素，氛围是诗情外壳，情韵是诗情内核，它们互为表里，和谐统一，共同为意境的创造服务，而诗情需要借助想象的翅膀腾飞。② 哲理。是社会和人生原理。散文中哲理是作者通过对生活感受和思考，在谈天说地、象景状物中揭示出来的生活本质和人生真谛，它可以使散文意境更深邃和发人深省。③ 画意。是散文作者倾注了强烈感情而创造出来的一幅幅色彩鲜明的、能引起人们丰富想象的、给人以美感的艺术画面。它是画与意的有机融合，既是实景再创造，又是作者真情抒发，画意是散文意境美的重要标志。画意创造既要具体，又要含蓄，即通过具体客观物象和色彩来描摹，以求“象”的生动逼真和活灵活现，又要含而不露，蕴藏深厚。④ 谐趣。即作者在散文中流露出来的风采情趣。谐趣是作者志趣的反映，它的表现常常要借助于散文作者机智描写和丰富知识。

怎样营造散文意境呢？散文意境，并非神秘而不可把握的“灵光”，而是一种创造，一种机遇把握，是人事物景与情意志性的一种自然融合。从艺术创作角度看，意境生成，有一个由意的捕捉到境的开拓与深化的创造过程。所谓“意”就是创造意境的灵感。灵感就是生活对你的一种触动，在生活中，遇到了让作者“动情”、“动心”的人事物境，经过思考，有了独到感受和独特领悟，便有了灵感和“意”。然后再对自己所产生的“意”进行纵横开拓，多方联系比照，反复深入思考，就会使个人的一时之思，一己之得深化为一种普遍性的、首创性的情意。当这种情意寄寓于所描述的物境中，就构成了意境。就能给读者以惊喜，让读者产生共鸣。所谓境的开拓，是指要善于敏锐发现具有鲜明个性、独特审美蕴涵、能有效承载主体情意的物境。当作者内情与这些外物天然妙合时，就创造出了一种美妙意境。换一个角度说，客观世界的物境，也只有作为人的一种情意的暗示，它才会有一种审美意义和审美价值。

### （三）意境的生成

意境的生成有这样几种途径：一种是真挚而又深蕴于心的情意偶然被特定的物、景、境触发而产生悸动，于是发生强烈感应和奇妙激变。这时，意与境巧妙遇合，于是文笔所到之处，物象变成意象，物境变成了意境。一种是触境而生意生情，再经过孕育、感悟而使物境变为意境。一种是因情因意而寻景寻物，甚至虚设物境来寓情寓意。意境创造，如果所用情语较多，或者是情语与景语交错使用，边描景，边写意，能让人强烈地、明显感觉得到抒情主体的存在，这就是所谓“有我之境”了。一般散文作者，大都是情语、景语交错使用，只是有的情语显多，有的景语显多，因而也大多创“有我之境”。而“无我之境”所营造的艺术空间，是在实与不实的情境之间，在隔与不隔的状态之中，将作者实情实意隐含处理，只给你景语和暗示。你能悟到什么，一切全在于你，散文也因此而更具诱惑力和艺术魅力。

## 六、抒情

散文写人写事都只是表面现象，从根本上说写的是感情体验。感情体验就是“不散的神”，而人与事则是“散”的可有可无、可多可少的“形”。感情体验，是散文内在结构。有了它，就可以天马行空、无拘无束。有了散文的感情体验即内在结构，再明确外在结构核心就可以写好散文。外在结构核心是细节，散文建立在细节描写和叙述的基础上，但细节的排列组合方式不同。散文以线穿珠，散文的线，就是感情体验，或多或少，随手拈来，任情挥洒。伴随着散文“文体革命”而来的是抒情手段的变革。人们对过分重视抒情、感情浮泛以及单调抒情模式已经开始厌倦，新一代散文写作在抒情手段变革探索中迈开大步，大胆地放逐传统抒情手段和抒情模式，探求的角度、方式、手段各异，艺术效果也不一样。大体归纳，有这样几种形态：

**(一) 不动声色，引而不发**

这是一种不显山、不露水的抒情方式。作者的情感是浓烈的，情感的体验也是很真挚的，情感本身普遍性价值和意义也是很凝重的。但是作者却像是呈现一座表面看不出来异样迹象的火山，让情感热流像地火一样运行。其表现方式也是多种多样。① 作者将强烈情感隐藏，只让感觉通过所铺叙事物、场景显露出来，让真情在一种感觉化了的叙述文字中引而不发。② 将情感深藏于叙述、描写中，含而不露。描述是很纤细的，纤细到或许让你觉无聊，也或许会给你惊讶。而实际上作者是让你去细细地想，细细地琢磨，无论写大自然，写社会生活，都写得极其细致、准确。但真正的寓意不在于表现自然景观和人类社会，而是为了传递作者一种独特感觉。但这样的情感是要读者去细细品味之后才能获得的。这种形象与意境是平俗的和抒情写意迥然异趣的。③ 灵魂自白与独语方式，来展示作者从容不迫的思考和充满朦胧诗意的广阔思考领域，以及其洞明世事的思考深度，显现其对生活体验的真切，对社会人生的态度。④ 用“自传性”叙述，把一些客观事物感觉化，写出一种较深的心理真实。这样写来，形成一种情感的内力张势，让读者在一种反反复复的咀嚼中体味出一种情意来。这种文本，初看似乎无聊，细嚼却很有情味。

**(二) 现象还原式的冷抒情**

这是对夸饰性高强度抒情方式的一种反叛，是追随“后现代派小说”、“新写实小说”等“现象还原”写法，在散文领域里注入的一种新艺术元素。极力将这种“原色”原汁原味地再现，用简洁有力的笔触给读者提供一个直观的真实。写一些自然自在的现象，写得跟自然本身一样真实，几乎感觉不到作者情绪，全由读者去看，去品，去想。作者站在与生活有一定距离的一个角落，调侃似地再现人生世态的平庸与俗气，就像趁人不留意时揭开一个疤痕。

**(三) 展示意识旋律与变奏**

作者不再沿袭往日的抒情模式，不用触景生情、睹物思人之类的触发式，成散发状铺写情绪。也不用开掘式，使情感由浅入深，由弱到强，成线型纵深状展现。而是呈跳跃状、闪现状，像一支变奏曲，无迹可寻，一片凌乱，犹如走夜路，不见前路，也不见全景、方位，只能凭借触摸、感觉，抓住一切可辨可感之物来确定路况与方位。这样的抒情，就是作者围绕一个立意，将情绪一波一波地漾开，将读者不知不觉地推向涡流深处，充分调动读者审美感觉、人生体验和想象能力，去体验和感受。

**（四）变言感觉，还原梦幻**

变言感觉也是一种很新颖的抒情方式。它是用感觉化文字描述来蕴藏感情，是一种变异、非常理的感觉。或者是一种故意使其变形、变味的感觉。通过这种变异与变言，委婉含蓄地传达作者对生活一种独到的体认、别致的情绪。有的用“新寓言体”，游戏文字，钩沉史料，大言若小，小言若大，寄托深长。而还原梦幻是为了曲折地抒情，以梦呓和幻觉来写意，冷峻平静地叙述那梦中所见所历，梦幻中潜藏着心智与悟性。或用“荒诞化”抒情，以幻觉、梦境、潜意识、寓言等手段，写得似真似幻，曲折地剖露一种心境，抒写一种现实情怀。

**（五）内力充盈，直抒胸臆**

在“新潮散文”中，突破一己琐事、人生常态的题材视野，冲破写“小感触”、“小哲理”的审美规范，将诗的激情与凝重理性思考融和，以伴随着叙述和描写，但又不同于传统的边叙述边抒情，或边写景边抒情，而是融和了新技巧，写出一种内力充盈的大气磅礴。

**（六）用再现性表现方式**

像写小说一样呈现场景，而在场景呈现过程中，打破时空局限，作者以置身于事体中，或场景中的参与者身份，情不自禁地站出来直抒感慨。或者用一种极其任性的自由倾吐，物我对话，你我对话，让强烈情感一气贯注，无须依傍地自然流淌。或是用一种对极富情感底蕴的、很大气的自然外物的放达抒写，宣泄作者充沛情感，以此形成一种极具震撼力的情感磁场，吸引感动人。

情真意切，情美意奇，情深义重，便使得散文有了特别的情致，特别的价值。而情意的流动方式、抒写方式则是决定其情其意能否感动人、打动人，并让人过目难忘而回味无穷的关键因素。写情也需要各出己招，不与人同，才能达到出手不凡，别开生面的境界。

## 七、语言

散文是美文，它同诗歌一样，特别讲究文采，讲究美。力求做到语言准确生动，朴素优美，简洁潇洒而又富于节奏感。散文笔调的魅力，固然来自作家的真知、真见、真性、真情，但要将其化作文学和谐的色彩、自然的节奏、隽永的韵味，还必须依靠驾驭文字的娴熟，笔墨的高度净化。文采不在于文字花哨和刻意雕饰，而在于表情达意，朴实真挚。散文作者，要有特别敏锐眼光和洞察力，能看到和发现别人所没有看到的事物，需有异常严密而深厚的文字功夫。写作时要静下心来，挖空心思找到准确词句，并把它们排列得言简意繁。要使语言能表现出一幅生动画面，简洁地描绘出人物音容笑貌和主要特征，让读者一下子就牢牢记住被描写人物的动作、形态和语气。散文语言美，作家们有不少独到精辟的见解。散文的语言美具体包括：① 准确生动。准确生动就是用恰切词语描绘事物的性质和状貌，恰到好处地抒情表意。如袁鹰的《青山翠竹》这样描写竹子从山上滑下来：“这些青翠的竹子，沿着细长的滑道，穿云铅雾，呼啸而来。”其中“穿云铅雾，呼啸而来”准确生动地将竹子下山的情状表达出来了。② 朴素优美。朴素就是要求把文字写得朴实平易，朴素的语言，常是作者真情的自然流露。巴金这样写他逝去的妻子："这十一年间，我家毁掉了不少稿子、信件之类的东西。家里却多了一个骨灰盆，那是我爱人的骨灰。在'四害'横行，度日如年的日子里，她给我多少安慰和鼓励。但是她终于来不及见我走出'牛棚'就永闭了眼睛。"这是出自肺腑之言，平易朴实，像平常说话一样，却又情真意切，读之令人心酸。朴实又不是粗糙，而是一种出于自然，出于匠心之美，但也并非不要精心加工，只是不留人工斧凿的痕迹，是一种"清雕琢"。③ 简洁潇洒。散文语言要求简洁精粹，与诗相似，但又不像诗那样高度压缩，分行排列，讲究韵律，因而疏和自由，有潇洒之气。古人云："以片言明百意"，如丘迟的《与陈伯之书》写到江南风景时说："暮春三月，江南草长，杂花生树，群莺乱飞"只十六个字，以"草""花""莺"几特别形象，就概括了暮春江南的景色，成了千古绝唱。简洁应和潇洒结合，潇洒就是要自然流畅，变幻多姿，有如山间溪间，飞腾激荡，活泼洒脱，杨朔的《西江月》一段："浓云重得象山，远山又淡得象云，是云是山，分辨不清。有时风吹去散，满山满岭的松格，茅竹和千百种杂树便起伏摇摆，卷起一阵滚滔滔的黑浪，拍击着黄洋界前的断崖绝壁。一根细线从断崖绝壁挂下去，风一急，好像会吹断。其实不是线，是一条羊肠小道。"这简直把黄洋界写绝了，作者像一位高明的画师，轻轻几笔，就勾勒出一幅色彩鲜明、诗意浓郁的图画，写得从容不迫，娓娓而谈，毫不局促呆滞，如行云流水，活泼而流畅，潇洒而自然。4. 富于节奏感。散文不讲韵律，但要有节奏，包括字音的抑扬顿挫，音节的长短，句式的变化等，做到节奏鲜明，声音铿锵，读之自然流畅，诵之琅琅之上口。如朱自清的《桨声灯影里的秦淮河》："大中桥外，顿然空阔，和桥内两岸排着密密的人家的吴象大异了，一眼望去，疏疏的林，淡淡的月，衬着蔚蓝的天，颇像荒江野渡光景，那边呢，郁丛丛的，阴森森的，又似乎芷看无边的黑暗；令人几乎不相信那是繁华的秦淮河了，但是河中眩晕着的灯光，纵横着画船，悠扬的笛韵，夹着那吱吱的胡琴声，终于使我们认识绿如茵陈酒的秦淮水了，"这里运用了许多叠词，如"疏疏淡淡""阴森森""郁丛丛"等，再和长短不同的句式配合起来，不但使描绘的事物色彩更浓，形象更美，而且写来节奏明朗、音韵协调，因而重婉流畅，娓娓动听，富有音乐性。

上面这几点，是对散文语言的一般要求，在具体运用时，每个作家都有自己的语言特色。有的清丽委婉，如涓涓山泉；有的雄浑奔放，如滔滔海涛；有的艳丽多姿，如灿烂的山花；有的深沉含蓄，如秋夜的星空。简洁，并不是简境，而是简笔；笔既简，而境不简，是一种高度准确的概括力。杜牧《阿房宫赋》开头写道："六王毕，四海一。蜀山兀，阿房出。"仅仅十二字，写出了六国王朝的覆灭，写出了这么丰富的历史内容，时空跨度又很大，真可谓"言简意繁"了。潇洒，对人来说，是一种气质，一种风度。对散文来说，是语句变化多姿。短句，促而严；长句，舒而缓；偶句，匀称凝重；奇句，流畅洒脱。这些句式的错落而谐调的配置，自然便构成散文语言特有的简洁而潇洒的美。散文语言的朴素美，并不排斥华丽美，两者是相对的。在散文作品里，我们往往看到朴素和华丽两副笔墨并用。该浓墨重彩的地方，尽意渲染，如天边锦缎般的晚霞；该朴素的地方，轻描淡写，似清澈小溪涓涓流淌。朴素有如美女的"淡扫蛾眉"，华丽亦非丽词艳句的堆砌，而是精巧的艺术加工，不着斧凿的痕迹。像生活海洋一样，语言海洋也是辽阔无边的。行文潇洒，不拘一格，鲜活的文气，新颖的语言，巧妙的比喻，迷人的情韵，精彩的叠句，智慧的警语，优美的排比，隽永的格言，风趣的谚语，机智的幽默，含蓄的寓意，多种多样艺术技巧的自如运用，将使散文创作越发清新隽永，光彩照人。

## 第三节　诗　歌

### 一、含义

关于诗歌定义，古今中的诗人和诗论家们众说纷纭，见仁见智。有的偏重于从社会内容、伦理道德的角度论诗，有的侧重于从心灵表现、自我抒写的角度论诗，有的偏重于从艺术形式、语言韵律的角度论诗，现实主义的见解重在反应和再现，现代主义则重在主体和表现。因此形成了所谓言志说、缘情说、想象说、感觉说、法度说、押韵说、语言结构说、综合说等不同定义。叶圣陶："我只想诗大概是这样一件东西，独立的，浑疑的，取材于物而不黏滞于物的。"浜田正秀（日本）："所谓抒情诗，就是现在（包括过去和未来的现在化）的自己（个人独特的主观）的内在体验（感情、感觉、情绪、热情、愿望、冥想）的直接的（或象征的）语言表现。"艾青："诗是由诗人对外界所引起的感觉，注入了思想感情，而凝结为形象，终于被表现出来的一种'完成'的艺术。"（《诗论》）刘犁："诗是一种展示。这种展示越充分越真诚越好。"叶延滨："诗应是时代的三棱镜折射出的人的感情之虹。在时代背景下，找到自己的坐标点，在感情上找到与人民的相通点，在艺术世界里找到自己的探索点，三点决定一个平面，我的诗稿就放在这个平面上。"阿古拉泰："还是一句老话，诗最本质的东西是：'情、境、凝'。"有人认为："诗歌是用简洁，有节奏、韵律的语言，直接、集中、艺术地表达作者情志，营造一种美好意境的文学样式"。也有人认为："诗歌是一种直接表现创作主体心理活动并表达为相应的语言形式的文学体裁。"上述这些看法，无疑从不同的侧面，触及到了诗的特质，从而启发我们去体味什么是诗。我们认为：诗歌是饱含着作者思想感情和想象，以凝练和谐、节奏鲜明的语言，抒发其对生活的内心感受，多层次地关照人生、揭示社会的一种文学体裁。诗歌作为一种文学体裁，在中国几千年文学史中占据着重要的地位。诗歌具有认识作用、教育作用和审美价值。"古有采诗之官，王者所以观风俗，知得失，自考正也。"（《汉书・艺文志》）孔子提倡"温柔敦厚"的儒家诗教。劳动者也重视诗的作用，"饥者歌其食，劳者歌其事"。诗必须具有从思想感情上影响人和对人进行道德规范的力量。艾青在《诗论》中说"诗是人类向未来所寄发的信息，诗给人类以朝向理想的勇气。"

### 二、特点

一是思想内容的集中性。诗歌是一定的社会生活的最集中的表现。诗歌思想内容集中性主要体现在：它是通过创造意境来表达作者思想感情，反映社会生活，如臧克家的《三代》："孩子/在土里洗澡//爸爸/在土里流汗//爷爷/在土里埋葬"，不仅概括了一家三代人生活，也浓缩了人一生的生活经历。二是表达方法的抒情性。诗歌重在抒情，是主情的艺术。“诗者，志之所之也，在心为志，发言为诗。情动于中而形于言”。(《毛诗序》)诗贵真情。“没有感情，就没有诗人，也没有诗歌。”(别林斯基)郭沫若说：“诗的创作贵在自然流露。……我想新体诗的生命便在这里。”诗歌的抒情与其他文学样式的抒情相比较，其表现特别强烈。如沙鸥的《新月》：“新月一弯/像一条小船//我乘船归去/越过万水千山//花红夜暖/故乡正是春天//你睡着了么/我在你梦中靠岸”作者的想象空间是广阔、奇丽的，他以白描语言，给我们描绘了几幅流动的画面，使思念故乡的美妙情致，表现得新鲜活泼、令人回味神往。三是语言形式的音乐性。我国古代，诗、乐、舞三者合为一体、虽然现在乐、舞已从中分离出来，但它们之间仍有着某种血缘关系，尤其是诗与音乐的关系更为密切。音乐中要讲求旋律、节拍，而诗则讲究节奏，诗是最富音乐性的语言艺术。和谐的音韵，鲜明的节奏，是诗歌区别于其他文学样式的一个基本特点。鲁迅要求：“新诗先要有节调，押大致相近的韵”。总之，诗的本质是：通过精心制作的语言，形象地表现作者独特的思想感情，巧妙地从特殊中显示一般，使自我的感觉世界和情感世界达到和谐与统一。如非马的《花落》中的节奏：“没有一次/我能平静地/听你数//忘我/勿忘我/忘我/勿忘我//到最后一瓣”

## 三、种类

诗歌按内容分：(1) 抒情诗分为：爱情诗、讽刺诗、山水诗、田园诗、哲理诗、咏物诗、咏史诗、悼之诗、游山诗、政治抒情诗、街头诗。(2) 叙事诗分为：一般叙事诗、小叙事诗、史诗、剧诗、诗体小说。诗歌按形式分：(1) 旧诗：楚辞、乐府体诗、古体诗、近体律诗、词、曲。(2) 新诗：自由诗、现代格律诗、十四行诗、小诗、民歌、散文诗、朗颂诗、歌词、楼梯体诗。诗歌按题材分：乡土诗、城市诗、军旅诗、工业诗、边塞诗、科学诗、儿童诗、童话诗、寓言诗、题画诗。杂体诗分为：喻体诗、唱和诗、赠答诗、回文诗、打油诗、谜语诗、集句诗、图象诗。

## 四、写作要求

诗歌创作有其独特写作思路，概括起来，即感情浓郁，语言精练，拓展联想，想象丰富，节奏鲜明，韵律和谐。一是感情浓郁，语言精练。诗歌要求作者以丰富的感情积淀，结合真实的情感流露，反映生活中的点滴，以细微处见真情，力求做到用情达意，以情动人。诗歌由于其特殊的篇幅和字数限制，要求创作者在创作诗歌时，做到对语言的提炼和浓缩，高度集中，概括地反映社会现实生活，如北岛的《生活》：“网。”作者用一个“网”字高度集中地概括了现实生活中的酸甜苦辣，其中蕴涵着丰富而深邃的意蕴。二是拓展联想，想象丰富。这是诗歌重要灵魂所在，合理联想能使诗歌增强韵味，展现一种时代美感。运用各种修辞手法能使诗歌所要表达的思想感情更加浓烈丰富，比如，李白的“白发三千丈，缘愁是个长。”把愁绪的浓重抒发得淋漓尽致。三是节奏鲜明，韵律和谐。韵律是指诗歌中的押韵和声调，古诗注重句子的押韵，新诗押韵较为随意，只要押的韵大致相近就可以，而且可以一韵到底，也可以中间换韵。节奏是指诗歌中的顿挫，即语言在排列顺序上的间隔规律，节奏鲜明是诗歌的重要要求。短促的节律可以给人激动，欢乐的情绪；缓慢的节律可以给人深沉、悲伤的情绪。四是立意新颖，构思严密。诗歌立意是表达主题思想的基础，立意新颖能够使诗歌增加可读性和亲和力，能正确反映人们普遍思想和要求，要做到立意新颖，必须注重对社会中各种现象分析，把握时代特征，集中反映社会发展前进性；同时还要具备较强的事物洞察能力，方能抓住事物的细微，以小见大，以简见详。五是意境深邃，细节生动。意境就是形象思维在头脑中构建一幅有情意有境界有立体感的艺术画面。诗歌创作讲求营造一定的氛围，在氛围中抒发情感，以情动人，情景交融，寓情于景，因景生情。只有对所要表现事物或现象充满感情，以富于赞美、同情、鞭挞等的思想，使读者能够为情所感，为情所动。更好地表现诗歌意境，不仅要有丰富的情感积累，还要求在表达方式上注重对细节的把握。诗歌的细节描写有其鲜明的特点：精炼、直接、动情，能更形象地描绘事物。细节描写是最能打动人、也是最能创造感人意境的表现方式。对细节的描写要求动静结合，突出个性，渲染气氛，使诗歌更富有立体感的意境。诗歌创作，还要注重对表现方式的运用。诗人艾青说过："有了材料和工具，有了构思，没有手法依然不能建造。"诗歌常见的几种表现手法有：比兴、夸张、象征、通感等。可以说每一种表现手法都有其独到之处。"比"可以更生动、形象地表现诗歌内容，"兴"可以让读者自开篇就能体会诗歌的意境，使诗歌更富于深情和韵味；夸张、象征、通感等手法运用，可以给诗歌注入更新鲜的血液，使诗歌更富于想象力和亲和力。总之，诗歌创作是一个思维跳跃、感情流露的过程，只有善于把握和观察社会百态，把真挚的情感溶于创作中，才能创作出优秀的诗歌作品。

## 五、写作

诗歌的特征，即诗歌具有不同于小说、散文等文学体裁的，具有其特殊表现形式和表达方式的鲜明特色的抒情"个性"特征。诗歌创作是随性而起，缘情而发的。随性而起就是对现实社会进行细致的观察，由感性的认识上升为理性的思考，进而借助诗歌这一表现形式传达一种理念或思想。杜甫的名句"朱门酒肉臭，路有冻死骨"，就高度地概括了当时社会严重的贫富分化状况，表达了作者对"豪门""憎"与对穷人"怜"的思想。缘情而发，即用浓厚、强烈的思想感情表达对某一事物的爱恨情愁。白居易的《长恨歌》"在天愿为比翼鸟，在地愿为连理枝。"表现了唐玄宗与杨玉环之间一出美化了的宫廷爱情悲剧，抒发了作者对这份深情的同情和激赏。要写出一首好诗，对诗歌总体的构思是很重要的。创作者要在大脑中构建起诗歌的"轮廓"，找准所要表达的主题思想。有了思想，才会有灵魂。只有清楚地认识到自己要表达什么，怎样表达，构建出诗歌的"立体形象"，进而对其进行有条理的梳理，才能形成诗歌的内在思想和实体结构。一首诗应该辐射出人生观、价值观或者世界观。诗歌是一种艺术，是需要技巧的，但是技巧不是诗歌的全部，技巧可以学，但是思想是不可以复制的，一首诗歌中关键是要你自己的东西，你要学会挖掘出来并赋予其内涵，表达想要表达的，阐述自己的想要传递的。说到底，诗歌要烙上作者自己的印记。

### （一）捕捉、创造诗的形象

① 诗用形象思维写作。别林斯基早就指出："哲学家用三段论法，诗人则用形象和图画说话，然而他们说的都是同一件事。"(《一八四七年俄国文学一瞥》)这就告诉我们，写诗要用形象思维。所谓用形象思维，指的是深入生活时，要对生活进行形象的感受，形象地体验生活、观察生活、分析生活。进行形象思维，要在形象感受的基础上，善于进行形象的

捕捉。艾青指出:“形象思维的活动,在于使一切难以捕捉的东西,一切飘忽的东西固定起来,鲜明地呈现在读者的面前,像印子打在纸上一样地清楚。”因此他说:“写诗的人常常为表达一个观念而寻找形象。”能捕捉到新颖的形象,也就有了写诗的素材。那么怎样才能捕捉到形象呢?这就要靠灵感。如台湾诗人焦桐的《分期付款》:“假如梦想可以分期付款/我要先预支一点点欢乐/事业和爱情/在现实生活的彼岸/重新数一遍昂贵的笑声/我时常站在橱窗前流连盘桓/张望一个储蓄了很久/很久的愿望——假如//假如梦想也可以分期付款/让我再亏欠零碎不堪的未来/努力争取今日更团圆/虽然债务周期不断地缩短/我愿意按时缴纳幸福的/利息和预算/并抵押凄然的笑容/那笑容,注定终身去偿还”。作者抒写了对穷困潦倒生活下梦想得到一笔“财富”的愿望,在特定的情绪下,作者悟出了沉重的生活压力下,不如放下一切思想和精神上的压力,暂时得过且过、知足常乐的人生哲理。② 诗是“想象的表现”。艾青说:“没有想象就没有诗”,“诗人最重要的才能就是运用想象。”诗人的想象和科学家的想象不同,雪莱说过:“诗使它触及的一切变形。”写诗时既要对生活特征观察得很精确,而同时又不缺乏把这些特征加以变化的勇气,由于变形,诗的形象往往具有象征的意义。如陈惠芳的《唢呐手》:“鼓鼓的腮帮/又隆起了一个大喜的日子/通向村口的石板路/不知被你磨了多少次/这把铜唢呐/也被你摸亮了/可以照见你的年龄//祖父吹过各种调子/父亲吹过各种调子/你的调子也时高时低/高可以触云/低可以生根”这里写的并不仅仅是一把饱经沧桑的旧唢呐,唢呐是个有象征意义的形象,主要赞颂贫穷农村中唢呐艺人忍辱负重、坚韧不拔的精神素质。

**(二)诗歌形象的创造**

马雅可夫斯基《怎样写诗》:“应该使诗达到最大限度的传神。传神的巨大手段之一是形象。”艾略特认为,创造形象就是“寻找思想的客观对应物。”“转化”是必不可少的方法。它是指虚与实、人与物、物与物、内与外、大与小、远与近、少与多、部分与整体、历史与现实、现实与未来等之间的转化。如美·周策纵的《答李白——十四行》:“你把三千丈的/一句诗/从盛唐/直摔将过来//我伸手/用两个手指一接/把它浸到一缸/茅台里//于今张开醉眼/且给你/回答三个字/知道了//居然发现还欠你半行/没抽出来/就这样让它/永远在那里活着吧”在这里,诗人在特定情绪触动下,将虚与实、人与物、物与物、内与外、大与小、远与近、少与多、部分与整体、历史与现实、现实与未来等杂糅在一起,把浓郁的思乡之情寄寓到在这种情绪下创造出来的特定形象之上,独具匠心地抒发了对祖国和故乡的热爱之情。需要强调的是,诗中诗人形象和景物形象都是为表现情感、情绪、情趣服务的。诗的情感性重于形象性。

**(三)诗歌巧妙构思**

1. 诗的灵感

构思是诗歌创作过程中一个最重的阶段。构思是创作的冲动到灵感的爆发过程。艾青在《诗论》中说:“所谓‘灵感’,无非是诗人对事物发生新的激动,突然感到的兴奋,瞬即消逝的心灵的闪耀。所谓‘灵感’是诗人的主观世界与客观世界最愉快的邂逅。”如蓝海文《清明》:“一路无限足印/一道心的烙痕/今夕,花的余烬未熄/千万种爱/都凝成细小雨滴/悠悠往事/皆由山风/翻过”这首诗通过清明上坟时节情景的描写,抒发了作者的思亲之情。对于一首诗来说，灵感是因；对于客观世界而言，灵感是果。由客观世界获得灵感，由灵感开始创作，这是诗人写诗的过程。在“灵感”爆发之后，创作就进入具体的构思阶段。

2. 诗的构思

诗歌构思十分重要，诗人郭小川在《谈诗》中说：“诗是要有巧妙的构思的。”关于诗的构思的内容，黑格尔在《美学》中指出：“首先关于适合于诗的构思的内容，我们可以马上把纯然外在的自然界事物排除在外，至少是在相对的程度上排除。诗所特有的对象或题材不是太阳、森林、山川风景或是人的外表形状如血液、脉络、筋肉之类，而是精神方面的旨趣。诗纵然也诉诸感性观照，也进行生动鲜明的描绘，但是就连在这方面，诗也还是一种精神活动，它只为提供内心观照而工作。”诗的构思方式是内心体验，黑格尔说：“诗既然能最深刻地表现全部丰满的精神内在意蕴，我们就应该要求诗人对他所表现的题材也有最深刻最丰富的内心体验。”“诗人必须从内心和外表两方面去认识人类生活，把广袤的世界及其纷纭万象吸收到他的自我里去，对他们起同情共鸣，深入体验，使它们深刻化和明朗化。”（《美学》第三卷下册，第 54 页）艾青说，诗人写诗虽然“并不是每首诗都在写自己。但是，每首诗都由自己去写——就是通过自己的心去写”。遵循这个构思方法，在写作抒情诗时，由于抒情的真正源泉就是创作主体的内心生活，诗人应该只表现“单纯的心情和感想之类，而无须就外表形状去描述具体外在情境”。（黑格尔《美学》）诗是一种典型情绪和感情的概括，这种典型情绪和感情，不仅仅是对事物或事物本来属性的概括，而是由此升华、折射，在更为广阔的领域里，对人们的普遍情绪和感情的概括，这种概括性越广阔，诗就越具有典型意义。如《醉汉》：“把短短的巷子/走成一条/曲折/回荡的/万里愁肠//左一脚/十年/右一脚/十年/母亲啊/我正努力向您/走来”此诗明白如话，但却激荡人心，因为它概括了一种游子思乡所普遍具有的典型情绪和感情，引起了人们强烈和深远的情感共鸣。诗歌构思的过程包括以下的内容：

(1) 提炼诗情。就是从一般感受中寻觅显示一般感受的独特感受，从共同感受中寻觅表现共同感受的具体感受。如李瑛《西沙群岛情思》：“白天，你是片片云影，夜晚，你是阵阵涛声。你是一朵朵花，怒放的小白花，你是一颗颗星，雨后的星。　你是一枚枚大海遗落的贝壳，是贝壳，却并未失去生命；你是一粒粒天宇滑坠的石子，是石子，却有血管和神经”

(2) 选取角度。抒发诗情应选择合适的角度。一般地讲，有两种角度：一是直抒胸臆，诗人直接站出来抒情，如艾青的《酒》：“她是可爱的/具有火的性格/水的外形//她是欢乐的精灵/哪儿有喜庆/就有她光临//她真是会逗/能让你说真话/掏出你的心//她会使你/忘掉痛苦/喜气盈盈/喝吧，为了胜利/喝吧，为了友谊/喝吧，为了爱情//你可要当心/在你高兴的时候/她会偷走你的理性//不要以为她是水能扑灭你的烦忧/她是倒在火上的油/会使聪明的更聪明/会使愚蠢的更愚蠢”用这个角度写诗，应忌空泛，要创造出鲜明的个性化的诗人形象，否则容易直露。另一个角度是象征寄托，借物寄情，借人表意，借景写感，如菲律宾·云鹤《野生植物》：“有叶/却没有茎/有茎/却没有根//有根/却没有泥土//那是一种野生植物/名字叫/游子”

(3) 布局谋篇。诗怎样开头、怎样结尾，各部分之间如何组成有机的整体，都要精心考虑和构思。这就要思索在诗中,如何把诗情串连起来,一般抒情诗,“总是以情绪(感情)的变化的层次来贯穿的。”(郭小川《谈诗》),如杨维晨的《蝶舞》:“美　是蝴蝶的翅膀/春天来时开始/春天走时结束//春天　是感觉的翅膀/欢笑时开始/忧郁时结束//忧郁　是思想的翅膀/上一刹那开始/下一刹那结束”作者的情绪由实而虚,非常精巧而微妙地传达出一种普遍的生活经验。

(4) 锤炼语言。海德格尔说过:“诗歌语言是领会存在的最直接语言。”所谓语言的存在是在诗的磁场范围内,在诗的元素动态地发生着创造力的氛围中,建立着作品自身的模式。单一或者独立的模式是诗歌赋予语言原创性的初步,内涵中具有个性化的东西较多。其实语言的规律就是从不成熟开始,才有质的飞跃。当众多的语言模式逐渐成熟起来的时候,诗人的风格就形成了。诗歌语言,一定是非功利性的,在诗歌的情感和境界的导引下实现着语言完美与个性展示。诗歌语言的具体要求如下:① 多义性。既有表层义,又有深层义,主要用象征手法。如松梅雪竹、长城、百合花等。还有暗示、双关、婉转等。② 跳跃性。超过任何文体语言。因为表现心理快速活动。如“鸡声茅店月,人迹板桥霜”。还可以逻辑混乱,任意交错。如时间和空间交错。如《背时的爱情》中诗人与古代的美人谈恋爱。③ 可感性。要有色彩感、立体感和具体感(化抽象为具象),诗中有画。④ 音乐性。既有内在音乐性即情绪的律动,又有外在音乐性即声音的回环(押韵、节奏和声调)。对原始感情起一种节制作用。节奏是诗歌外在音乐性中起决定作用的因素,它是事物的节奏和人的生理节奏呼吸的调节及运动感觉的反映,是音组和停顿的有规律的安排。押韵是使相关诗句末尾一个音节韵母相同或相似。新诗自由开放,独特创造,变化中有规律。对待押韵应持开放的态度,尊重诗人的艺术追求,重在完美地传达出内在的情感。

写诗必须研究诗的语言修辞,也就是要掌握诗的语言的表现手法,即诗必须使内在的(心里的)形象适应语言的表达能力,使二者完全契合,诗的语言表现方法主要有:比喻,起兴,借代,反衬,象征,通感,矛盾修饰,虚实组合等。此外还有其他的一些修饰方法,它们都有助于诗情画意的表现。作者只有通过阅读、研究和多写才能掌握诗的语言修辞技巧。它与诗意、诗味和表现诗的主题密切相关。诗歌语言,不能像日常意识那样运用语言,必须对语言进行诗化处理。如“黑夜过去了就是光明”,如果平白直说出来,会令人觉得淡然无味,臧克家反复寻思,把它写成:“黑夜的长翼底下,/伏着一个光亮的晨曦。”可见,诗的根本语言是意象语言,意象是具象化了的感觉与情思。意象语言具有直觉性、表现性、超越性等特点,它更应该符合诗人主观的感觉活动与感情活动的规律,而不是客观的语法规律。这是诗性语言与实用语言的本质差别。诗歌的语言有着诗歌语言的规律和原则。诗歌的语言应不以语法规定而变得严肃、拘襟、呆滞和失去鲜活的色彩。比如庞余亮《冻死大象的夜晚》:“冻死大象的夜晚,你的梦中/曾出现过一场模糊的集体舞/大家手携着手/随着年轻的八十年代翩翩起舞//……大象轰然倒地,众星跌翻,你还在沉睡/梦游的饲养员依旧沿街把大家的门一推开/凌晨时分,还是那疼痛的龋齿叫醒了你/看见了你这个冻死大象的夜晚尾部像一截草绳”在意境中仿佛是梦,又可能是幻觉,但语言的灵动,让人痛快淋漓,语言显出跳动和活泼。

当符号表述诗歌的时候,表述抒情的概念和思维,它就会显出两种本能:一是语意的本质性。即指向的明确，不出现歧义，如“慈母手中线，游子身上衣”（孟郊《游子吟》）。布莱克的《永恒》：“谁使自己受欢乐的束缚/谁就毁掉了有翼的生命//而谁在欢乐飞翔时吻它/谁就将生活于永恒的黎明”。这种构成传统基点的语意实在是诗歌语言的灵魂部分；二是原创的实验性。即突破和超越常规条件下的语意原则，并且通过诗歌语言的功能作用达到预想的结果。如顾城《弧线》：“鸟儿在疾风中/迅速转向//少年去捡拾/一枚分币//葡萄藤因幻想/而延伸的触丝//海浪因退缩/而耸起的背脊”。其实在以上的创造中，有的原创性先于实验性，有的则实验性大于原创性。要注意语言表面的华丽或质朴，更多地要注意语言的内在的弹性和鲜活力。“我不喜欢刮大风/所以我讨厌树/因为她摇一摇/大风就来了”。（钟雨《树和风》）；“月亮死去　笛子发芽/细听雨的低吟/窗户　感动得泪流/满面”（张明《雨夜》）。读这样的诗你会不断发现世界的陌生和奇妙，虽然这些词都很简单，但组合巧妙，语言就有了弹性。至于语言的鲜活力更是不可缺少的。鲜活的语言就像流动着露珠的落叶。“她走过大地的殿堂/叶子围着她的腰/围着棕红的陶罐环舞/藤蔓悠悠一对光洁的果子/她的步态有如秋天”这是江河《补天》中的几句，写的是古代神话，用词却十分鲜活。

诗歌语言是语言中最干净最纯粹最缺少关系的语言，虚词在诗歌语言中常常显得是多余的。斯泰纳尔就说过：“诗歌语言需要纯净，纯净到没有一点杂质。”诗歌语言与叙述语言不同，实词的功能弹性很大，在名词与名词之间，形容词与形容词之间互转和超常规搭配都可以在诗的空间里完成。诗歌语言的作用：一是抒情，接近于描绘功能小的音乐。二是有机信息系统，一个字，能产生神奇效用。如“朱门酒肉臭”中的朱门，成了统治阶级的代名词，有很多含义，还有作者和读者的感受。三是独立审美价值，可以把玩。小说可以抛开语言，复述故事，而诗歌不能离开语言。四是表现个性的心理感受。语言是诗的表现的最重要因素。在构思过程中极为重要，这是一个漫长而反复的过程，要在不断的写诗实践中锤炼语言。如饶庆年《这山坳》：“不知何时；这山坳/长出了几声咳嗽和鸡鸣。”李纲《声音》：“那天我看见一个少妇/雕像般站在十字路口/她把笑声斜插在发间”。

**（四）诗歌构思原则**

郭小川主张：“没有新的构思，没有新的创造，就不要动笔”。因此，构思必须做到：① 新。即诗歌的意象、意境和语言都新鲜独到。如李曙白的《高山人家》：“三两件/白云/挂在晾竿上/七八畦/韭菜/绿在山泉边//小鸡争米/啄进/松风半瓢/大碗劝酒/斟出/星斗一斛”。山里人家的“世外桃源”、闲云野鹤的生活跃然纸上。诗歌语言自然淳朴，诗歌意象清新独到，为我们营造了一幅意境悠远而深邃的“高山独居图”。② 奇。即诗歌的构思要不同凡响，奇绝而出人意料。如琼虹的《甜蜜的复仇》：“把你的影子加点盐/腌起来/风干//老的时候/下/酒”。有情人终不能成眷属，复仇看起来“残忍无比”：不仅“腌起来”，而且还“风干”、“下酒”，但着一“影子”，而意境全出矣。③ 巧。主要是指诗歌的构思要巧妙，独具匠心。如桑恒昌的《墓地》：“沉没了，一艘又一艘/生命的船。//静静地，等待后人/打捞航海的故事”这是一首祭奠亡灵的诗歌，诗歌的语言新颖别致，它构思奇巧，意境深邃，发人深省。总结前人的经验，有一些技法是可以借鉴的。如：象征、辐射、借代、命题、矛盾、虚拟、反意、侧面、对比、对话等构思方法。

**(五) 诗歌常用结构模式**

模式对教学作用很大，文体就是模式。不过初学者不必照搬，创作一段时间后要有意识地抛开模式，发挥创造力，任意创作。诗歌写作模式大致有九种：

1. 象征模式

这一模式可以说是诗歌的传家宝，又称多层式：在文字符号的视觉层面上给人以形象，同时在联想的深层给人以意义（某一实体事物或精神内容）尽可能无限的概括和包涵。象征体是表层的、明晰的，甚至可能是被传统理性所规定的，如梅兰松竹、长城等。而被象征的本体却是隐蔽的、模糊的。两者关系要有任意性，便于发挥创造性。天才诗人把表面上风马牛不相及的内外意象通过类似联想起来，形成令人称奇的构思。关键是抓住两者之间共同点，而其他属性相距越远越好。如韩翰的《重量》："她把带血的头颅/放在生命的天平上/让所有的苟活者/都失去了重量"作者在这里以象征的手法和模式，阐释了张志新烈士生命的伟大价值意义。象征模式的运用方法是选择形象，形成象征意象。意象，又称艺术形象，可以说是构成文学艺术系统的细胞。意是人的意识（包括情感，从根本上来说是人的审美需要和认识需要），最终在文学艺术上表现为作者个体生命的投射和表现。象是客观事物，外在于作者，但最终为作者生命本质所对象化。两者结合为意象，而两者成分的多少及关系的隐显疏密等造成了两种基本上的文艺创作方法，即重意的浪漫主义和重象的现实主义，也成为表现论和反映论的渊源。象征意象比一般意象来说，有特定的要求：成为全诗的中心形象。最佳象征意象，其含义是无限的，尽可能表现作者内心世界，成为一个艺术个性的系统。一般来说，这类诗歌标题就写出了象征体（甚至是人物）。但是，内层的本体即作者个体生命的感受才是诗歌真正要写的。如《空气》："好一会屏息静气，我多想听到你！可你安然静谧，你有怎样的话语？伸出战栗的手指，我多想抚摸你！可你无影无踪，你有怎样的形体？睁大渴望的双眸，我多想看到你！可你透明无色，你有怎样的美丽？可是我清清楚楚，我一刻也离不开你！我的生命里有你，你随着我的一呼一吸……"在这首小诗中，空气成为结构中心的象征意象。安然静谧、透明无光、无影无踪的空气，却蕴含了作者的无尽心意——既是纯真高尚的爱情又是无限的人生追求，那样真切地支配着作者的生命，又那样缈远，可望而不可即。

2. 横断模式

这类诗歌常常截取一个生活片断或意识片断，描写一系列形象，或者使用一系列比喻，以抒发作者感情，表现作者的意识，许多写景诗正是这样，要尽可能创造意境。一信《伞下》："自囿于心园/花开也春，花落也春/扑笑在眉梢上/我们成了不要水银的镜子//那夜，我们曾共一桥风，一路雨/去拾那些/久已失落的情绪//撑着那柄小伞/你什么都没有撑住/——除了回忆//回忆/伞下的世界竟是如此辽阔深远/竟也小得能摘下/久久的贮藏。"伞下的世界是如此之下而又是如此之大，这首小诗是融情于景，借景抒情。抒发了作者对爱情的独到见解和新颖感悟。

3. 纵贯模式

这类诗歌以作者观察点的推进为线索，随着时间的推移或者空间的展开，把所见所闻所感触融成一体。如贺敬之的《回延安》。这类诗歌一般较长，多是叙事诗。如沙白《水乡行》(节选):“水乡的路,水云铺,进庄出庄一把橹渔网作门帘挂满树;走近才见,几户人家住榴火自红柳线舞;家家门前,锁一副!要寻人,稻海深处;一步步,踏停蛙鼓。蝉声住,水上起暮雾,儿童解缆送客,一把好橹。”作者抓住水乡的特色,通过水乡的“路”、“云”、“雾”、“榴”、“柳”、“橹”、“渔网”、“蝉声”、“蛙声”等多个与水有关的意象,并使之贯穿全诗的始终,描绘出了水乡把迷人的生活画卷。

4. 升华模式

前边写景,情景交融,后边写“志”,志中有情。这类诗歌一般分为两部分,前边是较平缓的铺垫,后边翻出新意,造成引人注目的突进,使情思与意境升华到一个新的高度。如詹冰《插秧》:“水田是镜子/照映着蓝天/照映着白云/照映着青山/照映着绿树//农夫在插秧/插在绿树上/插在青山上/插在白云上/插在蓝天上”这是一首用回环和顶真的修辞手法写成的诗,前边的写景为后边的抒情打下了坚实的基础,作了很好的铺垫,后边的抒情,使全诗意境得以深化和升华。

5. 串珠模式

这类诗歌由几个并列的相同结构,并有部分相同诗句组成。反复咏叹。《诗经》较多这类诗歌。如洛夫图象诗《长恨歌》:

他开始在床上读报、吃早点、梳着头、批阅奏折
盖章
盖章
盖章
盖章

抒发了诗人对机械般的单调生活的郁闷和厌烦,表明了作者一种向往和渴望过上一种生动活泼新生活的另类心情。

6. 自白模式

直接抒发感情,使用论断式的议论,又称议论模式。政治诗、哲理诗许多属于这种“传统自白”。如谷雨《彼日》:“如今,回顾五月初四/去年有如今日,今日却非彼日/彼日有你。/彼日比比/是错落的日期/彼日的生日贺诗被你写进日记/或被挤压至五月初四/亦如彼日相遇,留下爱的痕迹/爱亦如此。”这些句子有着古典汉语诗歌的简练美,语锋收敛而顿挫有力,词语安排得错落有致。它有意摆出反传统、反对文化、审美个性、理性乃至诗歌自身的架势,将题材限定在个人生活体验即本我感受的圈子。多用第一人称,不拘格律,诗歌常以日常口语袒陈自己对生活的感受甚至隐私,有时触及社会,进行某种程度的批判。“自白”诗歌对语言、形式和意味更加强调,甚至写娱乐性的记录性的诗歌,自称为“玩”诗歌。“自白诗”有从社会批判意义转为个体生命肯定意义的历史作用,如西川《起风》:“起风以前树林一片寂静/起风以前阳光和云彩/容易被忽略仿佛他们没有/存在的必要/起风以前穿过森林的人/是没有记忆的人/一个遁世者/起风以前说不准/是冬天的风刮的更凶/还是夏天的风刮的更凶/我有几年未到过那片森林/我走到那里是在起风以

后。”这首诗加入了情节，让人在脑子中产生一个人穿过森林的想象，情节只是片断性、场景性的，不同小说的整个故事或者整个场景。

7. 象形模式

诗行排列成中心形象的形状，成为象形图案。如法国诗人阿波利奈尔的《被刺杀的和平鸽》。又如台湾诗人白荻的诗歌，犹如一幅山水画（诗行从右到左，字词从上到下），比喻流浪者如远离山林湖水的一株丝杉。如：

（1）人民英雄纪念碑

周振中

一<br>
尊<br>
巨<br>
大<br>
的<br>
磨<br>
刀<br>
石<br>
砥砺着<br>
民族的意志

（2）一切钟情于你

杨克永

伸手抓住你这荡悠悠的歌声<br>
谁料歌声又变为欲断的枯藤<br>
攀<br>
着<br>
枯<br>
藤<br>
我<br>
仍<br>
然<br>
上

（3）瀑布

倪长录

平躺的流水<br>
一<br>
旦<br>
站<br>
起<br>
来<br>
便成为奇观

第一首是一座纪念碑的形式，既形象生动，又庄重严肃，令人深思。第二首是一条动荡摇摆欲断的藤条，热恋中的人，为了爱情，不畏艰险，勇于攀登，情趣盎然。第三首是一个瀑布的动作造型。

8. 现代模式

从西方现代派诗歌移植而来的。在内容和形式上与传统诗歌明显不同，而且认为内容即形式、形式即内容，因此更加重视形式创新。写的是个人与社会、自然、他人甚至自我的分裂和荒诞，反映了资本主义社会高度发展所带来的精神危机、变态心理、悲观绝望和虚无主义。强调表现内心——实际上只是变幻多端，高深莫测的本能和下意识。采用的方法主要有：① 思想知觉化。即抽象的内心感知。把抽象观念和具体形象直接结合，“像你闻到玫瑰香味那样地感知思想”（艾略特）。如诗中的“力之舞”、“意志昏眩”、“潮湿的灵魂在发芽”。② 自由联想。这种联想不是事物本身固有的，为大家所公认的，而是凭个人的直觉和幻觉写出来的联想。如“阳光是从太阳里踢出的足球”再如张建华的《迪斯科与茶馆》：“迪斯科在露天的舞场里现代/茶馆在小街上古典/古典又现代是中国的夜晚”。③ 语言形式随心所欲地变化，用于暗示某一瞬间的感觉、想象和精神状态，如“有时在时光的水边/能拾到那尾瘦瘦的喟叹”（沈重《流水》）。再如费嘉的《狩猎》（节选）：“又一滴夜色/从树枝间漏下/淋灭了他手上的烟头/在这潮湿的森林里/他已等得全身发芽了”

9. 会意模式

这类诗歌的一些诗行排列成抽象的图形，显示某种意义趋向。桑恒昌《中秋月》：

自从母亲别我永去，
我便不再看它一眼，
深怕那一滴泪水
落下来
湿了人间。

再如李南《呼唤》:“在一个繁花闪现的早晨　我听见/不远处一个清脆的童声/他喊——‘妈妈’/几个行路的女人　和我一样/微笑着回过头来/她们都认为这声鲜嫩的呼唤/与自己有关//这是青草呼唤春天的时候/孩子,如果你的呼唤没有回答/就把我眼中的灯盏取走/把我心中的温暖也取走”

**(六) 写作技巧**

诗歌写作分为三方面内容:一写客观世界;二写主观世界;三是主、客观兼顾。诗人的主观世界有其生活道路所历练的烙印,因而在其诗作中会不自觉地把其思想折射出来。诗歌写作的技巧是最复杂和抽象的,诗歌写作要经过三个阶段:一是意识流阶段。就是纯意识的流动性创作,脑子中想到什么就写什么,一种没有章程的写法;二是提纲挈领阶段。就是诗人运用各种技巧,根据自己写作意图、构思和立意去选择适合自己的写法去创作,其写作的意图,明确的主线以及准确的立意,是循规蹈矩的创作阶段;三是无我阶段。就是已经熟练掌握了各种的技巧,可以不用提纲已经可以进行创作,把诗歌各种写作技巧融会贯通,自然不自然地流露出来的阶段。

1. 写诗要注意分行

新诗没有古诗词的固定音乐规定,引进西方分行,加强节奏感和旋律感以达到音乐性的效果。分行适应诗情而长短、疏密、参差。诗行遵从诗歌内在律——情绪节奏,其外形是将内心情绪视觉化展示出来的结构形式。如台湾诗人非马的《花落》“没有一次/我能平静地/听你数//忘我/勿忘我/忘我/勿忘我……//到最后一瓣”惠特曼表现开国时开拓豪放、自由浪漫的情感,诗行很长,犹如新大陆疆界的广阔苍茫。马雅可夫斯基表现十月革命的剧变,诗行呈现楼梯形,起伏大,参差不齐。诗行运用省略、跳跃,随意性较大,产生新的结构意义。如上下诗行并置产生新意:如庞德的《地铁车站》:“人群中这些脸庞的隐现,湿漉漉黑黝黝树枝上的花瓣。”分行把视觉间隔化为听觉间隔,显示节奏。如王家新的《鱼》:“鱼在纸上/一条鱼。从画师的笔下/给我带来河流//就是这条形码鱼/从深深的静默中升起/它穿过龙门/和黑绿的荷叶/向我摇曳而来//淙淙地。鱼儿来了/而在它突然凝望下/干枯的我/渐渐被带进了河流……”这是在阅读中产生的效果。连在一起读就无法显示节奏。分行引起审美注意,让人用诗的心理来欣赏。如雷恩奇的诗:“记不清你是怎样走进来的了/只知道你按过褐黄色的小草帽/歪戴着走远了/回头丢给我一朵微笑”诗歌分行的要求:一是注意行与行有机组合。关键是跨行即一句话占两行以上。这是为了让人停顿,集中注意力去欣赏下一行——强调最有价值、最光彩的语言。如艾青的《珠贝》:“在碧绿的海水里/吸取太阳的精华/你是彩虹的化身/璀璨如一片朝霞/凝思花露的形状/喜爱水晶的素质/观念在心里孕育/结成了粒粒珍珠。”二是分行是发展变化的,应有独创性。如传统的情绪图案，变为象形图案和会意图案。三是分行更重视诗的视觉效果，从“听觉艺术”变为“视觉艺术”。这是因为新诗内在的复杂性和多层性，难以直接通过朗诵来表达，只能用文字排列来保持诗意。美·卡勒认为，一段文字是否是诗，未必取决于语言本身，而是取决于文字排列即视觉形式。

2. 诗歌重视辩证技巧

诗歌是艺术生命，只有辩证技巧才能写好它。从主客体关系上有主观与客观、有我与无我等；从艺术构思上有形与神、虚与实、大与小、藏与露、全与不全、抽象与具象、有限与无限、似与不似、单纯与复杂、夸张与写实等；从艺术表达上有疏与密、曲与直、断与续、出与入、正与反、抑与扬、巧与拙、生与熟等；从艺术风格上有华丽与朴素、自然与雕饰、强烈与冲谈、阳刚与阴柔、沉着与飘逸等。一是有我与无我：我，是自我意识。无我，是对自我的超越，而非取消个性。无我，一是指忘我，即心灵自由驰骋，和外物交融在一起，达到物我两忘的境界；二是指大我，指国家、民族和时代。有我才能真诚，有个性。无我才能不受限制并有普遍感和历史感。二是有限与无限：有限指具体的诗句；无限是指诗句中的内涵。关键是写好有限。三是虚与实：实是通过对客观形象的描绘而直接传达给读者的信息。虚是读者通过联想和想象而间接获得的信息。虚实结合一是化实为虚，化景物为情思，二是化虚为实，运用比喻把抽象感情与哲理赋予具体而生动的形象。四是小与大：小与大指的是描写对象。一味写小会限于琐屑；一味阔大则流于张狂。浪漫主义比较阔大。爱情诗易于琐屑。一是应当小大相形，如“飘飘何所似？天地一沙鸥”。二是以小见大，“红杏枝头春意闹”，“窗含西岭千秋雪”。如曹彬《一只鸟》：“一只鸟是一滴水/滋润着孤寂无言的林梢/一只鸟是一缕风/走南闯北誊抄着流云梦中的独白/一只鸟是一朵花/开时惊恐有人采撷/不开时又遭受冷落/一只鸟啊常被命运拿去检阅/面对枪口是沉重的逃遁/面对苍天/是轻松不起的漂泊”

3. 写诗应掌握以下要素

一是立意深。主题深度决定诗人对社会、对人生、对生活认识和理解水平。主题要有最适合的载体，主题与题材应实现和谐完美的统一，主题与客体应和谐地对位。主题可以不外露，说明和阐释主题都是不感人的。对题材的选择，角度要新。对题材的剪裁要概括，以利于主题的表现。主题富有作者个性色彩。如洛夫《酿酒的石头》：“冬夜/偷偷埋下一块石头/你说开了春/就会酿出酒来/那一年/差不多稻田都没有怀孕//用雪堆积的童年/化得多么快啊/所幸我仍是/你手中握得发热的/一块石头。”诗人以特殊性非线性的多向思维方式，巧妙地为我们虚设了不合常规的意象（种石头），展示了诗人自己独特的美学追求。二是构思巧。构思是整个作品的骨架，关系一首诗歌的成败与高低。构思的关键是巧，巧就是不一般化的平铺直叙，而是使人意想不到又引人入胜。构思受诗歌主题引导，诗人要勇于探索，在构思上要敢于不断地翻新和变化，构思要解决的主要问题是：素材取舍与组合以及手法选用。构思中要找到整个诗歌最好的结构方式，如空间的转换，时间的运转，情绪的流动，感觉的序列都可以结构全诗。诗歌的头尾是构思的难点，诗歌的开头应该把读者尽快引入全诗的意境，诗歌的结尾要给读者一个全新的境界。如袁益明《江南》：“顺手翻开三十二开的唐朝/一页袖珍的江南/便在白乐天的羊毫里/醉意浓醇地吟哦”。三是形象美。形象是诗歌的骨肉，形象是根据主题要求和感情的需要，在诗歌中由诗人根据自己的审美情趣所创造的意象美。扩大生活视野，丰富社会知识，这是形象的源泉。要精心地安排形象的主次，协调与统一多形象之间的关系。要把感情与观念融于形象之中，并对形象进行筛选。在表现感觉时应该注意色彩形象的浓淡对比，音调形象的高低对比。诗歌形象的重要意义，是使诗人通过感觉和情感两条通道进入诗的王国。如朱陵的《向晚》：“水姜花在薄暮里招摇/摇出一些模糊的秋/走过水边的人如同/已遗忘的岁月/朦胧单薄得/流过了指缝/流过了心上的想念”其实感情总会慢慢变淡，思念在长长的日子里越来越细，但那暮色里摇曳着的水姜花，会提醒我们的回忆，曾经错过的那个人，在泪水里更加朦胧了。四是感情真。诗人的感情必须是真挚的感情，来展示其内心世界的通道，其力量源泉是爱。诗人要有现代人的感情，感情是复杂多样的，所以诗歌感情不该是单一或单调的。只有与人生体验和审美情趣结合了，才有鲜明的个性色彩，诗人要不断地寻找个人与社会感情的共鸣点。如蓉子《一朵青莲》：“有一种低低的回响也成过往仰瞻/只有沉寒的星光　照亮天边/有一朵青莲　在水之田/在星月之下独自思吟//　可观赏的是本体/可传诵的是芬美　一朵青莲/有一种月色的朦胧　有一种星沉荷池的古典/越过这儿那儿的潮湿和泥泞而如此馨美//幽思辽阔　面纱面纱/陌生而不能相望/影中有形　水中有影/一朵静观天宇而不事喧嚷的莲//紫色向晚　向夕阳的天窗/尽管荷盖上承满水珠　但你从不哭泣/仍旧有蓊郁的青翠　仍旧有妍婉的红焰/从澹澹的寒波擎起”恬淡、优雅、神秘，仿佛多年以前青涩的回忆，因为时间的洗涤，它变得如此美丽，已经不再熟悉。五是意境高。意境是诗歌美的核心内涵。创造意境的方法，就是使意象与感情达到完美和谐的统一与融合。意象提供意境的空间感情，决定意境的色调。诗歌往往会出现意境转换的情况，在诗歌写作的结构布局中，应该有层次有视角有起伏，使转换自然天成。意境是多种多样的，要不断追求新颖独到，写出诗歌前无古人的意境，给人们留下深思。意境与构思往往同时出现，要营造诗歌的意境，就要让意境在构思的过程中，加以深化和升华，即加强意境的深度和广度诗歌写作的重要的内涵，意境是全诗的灵魂，必须要深远高阔有力度，才可以触动人们的心魂，如汪国真《剪不断的情愫》：“愿想这一次远游/就能忘记你秀美的双眸/就能剪断/丝丝缕缕的情愫/和秋风也吹不落的忧愁/谁曾想、到头来/山河依旧/爱也依旧/你的身影刚在身后　又到前头”六是语言新。语言新是诗歌创作的追求。无论语言是浓艳还是淡雅、奇险还是平易都应该要求以新取胜。语言在诗歌中有双重属性，即作为审美和抒情的媒介。要善于组合常用词汇，并把其融入情感，虚实的变化、通感的运用是我们丰富语言的有效方法，句式的变换也可以给语言增色，语言的新鲜，取决于对生活对人生观察理解的透彻，诗歌的语言贵在精练，要不断积累体验运用新语言的方法和习惯。诗贵精练，这也是诗的艺术，如韩翰《重量》：“她把带血的头颅/放在生命的天平上/让所有的苟活者/都失去了/——重量。”诗人没有去铺写临刑的场面，也没有去空泛地抒情，而是用精炼的数句，深刻地挖掘了张志新生命的意义。顾城《一代人》：“黑色的夜给了我黑色的眼睛/我却用它寻找光明。”在黑色的底幕上，凸现聚焦出这一双寻找光明黑色的眼睛，使全诗的亮点突然爆放，照亮了这黑色夜的阴影，言简意赅，入木三分，力透纸背。七是手法巧。写诗的手法是没有止境的而且还在发展，要善于寻求独特新奇的手法，敢于创新。在创作中手法与构思往往交替进行，互相影响，互相选择，但最后必须达到和谐统一。

**（七）表现手法**

1. 丰富的想象力

想象力在诗歌创作中占有极其重要的地位，有一句话说：“你没有丰富的想象力可以成为好的小说家，哲理学家，或者政治学家，但是绝不可能成为好的诗人”丰富的想象力是诗歌作者所必须具备的常用技巧，对诗歌创作有重要作用。如康洪的《海外小街》：“小街是一条晒衣绳/把大海挂在岸上/这条小街便有了色/街两旁扯起五六色的帆/帆下回旋着水手们醉倒的渔歌/小街富有那么多穿红挂绿的女人/和那新的旧的望夫石的传说/女人们真能干/每次都把那海腥味的收获/摊摆在小街两旁/炫耀着她们的自豪/于是小街上卷起了一层又一层的浪。”“小街是一条晒衣绳把大海挂在岸上”想象新颖而独特。再如下面一首诗：“我的寂寞是一条蛇，静静的没有言语，你万一梦到它时，千万呵，不要恐惧。”“我的寂寞是一条蛇”，想象合理，巧妙新颖，蛇索群独居，的确很像“寂寞”。

2. 通感、幻觉、蒙太奇

所谓通感就是感觉上的挪移和假借，也就是人的感觉转换，把视觉转换为听觉，把嗅觉转换为触觉，也就是通感，而且感觉是可以随意转换的，但是要合理。幻觉是直觉的改变和错乱，是有意借助真相错乱的外在形式以达到其艺术创造的手段，也就是借助直觉的错乱来达到诗歌创作的目的手段。蒙太奇是诗歌意象上的跳跃和超时空画面组合，也就是空间和时间以及感觉和意象上的跳跃。如湘客的《小名》：“在乡下/随便出去走走/都能遇到一些小名/小名是种很普遍的鸟儿/特别是在黄昏/小名飞的满山遍岭/我的小名与石子有关/石子在乡下躺了千万年/而我却远离了乡村/小名被山弯弯拦过/飞不过山/在城市/听惯了钢筋和水泥的声音/偶尔回乡/最先迎来总是小名/它从亲人的笑容里飞出/乘着乡音/翅膀上悬着我永远的童年”诗中“小名是种很普遍的鸟儿”这一句就是用了通感，小名是不可见的东西，在这里却成为鸟儿，明显的是把小名视觉化，把听觉转换成了视觉。

3. 我的退出

所谓“我的退出”就是作者的退出或主题的隐蔽，即诗歌里面明明有作者在，却不再出现作者身影，看不见作者，却仍旧有作者在，是“我思，故我在”的体现。如匡国泰《一日》组诗里的《未时：老鹰叼小鸡》：“‘老鹰叼小鸡罗！’小树一片惊慌，许多脚跳起，又落下。‘慌什么？’村前的古樟树咕哝着脱了袜子，把世世代代的根，伸到溪涧里濯洗。”在这首诗里，作者没有出现，但是，我们却明明知道作者就在旁边。

4. 情节的加盟

所谓情节的加盟就是在诗歌里加入情节，也就是像小说的情节，而诗歌的情节不是完整连贯的，它只是一个片断，或者一个场景而已。诗歌最忌讳加入完整的故事情节，这样容易造成诗歌拖沓的感觉，拖泥带水。如西川的《起风》：“起风以前树林一片寂静/起风以前阳光和云彩/容易被忽略仿佛他们没有/存在的必要/起风以前穿过森林的人/是没有记忆的人/一个遁世者/起风以前说不准/是冬天的风/刮的更凶/还是夏天的风刮的更凶/我有几年未到过那片森林/我走到那里是在起风以后”这首诗加入了情节，让人在脑中产生了一个人穿过森林的想象。

5. 忘却的技巧

诗歌写作,忘却的技巧是最终要达到的境界,是熟练运用各种技巧的阶段,是自由自在、随心所欲的技巧,即能出口成章地吟诗作赋,这需要时间的磨炼和写作技巧的提高。如洛夫的《众荷喧哗》:"而你是挨我最近/最静,最最温婉的一朵/要看,就看荷去吧/我就喜欢你撑着一把碧油伞/从水中升起//我向池心/轻轻扔过去一粒石子/你的脸/便哗然红了起来/惊起的/一只水鸟/如火焰般掠过对岸的柳枝//再靠近一些/只要再靠我近一点/便可听到/水珠在你掌心滴溜溜地转//你是喧哗的荷池中/一朵最最安静的/夕阳/依旧如你独立众荷时的寂寂//我走了,走了一半又停住/等你/等你轻声唤我"其实你我的身边,总有那样的女孩,温柔纯净朴实,她们在爱人的心田里长成一支擎着华盖的荷,自然天成。

**(八) 诗歌意象的巧妙组合**

意象一词是中国古代文论中的一个重要概念。古人以为意是内在抽象的心意,象是外在具体的物象;意源于内心并借助于象来表达,象是意的寄托物。中国传统诗论是指寓情于景、以景托情、情景交融的艺术处理技巧。诗歌创作过程是一个观察、感受、酝酿、表达的过程,是再现生活的过程。作者对外界的事物心有所感,便将之寄托给一个所选定的具象,使之融入作者自己的某种感情色彩,并制造出一个特定的艺术天地,渗透着诗人自己强烈的感情色彩。营构意象的方法是:赋、比、兴。赋,即平时所说的直写其事,物象已经具备了能够表达诗人情感的特质,直接加以运用,使这一意象直射出感情来。如辛弃疾《西江月》:"明月别枝惊鹊,清风半月鸣蝉,稻花香里说丰年,听取蛙声一片。"全词都是铺陈意象,以一连串的意象直接勾画出一幅恬静的乡村夜景图,描写景物虽不着一情字,但又处处浸润着作者感情。比,即我们常说的打比喻,通过不同的方式将作者的感情比做它物,或明喻,或暗喻,或象征,把作者的情思直接喻为人或物,使之具有人或物的特征。李白的"高堂明镜悲白发,朝如青丝暮成雪",就是将青丝、雪这样的意象拿来比喻头发,从而是意象清晰、明朗、生动起来,给人以无比鲜明的感受。舒婷的诗"我是你额上破旧的老水车"一句给人留下了极为深刻的印象,作者用老水车来象征"我"与祖国的某种血肉联系,从而使整首诗含有丰富、细腻的象外之意。兴,就是"先言他物以引起所咏之词也"。兴,必须依附于某一事物即意象,并渗透着作者的感情,从而营造一种意境。如臧克家《老马》就是典型的例子。诗人用白描的手法,塑造了一个老马的形象,在这里,老马已经是一种象征,是一种直接的兴起对象,作者以这个形象来寄托不屈的民族个性和作者的赞美之情。所以,兴这种创作手法是诗歌主要靠意象来构成诗的意蕴,而诗歌中意象的组合方式是多种多样的。① 并列式组合。将有关的几组具象罗列出来,如杜牧的《江南春》"水村山郭酒旗风"就是并列了水村、山峦、酒、旗、风几组物象,从而让我们领略到了江南春天的特有风情。② 对比式组合。选取两组或两组以上的物象,互为对立,互为映衬,如高适的《燕歌行》"战士军前半生死,美人帐下犹歌舞",一边是拼杀的血腥,一边是醉生梦死的沉迷,从而起到深化主题的作用。③ 通感式组合。即把听觉、视觉、嗅觉、味觉、触觉几种意象沟通起来,互为转化。如舒婷的《路遇》"自行车的铃声悬浮在空间""铃声把碎碎的花香抛在悸动的长街",前一句听觉铃声转化成为视觉悬浮,后一句听觉嗅觉与心理感觉交织转换，沟通组合，从而形成了一个非常奇妙的境界，铃声能浮，铃声抛花香，使读者不禁为诗人的丰富想象而拍案叫绝。④ 荒诞式组合。将不合事理逻辑的两个或两个以上的意象组合，也即现实中不可能发生的在心理感觉中却能够实现。如李贺的《秋来》“秋坟鬼唱鲍家诗”，“鬼唱”二字石破天惊，它仿佛让人听到秋坟中的鬼魂在吟唱鲍照当年抒发“长恨”的诗，以此来抒发作者怀才不遇的沉痛与凄清。诗笔新奇，诡谲多姿，荒诞虚幻中暗合了李诗的鬼才之意。不管是并列还是对比，是通感还是荒诞，诗歌的意蕴就蕴含在它们的不同组合中，诗歌创作中这些手法的运用，使诗歌呈现出无穷的魅力。解读诗歌，首先要搞清楚这些最基本的诗意组合，这样才能比较准确地写作和鉴赏诗歌。

## 第四节 微型小说

### 一、含义

微型小说又名小小说，又叫袖珍小说、微信息小说、一分钟小说、一袋烟小说、掌上小说、超短篇小说、极短篇小说。目前通行的叫小小说和微型小说。但小小说名称过于通俗，而微型小说名称却与长、中、短篇小说配称，有利于文学体裁名称的标准化。微型小说是载体小、内涵大的体裁形式，它的文字、篇幅短小，情节单一，人物刻画单纯，描写简明，语言简洁。它对生活的把握是“化整为零”，反映生活是“以点取胜”，过去它作为短篇小说的一个品种而存在，后来的发展使它已成为一种独立的文学样式。由于微型小说的短小精悍，既利于迅速反映时代新人新事新气象，又能及时针砭时弊进行深刻揭露，也便于适应时间紧迫、工作繁忙的读者阅读。此外，它还有益于初学写作者炼笔。创作的规律，一般都是先有短篇的创作经验，而后再进行长篇创作。因此，对于微型小说写作，也将有利于作者学会对素材、语言的提炼。微型小说本身是以小见大，其作者也可以做到“积小成大”，俄国作家契诃夫是世界闻名的短篇小说家，但他的作品很大部分是微型小说。日本作家星新一近年来发表了一千多篇微型小说，都是千把字以内的小说，他的作品已经在我国翻译出版好几部专集。可见，微型小说也可以写出大作家、“大作品”。

### 二、沿革

鲁迅在《中国小说史略》中说：“但在古代，不问小说或诗歌，其要素总离不开神话。”神话传说里记载的神以及被涂上了神异色彩的历史传说，实际上是曲折地反映了当时人们的思想和愿望。如《山海经》里的《夸父逐日》、《精卫填海》；《淮南子》里的《羿射九日》、《嫦娥奔月》。到先秦萌发了最早微型小说的胚芽，像《韩非子·守株待兔》、《吕氏春秋·刻舟求剑》、《战国策·画蛇添足》以及《论语·长沮桀溺耦而耕章》、《庄子·庖丁解牛》、《孟子·齐人有一妻一妾》，它们能生动地刻画某一类型的人物性格，揭示社会生活中某些具有普遍意义的现象，开始具备了微型小说的人物、主题等要素。具有真正意义的微型小说产生是在魏晋时代，以刘义庆的《世说新语》为代表的志人小说和以干宝的《搜神记》为代表的志怪小说正是此期微型小说的典型代表。《搜神记》里的“干将莫邪”、“韩凭夫妇”的故事，已有了奇异而曲折的故事结构和深刻地揭露统治者残暴的严肃主题。在《世说新语》和《搜神记》的影响下，隋唐以后出现了一大批值得小说史家认真厘清的笔记小说，如《朝野佥载》、《野人闲话》、《归田录》、《玄怪录》、《稽神录》、《江淮异人》、《续夷坚志》、《何氏语林》、《阅微草堂笔记》……其中产生了相当多的微型小说珍品。中国古代微型小说创作的高峰期是明清时代。这个时期小说文体的兴旺发达使得微型小说已由成熟走向了繁荣。在大量的微型小说作品中产生了具有世界意义的微型小说珍品如《聊斋志异》。从蒲松龄创造的婴宁、王生等人物中，出现了脍炙人口的微型小说人物典型、精致美巧的艺术结构、大放异彩的现实主义和浪漫主义的各种手法。

五四新文学运动时期，鲁迅、郭沫若、郁达夫、冰心、叶圣陶、刘半农、许地山、王统照，都写过微型小说。二十世纪三四十年代，在左翼文艺动动和抗日战争中，一些进步报刊有短小说的提倡和实践。一方面有夏衍、草明、王任叔等作家创作了《两个不能遗忘的印象》、《河豚子》等微型小说名篇，另一方面又有鲁迅、郭沫若、郁达夫等现代文学大家发表一系列倡导微型小说的理论文章，起到了微型小说灵活、迅速地反映现实，深入而犀利地披露时代本质的作用。五六十年代，则有“一鸣惊人的小小说”的一时兴起。老舍曾说：“小小说是最短的短篇小说。”当时社会主义革命和建设正处在高潮。微型小说再次应运而生便成了生活和艺术的必然。在 20 世纪 50 年代末、60 年代初，有近十家省级出版社编辑出版了微型小说选集，面对这次声势浩大，参加人数众多，波及面广的微型小说创作浪潮，文坛巨匠茅盾还写了《一鸣惊人的小小说》等专论，对这次蓬勃兴起的微型小说创作作了理论上的总结。后来文坛形势的突变(“文革”爆发)，微型小说没有获得自己的本体意识，在发展过程中偏离了自己的艺术轨迹而最终陷入落潮。

到了 20 世纪 80 年代初，由《小说界》倡导微型小说创作后，中国兴起了微型小说创作热，创作热潮势头未减，呈现出越来越兴旺繁荣的势态。

国外短小的小说也是早已有之。阿·托尔斯泰在《什么是小小说》一文中指出：“小小说产生于中世纪……是文艺复兴和资产阶级革命的第一批小鸟。文艺复兴时代的小说家赋予这种笑话以文学的形式。17 世纪又把生活及政治的热血灌入了小小说。”日本作家星新一指出：“很久以前就存在着类似超短篇小说的作品。……但是，超短篇小说这个名字的正式出现，是源于美国。”多数人推崇美国作家欧·亨利是创始人。他近三百篇作品，情节生动，笔调幽默，其中《麦琪的礼物》，脍炙人口。19 世纪、20 世纪的不少作家，如雨果、托尔斯泰等被称为“巨匠”的作家，还有泰戈尔、帕尔·拉尔奎斯特、海明威、斯坦贝克、辛格、川端康成、海因里希·伯尔、马尔克斯等获诺贝尔文学奖的作家，也奉献出一些微型小说。还有一些专门以写短篇小说著称的作家契诃夫、欧·亨利、厄尔凯尼等。

微型小说兴起的原因首先是时代需要。随着时代发展的加速，社会生活节奏的加快，人们在艺术审美上也愈来愈要求“节省律”，用尽量少的时间能获取尽量多的信息，因而钟情精短文体，短小精悍的微型小说应运而生，出现了相应的文学形式。其次是文学自身发展的需要。短篇小说越写越长，作为对“长”的针砭和反动，出现开拓新文学领域的“微型小说热”，小说世界由长篇、中篇、短篇、微型共同组成了“四大家族”。微型小说，是一种新型文体。我国的微型小说发展迅速，一是读者多，读者面广，各阶层都有。二是作者多，业余作者遍及全国，著名作家如王蒙、丛维熙、冯骥才等也大都试作。三是园地多，各级各类报纸刊物大都发表微型小说，各种征文竞赛活动层出不穷。四是文学理论界开展了讨论，同时引起国外文学界的关注。在我国的港澳台地区和东南亚各国，在世界华文文坛，微型小说也都完成了更新和蜕变，成为一种新兴的小说品种。

## 三、艺术特征

微型小说能够从长中短篇小说里正式分离出来成为小说家族中第四个成员，首先是因为它独特的品格已为人们所共识。从内容方面来说，微型小说的特点是新、深、辣。所谓新，就是具有敏锐的观察力，写别人没有写过的事，及时发现生活中的新事物、新问题，有强烈的时代感。所谓深，就是作品具有深度，启迪思想、引人回味，从而使人得到哲理的享受。作品除了要以情动人，还要以理喻人。哲理是情节的内核，它使人震惊，发人深省，引人思考。哲理是作家对生活独特而深刻的理解，它渗透在情节之中，引导读者去思考并作出判断。所谓辣，这包括以情动人，震撼人心；尖刻辛辣，一针见血。而微型小说的文体特点，决定了它有不同于一般小说的构思方式和写作规律，科学深入地去把握这些特点，无论是对微型小说的创作还是对微型小说的欣赏，都是十分必要的。

### （一）寓大于小，微中显志

把生活中的某一个横截面用那短小精悍的文字细加雕琢，就能看到这个横截面的立体涵义。微型小说作为一种独特的小说体裁，它的形体特征是“微”和“小”。微型小说要求以微知著，以近知远，这是它的本质特征。人物少，情节简单，字数一般在千字左右。虽然小而精，微而妙，但却以少胜多，以微观反映宏观，成为社会某一方面的缩影。同时，它现实感强，迅速轻便，充满生活气息，使人得以启迪，深刻主题，读后令人深思，如《德军剩下来的东西》。

### （二）博采众长，兼收并蓄

微型小说广泛吸取其他文学样式和艺术体裁的长处，博采众长，汲取丰富营养。吸收新闻长处，及时敏锐地反映社会生活，适合报纸选载。采用影视特长，在同一时间结构起一组生活画面。如《！—?》，写在深夜城市中，司机恶作剧地长时间按喇叭，将军被惊醒，作家打断思路，病孩被折磨等四个生活镜头，来反映作者独特的生活感悟。汲取寓言特长，巧妙道出哲理，如《杰克和水手》。吸收散文特长，淡化情节，巧妙叙述，表现作者的思想寄托和艺术追求，如《永远的蝴蝶》。运用小品特长，使玩笑小说具有较强的讽刺性。同时，微型小说还吸收了诗歌、论文、神话、科幻故事等特长，进行艺术探索。

### （三）精确取材，连缀镜头

短篇小说写横断面，如《孔乙己》，通过一个生活横断面，写出了一个社会和时代的风貌。微型小说截取的是面上的一点，这个点是运动展开的，可以称作影视中的“镜头”。微型小说的取材只有精确，才能形成连贯而形象的镜头组合。镜头在微型小说中的组成有三种形式：一是生活镜头，即一个场面；二是组合镜头，以一个场面为背景，接连叠印多个局部镜头；三是“闪回”镜头，用眼前场面带出以前镜头。小说中一般倒叙和补叙，在微型小说中要成为瞬间镜头描写和串联，以免冗长叙述和说明。

**（四）重写特殊，渲染情绪**

微型小说人物描写的特点重在写主要人物的性格的某一侧面，或写主要人物的情绪心态。微型小说的微小，使得小说的情节变得具体而单一，人物形象也变单纯起来。在短小中开掘深意，在单一中追求精美，在单纯中体现丰富。微型小说要写细腻的真实情感，这是表现微型小说立意的手段，它直接影响到读者是否能接收得到立意的信息和目的。立意的细致，给微型小说细腻的情感定位提供了条件。（1）刻画鲜明性格，突显人物精神。① 集中一点，突出强调。如《瞎说》，抓住一个教师胆小逢迎这一点。此人见人就笑，善于重复别人的话并连称"对对"。在一次报告会上，劳模对他谦称"我那是瞎说"，他应声附和："对对，瞎说，瞎说！"引起人们惊诧，他也惊出一身冷汗，揭示了"文革"在人们心灵上的创痕。② 勾勒轮廓，重在神似。即白描手法，以叙代描，写人物内在和外在的主要特点。如《颜色》，作者抓住主要人物县长和秘书张与李的不同性格，通过一个巧妙的"颜色"考试的叙述，在叙事中展示人物形象，栩栩如生，历历在目。③ 显微放大，夸而不诬。抓住人物性格特点进行夸张描写，甚至涂上荒诞色彩，揭示生活的焦点和本质。如王蒙的《雄辩证》，医生说"请坐"，病人却说"为什么要坐呢？难道你要剥夺我的不坐权嘛"，如是等等，对"文革"中盛行的强词夺理、咄咄逼人的"病症"进行了艺术的夸张。契诃夫的《一个小公务员的死》也是如此。（2）注重情绪化描写。这是微型小说创作的一个态势。微型小说不重性格刻画的传统写法，人物往往只用"他"、"她"等代词称呼，写出来也是缥缈的影子，大都是生活中的平常人。情绪气氛笼罩全篇，有意识地作深层意识剖析和细微感觉刻画，产生一种朦胧而又深刻的意境。如《永远的蝴蝶》，作者没有描写事件过程，反复地刻画细微感觉和幻觉，蕴含着生死、爱情的永恒哲理意味。情绪心态要尽量带有普遍性。如《那团云雾》，"他"游黄山买了高价茶叶便败了游兴，无法快乐，但在看到同伴也吃了亏时才莫名欢悦，峰顶那团云雾都不见了。这种情绪心态概括了人们惯熟而又可笑的"阿Q精神"，揭示出人类的劣根性。

## 四、写作要求

微型小说一般要求是内容浓缩、文字精练、重视布局、以小见大。具体说来如下：

**（一）微**

指的是篇幅微小，多则千把字或数百字，少则上百字或几十字，微型小说在容量上以少胜多、以一当十。一个人物，一个场景，一点恩怨，一番惦念，一段机缘，一首夜曲，一种联想，反映一个感悟，一个哲理，一蕴意境，一瓣相思，一缕情怀，一份启迪，因此，构思和行文时必须注意字句的凝练，不允许作品中有赘词冗句。如马克·吐温的《丈夫支出账本中的一页》，全文只有七行字，却具有长篇小说的全部情节。契诃夫的《小公务员之死》里的一个嚏喷，《肥皂》里一句酸溜溜的话，反映的主题却是形形色色，五花八门。

**（二）新**

指的是立意新颖，风格清新。星新一写微型小说，就极力追求"新"。他在《一分钟小说选》中写道："有些评论家把我的小说与美国的超短篇小说（Short－Short）混为一谈，这是不妥当的。我是受了美国超短篇小说的影响。但是没有完全依靠，而是发挥了自己独特的风格和技巧。我的小说强调一个'新'字，给读者以新题材、新知识，甚至让他们感到惊讶！"为此，他常常借助于童话、寓言、科幻、推理等手法，通过非现实的题材或现实题材的非现实笔法，反映他在现实生活中独特的感觉，表现清新的主题，如《保修》。当然，微型小说的立意和其他形式的小说作品一样，有时并不是一眼能看出的，有时主题并非一个，是多元化的，这都是可以的。例如美国著名科幻作家弗里蒂克·布朗写的一篇被称为世界上最短的科学幻想小说："地球上最后一个人独自坐在房间里，这时忽然响起了敲门声……"就写得十分别致而耐人寻味。

**（三）密**

指的是结构严密。微型小说的作者在结构上，应力求时间、场所、人物都尽可能地压缩、集中，使作品结构简练、精巧，如同微雕工艺品那样。如刘敏《如鲠在喉》，作品写一个年青职员小余忍气吞声干着一份自己十分不满意的工作，"再难受，也要忍受。再别扭，见了老单还要强装笑脸。"文章结尾处写道："鱼刺卡在喉头的痛苦，难道不是我自己造成的吗？可自己的性格，又是谁造成的呢？"小的立意写得丰满厚实，导出了小说的另一个更高的立意，即当前的社会风气十分差，人人都在为了自己生存而不得不带上虚假面具，泯灭个性，扭曲人格，这就把当前畸形社会形态写活了。因此，特别要在选材、剪裁和布局上下功夫。

**（四）奇**

指的是结尾要新奇巧妙，出人意料。微型小说的特点重在一个"奇"字。中外作家许多优秀作品就常在结尾处使人拍案叫绝。如陈启佑《永远的蝴蝶》，作者在结尾处点出了那封使樱子失去生命的信的内容："妈，下月我和樱子结婚。"而此时已经成了夜的蝴蝶的樱子还不知信的内容，结尾的新奇巧妙，造成了人们感情上的强烈刺激，遗憾使人们在审美上产生悲剧意识和感染力。

## 五、写作技巧

微型小说具有立意新颖、情节严谨、结局新奇三要素。即在千字以内，要概括出普通小说应具有的一切，微型小说是一种通过对细节或场面的描写，以小见大地表现人物及反映社会生活的文学体裁，它是一种敏感，从一个点、一个画面、一声赞叹、一瞬间中，捕捉住了小说的一种智慧、一种美、一个耐人寻味的场景，一种新鲜的思想。阿·托尔斯泰在《论文学》中说："小小说，这是训练作家最好的学校。"微型小说生命力旺盛，风行世界，方兴未艾，在于微型小说构思精巧，读写简便，篇幅短小，以小见大，成为人们的青睐。人们常说微型小说是"麻雀虽小，五脏俱全。"它不仅有人物、情节、结构、语言等文学因素，同时包括作家的品格、风度、才华、学识在作品中所综合表现出来的风格。微型小说呈现出现实主义、浪漫主义、现代主义等不同的风格，反映了各自不同的艺术个性，有着现实、抽象、空灵、象征、怪异、幽默、科幻、寓言、隐喻、错位等手法，被用于不同风格的创造，显示了微型小说世界的多姿多彩。总之，微型小说的技巧可以概括为：选题沙里淘金，立意一叶知秋，结构巧夺天工，情节出奇制胜，人物画龙点睛，语言惜墨如金。

### （一）写作原则

1. 精选场面，以小见大

微型小说篇幅短，人物少，情节简单，要使其小而精，微而妙，并成为社会某一方面的缩影，就要精选生活场景，以独特的眼光去挖掘和透视，以小见大，在故事中折射人生百态，揭示新鲜深刻的思想内涵。例如：《第九次微笑》精选了“他”经过精心策划后，怀揣尖刀去报仇的情景。当他立于仇家的床前时，发现只有一个“独苗儿”男婴在熟睡。他从怀里摸出了刀，但婴儿梦里一次次的微笑使他的心一次次地受到震撼。情节极其简单，从“摸出刀”到将刀投进池塘，“他”完成了灵魂的搏斗过程及其最终向善的选择，主题是深刻的，弃恶从善的心灵才是最美的心灵。

2. 意料之外，情理之中

微型小说作家蔡楠认为，“小小说是形式的艺术”，“自然也应用新颖、奇特、走俏的艺术形式来包装色彩缤纷、波澜壮阔的生活内容”。“结构布局合理得体、新颖独特，就能更好地丰富生活内容，就能更好地展现作品主题。”而意料之外、情理之中的情节结构则是一种常选的样式。《公交车上》的构思布局就是如此。作者写了一个十一二岁的小姑娘去看守所看望哥哥后，在公交车上看到小偷偷钱包的场景。小女孩在内心经过一番矛盾斗争，终于有办法了。“阿姨，你的钱包掉了！”车上的一些“目击者”都为这小女孩捏一把汗。有人小声嘀咕：“这小女孩，真胆大。”那位“失主”拼命地摸着全身的口袋，站在身后的那位，脸由红变白，大汗淋漓。“失主”也忙得满头大汗，把求助的目光投向小女孩。小女孩又开口说话了：“是身后的那位大哥哥捡了你的钱包。”那个小伙子连忙附和道：“刚才车颠了一下，给忘了。对不起。”“失主”赶忙千恩万谢，乘客又都为小女孩担心。小女孩走到那位小伙子跟前，甜甜地喊道：“大哥哥，你真的很像我哥哥，但他却在看守所里，我刚看罢他回来。”那位小伙子笑了笑。车上的人都会心地笑了。文章高潮和结尾的情节设计，既在意料之外，又在情理之中，使小女孩这一人物形象细致鲜明。

3. 情节曲折，尺水兴波

微型小说讲究情节的曲折，不能平铺直叙，要在叙事顺序上做文章，将一般的顺序重新调整，先交代有关细节，从而给读者造成悬念。跌宕起伏的情节，造成文章的波澜起伏，扣人心弦，从而取得独特的艺术效果。例如《抉择》一文，以倒叙手法，先将妻子那温柔的微笑与冰冷的墓碑生动地展现在读者面前，然后引领我们一起经历了一场大火中生与死的抉择，生动地展现了“我”的多情和善良。尺水之中，巧生波澜，摇曳多姿。主体部分则展示了“我”面对一场突如其来的大火，在先救亲爱的妻女和已故同事那无助的妻女时心理矛盾和最终的抉择。情节生动，描写细腻，感情真挚，令人感叹。

4. 立足生活，映衬时代

写作的精髓是展现时代风貌。别林斯基说：“如果艺术作品只是为了描写生活而描写生活，没有任何发自时代的主导思想的强有力的主观冲动，如果它不是苦难的哀歌或热情的赞美，如果它不提出问题或者回答问题，那么，这样的艺术作品就是僵死的东西。”如修祥明的《小站歌声》，作者满含深情地描述了苗兰老师热爱学生而学生敬重老师的动人事例，勾勒出一个在生命的旅途上只有半年时间、但却让生命之火熊熊燃烧、让人肃然起敬的典型形象。她在一个夜深人静的日子想悄悄离开学生，而学生还是冒雨为老师送行和祝福，老师那善意的“谎言”，更震撼人心，从而折射出社会和时代的风貌。

**(二) 写作构思**

1. 主题深刻

罗伯特阐述的微型小说第一条要素是“立意新奇”，这符合微型小说创作实践。微型小说对读者强烈冲击的实现是依靠深刻有力的主题。微型小说以机巧灵活的艺术形式，负载起新奇深刻的立意时，它对生活本质的那种深刻的穿透力便豁然显现了。只有构思巧妙，主题才容易出新、出奇。① 通过两个生活片断巧妙对接来揭示出深刻的生活本质。如欧·亨利的《我们走过的这一条路》就有前后两个生活片断：一个强盗在火车上行凶抢劫，在逃跑途中，又残忍地杀死了自己的同伙，于是他获得了一大笔钱财，变成了资本家。而一个银行老板在经济大萧条的时候，把老朋友逼得破了产，于是他本人由此变为更富有的银行老板。欧·亨利把这两个生活片断通过男主人公的一个梦巧妙地对接后，便揭示了一个触目惊心的深刻主题：抢劫成功的强盗变成银行老板，而银行老板的行为又和强盗抢劫没有两样。欧·亨利的这个精巧构思，把这互不相关的两个生活片断联接成为一个艺术有机体，传达出“强盗就是资本家，资本家就是强盗”深刻而新奇的立意。又如孟伟哉的《插图》，写父子之间互相画像。儿子把父亲画成脑袋很小，身子很大，标明这是“父亲思想史插图之一”。父亲看后画了“儿子的成长史插图之一”，把儿子画成大大的脑袋，铅笔样的身子。这篇小说的聚焦，就维系在两幅画的对比上。再如路东之的小说《!!!!!!》，写的是两个孩子在老树下做游戏：“我们都是木头人，不会说话不会动。一不许笑，二不许动，三不许交头接耳听，看谁的意志最坚定。”将这个片断一再重复，重复到第六次时，作品的意味就一下升华了：我们终于看到了这最习以为常的游戏后面，有着某种愚昧而不合理的东西，我们看到了儿童天性的被扼杀，甚至从中体会出民族传统中的隋性气质所形成的一种消极的心理定势。② 通过作品开头与结尾精彩对比来揭示深刻的生活本质。如詹姆斯·瑟伯《花园里的独角兽》，妻子开头把丈夫看作是精神病人，打电话叫来了警察和精神病医生，没料到，她的丈夫和警察、精神病医生一起，却反而把她当作精神病人捆了起来。再如星新一《一个女人和二个男人》，开头那个年轻美貌的姑娘对来求婚的两个小伙子说：“你们各自办个企业，谁成功了我就嫁给谁”；到了结尾，两个小伙子成功后却约定再竞赛一次，谁失败了谁娶她。这个年轻美貌的姑娘由原来商定要嫁给一个竞赛中的取胜者变为嫁给一个竞赛中的失败者，人物的命运发生了一百八十度的大转折。这个开头与结尾的精彩对比，使我们领悟到了日本现代生活的本质，即在资本主义社会金钱关系侵蚀下人性的逐步异化。作者精巧的艺术构思形成了作品对比强烈的艺术反差，在这种强烈的艺术反差中，那种新奇、机智的立意，使读者心领神会。

2. 情节曲折

情节越是新奇，构思越是精巧，微型小说就越能体现它独特的趣味和艺术魅力。微型小说的选材决定了微型小说的情节只是由“一个具体事件”构成的单一情节。单一情节比起由两个以上的事件构成的复杂情节来说，先天就缺乏一种曲折和波澜的艺术机制。然而微型小说的艺术魅力恰恰就在于它偏偏要在这单一的情节中追求一种丰富和变化。微型小说的情节构思有一条这样的规律:越是在单一中表现出了丰富和曲折,那么它的艺术魅力就越强烈。微型小说创作就是要设置一个精致巧妙的情节,即巧妙地制造"既出意外,又在情理"的情节效果。蔡楠曾在《小小说选刊·小小说十大高手》提到小小说是形式的艺术,而这种形式,就是小小说的情节结构,"小小说的形式就是结构布局。……结构合理得体,新颖独特,就能更好地丰富生活内容,就能更好在展现作品主题。"情节技巧有对比、渲染、突转、夸张、巧合、重复、照应、设置悬念等。情节的安排精妙是十分重要的,它既是放大镜,透视出微型小说更大的表现力,更透彻地表现主题,它又是多棱镜,让人看到微型小说作品以外生活的多个层面。① 通过设置情节的反转和曲转来制造意外结局的。如许行的《掌刀》,写一个老护士在长期实践中学到了真本领,当"陈一刀"在手术中突然发病,她能接过手术刀顺利地把手术做下去,还接替儿子做了复杂的皮下脂肪瘤切除术,强化描写了金护士在实际工作中学到的真本领。在作品的结尾,院领导却以金护士没有文凭,让她下了手术台,提前退休了。人物的命运结局与作品前半部分一步步渲染的真才实学构成了一个有落差的陡转。抓住人物或事件的一个元素,向上做一种延伸发展和不断的渲染,最后突然来一个陡转,形成作品情节开头与结尾的巨大反差,由此实现了作品的意外结局。② 通过机智、巧妙地运用误会和巧合手法来制造作品的意外结局。如敖夜的《窗》,作品设置了一个这样的情节:"我"把临街的窗户擦亮后,发现一个漂亮的姑娘从窗前走过,并对"我"很了惬意地看了一眼,而且从此以后几乎每天都要重演这一幕。"我"以为爱神降临了,于是在朋友的鼓励下,"我"对那个漂亮女郎主动出击,谁知那个漂亮女郎对"我"的大胆招呼莫名其妙,"我"问:"那你常对窗里看什么?"漂亮女郎说:"看自己"! 这是一个美丽的误会。当男女主人公发生误会,故事情节出现了一个撩拨人心的悬念,而一旦消释这个悬念,读者才惊奇地发现悬念和谜底是截然不同的两回事。又如《年关》分三个部分,前两部分是两个不相关的故事,一是讲的是两夫妻为他们的爱犬病了而十分紧张,不惜到别的城市花重金找高明的兽医,让它吃比人的食物还贵的狗粮。一是讲一个老太婆日夜盼着自己的儿子和儿媳妇早日回家过年,甚至病了也舍不得花钱看病,为的是有钱买年货,最终儿子和儿媳妇还是没有回来。后一部分则用几句简单的句子并列在一起,说明老太婆所盼的儿子和儿媳妇就是为狗奔波忙碌的那一对夫妻。这突如其来的巧合让读者眼前突如一亮:什么,自己的母亲竟然及不上一条狗重要! 许多的微型小说的构思就是通过这种出乎意料的误会或巧合来创造一个有意外结局的精致情节。微型小说通过巧妙的艺术构思,来设置提炼一个精彩的情节,实现微型小说的意外结局,形成独特的情节趣味。

3. *人物新奇*

微型小说在短小的篇幅中虽然只刻画一个主要人物,只描写一个人物的一个性格侧面,只突出这一个性格的一个侧面,但作者完全可以让这一个性格侧面概括出人物的整个性格特征,并让它凝聚着丰富的内涵,从而实现性格描写的丰富典型。微型小说人物塑造中采用细节描写来刻画人物性格的多种形态和发展变化,从而写出一个双重组合的立体性格。如黑孩的《小日本》写的是一个叫秀芝的姑娘,带着一个始终不肯对人倾吐的感情被迫嫁人,最后抑郁而死。作者介绍:"有一天,我回家探亲,在海滨公园处,母亲指着前边一个卷毛的男孩对我说：'那是你的同学小日本，恋着他的女孩子很好，只是病死了。死得极惨。'母亲深重的一声'极惨'，立刻有一下震动穿过我的身体。我拉住母亲，要求她讲述《小日本》中的一些事。那'极惨'的女孩子不肯结婚，不肯向任何人诉说心中的感情，使得人生的枯荣顷刻间都变得淡化起来——女孩虽然已经'极惨'地死去，但是，她那因为极其孤独而又极其脆弱的灵魂，却因此而更加执着、更加真诚、更为膨胀着生的活力。"又如陈洁《写作教授》写的是我们生活中的另一种普通人。作品刻画人物用了四个细节：一是可逸先生上课总要用头二十分钟来痛骂一篇他看不起的文章，有次骂到激动之处，他竟掏出了一双臭袜子来擦鼻子；二是可逸先生对学生的作文严格到连标点符号都不放过；三是可逸先生待客总是亲自下厨煮一碗面条，并打上两个鸡蛋，恭恭敬敬地请客人吃；四是可逸先生下澡堂穿错了儿子的一只鞋，被保卫人员扣住了，而他却说出了"就差那么两码，穿在脚上还不一样"的令人啼笑皆非的话来。这四个细节，凸现了可逸先生性格中最突出、最闪光的一点——迂。他迂得可爱，迂得认真，迂得可笑。但我们从他的迂中却感受到可逸先生整个的一生和整个的为人，体味出造成他这种迂的性格的时代和生活的背景。微型小说写人必须要抓住人物性格中的一个闪光点，并用若干个精彩生动的细节来表现这个性格闪光点。孙钊在《论超短篇艺术》中说："作者在占有的生活素材中，敏锐、准确地采撷到人物的光点，把这光点放在作品构图的中心，让一切作品的因素围绕这个点，从这个点辐射出去，又从各处向这个光点完成。"人物性格的闪光点，是体现人物性格的所有材料中最精粹的闪光点，也是微型小说刻画人物的最精粹的典型题材。

4. 语言精美

篇幅的精短，使得微型小说在语言运用上只能是惜墨如金。微型小说的语言必须洗练、含蓄，有力度，个性化，节奏明快，引人入胜。它能准确地抓住表达对象的特征，给人以深刻印象。微型小说篇幅短小，它在有限的篇幅内从容不迫，游刃有余，往往直接入题，多用白描，该细则细，该简则简，将环境描写隐于情节发展，将人物神态心理，隐含于人物行动对话，即尽可能含蓄，善于留艺术空白，让读者去想象补充。微型小说总是用形象说话，含而不露，引而不发，把涵义留给读者去品味，它往往喜欢用双关、象征、侧面描写等手段，让读者去体会话外之音、"象外之象"，虚实相生，以实引虚，使读者去再创造。具体说来，微型小说语言精美的特点：① 大容量、快节奏的叙述语言，如魏永贵的《先生》："他说校长……校长眨了一下眼皮说不用说了我知道你是来交辞职信的，我知道你早晚要来的但比我估计的晚了些。"微型小说特别需要这种包含潜台词、兼有动作性的人物语言。因为这样的人物语言，能够蕴含较多的信息，同时也体现人物语言的直观性、形象性，于是人物语言也才能达到简洁、洗练的艺术境界。② 特征突出、形象鲜明的白描语言，如李利君的《种子粮》："故事发生在这样的地方。没有月亮，星光却洒满天空。北风叫过之后的大地，静得出奇。视觉上，这个晚上美得无以言说，天又高又蓝。"；③ 包含潜台词和兼有动作性的对话语言。如陈洁《万元先生》用上课、编书、出国三个细节就写活了一个什么时候都"感觉最良好"的人物："周民的个子在身材上是 1.66 米，在气质上绝对是 1.88 米。所以身处于数学系的芸芸众生之中，他懒洋洋地翘着鼻子，一点儿也不显得矮。恰恰相反，众人在他的眼睛里，倒反而是矮了一截。"这使得读者既了解了描写对象的特点，又领悟了作者对描写对象那种幽默调侃的评价，作品描述对象的客观信息和叙述人的主观评价信息互相交融，作品的叙述信息容量就被扩大了，这样读者便能很快地进入由作者的叙述基调而创造的艺术氛围。“周民走进一年级三班的教室，总是一派眼睛朝天、漫不经心的学者丰采。他把教科书和讲义像堆破烂似地往讲台一扔，然后就再也不朝它们望上一眼。似乎望了它们一眼，就有辱他的学问和才华似的。”“他在教室的前方迈着两条短腿踱来踱去，暗自陶醉在自己的讲课之中。兴之所至，就在黑板上一阵激烈的乱涂乱抹，指甲擦着黑板‘吱吱’尖叫让人不堪忍受。”它使读者在短暂的阅读中迅速地掌握描述对象的面与点、总体和细节的各种情况，叙述便以较大的密度和较快的节奏向前推进，构成了微型小说叙述语言特有的精练和精美的特点。可见，微型小说是通过它大容量快节奏的叙述语言、特征突出形象鲜明的白描语言和包含潜台词兼有动作性的对话语言，来实现它在语言运用的精练、精美上的特点。因此，我们应该用更大的精力，下更大的苦功来锤炼自己的语言。没有真正像金子般闪光的精美语言，就不可能产生真正意义的微型小说艺术珍品，也不可能使这种文体的艺术优势得到真正的发挥。

### （三）结构艺术

微型小说是一个有机的艺术整体，它的结构要求单纯和简练。在结构方面的要求是有奇特新颖的立意、相对完整的情节、出人意料的结尾。它只取生活的一个片断、一个镜头，在结构上可以有“头”无“尾”，可以有“尾”无“头”，也可以无“头”无“尾”，只取腰的一段，在这里求全是不适当的。此外，结构上的虚实、疏密、主次、起伏、浓淡、断续等辩证关系要精心运用。

#### 1. 开头

微型小说在开头就要一下子抓住读者，惹其眼球，巧妙地引人入胜。常用方法有：① 造成悬念，引起兴趣。如《那团云雾》，开头就写不知怎的没了游兴，连山顶上也罩上一团云雾。开门见山，进入情节，往往开头就是人物对话。② 含蓄蕴藉，曲径通幽。如《在柏林》，一开始就是故事大起大落的叙述，为后来的结局作铺垫，那“静的可怕”既是现实生活环境的，更是人们心灵上的。③ 描写景物，烘托铺垫。并有照应和伏笔。如《永远的蝴蝶》开头的客观环境的描写和烘托，映衬出了小说的主题和人物的命运。

#### 2. 正文

微型小说的正文内容的表述要曲折生动，波澜起伏，扣人心弦。要在其结构安排上形式灵活新颖，线索起伏变化。常用以下形式：(1) 曲折生动式。微型小说贵在情节的曲折生动，错落有致。而其结构的跌宕起伏来源于叙事线索的巧妙安排。① 单线曲折，一波三折。如王任叔《河豚子》，写一农民在二三十年代的社会背景中，因穷困而自杀过程：弄回毒鱼，却看到孩子们兴高采烈；怕见惨象而出外，回来后却见妻儿欢笑等待；吃后等死，却因鱼失去毒性，死不成仍要受苦。虽是平铺直叙，但却一波三折，引人入胜。② 双线交叉，内在联系。一人两事，或两人一事；可以是两条明线，也可一明一暗，互为陪衬。如《小星的暑假日记》，父亲编造假材料，儿子编写假日记。父亲打骂儿子后，再要写材料时只好苦笑，两条线索互相交叉，情节曲折生动，主题深刻。③ 反复回环，同中见异。如《奇妙的循环不等式》，车上只有一个空位，售票员不让老太太坐，却让“首长”坐。司机上车后赶开

“首长”请经理坐，经理的丈母娘正是老太太。又如《他们都是瞎子》，写一对青年热恋、结婚、离婚时都看见一对瞎子相搀相扶，原来他们是盲人，但他们的心灵却是光明而鲜亮的。④ 前后对比，双峰对峙。如《变化》写一个业余作者先后发表两篇稿件后，单位领导不同的态度。从而反映出社会的世俗和人情的冷暖，对比鲜明，形象真切。⑤ 欲扬先抑，欲抑先扬。“扬”是主体，在“抑”上着笔，突然一转归于“扬”，后者相反。从而产生情节发展的意外性，加强相反相成的艺术效果。如《书法家》，文章开头描写局长书写“同意”两字的遒劲有力，营造和渲染氛围，而结尾处的点题，反讽之意，溢于言表。(2) 重旨复意式。微型小说应以小示大，达到意义的升华；要讲象外之旨，言外之意，引起读者想象。主要采用：① 象征。用具体物象寓示概念或另一形象，但只起结构作用，如《枪口》，写一官复原职的领导用别人送的枪打下猎物时，意识到走后门的“枪口”也同时瞄准了他。倒在枪口下的不仅仅是那只可怜的水鸭子，还会有防腐意识不清醒的人。此类还有《颜色》等。② 双关。如《向不通》，写大学生向不通十年勤恳工作，反不如工作差的升得快，因而“想不通”这世事的复杂和精妙。③ 比喻。如《“炮”炸宴席》，写小孙子在酒宴上放炮仗捣乱，又在爷爷不满新经理四十来岁年纪轻时放“炮”：“你不是十八岁就当县长！爸爸三十出头就当厂长了！”，孙子炮轰爷爷，比喻生动形象。④ 省略。这是一种具象化的空白。如《落果》，写老门卫退休后，门口枣树上果子不熟就被打光，他写信给厂长：“连几十张馋嘴都管不住，还管厂。”接着省略了厂长感悟、勤奋、严整厂风的情节，而写第二年老师傅收到一包红枣，断续错落有致，情节跌宕起伏，主题鲜明深刻。(3) 采用其他文体和艺术体裁的特长。叙事、抒情、状物、绘声、笔记、小品、故事体、诗体、个性化、散文化，心理的、具象的、魔幻的、黑色的，生活片断，时事纵横，国风之盛衰，决策之得失，人情之冷暖，世态之炎凉，瑰丽的幻想，不尽的惦念，美妙的意境，浪漫的爱恋，瞬间的感悟，在微型小说的大观园里，琳琅满目，应有尽有。

3. 结尾

微型小说结尾宜巧，常用方法主要有三种：① 画龙点睛，首尾呼应。如《那团云雾》，开头败了游兴，峰顶似乎有团云雾，结尾那团云雾也不见了。② 戛然而止，含蓄隽永。如《书法家》，局长在书法展览会上应邀不过写了两个最拿手的好字是“同意”，面对惊叹和要求他只好无奈地说：“能写好的数这两个字……”这样结尾，韵味无穷，艺术容量很大。③ 出人意料，扣人心弦。即欧·亨利式结尾，其特点是“巧”。整个布局为结尾服务，情节逆转，抖包袱，亮底牌，这种结尾，打破了情节发展惯用的结构手法，给人以新奇感，深化了主题，增加了容量。如《麦琪的礼物》，一对穷困夫妻为在节日时互送礼物而煞费苦心，最后礼物拿出来却没用：一个卖掉金表为妻子买了梳子，一个剪掉长发为丈夫买了根表链。再如澳大利亚的《窗》，靠窗的病人每天为角落病人描述窗外美景，为苍白的生活增光添彩。但是角落病人却见死不救，图谋到了靠窗的好位置，抬头望见窗外只是一堵高墙。

## 六、表现手法

微型小说可以调动多种体裁的表现手法，如电影、电视的蒙太奇手法，新闻的明快洗练，寓言的及时敏锐，指桑说槐，寓理于事，小品的辛辣和干预生活，故事的讲述技巧和情节骨架，诗歌的凝练和含蓄，散文的淡化情节和隽永的语言，论说文的形象说理等表现手法。具体说来，表现如下：

**（一）含蓄**

微型小说故意留一些妙不可言的情节和人物让读者去思考和想象，用读者的再创造来补充发展原作，从而得到意想不到的艺术效果，这就是含蓄的妙处，没有“弦外之意”和“弦外之音”，就难称真正的微型小说。因为浅露的直说，是无法“以小见大”、“以少见多”的。当然，含蓄不等于晦涩，不能片面追求含蓄，而叫人看不懂。含蓄的构思方法有：① 暗示。不把意思直接说出来，或只描绘故事，让人推想问题本质；或只叙述有关条件，让人推想事实情态，把主题隐藏在瞬间镜头和典型情节里，让人凭借写出的形象来领悟深刻的哲理。具体说，就是写出一件小事而暗示某些大事，写出一个片段而暗示整体，写出一个瞬间而暗示过去和未来。即写出的部分本身就有“意义”，所暗示的部分蕴含着进一步的“意义”；它是通过“小形象”暗示出“大形象”而达到意义的升华。如《书法家》，作者巧妙地通过暗示，揭露了一个官僚主义者的丑恶嘴脸。② 象征。通过某些特定的具体形象以表现与之相似或相近的观念、思想、感情。由于它有一种不确定性，有时像谜一样难猜，读者可根据自己的生活经验来理解和认识，这就产生了含蓄的力量。微型小说用象征方法构思，更能若即若离，余味无穷。如《永远的蝴蝶》中的“蝴蝶”，恰到好处地象征了像樱子一样美好的物象。③ 双关。利用事物音、形、义的有关条件构成的双重意义来布局构思。它借物表意，指桑说槐，表面的意义不是主要的，里面的意义才是主要的。读者要由表及里地推想寻思，才能悟出“话外话”、“味中味”，因而产生了含蓄的意味。如《颜色》，不仅表现了察言观色，更一语双关地揭示了“给你一点颜色瞧瞧”的官场游戏规则的厉害。④ 幽默。微型小说用幽默、诙谐的笔法进行创作，也可以达到含蓄的有效手段。把自己的观点、感情隐藏起来，表面写一个幽默、风趣、甚至是荒唐可笑的故事，实则表现严肃深沉的主题。微型小说的寓庄于谐，就是它的主要特点。如《名人》，作者巧妙地寓讽刺于名人调侃式的回答之中，针砭了盲目炒作的名人效应及其危害。

**（二）简约**

微型小说短而精，犹如压缩饼干。如果写的人物和故事过于简单化，就会给人一种单薄、空洞之感；如果写得冗长而松散，又会使人厌倦；倘若你写得短而空，令人失望扫兴。微型小说既要短，又要包含尽量丰富的内容。如《有关山的故事》，篇幅虽然短小，却言简意赅地道出了丰富而深刻的生活哲理。

**（三）巧思**

除了前面谈到的通篇精巧安排外，微型小说特别要注意结尾的效果。成功的结尾，往往是巧思的结果。微型小说写作，应该在结尾处下一番功夫，以图显出豹尾之势，使之刚劲有力，给人留下浓厚韵味和长久印象。即在收尾处情节的发展来一个意想不到的变化，虽属意料之外，却又合情合理，勾起人们无限遐想和沉思。当然，结尾无固定形式，可以在高潮中戛然而止，也可以用点睛之笔在结尾处深化主题，也可以大团圆、光明闪烁，也可以中途而止，留下悬念。不论哪种方法，都要尽量做到言有尽而意无穷，给人回味，留下思考。如《小站歌声》，通过一个善意谎言和无言送别的精妙设置，匠心独运地表达了老师爱学生、学生爱老师的伟大主题。

**（四）以小见大**

微型小说要求作者使用最少量的信息，给读者产生最大量的想象。作品中没有具体描写到和议论到的，读者可用自己的想象来加以补充，要留足够的想象余地，使读者借想象取得“借一斑略知全豹，以一目尽传精神”的效果。“小”与“大”，是矛盾的一对，也是统一的一对，把两者处理好就是艺术。有了艺术辩证法，就会懂得少与多、人与境、主与从、情与景、虚与实、常与反、正与侧、疏与密、繁与简等等一系列矛盾统一的关系，会给作品以一当十，以无带有，产生此时无声胜有声、千变万化、神出鬼没、意味无穷的艺术效果。如《在柏林》，通过一个被战争夺去三个儿子的老兵安置因战争而疯了老婆后自己再上前线的故事，反映了人们厌恶战争但又无法逃避战争的无奈和愤怒心理，从火车厢里的对话小事中，折射出了一个反对战争、呼唤和平的重大主题。

# 第八章　理论文体

理论写作是一种直接表达观点、传播真理的书面表达方式，其特点在于明确的说理性和严密的逻辑性。从事理论写作要从多方面加强修养，特别要学会审时度势，提高理论水平，注重知识积累，培养思维能力。

## 第一节　理论文体概说

### 一、含义

理论写作是关于议论说理文章的写作。这种写作主要是直接运用逻辑推理形式，通过分析综合、概括抽象等思维方法来揭示客观事物的意义、本质和规律，阐明作者的观点和主张。它反映人们对客观事物或事理的科学认识，富有说理性、评述性和论辩性。理论写作就是一种直接表述观点、传播真理的书面表达方式。理论写作在我国源远流长，写作成果和写作经验都很丰富。《论语》虽是格言语录式的，在我国"群论立名，始于兹矣"。春秋战国时期，诸子百家学派纷争，理论著述成就壮观，特别是辩论体制的确立，标志着中国古代写作理论进入了一个新时期。从秦汉到唐宋明清之际到民国初年，我国理论写作的实践不断发展，理论写作的经验日益丰富。

### 二、种类

理论写作的文体范围很广，可以从不同的角度分类。从论证方式看，可分为立论和驳论两大类。从作者角度看，可分为社论评论员文章、编辑部文章、编者按以及个人署名的论文等。我们按其表达方式，把理论文章分为专著、论文、评论、申论、杂感、随笔等。

### 三、特点

理论文体包含着各种不同的文章样式，研究其共性可以看出他们具有如下的基本特点：一是明确的说理性。任何理论文章都"以'说服他人'为成功"。说理必须有理，理直才能气壮。"理"就是道理、真理，是指客观事物的本质和法则，指事物之间内在的必然联系。理论文章主要是运用直接议论说理的方式，通过分析综合等论证过程，揭示客观事物的意义、本质和规律，以表明作者的观点、主张，达到让人心悦诚服的效果。在理论文章中，主要运用的是概念、判断、推理，分析、综合和类比等手法，它要进行科学的抽象和高度的概括，用严密的逻辑和理论阐述作用于读者的理智。在阐明主题的方法上，理论写作与文学写作是大不相同的。在理论文章中有时也把抽象的道理化为具体可感的形象，但是这些具体形象是比喻性的、论证性的，它只是借助形象，目的仍在于说理。说理性是理论文章在内容方面的特点。刘勰在《文心雕龙・论说》中说："原失论之为体，所以辨证然否；穷于有数，追于无形，钻坚求通，沟深取极。"理论文章，不论是鸿篇巨制还是短论随笔，都是要用道理去说服人，理论只要彻底，就能说服人。所谓彻底，就是要符合实际，准确完善。抓住事物的根本。理论文章只有具备了说理性，才能显示出自己的威力。二是严密的逻辑性。理论文章重要特征就是通过合乎逻辑的推导进行有说服力的论证。议论说理要求准确运用概念、判断和推理；在论证过程中要求把材料安排地有条理有层次，组成一个论证体系，能充分揭示事物的内在联系，使文章具有无可辩驳的逻辑力量。如果说，艺术魅力在形象里，那么，说理的威力则在逻辑中。理论文章具有逻辑性，包含三个方面内容，一是结构的逻辑，要求做到有纲有目，纲举目张；层次分明，脉络清晰；首尾连贯，周到缜密，讲究段落层次的条理性和谋篇布局的完整性。二是论证的逻辑，要求做到论点明确、鲜明，论据确凿、充分，论证严密、有力，讲究组织论据的合理性和逻辑推理的严密性。三是词句的逻辑，力求做到概念准确，判断恰当，推理连贯，讲究遣词造句的确切性以及语言的概括性。

## 四、修养

从事理论写作，作者除了应具备与其他写作共同的要求外，还必须具备以下修养：

### （一）善于审时度势

理论写作主要是通过"摆事实，讲道理"的方法明辨是非、传播真理，往往具有很强的针对性，它总是针对社会发展进程中出现的重要问题，及时进行理论研究和探讨，对人民群众关心的现象和课题，予以科学的回答和正确的解释。因此，从事理论写作，必须经常关注社会情况，掌握各种动向，了解群众的意愿，倾听人民的心声，把握时代发展的趋势。从事理论写作需要经常接受新的信息，分析研究国情、民情，从宏观上做到胸中有全局，从微观上力求手中有典型。对已经发生的事要善于总结经验，对正在进行的事要及时把握它的进程，对将要出现的事要有所预测。只有这样，才能在理论写作中敏锐地提出论题，正确地分析问题，科学地解释和回答现实生活中提出的问题，这样写出的理论文章才会起到宣传鼓动作用。

### （二）加强理论修养

从事理论写作要有理论修养。所谓理论修养就是要懂得哲学基本原理，熟悉党和国家的路线方针政策。写理论文章就是以哲学作指导去分析阐述论证现实生活中的各种现象和问题，就是结合具体事例去解释、宣传党的路线方针政策。对于理论写作来说，提高理论水平，加强理论修养，这是一项不可缺少的基本功。

### （三）注重知识积累

从事理论写作需要丰厚的知识积累。古今中外很多写作大师的实践经验证明，好文章往往是多方面知识的结晶。只有知识广博，才可能站得高、看得远、想得深。知识丰富才能充实写作内容。写理论文章,知识丰富的人征引事例可以左右逢源,把抽象的道理说得具体透彻,增强文章的说服力。

**(四)培养思维能力**

理论写作运用的是逻辑思维,从事理论写作要重视思维能力的培养。对理论写作来说,更应着力于抽象思维培养,因为抽象是通过现象认识事物本质的重要手段,人们是通过抽象思维方式去把握事物本质,认识客观真理的。理论写作需要分析能力和综合能力。分析和综合是一种创造性抽象思维。分析是立足于具体的细部,求得加深对事物在整个联系中的认识;综合是立足于总体轮廓,求得扩大对事物在整个联系中的认识。在理论写作中,提出问题离不开分析,论证问题更需要分析,实际上论证过程就是具体分析的过程;要反映事物的内在联系、找出普遍规律,把问题提到理论高度,进行科学的概括,就要分析综合,结论就是科学的概括,结论就是在分析基础上的综合。思维能力培养需要学习形式逻辑和辩证逻辑知识,要养成勤于思考的习惯。智慧是思维的花朵,只有会思考才能出智慧。从事理论写作,要自觉锻炼思维的积极性,要力求思考得深刻;把握思维的准确性,学会系统的思考问题;培养思维的连贯性,要思考得巧妙,促进创造性的思维能力。

## 第二节 杂 文

### 一、含义

杂文是一种抒情与政论相结合的特殊理论文体,又被称为"文艺性的政论"。也有人说,杂文是文艺性的社会论文。杂文兼有政论、文艺两种因素,但以议论为主。杂文不像一般议论文那样抽象地说理,或者简单地举例说明,而是运用形象化的方法,通过对具体事例的剖析,以比喻、征引、联想、引申、夹叙夹议等手法来阐发深刻的道理。杂文以更为直接、直白方式表达作者自己思想,而且参与政治、思想引导、舆论监督能力不断加强,担当起社会批判、文明批判、政治批判重任,针砭时弊、抨击腐败、激浊扬清,揭示矛盾实质,警醒麻木灵魂,为民众权益呐喊。

### 二、种类

杂文的题材广泛,内容丰富,篇幅短小,形式灵活。杂感、随笔、短评、札记、书信、日记、编后、序跋、演讲等,都可以成为一篇好的杂文。因此,杂文的形式是非常丰富多样的,有日记体(《乐和日记》)问答体(《小鬼补白》),哲理名言体(《思想的落叶》),文学论文体(《假如梁山泊没受招安》),说明文简介体(《人科动物简介》),书信体(《辞宴书》),新闻报道体(《改写叶乔波》),手册条文体(《新编〈干部手册〉》),拟人童话体(《一张百元钞的一生》),会议纪要体(《禁白酒研讨会纪要》),故事新编体(《铁杵磨针新传》),荒诞故事体(《死神的账单》),对偶对仗体(《新编〈声律启蒙〉》),医院诊断报告体(《患者吴良知先生的就诊报告》),词语新解体(《足球魔鬼词典》)等。

## 三、特点

我们先看一篇文章：

### 假如女友的扣子解不开……

你的女友有粒扣子解不开，怎么办？

**领导篇**

布什：这是世界防恐组织的耻辱，我们要不惜一切代价把这个扣子解开。我们已经派去大批特种部队，保证在3个月以内把扣子解开！

拉登：弄架飞机，务必要把扣子撞掉！

阿拉法特：我们绝不屈服！扣子已经强占我们的领土达24个小时！

沙龙：我可以毫不夸张地说！这颗扣子即使是上厕所也要通过我们的同意！

克林顿：莱温斯基怎么没有这么个扣子呢？

**文人篇**

金庸：我以1元钱出让这个扣子的拍摄权给中央电视台！

古龙：好硬的扣子！他淡淡的抚摩着那个扣子！天边露出一丝曙光……

黄易：一阵光亮过后，这个扣子来到了秦朝！

卫斯理：这个扣子居然是外星来的！

卫慧：他还在拼命解这个扣子，但是我，已经湿了！

**艺人篇**

赵忠祥：在一望无际的衣服上，突然窜出了一只扣子，这只受伤的扣子在衣服上面挣扎着，然而大自然是残酷的，这只扣子终于消失在茫茫的衣服里。

倪萍：我很激动，然而这扣子对祖国来说是多么渺小啊！（落泪中！）

崔永元：公说公有理，婆说婆有理，扣子卡在衣服上，到底谁有理。我们现场请来这只扣子，让他来谈一谈卡在衣服上的亲身感受。

王小丫：这是幸运第一关！你做好准备了吗？——好！请听题！（当！！！）——你在给女友脱衣服时，突然有个扣子解不开了？怎么办——答案a她不脱我脱；答案b买一件没扣子的衣服！

贾博士：表面上看这个扣子是解不开了！但是为什么不能从反面来看呢！其实那件衣服也是解不开了嘛！

姜昆：我早知道扣子解不开，我就是不说；这么破的扣子解不开一点也不奇怪，如果解开了反而奇怪了。

雪村：翠花，上扣子。

赵本山：解扣子，选好药，选药也得有诀窍！——别看广告！

**角色篇**

周瑜：既生扣子，何生衣服？

辣厘头：这个扣子纯属原创！如有雷同，实属巧合！

唐僧：这个扣子左宽右窄，前轻后重，扣上去极不舒服，可能会引起乳腺病变的；至于那件衣服，他一定会明白我佛慈悲的大无畏精神而回到我身边的，南无阿弥陀佛……

猪八戒：又解不开了！咦？我怎么会说又呢？

韦小宝：各位观众，谢谢各位凑得这么近、站得这么直听我说书，真是太给面子啦。（小宝坐在叠着的几个桌子上）今天要说的人物就是天地会的总舵主扣子，有所谓平生不见扣子，便称英雄也枉然。他身高八尺，腰围也是八尺！（众人：哇！那岂不是四方了吗？）

**学校篇**

化学老师：请往扣子上倒硫酸，扣子会慢慢揭开来的。

电脑老师：首先，我们来格式化衣服，这样扣子跟衣服都会清除掉，然后重装衣服系统，在重装系统前请对口子做好备份。

物理老师：难道你们忘了利用杠杆原理吗！

哲学老师：我们要辩证地看这个扣子！

**企业篇**

中国电信：我们已经开始降低解扣子的定价，前 3 分钟为 0.30 元，以后每多一分钟多加 0.02 元。

中国联通：中国扣子，扣住中国！

21CN：爱上生活，爱上扣子！

搜狐：闪电邮件，还送扣子啦！

新浪：我们推出了周星驰和扣子的系列在线讨论！你可以登录参加讨论！

网易：我们将请周星驰出席我们的扣子—online 的发布仪式！

中国万网：尊敬的客户，您好！您的问题经过我们对扣子的仔细测试，发现是解扣子的方式不对，所以请解开后重新扣起或者登陆衣服自行处理。

微软：扣子解不开是扣子和衣服之间的兼容问题，请下载最新补丁或者升级您的衣服。

爱立信：这只扣子之解不开，只不过是我们的技术人员在作测试。

诺基亚：可能是因为这几款扣子没有外天线的原因，所以会导致扣子解不开。

奔驰：在此之前，我们已经通知该用户，扣子故障与该用户长期使用方言通话有关，但是该用户竟然公开将扣子解不开，对于这种行为我们保留起诉该用户的权利。

杂文是一种十分讲求语言艺术的文体。从这篇杂文中，我们不难看出杂文有以下四个特点：① 战斗性。杂文历来是战斗性颇强的文体。鲁迅称杂文是“感应的神经，攻守的手足”。今天的杂文，既可对消极现象和危害社会的事物给予讽刺和抨击，也可对新生进步事物给以舆论支持和颂扬。优秀杂文，不仅文笔优美流畅，而且总是能与时俱进地对现实问题作出十分精辟、独到的分析和判断，能紧紧抓住事物的内核和实质，激浊扬清，并做到既切中时弊，又洞幽察微。② 评论性。杂文一般偏重于议论，带有明显的论辩色彩。但杂文说理性往往和一般的议论文有所不同，它常常从具体的人、事、物、景中引发议论，寓理于形，寓理于情。杂文既要议论精辟、持之有故、言之成理，又要形象生动、情感饱满、生发自如。杂文说理的另一个特点是讲“小道理”。这里的“小道理”，应理解为具体的道理，实实在在的道理。所谓“小”，是指要从大处着眼，小处讲起，给予艺术和概括描述。③ 幽默讽刺性。幽默和讽刺能使杂文更充分地释放思辨的理性力量。杂文大多短小精悍，言之有物。它通常通过譬如、反语等手法，来增强其幽默成分和艺术感染力。幽默的文字，能毫不造作地从平淡中揭示崇高、从荒诞中揭示理智、从任性描述中揭示让人惊诧的真理。最后，是从可笑的事物中揭示悲哀。不同时期杂文讽刺也有种种不同的性质和用法。有对付敌对势力的，有对付社会上消极腐败现象的，有对付同盟者的，也有为着喊醒自己队伍中同志的，其采用讽刺的态度、立足点和方法，自当各有不同。只有区分不同性质的矛盾，采用不同性质的表现手法，防止幽默与讽刺的乱用，才能更好地发挥杂文针砭时弊、激浊扬清的积极作用。同时，在杂文中巧妙地运用讽刺和幽默，使读者能从中悟出作者文章的言外之意、弦外之音，从而更好地受到启迪和教育。④ 抒情性。杂文是一种短小精炼而又富有抒情意味散文类文学作品，它在我国有着悠久历史和多样形式。杂文带有强烈思辨色彩，语言讥诮优美而又文学色彩极强，杂文形式虽然短小，却能通过叙事、抒情以展现其深厚的意味。有的以生动语言，叙述了生活中那些不为人们所注意、又有着一定教益的事件，发人深思；有的以富有诗意笔触描绘大自然美景，抒发作者的情怀；有的以朴素真挚笔调，传递出作者深沉的思想感情。同时，杂文因其独特的时代性和战斗性，要求其抒情色彩更为强烈，表达得更为直接。杂文不仅会使读者被其精辟见解所折服，而且会被文章强烈激情所打动；读者不仅能从文章中了解到作者真知灼见，而且能从文章中感受到作者心灵震颤，从而引起读者与作者双方思想感情的共鸣。

## 四、审美特征

### （一）篇幅短小，取材广泛

杂文通常在三、五百字到一千字左右，几千字的很少。它笔墨不多，言简意赅。杂文篇幅虽然短小，取材却广泛多样。点滴感受，片断思想，鳞爪观察，大至宇宙，小到微尘，天南海北，古今中外，新闻时事，奇谈趣闻，皆可入文。作者评人、议事、说理、录言、记闻均可。如杂文《网恋的格式化流程》：“上网了吧，网恋了吧，幼稚思想受骗了吧？网恋了吧，投入了吧，感情走上绝路了吧？投入了吧，见面了吧，没有以前来电了吧？见面了吧，后悔了吧，美眉变成恐龙了吧？后悔了吧，倒霉了吧，感情投资浪费了吧？倒霉了吧，想死了吧，以后不敢上网了吧？”

### （二）敏锐迅速，泼辣犀利

杂文对生活反应敏锐迅速，泼辣犀利，战斗性强。鲁迅说，杂文是“匕首，是投枪，能和读者一同杀出一条自下而上的血路来的东西。”在当今社会生活中，报刊上发表了大量针对社会现实和公众思想而写作的杂文，更使杂文成为广大读者喜爱的文体。如《当慈禧戴上乳罩》：

慈禧是中国第一个戴乳罩的女人。《大清日报》狗仔队紫禁城分队太监小组探得此事后，立马飞鸟传书，将消息告知大清日报社。这一来，大清日报社里算是炸开了锅。

时政版编辑说：老佛爷是咱们的衣食父母，她老人家的一举一动向来都是咱们版的重头戏。如今老佛爷戴上乳罩，当然也得上时政版。我们要从“中学为体，西学为用”的高度来认识老佛爷戴乳罩的深刻意义。

社会版编辑说：这则新闻该上咱们社会新闻版。毫无疑问，老佛爷戴乳罩具有深刻的社会意义。从理论上讲，老佛爷戴上乳罩将会对一半的中国人口产生示范作用。起码这意味着中国女性意识的复苏。

健康版编辑说：要是这么说的话，这则新闻更该上咱们健康版。要知道，这首先是个健康问题，然后才是一个社会问题。据西洋专家介绍，女性佩戴乳罩至少有如下几点好处：好处甲……；好处乙……；……；好处癸……

女性版编辑说：谢谢健康版编辑，你所说的理由正是这则新闻该上咱们女性版的理由。不过我还要补充强调一点：无论如何，我们首先应该意识到老佛爷她老人家首先是一位女性，然后才是其他。所以，老佛爷的任何新闻都理所当然的应当出现在女性版。

文章借古讽今，揭露和讽刺了社会上新闻炒作的不良现象和弊端。

**（三）冷嘲热讽，幽默风趣**

杂文常常运用讽刺和幽默的写法。即通过轻松风趣的语言，采用影射、讽喻、双关、夸张、反语等修辞手法，在善意的微笑或无情嘲讽中，揭露生活中的假、恶、丑。应注意的是：一，以歌颂为主的正面说理的杂文，不一定要用讽刺。二，不能滥用讽刺，也不能不看对象乱用讽刺。如杂文《老婆说明书》：

【品名】民间俗称老婆，正式场合可称妻子或内人；现亦叫达令。

【化学名称】woman

【成分】水、血液和脂肪类碳水化合物，气味幽香。

【理化性质】性质活泼，根据情况可分为一价（嫁）、二价（嫁）、三价（嫁）……N价（嫁）。易溶于蜜语、甜言；在真情、钻石、金钱、豪宅的催化下熔点降低。

【性状】本品为可乐状的凹凸物，表面光洁，涂有各种化妆品。对钻石、铂金有强烈的亲和力；羞涩时产生红晕现象；生气产生蓝移（绿移）本品随时间推移产生黄移，形状会有所改变，但不影响继续使用。

【功能主治】主治单身恐惧症顽疾，对失恋和相思病也有明显效果。

【用法用量】建议一生一片。

【注意事项】本品仅适用于单身之成年男性。服用时需小心谨慎，如药品导致使用者出现耳朵变软（钯耳朵）、惧内、气管炎等现象，则必须马上找相关专业医师咨询，并在医生指导下使用；没有则可继续使用。多吃有致命的过敏反应，吃2种以上即导致不良的相互作用！

【规格】通常为45千克至65千克，如出现特殊超重情况，请男人加强锻炼或找健康医生处理。

【贮藏】常温下妥善保存，室内通风处最佳；如在室外，则需避免女性、帅哥成群处。使用期间，尤忌本品夜不归宿。

【包装】各种时装、首饰、手袋，并随季节变化随时更换。

【有效期】视幸福程度而定，最长可达一生；最短，一天也可能失效。

【批准文号】正式批准文号见钻戒说明书内页。

【生产企业】老丈母和老丈人。

作者以药品说明书的新颖形式，巧妙而幽默地讽刺和展现了已婚女人在社会现实中的“地位和性格”变化的特征和原因，同时也在一定程度上反映了时代和社会的影响。

**（四）说理形象，议论生动**

杂文评人议事应该形象、生动。它要求通过具体事物描绘，把“理”寓于形象之中，使读者通过艺术形象自然而然地得出结论。杂文的形象性与小说、戏剧的形象性不同。小说、戏剧的形象性要求通过一系列完整的故事情节、矛盾冲突和多方面的人物描写，来塑造完整的形象，而杂文只是对形象作“一鼻一嘴一毛”的勾画，显出生动的“活态”来即可。如鲁迅在《论“费厄泼赖”应该缓行》中，以“落水狗”比喻失败的敌人，以“叭儿狗”比喻专事谄媚的奴才。所以说，杂文是形象与说理、诗与政治的有机结合。如杂文《猪哥八戒泪书》：

玉兰：你好！

昨天，一个全世界伤心的日子，我终于走了。我要和另外两个老光棍，一个叫孙悟空，一个叫唐僧的，一起到西天出差，可能三五年才能回来。

你能想象我离开高老庄时的心情吗？我是三步一回猪头呀。我是多么希望在高老庄呆下来，和你过共产主义的幸福生活。我耕田来，你织布，我挑粪来，你炒股。和和美美，恩恩爱爱。等你爸爸两腿一伸直，我们就齐心协力，生一大群猪崽。然后再齐心协力，送他们读书，将来培养成猪百万，猪博士，多有成就感。等我们老得只剩一颗门牙的时候，我们就不会因为虚度年华而悔恨，也不会因为碌碌无为而羞耻，我们就敢拍着肥膘说，我们全部的生命和所有的精力，都已经献给了猪类最壮丽的事业，为猪类的传宗接代而斗争。

可惜，这一切美好的梦幻都被那个该死的猴子捅破了。把你抢走不说，还把我的洞也给烧光了。我辛辛苦苦那么些年，省吃俭用，一餐只敢干掉三百来个馒头，好不容易买台雪花点牌二十一寸彩电，还有一台推土机牌电风扇，都被死猴子献爱心捐献给了重灾区——阎王。尽管彩电经常是满屏的雪花点，电风扇经常发出推土机般的吼叫，那也都是汗堆出来的呀。死猴子，要不是打不过他，我一定把他宰了，剁成好多块，在太阳下晒干。猴干没吃过吧，总有一天我会让你尝尝的。

还有那个该死的和尚，去西天取什么鸟经。我建议他采用门到门邮寄，或者门到港空运。他偏偏不听，非要自己去取。自己又胆小，非要叫一大帮人去。另外，还有恐飞机症，恐火车症，恐轮船症……除了骑一匹重同性恋倾向的骡子马，他是见什么恐什么。这种怪胎也有，国家应该赶紧出钱圈养，并设立保护基金呀。再说了，经书取回来有什么用呀，纯属摆在书房当门面，让人搞不清他农民企业家的身份。我太了解这种人了。你说不去吧，赶上上级如来是个老糊涂，观音又恰好到更年期，惹恼了，我容易下岗，没办法，有困难要去，没有困难创造困难也要去。

玉兰，真舍不得你呀。俗话说，一日夫妻百日恩，我们夫妻两年，尽管你老握着把锋利的剪刀，我一根手指头都没碰过你，我们也没有拿到民政部门发的床上驾驶执照，但我们毕竟一起生活了两年，想起我们生活在一起的点点滴滴，我就心如刀铰（这是一个成语，兰兰，我怕你不明白，所以要解释一下，就是把心捧在手里，用剪刀剪来剪去的意思，我查了好多字典才查到）。我知道你心里也很难受，可是，有什么办法呢，古人云：两情若是长久时，又岂在早晨和晚上（老祖宗说话有点黄，请娘子勿怪）。玉兰，你一定要等我回来，而且我也一定会组织还乡团杀回来的。这一点请兰妹一定要有信心。

祝

兰妹和兰花一样亭亭玉立

猪哥八戒泪书

宣统十三年庚子

作者借助《西游记》中猪八戒的形象，来讽刺社会中那些懒懦成性、不思进取而又牢骚满腹的人，文章说理生动形象，寓思想和说理于形象的描绘之中。

## 五、写作

### （一）精心拟题

杂文标题新颖别致，可以传神，可以达意，可以穿针引线，活跃全文，也可以画龙点睛，增光生辉，能够生发出一种引人入胜的艺术魅力。如鲁迅的杂文题目，十分有味。常常是一针见血，尖锐泼辣。构思巧妙，诙谐风趣，紧紧抓住读者的心，如《夏三虫》、《寡妇主义》、《止哭文学》、《以脚报国》、《口口口口》，内容广泛，不拘一格。信手拈来，旁征博引，古今中外，海阔天空，手法灵活，风格独特。杂文标题精雕细刻，反复推敲，所以创作出很多形象生动、耐人寻味的优秀篇目，给读者留下了极其深刻的印象，也大大增加了杂文的感染力和生命力。杂文标题的要求：① 准确。即文题相符，确切地揭示文章的主题。② 形象。具体生动，仿佛把一个场景、画面推到读者面前。③ 简洁。言简意赅，高度概括，使人一目了然，便于记忆。④ 新颖。有新意，有特点，推陈出新。⑤ 醒目。观点鲜明，打动人心，能引起读者注目。⑥ 活泼。表现灵活，讲究文采，可借用夸张、比喻、对比、对偶等修辞手法。

常见杂文标题拟制方法有：① 立异法。也叫“易字法”，即把流传于人口中的诗歌、谚语、格言等巧妙地易换一、两字，反其义而用之，当作杂文的题目，如《各领风骚没几年》、《英雄所“骂”略同》、《跳而优则仕》等等。② 借代法。就是用一种典型形象的事物来代替所要议论的人或事，以此喻彼，具体生动，其中有以历史代现实的，如《江东子弟今犹在》；有以物代人的，如《少拍点“老鼠”的肩膀》；有以人代事的，如《把“孩子”拾回来》。③ 比较法。即把两种或三种事物放在一起进行比较。如《权与圈》、《胆与识》、《新娘子与新班子》、《“想当年”与“像当年”》、《鼠、虎、猫》等。这样的标题有两个特点：一是紧紧抓住相互之间的相似点或内在联系；二是讲文词的对称，或用谐音，或同含一字，或步步递进。④ 归谬法。就是把表面看来毫不相干的事物联系在一起以引人注目。如《贺老六的紧身裤》、《刺猬、刺头》、《华佗的“文凭”》等。这些题目，可以给人造成一种悬念，产生较强的艺术效果。⑤ 设靶法。开门见山，直接提出问题，句式上多用“论”、“谈”、“说”、“议”之类，如《论“五十打蔫”》、《论扯皮》、《说“胆”》、《重说“和为贵”》、《良心浅议》等。也有的直接表明提倡什么、反对什么，或者托出一个错误观点的典型语言，如《“我有人”与“我不怕”》、《我还没玩够呢》。⑥ 设问法。也就是带“问号”的题目，通过设问、反问，大声呼唤，展开矛盾，引起波澜。如《日记何罪?》、《“不倒翁”何时倒?》、《吹牛岂能一概无罪?》、《针对你一下有何不可?》、《过谁家的“雁”，拔谁家的“毛”?》，这些标题，有力地撞击着读者的心。⑦ 迭词法。提出一个问题，然后通过词句的更迭和回转，指明其后果，或提出具体要求。如《“不了了之”了不了》、《遗憾之遗憾》、《现管不管》、《不白白不》等，用得都很奇巧。⑧ 借典法。就是把一些诗词名句、格言、俗语、成语或古人、文学人物的语言直接拿过来做题目，并赋予新的含义。如《革过了》、《三笑》、《恭喜发财》等，则更是人人皆熟的俗语。⑨ 假设法。假如怎么怎么，会怎么怎么。这种假设的结果，有的是可能出现的，也有的是不可能出现的。但通过这样设想，往往能起到唤起人心或冷静头脑的作用，如《假如烈士复活》。但这种假设好的效果主要是运用了合理的推理和多方面的想象。⑩ 感叹法。这种标题比较直接，格式则多为有感于什么，如《打鼠有感》、《有感于三十一个印章》、《由修瑞娟的某些遭遇想到的》等。

**（二）巧妙取材**

杂文取材广泛，采用以下途径和方法：① 从电影、戏剧、电视和报刊新闻的一段故事、一个人物、一件新闻事实、一个细节乃至一句话中，受到启示，触发灵感，从而获取有价值的杂文题材。② 要巧于借题发挥。杂文就是巧于借题发挥，而后确定杂文选题。依靠作者别开生面的文思和妙笔。③ 要善于“小题大做”。杂文的取材要小，要善于从社会生活中选取最典型、最有代表性、最能反映事物本质的一点作为突破口，因小见大，从小事物中分析出一些给人以启发的新思想，将小事与大局联系起来，看到事物的本质。④ 要学会“兴发于此，意归于彼”。杂文选题，大多是从人们所熟知的具体事理说起，由观察自然风光到深刻认识社会，讲出一番抽象的社会生活哲理，而善于升华到更高更开阔的思想境界，揭示出其广阔的社会意义，给人以举一反三、触类旁通的启示。⑤ 要善于“联想”。杂文作者从选材到创作，都必须善于由此及彼、由小到大地进行广泛联想。事有事理，物有物理。杂文作善于在寻常所见所闻的事物和收集到的素材中，发现其所蕴含的哲理，由浅入深、由表及里，从现象到本质地进行深入思考和联想。要善于文思驰骋、浮想联翩，道古论今、纵横捭阖，以增强杂文的知识性、趣味性。⑥ 力戒片面性，学会辩证地看问题。必须学会辩证的分析方法。作者从选材、定题、构思到谋篇、创作，如果都能注意辩证的分析，就不至于把话说绝，也不至于说过或者不及。杂文因分析辩证，说理中肯，深受读者好评，尽管文章短小，却产生了深刻而又积极的反响。⑦ 巧用讽刺与幽默。作者为了写出新意，巧妙地避开正面说理，采用幽默与讽刺的手法，抓住“笑”字作文章，让人们在笑声中受到教益。讽刺常常运用反语（即讲反话），字面上看是肯定的、赞成的，语义上却是否定的和反对的。杂文旨在批评报道失实现象，对象是搞虚假报道者，讽刺尖锐、行文幽默，分寸恰当，力促警醒。⑧ 要善于引经据典。杂文中常常引用一些中外古今历史故事、成语、寓言、民谚等来进行说理。恰如其分的用典，不仅有助于充分地阐明道理，而且可增加杂文的韵味和色彩。杂文的用典，最要紧的是必须切题。用典要得法且适度，力求将老典故用得清新活泼、深刻独到。杂文知识丰富，语言富有文采，旁征博引、落笔成趣，增强可读性和感染力。

**（三）形象表现**

1. 大题小做

就是要求从重大的社会问题中，抓住最尖锐最能反映本质的一点，或从一个侧面去做文章。这是一种“大处着眼小处落笔”的写作方法。作者要从一粒沙看世界，从一朵浪花见大海，也就是要“大中取小，小中见大”。具体地说，可以从一个人、一桩事、一句话、一条谚语、一个典故、一则笑话、一段历史传说等等，作为发挥议论的依据。通过对照、联想、借喻、类比，生发开去，提示隐藏在具体现象后的意义，发掘深刻的主题。如，杂文《从拨火棍想起的》，从脍炙人口的杨家将故事中选择了杨家宿将焦赞为解主帅杨宗保边关之围，回府求援，在天波府烧火丫头的拨火棍“教训”之下，终于承认杨排风的非凡将才，并自甘居下，请佘太君让杨排风领兵马驰援的小故事作为题材，生动而深刻地表现了反对压制、摧残人才、渴望起用贤能之士为经济建设出力的主题思想。再如胡双庆的《名人》：

名人很有名，享誉海内外。

有记者来。

“您最爱吃的是什么？”

“萝卜缨。”名人信口答。

很快，报上撰文：《萝卜缨与名人》。

又有记者来。

“您最喜欢的食物是什么？”

“荠荠菜。”名人胡诌。

未久，报上撰文：《荠荠菜的营养价值》。

还有记者来。

“您认为哪种食物最有营养？”

“狗头。”名人调侃。

隔日，报上撰文：《狗头与人的智慧》。

仍有记者来。

“您最合口味的食物是什么？”

“臭豆腐。”名人戏言。

旋即，报上撰文：《美食家·名人·臭豆腐》。

年余，名人丧偶，又续一娇妻。

近午，娇妻主动下厨，名人甚喜。

饭菜上桌，乃四大盘：萝卜缨、荠荠菜、狗头、臭豆腐。

娇妻曰：“这些菜很难搞的。”

名人瞠目……

作者通过记者采访名人的故事，巧妙地融议论于形象之中，揭露了名人效应及新闻炒作的弊端，同时，也曲折地讽刺和批评了生活中的不良现象。

2. 勾勒形象

鲁迅说："我的杂文，所写的常是一鼻、一嘴、一毛，但合起来，已几乎是或一形象的全体。"(《准风月谈》后记)这正是对"勾勒形象"的最好说明。鲁迅说他"论时事不留面子，砭锢弊常取类型"。"取类型"就是勾勒形象，使这形象代表某一类型的人。写杂文，就应如此勾勒形象，创造典型。如何操国的《不能苦县长》：

穷县又换了个新县长。机关大会上，手势领袖般一挥，说："再苦也不能苦干部！"台下掌声。"五一"，到工厂讲话，又一挥，说："再苦也不能苦工人老大哥！""六一"，到学校讲话，又一挥，说："再苦也不能苦孩子！"教师节，又到学校讲话，又一挥，说："再苦也不能苦教师！"护士节，到医院讲话，又一挥，说："再苦也不能苦护士！"一日到公安局讲话，又一挥，说："再苦也不能苦警察！"一日到农村讲话，又一挥，说："再苦也不能苦农民！"

上任半年，县长风尘仆仆四处讲话，坐骑也由桑塔纳而尼桑而皇冠而奔驰。有人笑曰："县长为民操心操力，再苦也不能苦县长！"

文章没有任何的评论和说理，而是通过形象的描绘，巧妙地寓理于形，将深刻的批评和强烈的讽刺通过对形象的描绘展示出来。

3. 多方取譬

写杂文常常要通过贴切的比喻或者类比、讲故事、成语典故等来增强文章的生动性、趣味性，使抽象的道理形象化，以便于读者接受。例如，鲁迅在《做杂文也不易》中，将杂文比喻为"也照秽水，也看浓汁，有时研究淋菌，有时解剖苍蝇"的"小小的显微镜"，这个比喻是何等的深刻形象，它生动地显示出杂文精悍的特点和战斗的作用。又如，鲁迅写《论雷峰塔的倒掉》，巧用法海逃到蟹壳里避难的故事，显示作恶多端者在世界上无容身之地的道理，整篇文章表现了打破旧中国封建思想束缚的愿望和对被压迫者白蛇娘娘的同情。如杂文《老婆的体重》：

感动地：老婆，你一定要多保重啊！（当然，是保持过去的体重了，嘿嘿！）

诚恳地：你是我们家最"重"要的人物。

安慰地：其实，你的腰比前年还要细不少的。（当然，那时她怀孕了。）

感激地：老婆，你刚才走过电视时，我至少少看了三段广告。

欣赏地：你可真是个左右逢"圆"的人物啊。

若有所思地：同样的道路，我走过去，平平淡淡，了然无痕；而当你走过，踏踏实实，一步一个脚印。

实话实说地：你是个心胸宽广的人。

谦虚地：你比我有内涵。

自我批评版：我多想，就像我们初恋时一样，将你轻轻地抱起，在这里转三个优美的圆圈，可是，我已经力不从心。

传奇版：无论我掉进多深的井里，我相信你都会救起我，用你的腰带。

广告版：牙好胃口就好。你的牙真好。

指桑骂槐版：这该死的洗衣机，又把你的衣服弄缩水了。

柔情版：当你离开我，走到门口的时候，我只感到日月无光。

环保版：老婆，你现在在浴缸里泡澡比原来节水多了。

美学版：你脸上的皱纹越来越少了。

数学版：根据有关公式，你只要再长15公分，就符合标准体重了，所以你只是矮了点。

物理版1：老婆，你的惯性越来越大了。

物理版2：其实你的比重还是下降了。

文学版：我轻轻地按一按你的肌肤，啊，你比原来深刻多了。

文字学版："瘦"字是"病"字头，而你很健康。

历史版：老婆，我们相处得极为融洽，我觉得我简直就像唐玄宗一样幸福啊。

地理版：你的脖子是北极圈，你的脚腕是南极圈，当然，你知道赤道在哪。

经济学版：老婆，别乘公交车了，还是打的吧，因为的士是不按座位收钱的。

相对论版：与你相比，我是多么的渺小啊！

哲学版：凡是存在的就是合理的。万事万物皆是如此，当然也包括脂肪。

社会学版：取消布票是多么英明的决策啊！

综合版：体重的增加是物理变化；脂肪的增加是化学的变化；体重计的变化是数学的变化；而我对你的爱没有任何变化。

它巧用比喻，委婉而巧妙地进行幽默善良讽刺。

**（四）轻松说理**

杂文说理生动形象，也叫"形象说理"，是指杂文通过描绘形象说理议论，即寓理于形，这既是杂文的艺术特征之一，也是杂文重要的写作表现艺术手法，它可以寓庄于谐，发人深省，可以笑中明理，妙趣横生，增强其战斗力和感染力。杂文是轻松说理的艺术，能生动而形象地寓理于形，这是杂文写作的难点，也是能否写出杂文韵味和神采的重点，因此描绘形象就极为重要。但又由于杂文篇幅短小，所以描绘形象又不同于一般写人叙事文章那样的细致完整和逼真，它只要求抓住评论对象的典型特征进行大笔勾勒，显示其生动的活态来，常用白描、速写或漫画的笔法进行粗略勾勒或平淡素描或抓住本质特征特写等。如杂文《央视主持人改行当医生》：

一位遇车祸生命危在旦夕的人被抬进急救室，大夫将会怎样救治呢？

No.1王小丫：

王小丫大夫闯进手术室，关切地问伤者："你知道你伤在哪里吗？"病人吃力地摇摇头，王小丫接着说："给你三个备选答案吧！A：肋骨断裂；B：胸腔大面积出血；C：颅内出血！"病人咬了咬牙，说："A"，王小丫迷人一笑，接道："你确定吗？你还可以打一个求助电话"。病人狂吐血道："我要打电话给我父亲！""那好，你们的交流时间只有30秒""爸，我不行了，快换医院……"

No. 2 李勇：

李勇大夫冲进手术室，看了一下病情，说："现在病人需要过，（全体护士一起喊）幸～运～第～一～关"，接着一个直拳击向伤者面门。

No. 3 倪萍：

倪萍以最快的速度冲进手术室，以最快的速度从眼中流下两行液体，对全体护士动情地说："其实……他（指患者）已经离开家在外面漂泊了2个多小时了，他是多么地想家呀，多么地想他的母亲呐，多想抱抱他那未满月的孩子呀，但是现在……"倪萍擦了擦眼泪接着对病人道："请您对家里的亲人说上一句话吧！表达一下此时此刻的心情！"（全体护士含泪鼓掌中），病人艰难地张开嘴："噢！噢！我没救了！"

No. 4 韩乔生：

韩乔生飞一样冲进手术室，对全体护士说道："这位病人被一辆奥迪A6以迅雷不及掩耳之势所撞倒，具体受伤位置好像是头部……哦，对不起，是脚部……"一位护士提醒道："韩大夫，他的胸口在流血耶！"韩瞪了她一眼接着说："病人的身高1.75 cm；体重大约185公斤。"（全体护士倒地）。最后韩乔生开始安排手术任务："1号，你负责观察病人的心电图；2号，你负责给病人电击；3号，负责给病人缝合；病人（????）负责给病人打麻药（嘴里又跑火车了）"！

病人哭道："俺命苦呀！打麻药都得自己动手。"

No. 5 菊萍：

菊萍飘然走进手术室，对护士们说："全体护士小朋友请注意，这就是受伤的患者，圆圆的并在流血的是脑袋，还有大衣里面正在流血的是肚子，你们可能看他和平时不一样，那是因为他被汽车撞过了"，护士们用力地点头，一位护士主动上去缝合伤口，菊萍对她微微一笑："小红，你的中国结扎得真好"。病人喷出了最后一口血说："那是俺的肠子！"

No. 6 赵忠祥：

赵忠祥大夫稳重地迈进手术室，对护士们说："像大多数动物一样，每当人类为了在危急关头能够延续受伤的生命，人类会有一种专门负责救治的人及时出现。这种动物群体内自我救治的例子还很多，像生活在非洲的眼镜蛇，都能够自己给自己医治伤口……大家快看，这个人正在挣扎、抖动，这是人的肌体的自我救治本能开始发挥作用了。"

病人痛苦地大叫："天哪！谁让你们给我请来个兽医！"

杂文如何轻松而形象地说理呢？

**1. 演绎法**

即用作者的思想观点去评判、分析事件、某人物的言行、思想意识形态及存在的各种体制秩序等，从而得出某一独特的观点。如：徐怀谦的《盛世下的沉思》作者用"真正的盛世不仅仅有经济发达、民生殷实这样的经济指标，而且应有一个人文指标，即是否允许每个公民能葆有自己的个性，允许他们发出自己的声音。”推论出：对于今天的“盛世”更应借鉴这一观点。如《第四个和尚来了》：

俗话说：一个和尚挑水吃，两个和尚抬水吃，三个和尚没水吃。那么第四个和尚来了，又会怎么样呢？某寺庙的三个和尚听说要来新和尚了，不禁眉头舒展、喜笑颜开了。他们破天荒的放弃了往常一贯的争吵，心平气和的坐到一起，商讨起今后吃水用水的生活大计。经过一番认真而热烈的研究和磋商，他们取得了一致的意见，议定了这样几条制度：① 新来的和尚每天必须要挑三次水，以保证寺内的生活吃水和用水；② 新来的和尚妥善保管担水用具并不得损坏；③ 以上两条是作为新和尚出师、晋级、福利待遇等考评的依据。三条制度定罢，三个和尚开怀大笑了一番，共同抬完了最后一次名曰“团结友好水”后，美美的吃了一餐口蘑、豆腐、菜蔬拌米饭的斋饭，做完了往常的功课，便呼呼大睡了。

翌日，等到日上三竿，终于等来了一个约十五六岁的小和尚，三个和尚看完了小和尚带来的牒度文书，挤眉弄眼了一番，随即由第一个和尚发话了：我说师弟啊，你出家到此，我们是非常欢迎的。俗话说，国有国法，寺有寺规；我们寺里除了遵守佛家共同的清规戒律外，本寺还另有几项规矩。现在，由二师兄给你讲讲本寺的寺规，也好让你时时记着，处处照办，有益于你的前程。二师弟，你给他好好讲讲。二和尚咳嗽了一声，拿出一张早已写在黄裱纸上的稿子，照本宣科的把昨晚定的那三条规定大声念了出来。念完后，还追问了一句：听明白了没有？小和尚涨红了脸嗫嗫的低声说：听明白了。三和尚说：听明白了就好！说着，从厨房把扁担和水桶拿来哐啷一下放到了小和尚的跟前：这就是你每天用的，要保管好了，不要弄坏了。寺里吃水用水全靠你了，你的任务是光荣而艰巨的，希望你好好干啊。

从此，小和尚就开始了他在寺里出家和挑水的生涯。日复一日，月复一月，年复一年。

这篇杂文没有直接议论“以大欺小”、“论资排辈”等社会弊病的危害，而是通过“三个和尚”和一个小和尚的故事的叙述和描写，形象而巧妙地进行了讥讽和鞭挞。

2. 层推法

由所发生、所存在的事件生发开来，提出疑问，先作表面较浅但大多数人认为对的答案，随后对此答案产生怀疑，再作进一步深入的剖析，以引导读者深入到问题根源和实质。如层层剥笋壳一样，最后把核心昭示读者。如杂文《娶二房的申请书》：

尊敬的老婆：

您好！在经过慎重研究并做好在外风餐露宿 3 天的心理准备下，特向您提出申请。因为没有写过这类申请，因此有格式差错之处，您别见笑！

申请事项：娶二房

有效时间：直到你肯帮我分摊一些家务活的时候

申请理由：

一、娶二房并不会导致交通瘫痪、金融危机、失业高潮；

二、娶二房会增加家庭对我的吸引力，发生婚外情的机率可以降低99%，不信您试试？

三、娶二房可以帮我分担家务，目前情况是：一个人做两个人的家务，如果娶了二房，就是两个人做三个人的家务，平均每人分担1.5的家务，而现在是2，当然您还是不要做家务的，您毕竟是大太太嘛；

四、娶了二房，供您使唤的就不止我一个了，你在使唤谁的时候有了选择权，这也从客观上增加了我等的竞争压力，相信办事效果一定比娶二房之前提高33.3%，这就从客观上保证了您对生活的高要求，不信您试试？

五、娶了二房，您就可以不生小BB，您不是一直担心生小BB的时候痛苦吗？如果在三个代表重要思想的勾引下、在两个务必精神的鼓动下、在您的恩赐下我娶了二房的时候，这些又苦又累又痛的差使就可以交给二房去做了，而您呢，既有小BB陪您玩，还不要您给他擦屁屁，多美好的四人世界啊！心动不如行动，快决定吧！

六、娶了二房，您就有了贴身丫环，不会再出现我们一起逛街你到处逛、我无精打采地跟从的现象了，最重要的是，你找了个绿叶，自己做了红花。

七、娶了二房，您就多了一份自由，您不是有时候很讨厌我在您背后毛手毛脚的乱动堋？如果娶了二房，只要您想自由，我就睡到另一个房间去。

老婆，我不会迂腐到搞个什么八大理由、八大建议之类的八股文来证明什么，现在就这堋七个理由，说实话，如果我是您，我就同意；哎！您还别反问一句“如果我嫁两个老公你愿不愿意？”我现在就回答您，如果您能提出类似这七个理由中的第三、四条来，我就同意。您能吗？不能。所以，我不同意。总之，娶二房，我好你好她也好！——肾宝，如果别人说三道四，别理他们，不走寻常路——特步。

此致

敬礼！

申请人：您的老公

时间：今天

作者通过申请书的形式，层层递进，步步深入，幽默诙谐地阐述了娶二房的理由，令人捧腹。

3. 归纳法

通过对某一类多个事件或同一事件的多个方面进行分析，找出其共同的原因或结果，得出一个新的观点。如：胡彬的《悲剧的根源》，对“11·24”大舜号船烟台海难的全过程的各个方面分别进行揭露剖析，昭示给世人一个共同的特点：漠视生命、冷酷、麻木！于是作者得出这样一个结论：280个生命是被遍布社会的麻木、冷酷、病态机制所葬送的，因而作者找到了悲剧的根源。如杂文《11个笑话让你领悟人生》：

(1) 父子二人看到一辆十分豪华的进口轿车。儿子不屑地对他的父亲说：“坐这种车的人，肚子里一定没有学问!”父亲则轻描淡写地回答:“说这种话的人，口袋里一定没有钱!”

——你对事情的看法，是不是也反映出你内心真正的态度?

(2) 晚饭后，母亲和女儿一块儿洗碗盘，父亲和儿子在客厅看电视。突然，厨房里传来打破盘子的响声，然后一片沉寂。儿子望着他父亲，说道:“一定是妈妈打破的。”“你怎么知道?”“她没有骂人。”

——我们习惯以不同的标准来看人看己，以致往往是责人以严，待己以宽。

(3) 有两个台湾观光团到伊豆半岛旅游，路况很坏，到处都是坑洞。一位导游连声说路面简直像麻子一样。而另一个导游却诗意盎然地对游客说:“我们现在走的正是赫赫有名的伊豆迷人酒窝大道。”

——虽是同样的情况，然而不同的意念，就会产生不同的态度。思想是何等奇妙的事，如何去想，决定权在你。

(4) 同样是小学三年级的学生，他们将来的志愿同是当小丑。中国老师斥之为:“胸无大志，孺子不可教也!”外国老师则会说:“愿你把欢笑带给全世界!”

——身为长辈的我们，不但要求多于鼓励，更以狭窄界定了成功的定义。

(5) 妻子正在厨房炒菜。丈夫在她旁边一直唠叨不停:“慢些、小心! 火太大了。赶快把鱼翻过来、油放太多了!”妻子脱口而出:“我懂得怎样炒菜。”丈夫平静地答道:“我只是要让你知道，我在开车时，你在旁边喋喋不休，我的感觉如何……”

——学会体谅他人并不困难，只要你愿意认真地站在对方的角度和立场看问题。

(6) 一辆载满乘客的公共汽车沿着下坡路快速前进着，有一个人在后面紧紧追赶着这辆车子。一个乘客从车窗中伸出头来对追车子的人说:“老兄! 算啦，你追不上的!”“我必须追上它，”这人气喘吁吁地说:“我是这辆车的司机!”

——有些人必须非常认真努力，因为不这样的话，后果就十分悲惨了! 然而也正因为必须全力以赴，潜在的本能和不为人知的特质终将充分展现出来。

(7) 甲:“新搬来的邻居好可恶，昨天晚上三更半夜跑来猛按我家的门铃。”乙:“的确可恶! 你有没有马上报警?”甲:“没有。我当他们是疯子，继续吹我的小喇叭。”

——事出必有因，如果能先看到自己的不是，答案就会不一样。

(8) 张三在山间小路开车，正当他优哉地欣赏美丽风景时，突然迎面开来的货车司机摇下窗户大喊一声:“猪!”张三越想越气，也摇下车窗大骂:“你才是猪!”刚骂完，他便迎头撞上一群过马路的猪。

——不要错误地诠释别人的好意，那只会让自己吃亏，并且使别人受辱。

(9) 小男孩问爸爸:“是不是做父亲的总比做儿子的知道得多?”爸爸回答:“当然啦!”“电灯是谁发明的?”“爱迪生。”“那爱迪生的爸爸怎么没有发明电灯?”

——权威往往只是一个经不起考验的空壳子，尤其在现今这个多元开放的时代。

(10) 小明洗澡时不小心吞下一小块肥皂，他的妈妈慌慌张张地打电话给家庭医生求助。医生说:“我现在还有几个病人在，可能要半小时后才能赶过去。”小明妈妈说:“在你来之前，我该做什么?”医生说:“给小明喝一杯白开水，然后用力跳一跳，你就可以让小明用嘴巴吹泡泡消磨时间了。"

——事情既然已经发生了,何不坦然自在地面对。担心不如宽心,穷紧张不如穷开心。

(11) 一把坚实的大锁挂在大门上,一根铁杆费了九牛二虎之力,还是无法将它撬开。钥匙来了,他瘦小的身子钻进锁孔,只轻轻一转,大锁就"啪"地一声打开了。

——每个人的心,都像上了锁的大门,任你再粗的铁棒也撬不开。唯有关怀,才能把自己变成一把细腻的钥匙,进入别人的心中。

文章通过风趣而幽默的小故事的叙述和文后恰如其分的推理归纳,使人在愉悦的联想中豁然开朗。

4. 对比法

即是通过两者的比较,发现它们的差异,然后对这种差异及成因进行分析评议。有以外国同本国的比较;相似的问题不同的处理方式的比较等等。如:张心阳的《美国人的英雄观》,以美国人那种人性化的英雄观,审视并批判了国人长期以来的那种献身的、壮烈的、无我的英雄观。再如杂文《移动老板与公厕老大爷的经典对白》:

今天早上,移动公司某经理在外突然感觉内急,只好找公共厕所。

"干什么的?"大爷喊。

"我是移动老总,我内急。"经理。

"你不知道现在什么都要收费啊?"大爷。

"行,多少钱?"经理。

"进去5毛,出来3毛。"大爷看着他。

"什么,出来也要收费?"经理瞪着眼睛。

"看什么看,我们这里实行双向收费。如果你办个厕所套餐的话,就可以单向收费了。"

大爷说着站了起来。

"行,我付钱。"经理掏出十块钱。

"大便还是小便?"大爷捏住钱问。

"大便,快点。"

"嗯,你需要办理套餐吗?如果你一次性大便五十次,可以给你优惠再大便三十次。"大爷说。

"别说了,我先进去,马上出来付钱。"经理进去后,选择了最后一个坑位爽了好久后出来了。

"先生,您选择的是五号坑位,得付选号费用5毛钱,你在里面呆的时候没有说不要选择放音乐,所以每次收费6毛钱。另外你在里面蹲了十五分零一秒,前一分钟按5毛每分钟计费,后面按每分钟四毛计费,不足一分钟按一分钟计费。另外由于你的排泄量占用了我们的下水道宽带,所以请你另外按包月付出费用50元。最后你可以通过小孔看到进厕所的其他人，请付来人显示费1块钱。”经理先生已经呆在那里。

“所以，老总先生，我们这里不刷卡，总共你要付59.4毛钱，如果逾期不交纳，按每日千分之三的费用收滞纳金，我方不另行通知，积累到千元我方将通过法律手段催缴。”

大爷刚刚说完，经理先生扑通一声晕倒在小便池里。

老大爷说：“回帖的朋友上厕所一律免费。”

## 第三节 申　论

### 一、含义

“申论”的本义是“申述，论证”。“申”即说明、申述，“论”即议论、论证。申论是指针对给定材料或者特定话题而引申开来、展开议论的一种理论文体，是随着公务员录用考试制度而出现、推行的一种新兴文体。申论考试其实是模拟公务员在政务活动过程中的信息收集、整理、决策和论证、执行行为，是对考生适应机关工作能力的一种纸上测试。作为一种对国家公务人员能力测试的载体，申论在准确把握一定客观事实的基础上，做出必要的说明和申述，发表中肯的见解，提出解决问题的方法和策略，进行论证。

### 二、目的

根据机关工作的需要，申论旨在对考生阅读能力、分析、解决实际问题能力和写作能力进行综合考察。考查其基本知识、专业知识、管理知识、相关知识以及综合分析能力、文字表达能力等综合素质、综合能力。申论考试的内容、方法及产生的测评功能，涵盖了作文和策论两种考试的基本方面。就答题形式看，不限于单纯的文章写作，它要求考生准确理解试卷提供的材料，从中发现问题，给出解决问题的对策和方案；就文章写作的内容性质看，申论写作不同于一般议论文，而是社会管理的策论；考查的不仅仅是考生的阅读、理解和表达能力，它更重在考查考生发现解决实际问题的综合素质和能力。作为一种选拔人才的测试方式，申论的命题非常准确、科学，它是在充分吸收策论、基础写作和公文写作优点的基础上发展起来的一种以考查学生实际能力为目标的科学测评方式。申论考试的目的在于为国家选拔优秀的公务员人才。申论考试就是模拟公务员日常工作的一种能力测试，考核的是考生阅读理解、综合分析、概括材料、提出问题、解决问题、文字表达等综合能力。考生对试卷各问题的作答过程实际上就是公务员完成日常工作流程的缩影，主要通过报考者对给定材料的分析、概括、提炼、加工，检测考生政治思想水平，解决实际问题的能力以及思维能力和文字表达能力。申论材料通常涉及某一个或某几个特定的社会问题或社会现象，要求考生能够准确理解材料所反映的主要内容，全面分析问题所涉及的各个方面，并能在把握材料主旨和精神的基础上，形成并提出自己的观点、思路或解决方案，准确流畅地用文字形式表达出来。

## 三、特点

一是内容的广泛性。申论注重对考生分析、判断、解决问题能力等综合素质的测评，所给定背景材料涵盖了政治、经济、法律、教育、管理等诸多方面内容，涉及范围极其广泛；二是形式的灵活性。申论测试的答卷一般为三个部分：概括部分、方案部分、议论部分。三个部分：概括问题→分析问题→解决问题→论述问题的流程中，包含了记叙文、说明文、议论文、应用文等多种文体，甚至是其中部分文体或者全部文体的综合，测试形式非常灵活、实用。三是目的的针对性。申论考试有极强的针对性，主要考查应试者阅读、分析、概括、解决问题的能力。这些能力主要通过对背景材料的分析、概括、论述体现出来，从所提出的方案对策是否具有针对性和可行性体现出来。四是答案不确定性。申论试题是主观性试题，只可能有参考答案，或者得分点，而不可能有标准答案；申论测试给定的背景材料涉及政治、经济、法律、教育等诸多方面社会问题，有着极强的针对性，有的问题尚无明确对策，不可能有标准答案。五是材料非专业性。申论考试考查的是应试者的能力和综合素质，不是专业课考试。应试者来自各个方面，所学专业和所从事的行业都有很大差异，给定材料必须具有普遍性、非专业性。六是标准的先进性。申论考试是为国家选拔人才，公务员的行政能力有可能影响到国家的综合实力。申论不仅注重对应试者能力和素质的考察，而且也注重对应试者从事行政机关工作和履行岗位职责能力素质的考察测试，在科目设置、考试形式上都是按国际标准设计的，在考试内容上体现了先进性特色。

## 四、要求

用全面发展和辩证思维看待问题。① 高。用哲学武装自己，站在国家立场，把社会问题上升到理论高度。② 大。必须通过系统方案和配套措施才能彻底解决问题，不拘泥于某条具体措施，要善于升华材料，从宏观上把握事物，在确定文章主题时要善于归纳和提炼宏观的主题思想。③ 全。思维要周全，全面辩证看问题，评价事件要看到问题表象和实质，提出全面解决问题方案。④ 实。真实就是分析问题和提出对策要具体实在可行，要结合和联系实际，立足现实材料，提出切实可行方案，注重狠抓落实。⑤ 精。语言精练，表达规范，言简意赅，精益求精。

## 五、过程

测试主要环节即申论考试的全部过程，可归纳为阅读资料、概括要点、提出对策、进行论证四个主要环节。

1. 阅读资料

申论测试所给定背景资料通常很长，考生一定要静下心来细读，真正掌握资料内容，才能保证以下各个环节的质量。考生在阅读理解过程中，需要不断完成由事实上升到观点，由具体问题上升到本质属性，把一堆材料进行分门别类，将分散的事物综合为具有一定内在联系的事物，从给定材料内的事物联系到以外的其他事物等多种活动。这种思考、分析、概括等各种逻辑思维活动，要经过多次反反复复的过程才能够准确概括、提炼出主旨，为下一步提出解决问题的对策措施奠定良好的基础。阅读材料时要注意分析：① 材料反映的主要问题是什么？② 材料与材料之间逻辑关系如何？③ 问题的表现是什么？④ 问题的根源是什？⑤ 对策是什么？

2. 概括要点

概括要点是一个承上启下的重要环节。它是阅读资料环节的小结；直接影响提出对策是否更具针对性，影响到将进行的论证是否有扎实的立论基础。概括要点的目的，在于准确把握住给定资料，以便进一步着手解决问题。申论题目中并不是一成不变地一概要求概括主题，有时也要求总结所给材料的主旨，或者材料包含的主要内容、主要观点等。考生要注意审题，正确理解题目的要求。能不能有效解决面临的主要问题，取决于对复杂情况的准确判断。有时候情况复杂，问题纷呈，彼此交错，就得分析出主要症结所在，才可能着手解决问题；有时候问题比较集中，但反映千差万别，就得具体问题具体分析，否则解决问题就难以把握适当的分寸尺度。在概括时要注意语言的准确、精炼。通常概括要点时会根据材料的不同情况要求其字数，因此应惜墨如金，简明扼要地表达出题目的要求。

3. 提出对策

提出对策是申论的关键环节，重点考查考生思维的开阔程度、探索创新意识、应变能力和解决问题的能力。考生可以有较大的自由空间，根据各自的知识阅历，对同一问题各抒己见，见仁见智。需要注意的是，只有结合给定资料所涉及的范围和条件，才可能提出切实可行的对策方案。应该特别注意所提对策应是针对背景资料反映的主要问题的，有很强的限制，不能超出资料给定的范围和条件。针对主要问题提出的对策方案必须写得合理和切实可行，要符合我国的国情、民情、政策、法律等，措施要切合实际，应抓住要害，切忌面面俱到，舍本求末。

4. 进行论证

进行论证是申论最后一个环节。它是“论”的能力的充分体现。它要求考生充分利用给定资料，切中主要问题，全面阐明、论证自己见解。前面三个环节尽管非常重要，不容任何懈怠，但相对于最后这个环节来说都还是铺垫。论证环节，需要浓墨重彩，淋漓尽致。这不仅因为它所占字数多，分值相对较高，而且一个人的知识基础、能力水准、思维品质、文字表达都将在这个环节得到更全面、更充分的展示。论证这一部分在一定意义上说，才是真正名副其实的“申论”，前面三个环节都是为论证部分做铺垫。这一部分字数多、分值高(占总分的60%以上)，是“申论”的核心，而且论证是否有力还关系到方案能否被认可。论证部分写作时应在深入思考、运筹帷幄基础上进行，拟一个简要提纲，做到论题鲜明、重点突出、线索清晰、详略得当，这样有利于文思畅通，逻辑严密。论证部分最好集中笔墨分析论证某一个方面，在有限时间和有限篇幅内，就可以思考得比较深入，在解决问题对策和处理意见方面可以谈得比较具体。尽量从小处着眼，做比较深入的开掘，把意思表达透彻。立意应新颖，不落俗套，有创新；应贴近现实生活，能为社会所关注，为广大读者所喜闻乐见。立意高远，能透过现象看本质，从中找出规律。

## 六、环节

申论答题环节一般由以下部分组成。一是概括所给材料的主要内容；二是根据材料提出不同问题，给出具体解决方案；三是拟题论述。具体如下：

**（一）请用不超过150字的篇幅，概括出给定材料所反映的主要问题**

1. 理解题意

字数限定150字，弹性限度10%以内，否则扣分。表述方式：要求答案覆盖全文主要内容，表述要语句精炼，简明扼要。范围限定：在给定材料中概括，不能跳出材料内容，去旁征博引或随意发挥。轻重权衡，反映主要问题，即表述的主要事实或观念，要统观全局，高瞻远瞩，从宏观的范围来把握文中带有倾向性的主要问题，它决定或支配思路走向或观念变迁。

2. 答题步骤

阅读过程中勾画出文中的主要词句；将勾画出的句子进行分析，去除限定性语句，只留下其主干成分；用通顺的语言把留下的语句组织起来，就是全文所反映的主要问题。

3. 答题方法

一个完整的答案主要包括三个部分：总括句＋分述句＋道理句。总括句：总括句一句话高度概括全文主要问题。句式模型为：这是一篇关于主体＋事件1＋事件2＋事件3的文体。其中，主体是文章涉及的主要人物姓名或主要单位名称，文体是指所给材料的文章体裁，如新闻报道、调查报告、工作总结、讲话，案例等，多数是案例。对于个别文章只有一件核心事件，就只需要事件1就够了。如："这是一篇关于纯净水广告论战的报道。"分述句：就是把总括句里涉及的内容，分条列项地表达出来。可以根据具体情况采以下几种方法：① 环节分析法。对于那些纵式结构的给定材料，也就是以时间为序或逻辑逐层深入为序的文章，可以使用这种方法。如"这是一篇反映医药行业药价虚高情况的报道。生产厂家自己定价，中间商层层加价，医生或医院为了自身利益给病人开高价药，病人购买高价药品。"这是按医药流通的四个环节来分析的。② 参与方分析法。一件事情可能有几方参与。在分述句时，可以就各方行为进行分述答题。如"这是一篇关于中国的10家苹果汁生产企业应对方反倾销起诉取得成功的案例。成本低廉的中国的苹果汁进入美国市场，引起美方不满，美方提出反倾销调查起诉。中方积极应诉，充分发挥有利因素，赢得了诉讼胜利，保护了中方苹果汁生产企业的利益。"这种方法最为简便易行。③ 链式分析法。有时材料涉及事件是一环扣一环，各个事件之间有明显关系，就适用链式分析法。如"这是一篇关于彩电价格垄断的调查报道。9家彩电企业深圳结盟之后，国家有关部门对此提出了质疑，专家认为价格联盟是变相垄断，消费基金者对此无动于衷，结盟商家内部意见也不统一，最终导致彩电限价失败。"④ 类型分析法。对一则材料所涉及的是不同类别人或事物，则可进行分类表述。如"这是一篇关于我国玩具市场的调查报告。调查表明，我国的玩具消费拥有难以估量的发展潜力。家长望子成龙心切，愿意为孩子买更多的玩具，但调查还表明，我国的成人玩具市场基本是一片空白，存在着巨大的商机。到目前为止，还未出现专门生产成人玩具的企业。玩具的开发和销售面向成人，是世界玩具的新热点。"⑤ 关键词分析法。将材料中出现频率的词语罗列出来，结合文中事实或观点把它们串联起来。如"农夫山泉、科学试验、来自全国各地的纯净水场、反击、炒作、不正当竞争法、查处起诉标准纯净水、天然、反不正当竞争法、虚假广告、科学性。"这样，再通读全文，加以分析思考后，就能提炼出："这是一篇关于农夫山泉与国内其他纯净水厂家打水战的报道。农夫山泉宣布不再生产纯净水，给纯净水使了个绊，引起全国各大纯净水生产厂家的反击。这些纯净水生产厂家对农夫山泉的科学试验提出质疑，认为农夫山泉进行炒作，属于不正当竞争行为。要求国家主管部门过问查处此事。引发了各界对此问题的关注和讨论。"⑥ 主动方分析法。确定谁是事件的主动方，从主动方角度去表述问题，但要站在客观公正的立场表述事件过程，在表述中不随便使用定性词句，以免丧失客观公正的立场。道理句，基本句型结构为："它告诉(或揭示、反映)了……道理(或规律、性质)。"道理句用简洁的语言表述事件对人们的认识或启示作用，要求考生对材料有较强的归纳分析能力，能从中引申出一定的道理。有时文中也有现成语句，要认真分析和辨别，便于利用。

**(二) 用不超过 350 字的篇幅，提出解决给定资料所反映问题的方案**

申论提出解决问题方案需要注意的问题：一、方案要具有法律性和政策性；二、方案要具有针对性；三、方案要具有可操作性。

1. 理解题意

字数限定 350 字，弹性限度 10%以内，否则扣分。解题对象：针对材料，提出解决方案。适用性：必须站在政府的角度提出方案，一要就事论事，二要可以执行，不能大而空。

2. 答题步骤

先勾画材料反映的主要问题，这是保证对策是否有针对性的重要依据。再寻找问题发生的环境和条件，这是保证解决问题的方案具有可行性的重要依据。最后根据环境和条件，从不同角度或层面提出解决方案。

3. 答题方法

分层法：有些问题，可以从观念、制度、具体行为三个层面提出解决办法。① 转变观念，改变现有观念；② 通过树立观念；③ 建立制度(实际行动)职能分类法：材料一般都与法律有关，方案可以是按企业或单位、政府、法律、个人这四个方面来分，通常情况都是"企业应当做些什么"、"政府应当做什么"、"法律应当做些什么"、"个人应当做些什么"的方式。核心元素分析法：抓住核心元素，提出解决方案。在解决关于人的问题上，一般都需要从观念和行动两个方面来提出方案。如"撞了白撞"的核心元素是"人、车、路"，解决方案就是：① 提高路人的安全意识，监督路人的行动(要列举上具体办法，如加强交通安全教育，设置交通路口、安全监督岗位等)。② 车主必须尊重路人生命，不能因为法律授权就任意作为，在可能避免的情况下要尽量避免撞人事件发生。③ 路的问题主要靠政府解决。政府要多修路，修好路(也要列举一些具体方法，如拓宽主要街道，在交通要道架设大桥，修地下通道，或严加管理一些事故多发路口等。)参与方分析法：就是一个事件的双方或多方，各有问题就分别解决自己的问题，根据具体情况提出解决办法。焦点问题分析法：找出矛盾焦点，解开争斗的死结。如解决新闻曝光案件问题，从法律，政府、新闻实际出发，从宏观、微观两方面来思考，提出解决方案。

**(三) 就给定资料所反映的主要问题，用 1200 字左右的篇幅，自拟标题进行论述。要求中心明确，内容充实，论述深刻，有说服力。**

1. 理解题意

① 确定文体：议论文，就是对事物或道理进行论述的文章。② 论述内容：给定材料

所反映的主要问题。考虑问题时主次分明，对于轻重利弊能较好地权衡。③ 明确中心。就是观点鲜明：肯定或否定，赞扬或贬斥，都必须旗帜鲜明，不能含糊其辞。在文中最好使用段旨句，一是方便阅卷教师迅速获知文章主要信息，二是方便考生自己写作时紧紧围绕中心，使文章思路清晰，层次清楚，条理分明。④ 充实内容。就是要求论述过程中理论与事实要恰当结合，既要讲道理，又要摆事实。事实与道理紧密相连，互相支持，为中心论点服务。所用事例主要来自于给定资料，也可以从中引发。⑤ 深刻论述。就是要求论述必须深入事物的核心，揭示事物的本质，一针见血地指出问题实质，并旗帜鲜明地表明观点。要从体制、观念、心理等方面进行分析，进而提出切实可行的解决方案。当然深刻性的前提是必须符合党的路线、方针，政策，符合当前实际。⑥ 有说服力。这是对文章论点、论据、论证提出的要求。论点要鲜明，论据要有力，论证要严密，符合逻辑。⑦ 规范性。从申论考试的目的，也就是录用国家公务员来看，评卷的基本要求是客观公正，因而即使是论述题，答题时虽然有一定的发挥余地，但总的来说规范性也是很强的，占着主导地位，因而作文必须从标题、结构、语言、文面等方面尽可能表现出规范性来。

2. 写作步骤

① 通读全文，抓住主要问题。② 思考资料提出的主要问题，提炼出中心论点。从国家机关工作人员的角度，为国家利益着想。③ 围绕中心论点，选择恰当材料，酝酿写作提纲，对全文进行谋篇布局。④ 将头脑中酝酿成熟的文章内容表述出来。注意不要随意修改，不写错别字，保持卷面清洁。

3. 写作方法

申论具体写作方法表述如下：

标题。一个引人注目的标题能够紧紧抓住阅卷人的眼球，进而能形成良好的第一印象。申论一定要在标题上标新立异，常常采用以下形式：① 反问式：通过反问方式来确定主标题，再加上副标题，引人注目，发人深省，如"谁为农民工的伤亡买单？——谈用人单位的责任意识"、"随迁子女将何去何从？——公平教育让他们驻足"等。② 比喻式，通过比喻确定生动的标题，能够形象地表达主题，如"扬起公平之帆让教育乘风破浪"、"破解看病难题要以动车为原理"、"疏通城市血脉构建和谐交通"等。③ 借代式，借用某些典型特征来确定抽象的主题，从一个现实角度来表达观点。如"根治'讲台腐败'现象势在必行"、"治理'手术台腐败'迫在眉睫"、"让书包再轻一些——论如何解决学生课业负担"等。④ 借用式，借用其他事物的特性来确定标题，从新角度来刻画主题，立意新颖。如"促进大学生就业要做好'加、减、乘、除'"、"如何做好裁判员、运动员、教练员——政府网络监管的三重身份"等。⑤ 感情式，把较为浓厚的感情通过标题表达出来，能够触动阅卷者的心灵，增强标题的感染力。如"合力共建让夕阳更美好"、"携手共担托起留守儿童的希望"、"为城市撑起一片绿色"、"安得广厦千万间——加强经济适用房建设和管理"等。

开头。申论虽然属于议论文，但并不缺乏文美。开头要漂亮俊秀，短小精悍，引人注目，好的开头关键在于创新。① 引用式。开头引月相关的名言、事例、数据等，来增强开头的感染力，能够吸引阅卷者的眼球。如："'稻花香里说丰年，听取蛙声一片'，曾几何时，古人所描绘的'绿树掩映、清水环绕的山村'美景，现已渐行渐远，成为了一种记忆。在拥有五千多年农耕文化的国度里，当我们在享受现代科技文明带来的高品质生活的同时，更要保存好我们的文化之根。"② 对比式。通过不同事物的类比或者对比，从而得出较为深刻的认识，论证充分，分析深刻。一是类比。如："2.5亿农民工为城市经济的发展洒下辛勤的汗水，为了生计奔波在城乡之间；1400万的随迁子女为自己的未来而感到迷茫，为了成长而在求学和辍学之间徘徊。在倡导经济社会全面发展的今天，在主张公平正义、关注弱势群体的当下，面对农民工的期许，面对随迁子女的憧憬，我们社会要有所担当。"二是对比。如："商鞅变法，举治国之良策，以开创秦朝之盛世；清末闭关，锁国门而造车，故难逃衰落厄运。古往今来，凡能够居安思危、敢于开拓创新者必能成就大业，相反，如果安于现状，一味固步自封，必然走向衰败。"③ 转折式。通过表述相反的特征或者趋势，来引出问题，这是一种曲径通幽的表达方式。如："快递业的蓬勃发展给现代生活带来便捷，只要坐在家里，点击一下鼠标，输入账号密码，会有人把物品送到家来。人们在享受便捷、高效的生活、工作方式的同时，一些问题也浮出了水面。"④ 问句式。通过反问或设问的方式直接提出问题，引出论点，能够起到警醒、鞭策的作用。一是反问式。如："公平正义，相对于弱势群体来说，最根本的是教育之公平。农民工因为没有接受到优质的教育，他们无法在城市稳定生活，随迁子女如果不能享受到公平、优质的城市教育资源，必将重蹈覆辙，像他们的父辈一样，在城市徘徊，甚至被城市边缘化。随迁子女的教育问题出在哪里？"二是设问式。如："继药家鑫事件之后又出现"女药家鑫"事件，两岁的小悦悦被车碾压时，18个路人无动于衷，河北男子被车撞倒后，42辆车经过无一车救援……一幕幕触目惊心的惨剧就发生在我们的身边，我们的心灵在阵痛之余必然要思考：社会公德正义似乎已经离我们很远了吗？"⑤ 排比式。通过列举多个类似的句式，来揭示所要表达的主题，排比式论证充分，给读者以气势磅礴的感觉。如："南京百年老店冠生园因使用陈馅月饼而一蹶不振；世界快餐巨头肯德基因使用"苏丹红"添加剂而一度陷入困境；乳业骄子三鹿奶粉因过量使用三聚氰胺而销声匿迹；冷鲜肉领头羊双汇因掺入"瘦肉精"几个月内损失上百亿；日本味千拉面因"骨汤门"事件而身败名裂……貌似食品行业已进入"多事之秋"，面对国内外多家大企业的起伏跌宕，给我们深刻的启示，诚信经营是企业发展之根本。"

正文。申论采用三段式："提出问题——分析问题——解决问题"来谋篇布局。提出问题要简明扼要，开门见山，一般都用材料中提供的事实材料和理论材料。分析问题要紧密结合材料，集中力量论述主要问题，分析合情合理，条理清晰，论述要详略得当，点面结合。解决问题的方案要有条理、有层次，涉及相关部门时方案要体现各司其职、各尽所能、互相合作的精神。按照由此及彼、由表象到本质、由微观到宏观、由特殊到一般的方式进行。解决方案要紧承分析问题的步骤，前后对应地提出解决方案。解决方案既要有总体上的思路，也要列举切实可行的手段或措施。既照顾到全局，又照顾到特殊情况，既解决主要问题，又控制次要问题，特别是杜绝新问题滋生。在分析问题和提出解决方案时，建议采用分条列项的方式，使阅卷教师一目了然，或者使用段旨句，概括表明本段的大意。具体表现为："① 领导重视，提高认识。② 加强宣传，营造氛围。③ 教育培训，提高素质。④ 健全政策法规，完善制度。⑤ 组织协调，形成机制。⑥ 增加投入，依靠科技。⑦ 加强监督，全面落实。⑧ 总结反思，借鉴经验。"结构。即段落和层次之间的组合和排列方式。

申论写作需要按照一定的结构来排列。要实际分析，根据题干、给定材料和要求确定写作合理结构。一般来说，申论作答包括三种常用结构：并列结构、总分结构和顺序结构。(1) 并列结构。并列结构就是将申论要点依次列举排列成并列关系，表述形式一般为“一是……；二是……；三是……”、“首先……；其次……；最后……”、“第一……；第二……；第三……”等。(2) 顺序结构。顺序结构与总分结构的相同点是层次间有先后顺序之分。顺序结构中的顺序在申论写作中三种形式：① 按照事物本身的发展顺序。即按照“原因——经过——结果”或“第一阶段——第二阶段——第三阶段”等事物本身的发展顺序来排列，主要适用于概括主要内容、书写情况反映等题型。② 按照认识事物的逻辑顺序。任何事物都有它的逻辑顺序，在写作申论时，要遵从逻辑顺序。一般而言，常见的认识事物的逻辑顺序有：是什么——为什么——怎么样、目的——理由——打算、背景与内涵——重要性与必要性——重要举措、目的——政策——效果等。③ 按照工作流程顺序。申论考试作为选拔公务员的一门考试，必然会涉及政府部门的一些具体工作，而政府的工作都是有一定流程顺序的，在写作申论时，也要按照政府工作的一般流程来安排结构。

结尾。是文章点睛之处，不仅简短精彩，而且余味无穷，发人深省。申论常常采用以下结尾方式：(1) 引用式。引用名言、事例、数据等进一步深刻论证作者的观点。如：“‘十二五’刚刚走过坚实的开局年，面对严峻的经济形势，我们是抛锚还是起航？当然起航！正如 2008 年金融危机时，温总理这样鼓励大家：‘莫道今年春将尽，明年春色倍还人。’只要我们坚持必胜的信心，不断探索经济发展的内在规律，必将攻克时艰，稳定物价，这艘“和谐”号经济社会之船必将驶向胜利彼岸！”(2) 递进式。通过层层递进的论证，从微观到宏观深入论证观点，达到主题升华的效果。如：“遏制粗放经营，实现经济增长方式的转变，从近期看，是保持国民经济持续快速健康发展的需要；从长远看，是实现全面建设小康社会目标的必然要求；从更广阔的视野看，是人类社会实现可持续发展的理性选择。”(3) 排比式。通过排比的方式，重申论点，增加收束气势，让人兴犹未尽。如：“‘群众利益无小事’。做好城市房屋拆迁工作，关乎百姓安居生计，事关社稷安定长治。我们要以公正合理的制度为保障，以完备的司法监督为后盾，以保障被拆迁人的合法权益为宗旨，兼顾效率与公平，在保民生的基础上，稳步推进城市化建设进程，实现社会经济的全面协调发展。”(4) 设问式。通过设问的方式，再次警醒读者，强调问题的严重性或者重申意义。如：“纵观世界各国城镇化的进程，从 20%到 40%的城镇化率，英国经历了 120 年，法国是 100 年，德国是 80 年，美国是 40 年，日本是 30 年，而我国仅仅用了 22 年。这 20 余年的快速城镇化过程，的确推动了我国经济社会快速发展，但一些地方的‘伪城镇化’现象层出不穷，我们需要速度还是需要质量？当然更需要质量！”机关工作作风要求稳重，因而要使用简明平实的语言，语言服从于文章体裁，申论写作，重在解决实际问题，要便于人们阅读和接受。清洁的文面和工整漂亮的文字能够让评卷教师赏心悦目，也便于他们清楚地阅读和评判，在保证文章内容质量的基础上能帮助考生获得较好成绩。

申论写作范畴。申论的写作内容范围大体涵盖如下：① 医疗体制改革：医、药行业分开，降低药价；院务公开，采取监督、举报措施，发挥舆论监督作用；医疗卫生服务队伍专业素质提高与思想道德建设并重；加大政府投入，以农村为重点；建立一个覆盖全民，一体化的医疗保障体系；完善社会保险制度；加大卫生常识宣传力度，动员全民和全社会的共同参与。② 三农问题：摆脱户籍制度束缚；加大政府投入力度，提高农民收入，以基础设施建设为重心加快城镇建设步伐；加强包括劳动就业、医疗保险、工伤保险和养老保险在内的社会保障体系建设，对在外谋生和生活的农民工提供更多就业机会，更便利的条件，对满足一定条件的可以适时纳入城镇保障体系之中。③ 贫富差距：分配制度改革；加大政府投入；健全社会保障制度；限高保低；税收杠杆调节；公平分配；公平竞争；消除贪污腐败现象；消除不公平现象；完善监管制度；发挥舆论导向作用。④ 安全生产：端正思想，提高认识；普及安全常识和技术知识；规范生产单位生产行为；规范相关行业（安全评价、咨询、检验检测等）行为；执法监督；定期与不定期检查、专项治理整顿；舆论监督；安全保障制度；安全纳入企业绩效评价标准。⑤ 房价调控：严格审批土地征用，控制土地一次性出让规模；提高信贷利率；增加经济适用房供给，抑制高价位住房开发；对房产开发、保有和交易环节提高税率；杜绝形象工程；提高房产市场准入门槛；加强房产市场整顿监管，清理建设相关乱收费项目；控制建筑成本；规范销售行为；信息引导；价格检测调控。⑥ 生态保护：人口管理；资源管理；生态建设；环境保护；严格控制高耗能、重污染行业上项目，提高行业准入标准；监督管理；退耕还林；畜牧业采取游牧方式；可持续发展与科学发展观；控制人口增长；提高人口素质。⑦ 节约型社会：加大宣传力度，增强节约意识；抓住薄弱环节，依靠技术进步，推进系统优化，节能降耗和产业结构调整紧密结合；对不合格、超标行业加强清理整顿；加强监督管理；法律保障；建立完善的企业、政府绩效评估体系，将能耗标准纳入其中。⑧ 和谐社会：制度创新；调整社会结构；利用社会组织实现社会和谐；实现阶层间和谐；收入分配制度；社会保障制度。⑨ 资源与可持续发展问题：经济结构战略性调整；人口和资源管理；生态建设和环境保护；发展经济兼顾环保；环保与个人利益冲突；倡导节能环保的生活方式和消费理念；以科学发展观统领经济社会发展全局。⑩ 弱势群体：劳动力市场；劳动保障；社会保障制度；社会救助机构；监督监管；法律保障；社区扶持作用；经济杠杆调整分配比例；缩小分配差距；建立稳定、发展、和谐的发展机制。⑪ 循环经济：可持续发展、科学发展观；宣传力度；相关知识普及；科技投入；全民动员；以科学发展观统领经济社会发展全局。

## 第四节　文学评论

### 一、含义

文学评论是对各种文学现象（文学理论、文学思潮、文学运动、作家和各种文学作品）进行分析、探讨、鉴赏和研究的理论文章。我们讲的文学评论，主要是指对具体作家和作品的评论、分析、鉴赏和研究的文章。文学评论是一种以作家、作品、文学创作和文学思潮作为评论对象的理论文体。作者通过写作评论，表达自己对该作品美学价值认识和评价，启发和帮助读者提高欣赏水平，对作品提出正确而有益的批评和建议。普希金在《论批评》说过："批评是揭示文学艺术作品的美和缺点的科学。"

## 二、类型

文学评论形式多种多样，常见的有以下几种类型：① 论文体，指按一般理论文章格式和要求写成的文学评论。具有准确严密、具体翔实、理论体系完备、逻辑性强的特点，这是最常见的文学评论样式。② 对话体，即问答式，用一问一答对话形式，就文学现象进行评价和判断，它的特点是在不断揭露矛盾、解决矛盾的过程中，树立自己的观点。③ 书信体，即运用书信的形式写成的文学评论，它具有内容具体、探讨性强，行文自然，态度诚恳，富有情感，结构灵活的特点。④ 诗歌体，这是运用诗歌形式写的文学评论，它具有情理交融，诗味浓郁，简括凝练的特点。⑤ 点评式，也叫评点式，是中国传统的评论样式，常常在作品的开头以"序言"、"读法"或"总论"的形式加以整体简洁评说，在正文中作"夹批"、"眉批"。⑥ 序跋体，即在书前的序言、导言、前言、小引和后面的后记、题跋等文学短论，它介绍写作意图，交代有关情况，对作家或作品进行评论，观点鲜明，评论恰切。此外还有散文体、故事体、剧情体、按语体、寓言体、随笔体、杂感体等形式。

## 三、标准

评论一部文学作品、一个作家或一种文学现象，必须掌握批评的标准。文学评论的标准有政治标准、思想标准、历史标准、社会标准、艺术标准、美学标准等。用不同标准评论文学作品和文学现象会得出不同结论。我们应该用美学标准和历史标准来衡量作品的思想意义和艺术价值。

### （一）美学标准

指文学规律和美的原则，别林斯基在《关于批评的话》指出："确定作品美学上的优劣程度，应该是批评家的第一步工作。当一部作品经不住美学分析的时候，也就不值得对它作历史的批评了。"文学评论的美学标准内容具体包括以下四点：① 形象的真实性和生动性。没有形象就没有文学艺术，分析作品要从分析艺术形象体系入手，才能完整地把握住作品，考察它是否真实、生动。这里讲的真实性，不仅包括客观真实，也应包括主观真实。如卡夫卡的《变形记》把人写成一条虫，仍是来自对现实人的思考，它是对客观真实的一种"变形"反映，渗入了作者主观真实的成分，仍然是真实地揭示了现实关系中人的本质的某一方面。② 典型化的程度。典型性是作品艺术性的重要标记，要考察作品在典型化上所达到的高度，看是否达到"以一当十"的境界。典型化不仅指典型环境中的典型人物，也包括典型情绪、典型心理等。③ 形式的完美性。文学作品是内容和形式的统一，形式的优劣好坏影响着内容的表达和艺术感染力的高低强弱。要考察作家对艺术形式的探求，看是否具有独创性，是否达到完美的程度。忽视形式美的观点是片面的，因为作品的思想内容和艺术形式是互为表里、相依相存的。④ 作品的美感效果。文学作品是以情感人的，缺乏艺术感染力的作品是发挥不了文学的特殊功能的，也是没有生命力的。创作需要激情，批评也需要激情。没有激情，没有审美感觉，就无法进入美学的批评。

### （二）历史标准

指历史唯物主义观点，即把作品放到它所产生和所反映的历史背景、历史实际中去考察。文学作品总是一定时代社会生活的反映，离开一定的历史环境和社会氛围，就无法对它作出公正的评价和科学的说明。这就要求我们把作家、作品放在历史的发展中，放在一定时代的、社会的、民族的生活环境中去考察，用历史标准去衡量作品，要考察作品产生的客观因素和主观因素。客观方面，要考察作品所反映的社会生活是否真实，深广程度如何，有没有表现出深刻的历史感和新鲜的现实感。此外，还要考察作家主观方面的情况，研究作家的创作实践和创作个性，弄清作家是在什么情况下，怎样写出这部作品的，他的思想、性格、气质如何等。总之，要把这一切作综合分析，而不能抓住一点，以偏概全，任意褒贬。美学标准和历史标准是统一的，两者不应该也不可能分离开来。文学评论作者应该把美学标准与历史标准结合起来，把思想和艺术、内容和形式结合起来进行评论和写作。

## 四、环节

文学评的写作大致有四个步骤：

### （一）阅读

阅读对于文学评论来说，是占有材料、调查研究的过程。只有通过阅读，才能为写作打下坚实的基础。从文学评论写作要求看，阅读既要做到点面结合，又要做到深浅结合。所谓点面结合的“点”，是指所评论的作品，所谓“面”是指作家生平、作家其他作品、其他作家的作品等。作品的阅读是最重要的，这是获得评论权的最重要的依据。只有阅读作品，才能使自己对评论的对象了如指掌，评论时说到点子上，切中要害，避免片面性。所谓深浅结合，是指作品的阅读要深一点，钻得透一点，深到能产生真知灼见为止。为了深，就要多读几遍。恩格斯为了对拉萨尔的《弗兰茨·冯·济金根》剧本进行评论，先后将作品至少读了四遍，他在《致斐迪南·拉萨尔》中说：“为了有一个完全公正、完全‘批判’的‘态度’”，为了“在读了之后提出详细的评价、明确的意见”，所以需要一个“比较长的时间我才能发表自己的意见”。再如，列宁为了对小说《怎么办》进行评论，在一个夏天把这部小说读了五遍，“每一次都在这个作品里发现了一些新的令人激动的思想。”（《列宁论文学艺术》第 897 页）这说明，浮光掠影、蜻蜓点水式的阅读是不行的。对于被评论的对象，一定要研究得透彻一些，对作品像对人一样，要知心知音。对其他作品和材料阅读不妨浅一点，浏览一遍，有一个直觉印象即可，否则，不能保证“点”的深。

一般采取“总体—部分—总体”的阅读步骤。总体，就是从头至尾通读，得出初步而概括的印象；部分，是要对重要部分仔细地读，分析研究，加深印象，发现特色，初步形成观点；总体，是要获得完整的本质的认识，对作品的倾向和艺术性作出自己的判断。在阅读过程中，要及时做好摘记工作。还要通过阅读培养复述节录作品内容的能力，这是因为评论中常要概述作品内容，以作评论的依据。

### （二）定题

所谓定题，就是在读书、搜集材料基础上，选择并确定评论的题旨或中心，定题也称为

“选题”。选好题目是写好文学评论关键性的一步，要迈好这一步，需要有胆识，有眼力。选题要考虑如下问题，一是需要，即社会现实或文学研究的需要；二是新颖，即别人从没有涉及的新颖而别致；三是有价值，即有研究意义和必要；四是研究是切实可行。常用的选题线索有：文学理论与文学批评的空白区与处女他；文学、文学批评与其他领域、学科相接触的边缘区和“结合部”；文学理论的实际应用，包括用文学理论解释新出现的文学现象，扩大文学理论在新领域中应用范围的发展研究；寻求文学创作，鉴赏接受等方面经验事实的理论解释，揭示蕴藏在新的文学现象背后的规律；解决旧理论与新事实之间的矛盾；消除文学理论内在的逻辑不完备性，包括对互相对立的观点作辩证的综合；对尚未获得一致认可的新文学观念作实践检验；在文学批评中移植其他领域与学科的概念、理论、方法、技术，扩展或限定其适用范围，并予以改造，完善；以自己或别人的研究成果为起点，继续拓展；抓住研究中意外出现的新问题或副产品，调整主题，转向进攻，甚至变副为主；以失败的探索为借鉴，从反面提出新问题；借鉴和吸收来自一切方面的启迪。常见的文学评论的论题，大致分为以下四种类型：① 把握精神，全面剖析。这类文章多为专著、教材、研究性论文。② 找出特色，重点评论。这类文章数量最多，论题集中，篇幅一般不长，抓准特点，把特色讲深讲透。③ 针对争论，深入阐发。此类文章亦较常见。要理清问题症结，抓住争论焦点，言之成理，持之有据，以理服人。如《怎样评价〈青春之歌〉》。④ 抓住要害，予以批判。着眼于作品的思想内容方面的要害问题，要有充分的事实根据和严密的逻辑推断，有尖锐，泼辣、鲜明、毫不吞吞吐吐的战斗风格。

应该怎样定题呢？首先要选准作品。应该选择什么人的哪一篇作品，这是有标准的。标准就是：一是作品价值。俄国文艺批评家车尔尼雪夫斯基在《谈批评中的坦率精神》中说：“假使你要做一个彻底的人，那么就应该特别注意作品的价值，而不必拘泥于你以前觉得这同一位作家的作品是好还是坏。”这说明，文学评论要评的是文学作品，作品本身价值是我们确定评论与否的重要依据。所谓作品价值，指的是它的美学价值，也就是作品的思想性和艺术性达到的水平；另外也是作品代表着一种值得注意的倾向。文学评论可以提高读者的审美水平，使读者获得美的享受，也可使作者认识到自己的特色，向好的方面发展，提高一步；评论坏的，可以防微杜渐，给作者敲警钟。二是现实需要。即国家事业的需要，人民生活的需要，社会发展的需要。再次是个人专长。选择评论作品要根据自己爱好、专长来定。要选自己有所研究的，有把握的，有心得的，能评论的。

**（三）确定评论中心**

确定评论中心有两个原则要遵守：第一、不同体裁，区别对待。体裁不同，确立评论中心的角度也应有所不同。如：叙事文学评论，评论角度应在于人物塑造、矛盾冲突等方面。抒情文学评论，评论角度应偏重于艺术意境、感情抒发等方面。第二、应有真知，贵在创新。评论中心，必须从自己对作品独到见解、真知灼见出发来确立。由于是自己的真知灼见，就可避免雷同，就能创新，评出新水平。培养“眼力”，一是选取。选取作品有意义之点来评，因为作者在写作时就是这样选材的。鲁迅在《关于小说题材的通信》中说：“选取有意义之点，指示出来，使那意义格外分明，扩大，那是正确的批评家的任务。”应该使自己能够熟练地从评论的作品中选取有意义之点来评。在开始时，可以选择一些名篇，自己确定一个具体的范围，选取一些有意义之点。如评价鲁迅的小说《祝福》，可以确定一个范围：评论祥林嫂的形象塑造技巧。这样，既可以从总的方面——祥林嫂是一个什么样的典型，成功在哪里等方面来选取；也可以从局部的方面——鲁迅怎样刻画祥林嫂的眼睛、语言、性格等方面来选取。二是甄别。主要从三方面锻炼自己的甄别能力：一作品中应选取或舍弃的部分；二自己对于作品的真知灼见；三自己评论时能够驾驭的。总之，定题是在阅读作品的基础上，通过评论者的思考，从感性认识上升到理性认识的"飞跃过程"。要顺利完成这个"飞跃"过程，需要花大力气、下深功夫。

**（四）评论**

文学评论可以从思想内容和艺术形式两方面进行：

1. 评论作品的思想内容

文学作品的主题思想集中体现一部作品的思想意义和艺术价值，是作者创作思想的直接体现。文学作品的主题思想，决定着文章作品的价值。所以对作品的思想内容的评论，要顾及全篇，从作品的全部内容出发，认真把握作者的基本精神和整体思想表现。评论作品思想内容应特别注意以下几点：一要看作品的总的政治倾向。看作品到底宣扬了什么样的思想，在社会上的效果怎样。从现实生活和历史背景结合部进行客观分析，得出真实科学的看法和结论。鲁迅曾批评说："它往往是衣裳上撕下来的一块绣花，经摘取者一吹嘘或附会，说是怎样超然物外，与生浊无干，读者没见过全体，便也被他弄得迷离惝恍。"。二要历史地看作品。应该以历史唯物主义的态度，来看待过去作品中所反映的生活画面，要把它放到特定的历史条件下和环境中去研究，不能以今天条件下的标准去苛求，否则就会陷入反历史唯物主义的泥坑。譬如杨沫同志的长篇小说《青春之歌》总的看来是一部很优秀的小说，它的成功之处是从生活出发，真实地、生动地塑造了"九、一八"事变到"一二·九"运动那个特定的历史时代投身革命洪流的知识分子的光辉形象。但郭开军等人却以小说没有描写知识分子和工农的结合，"充满小资产阶级情调"，严重的歪曲了共产党员形象等否定了小说，而茅盾、何其芳等则尖锐地提出了要历史地看待作品所反映的历史事件，不要陷于主观片面性，从而得出了它"是有一部有价值意义的优秀作品"这一科学结论。三要分析作品主题思想确立的高度和开凿的深度。即作品是否概括和反映了生活的本质和主流，是否生动形象地揭示了现实生活和客观事物的普遍发展规律，是否体现了强烈的社会精神和时代特色。四要看作品的实际。既然是评论作品的思想内容，当然应以作品的实际为依据，而不应搞"因人立言"或"因人废言"，要真正按照作品的实际来进行具体分析、评论，要看作品的社会效应（影响和作用及读者的评价），这样才能使人口服心服。

2. 评论艺术技巧

对作品艺术技巧进行正确的评论，既可以帮助作者总结创作经验，也有利于提高读者对作品的鉴赏能力。因此，要重视作品艺术技巧的评论。评论一篇作品的艺术技巧，从评论者来说，首先，态度要客观。因为各个作家在艺术风格不同，评论时评论者不能根据自己个人的好恶对作品的艺术技巧随意进行褒贬。评论艺术技巧范围很广，包括人物塑造、情节安排、环境创造、语言表达、情节发展、艺术风格特点以及各种艺术表现技巧、手法的运用等。① 评析故事情节。情节是人物性格成长发展的历史，是人物心灵演进变化的轨迹。评析故事情节，就要具体分析它是否恰到好处地展示了人物性格的形成、发展与变化的历程，是否生动、巧妙地表现了作品的主题思想和作者的创作意图，故事情节的安排是否达到艺术真实的要求等。② 评析语言表述。文学是语言的艺术，文学作品讲究语言美。首先要评析作品的语言是否生动、形象、自然和凝练；其次评析语言在叙事、写人、绘景中的感情色彩，文学作品注重以情感人，语言本身所蕴含的情感容量是能否感人的关键所在；三是要评析语言是否具有音乐美的特色。文学作品越来越讲究语言的节奏感和音乐美，这种形式美有助于作品思想内容的表达。③ 评析意境创造。意境创造是衡量文学作品的重要标准，"有意境则成高格"(王国维)评析意境创造，首先把握作者捕捉到的生活形象与其注入形象中的主观感情的融合程度。此外，还要分析意境所达到的独创性，在情与镜的融合方面是否有独到发现，是否创造出了新颖优美的艺术境界，是否具有艺术创新性。④ 评论人物形象。文学作品主要是以塑造人物形象为中心，来体现作品的思想价值和艺术水平的，文艺作品是通过形象来反映生活和寄托审美理想的，作者对生活的评价，往往就是从人物形象的塑造中反映出来的。通过对人物形象典型性格的分析评价，可以深刻地剖析作品的思想意义、审美理想和社会作用，从而揭示作品概括、反映生活的深度、广度及社会现实意义。评论人物形象，还要注意分析作者刻画人物形象所运用的艺术手法，这是作者塑造人物形象的艺术成就和美学特色的表现。评论人物形象，主要可以从以下几个别方面来考虑：一是评论人物时，评论者要熟悉和理解人物。一个作家要塑造出深刻、动人、典型的形象，必须投身到火热的生活激流中去，了解各种人，熟悉各种事，评论者为了准确把握人物形象，同样有一个从生活出发，熟悉和理解所评的人物形象的问题，只有当你对人物的所作所为，对人物之间的关系，矛盾冲突十分明白时，你的评论才能抓住要害，恰到好处。二是评论人物时应抓人物的典型化。文艺作品中的典型化主要表现在人物形象上，就是指具有高度概括性的典型人物创造。因此，我们评论人物形象时，应该将人物放到特定的社会环境中，考察、研究、评价他的典型意义，看他是否达到了典型化，能不能成为一个"典型人物"，关于典型化在现今形势下的新定义，人物从大到小由社会生活所决定的，因为"大人物"毕竟占社会总人数的少数，而小人物却遍及世界。塑造小人物已有普遍性创作。三是评论人物时，要紧紧抓住其性格特征。恩格斯曾说过："每个人都是典型，然而同时又是明确的个性。正如黑格尔老人所说的'这一个'，而且应当是如此。"这卓越的见解说明评论人物形象的重点应放在评论人物性格特征上。而人物的特征，表现在服饰、容貌、脾性、嗜好、言行等各个方面，这些方面的特点，直接和人物的个性有关，受个性影响。尤其在紧要关头人物的举足轻重的行动更能体现其性格本质，如阿Q临刑前的签字画圆，孔乙己的"又脏又破的长衫""满口之乎者也"等，进行细致的分析，再现了他们的典型悲剧性格。再如金圣叹在评论《水浒》中鲁智深、史进、李逵、武松、阮小七、焦挺等人时，就抓住了他们的性格特征来评的："《水浒传》上是写人粗鲁处，便有许多写法。如鲁达粗鲁是性急，史进粗鲁是少年任气，李逵粗鲁是蛮，武松粗鲁是豪杰不受羁鞠，阮小七粗鲁是悲愤无处说，焦挺粗鲁是气质不好。"这样，抓住人物性格相似而又各自不同的特征，进行评点，寥寥数语，贴切精当，既可以帮助读者欣赏认识这些人物形象，也恰当地评价人物形象本身的特征。所以金圣叹的评论受到人们重视，道理也就在这里。评论人物形象的性格特征的方法很多，可以按人物性格形成发展的线索来评；也可以抓住人物性格中不同的侧面来评；还可以抓住刻画表现人物特征的一些生动细节和场景来评。从细节处着手评论，更有利于人物形象评论。四是评论人物，要抓住作品刻画人物的细节。细节描写是构成文艺作品的重要因素，典型的细节是“暴露”人物内心秘密的“电码”。五是评论人物时，还应准确地剖析人物之间的关系。叙事性文学作品中，如何处理人物之间的关系，不仅决定着故事情节是否曲折生动，也决定着人物形象是否真实感人。作品人物间的特殊关系，构成特殊的矛盾纠葛，目的总是为了显示人物性格和思想的。六是评论人物时，要抓住作者对人物的态度。这个问题有一定的困难，因为一般来说，作者不大可能在作品中直接站出来宣称恨某个人物，或爱某个人物。因此，要评作者对人物的态度，必须全面而深刻地看问题。这主要看作者笔下的人物做了什么，同时又是怎样去做的。因此，作者往往是通过人物“做什么”和“怎样做”来表明倾向的。当然看作者对人物的态度，还可以从作者描写刻画人物的语气和心情去考察。如鲁迅的《孔乙己》中写孔乙已到酒店：“引得众人都哄笑起来；店内外充满了快活的空气。孔乙己是这样的使人快活，可是没有他，别人也便这么过。”字里行间，反映了鲁迅先生对孔乙己的同情和对冷酷社会的不满，也反映了鲁迅先生对孔乙己的批判。由此可见，作者刻画人物的语气心情，也是考察作者对人物的态度的倾向的重要依据。七是评论人物时应抓住人物的心理活动，尤其是人物的潜意识。⑤ 评论艺术特色。作品的艺术技巧，总是为一定的思想内容服务的。因此，评论艺术特色，必须坚持内容和形式统一的观点。一篇作品的艺术特色，往往会表现在多方面，因此，评论要抓准特点，突出特点，而不要面面俱到。茅盾同志在评论鲁迅的《故事新编》中的历史小说时，深刻地指出：“至于艺术境界，八篇亦各不同；例如《补天》诡奇，《奔月》雄浑，《铸剑》悲壮，而《采薇》诙谐。”茅盾仅用了八个字，却概括了鲁迅四篇小说的艺术特色，这样的见解正可谓是入木三分。当然，抓特色，并不是不要全面分析，问题是应该突出重点进行分析评论，这样才能评到点子上，同时也有利于评深评透。评论一篇作品的艺术技巧，必须通过对作品的具体分析来进行。优秀的文艺评论家都善于精辟地具体分析作品，从分析中自然而然地把艺术技巧的特色点出来。对作品的艺术技巧的评论贵在中肯。鲁迅说：“有真意，去粉饰，少做作，勿卖弄。”这同样应该是文学评论写作必须遵循的一条原则。

## 五、艺术性

文学评论属于议论文。它必须具有议论文的一般特点，这是它与其他议论文相同的共性。但是由于它是对文学作品发表的评论，所以又不同于其他的议论文，而要有点文学色彩，这是它的个性。因此，一篇好的文学评论，既要具有一般论说文的特点，又要讲究文学性和艺术性。一要有正确而鲜明的观点。我们对一篇文学作品发表议论，总要有个基本看法：好与坏，是基本上好还有缺点，还是基本上不好但尚有某些可取之处？这个基本看法就是文章的中心论点，而这个论点必须是正确的、鲜明的。二要有准确、充分而有说服力的论据。文学评论的论据，主要应从作品的人物、情节和艺术描写中去找，也就是说，要对作品的人物形象、故事情节、艺术描写和语言运用等方面进行深入细致的具体分析。从而引用足以说明自己论点的材料来作为论据。这些论据一定要准确可靠,不能想当然,更不可曲解,甚或断章取义,攻其一点不及其余。三要运用科学的符合逻辑推理的论证方法。是用归纳法,还是用演绎法,或者是类比法,应深思熟虑。而且,是写成一篇立论的评论,还是一篇驳论的评论,也需要根据写作目的,从作品实际和读者需要出发来确定。四要具有文学批评的当代意识,能按照文学规律和特性结合作品实际进行写作。必须运用学过的文学理论知识、文学史知识、美学知识、语言学和修辞学知识,针对具体作品进行具体分析。否则,在文章中尽讲外行话,或者对文艺作品提出不切实际的要求,这样的评论肯定难以服人。五在创作上文学观念要不断更新,因此文学评论的理论和术语也随之不断更新。为此,就要努力使评论的语言既准确、严密、有科学性、理论性,又要鲜明、新颖、有文学性、形象性。要通过语言的运用将评论的理、情、文三者完美地结合起来。

文学评论也要有一定的艺术性和文学色彩,以帮助人们在阅读欣赏中提高审美能力,增强它的效果。王朝闻、秦牧的一些文艺评论,所以为人们广泛传阅,深得群众喜爱,产生了很大影响,就因为他们的评论文不但有真知灼见,而且很有现代哲理色彩。文学评论当然要严肃,但不等于说就是要板着面孔说话,从理论到理论,或搞烦琐的考证。这样写出来的文学评论很可能是苍白无力的,单调乏味的,许多读者对当今有些文学评论不满意,重要的一个原因,也正在于此。因此,写文学评论也应该重视文章本身的艺术性。文学评论的艺术性表现在多方面,主要有:① 寓论于形象之中。寓论于形象之中,既可使评论形象化,又可借助形象来阐明一些丰富的内涵,加强议论的分量,从而达到情理并茂。既是精辟的评论,又是艺术的勾勒,评论和形象水乳交融,大大增强评论的文学色彩。② 倾注深情于评论之中。文学评论固然需要对作品冷静的解剖,但冷静的解剖不等于说是不动感情,只有冷冰冰的纯客观评论。相反,文学评论也应该洋溢着作者的爱憎好恶之情,正如高尔基所说:“文学家的评论应该像火星一样放出其诗意光芒。”③ 用美的语言评论。文艺评论要求语言美,那就是评论的语言要鲜明、准确、生动、娓娓而谈,活泼隽永;它有时可以用排比议论,有时又可以用比喻说明,有时还可以用诗一般语言来评价,不拘一格,变化多端。总之,所使用的语言应该是优美而有力的。

## 六、方法

注意文学评论方法,在评论过程中,需要正确处理如下几个问题:① 复述和节录。文艺评论中的复述和节录是很讲究的。好的复述文字应于娓娓动听的,精炼干净的叙述之中不露声色地点出评论者欲强调之处,使内容的介绍和尔后的评论相互照应、有机配合,使人感到丰富繁复的作品内容一经评论者之手即化繁为简,一目了然,节录包括引文中的摘引,应截取精当,使人感到百里挑一,无可更移,恰到好处。节录的文字一般不宜过多,引文中不过多删节,以免支离破碎,失其原貌。节录与复述应交错配合使用,避免读者产生单调、板滞之感。② 分析和概括。所谓“分析”,就是对作品本身的各种因素及其关系作“解剖”“说明”,使读者对作品本身有透彻的了解。所谓“概括”,就是用精练的语言把作品的思想内容的基本精神和艺术形式的主要特点归纳起来,使读者有明晰的认识。只有概括,没有分析,不能给人具体的印象,只有概括,不能很好地帮助读者加深提高对作品的认识。好的文学评论,总是将具体的分析和准确的概括结和起来的。③ 形象性和逻辑性。文学评论的对象既然主要是文学作品,写作文学评论也应讲究艺术性,这个"艺术性"包括恰当的体裁选择、清晰的层次结构、生动的语言表述以及鲜明醒目的标题、引人入胜的开头、耐人寻味的结尾等。我们写文艺评论,除主要用逻辑思维外,也要适当地运用形象思维,使文章不仅写得有理有据,有说服力,而且写得生动活泼,有感染力。很多优秀的文学评论以强大的逻辑力量说服读者,使读者受到教育,还适当地运用形象化的语言来分析作品,帮助读者更好地感受作品,提高他们对文学的欣赏能力,培养他们的审美感情。

## 七、研究角度

文学评论常见的研究方法有:① 史的研究法,对某一文学现象,可以从文学史的发展演变角度来研究,便于认识它在文学史上的地位和价值,例如许子东《郁达夫风格与现代文学中的浪漫主义》。② 比较研究法,把两个以上相关的文学现象(如两个作家的创作风格、中外同一时期的文艺思潮等)如李春林、宁殿弼《论鲁迅与陀思妥耶夫斯基小说意识流》、邵迎武《苏曼殊与拜伦》。③ 社会学研究法,是从文学现象研究社会问题,这一般是进行社会学研究的文章所采用的角度。如列宁的《列夫·托尔斯泰是俄国革命的镜子》。4. 美学评论,美学评论采用的文学批评方法,其特点是从文学对社会现实的审美关系来进行评论。当然可以对思想性或艺术性两方面有所侧重。西方还有形式主义批评和心理学角度的文学批评,其中某些合理的因素,已经引起了我们的文艺评论工作者的重视。此外,我国评论界将系统论、控制论、符号论以及接受美学等方法引进文学评论,并越来越为人所重视。

陈启佑的《永远的蝴蝶》是一篇象征性与抒情性相结合的微型小说,描写樱子姑娘在雨中撑着伞,帮助"我"——她的男友,给在南部的母亲寄信过马路的一瞬间发生的车祸。"樱子的一生轻轻地飞了起来""好像一只夜的蝴蝶"。作品只有五百多字,通过瞬间的场景,不注重车祸事件的描写和人物的刻画,而是着重抒写樱子遇难的瞬间和遇难后"我"的悲痛情结,刻画蝴蝶那富有诗意的象征性意象,创造出一种悲凉而缠绵的意境,具有较高的美学价值。

这篇作品将人的主观感受、主观印象渗透融合到客体的描写中去,重在表现主观感受。"我"和樱子在热恋中已经准备结婚,就在樱子穿越马路代"我"寄信时突发车祸。这一切景象,不是客观地描述,而是通过潜意识地描写表现樱子遇难,侧重通过"蝴蝶"的中心意象把"我"内心的复杂情感充分地展示出来:悲痛、悔恨、迷恋、幻灭……

作品艺术上富有独创性。作者善于将传统的意境和现代意识流的表现方法有机结合,融为一体,来抒写"我"的情结:一是融情于景,创造了悲凉的艺术境界。在叙述中选取富有特征性的景物与主观情意相熔铸来渲染悲凉的气氛,达到了情景交融的高度,作品意境以生动的形象作基础,托出樱子遇难时轻盈的形象"好像一只夜的蝴蝶",象征与抒情相结合,从而寄情于景,托物寓意。"永远的蝴蝶"作为作品中心,构成象征性意象,暗示寄托"我"的情感,成为"我"悲痛情绪的化身,这样运用象征的抒情手段,构成独特的氛围。二是意识流手法的运用，将“我”强烈的主观感受和幻觉渗透融合到客体的描写中，来抒写悲痛的情感。“虽然是春天，好像已经是深秋了”，“世上所有的车子都停下来了”，“这时她只离我五公尺，竟是那么遥远”，“其实雨下得并不大，却是一生一世中最大的一场雨”。这些自由联想的描写，特别是“我”的幻觉里又呈现出樱子为“我”发信的情景，更加重了“我”对樱子的爱，将“我”的悲痛完全融合在其中，创造和表现那种有强烈主观色彩的“新现实”。三是首尾照应回环反复的结构方法，在反复咏叹抒情中，使作品悲凉缠绵的悲剧气氛更加浓重。特别是结尾一笔释悬，揭示了信的内容，使人读后回味无穷。

一贝观海景，滴水映天宇。微型小说以短见长。这就要求作者精于构思，善于选择生活片断，汲取中外传统的与现代的艺术表现方法，增强艺术表现力，从而达到小中见大，勾勒人物的精神风貌。《永远的蝴蝶》为我们提供了这方面的艺术经验，值得我们借鉴和学习。

## 第五节 毕业论文

### 一、含义

毕业论文是高等院校毕业生提交的具有一定学术价值的理论文章。它是大学生完成学业的标志性作业，是对学习成果的综合性总结和检阅，是大学生从事科学研究的最初尝试，是在教师指导下所取得的科研成果的文字记录，也是对学生掌握知识程度、分析问题和解决问题基本能力的综合检验。毕业论文从文体上看，归属于议论文中学术论文的种类。毕业论文注重对客观事物作理性分析，指出其本质，提出个人学术见解和解决某一问题方法和意见。毕业论文就其形式来讲，具有议论文所共有的一般属性特征，即论点、论据、论证是文章构成的三大要素。文章主要以逻辑思维的方式为展开的依据，强调在事实的基础上，展示严谨的推理过程，得出令人信服的科学结论。

### 二、类型

毕业论文是学术论文的一种形式，为了进一步探讨和掌握毕业论文的写作规律和特点，需要对毕业论文进行分类。由于毕业论文本身内容和性质不同，研究领域、对象、方法、表现方式不同，因此，毕业论文就有不同的分类方法。毕业论文就其内容来分：解决学科中某一问题的，用自己的研究成果加以回答；提出学科中某一问题，综合别人已有的结论，指明进一步探讨的方向；对所提出的学科中某一问题，用自己的研究成果，给予部分的回答。按其内容性质和研究方法来分：理论性论文、实验性论文、描述性论文和设计性论文。文科大学生一般写的是理论性论文，理论性论文具体又可分成两种：以纯粹的抽象理论为研究对象，研究方法是严密的理论推导和数学运算，有的也涉及实验与观测，用以验证论点的正确性；以对客观事物和现象的调查、考察所得观测资料以及有关文献资料数据为研究对象，研究方法是对有关资料进行分析、综合、概括、抽象，通过归纳、演绎、类比，提出某种新的理论和新的见解。按议论性质不同可以把毕业论文分为:立论性的毕业论文,指从正面阐述论证自己的观点和主张,一篇论文侧重于以立论为主,它要求论点鲜明,论据充分,论证严密,以理和事实服人;驳论性毕业论文,指通过反驳别人论点来树立自己论点和主张。它侧重于以驳论为主,批驳某些错误的观点、见解、理论,驳论文除按立论文对论点、论据、论证的要求以外,还要求针锋相对,据理力争。按研究问题的大小不同可以把毕业论文分为:宏观论文,属全局性、带有普遍性并对局部工作有一定指导意义的论文,它研究的面比较宽广,具有较大范围的影响;微观论文,研究局部性、具体问题的论文,它对具体工作有指导意义和影响的面窄一些。另外还有一种综合型的分类方法,即把毕业论文分为专题型、论辩型、综述型和综合型四大类:一是专题型论文,在分析前人研究成果的基础上,以直接论述的形式发表见解,从正面提出某学科中某一学术问题的一种论文,如《浅析领导者突出工作重点的方法与艺术》,从正面论述了突出重点的工作方法的意义、方法和原则,它表明了作者对突出工作重点方法的肯定和理解。二是论辩型论文,这是针对他人在某学科中某一学术问题的见解,凭借充分的论据,着重揭露其不足或错误之处,通过论辩形式来发表见解的一种论文。针对几种不同意见或社会普遍流行的错误看法,以正面理由加以辩驳的论文,也属于论辩型论文。三是综述型论文,这是在归纳、总结前人或今人对某学科中某一学术问题已有研究成果的基础上,加以介绍或评论,从而发表自己见解的一种论文。四是综合型论文,这是一种将综述型和论辩型两种形式有机结合起来写成的一种论文,如《关于中国民族关系史上的几个问题》一文既介绍了研究民族关系史的现状,又提出了几个值得研究的问题,是一篇综合型的论文。毕业论文还有学士、硕士和博士论文之分。

## 三、特点

毕业论文虽属学术论文中的一种,但和学术论文相比,又有自己的特点:一是指导性。毕业论文是在导师指导下独立完成的科学研究成果,作为大学毕业前的最后一次作业,离不开教师的帮助和指导,对于如何进行科学研究,如何撰写论文等等,教师都要给予具体的方法论指导,在学生写作毕业论文的过程中,教师要启发引导学生独立进行工作,注意发挥学生的主动创造精神,帮助学生最后确定题目,指定参考文献和调查线索,审定论文提纲,解答疑难问题,指导学生修改论文初稿等。学生为了写好毕业论文,必须主动地发挥自己的聪明才智,刻苦钻研,独立完成毕业论文的写作任务。二是习作性。根据教学计划的规定,在大学阶段的前期,学生要集中精力学好本学科的基础理论、专门知识和基本技能,在大学的最后一学期,学生要集中精力写好毕业论文。学好专业知识和写好毕业论文是统一的,专业基础知识的学习为写作毕业论文打下坚实的基础,毕业论文的写作是对所学专业基础知识的运用和深化,大学生撰写毕业论文就是运用已有的专业基础知识,独立进行科学研究活动,分析和解决一个理论问题或实际问题,把知识转化为能力的实际训练。写作的主要目的是为了培养学生具有综合运用所学知识解决实际问题的能力,为将来作为专业人员写学术论文做好准备,毕业论文实际上是一种习作性的学术论文。三是层次性。毕业论文与学术论文相比要求较低。大学生的毕业论文由于受各种条件的限制，在文章的质量方面要求相对低一些。大学生缺乏论文写作的经验，多数大学生是第一次撰写论文，对撰写论文的知识和技巧知之甚少。多数大学生的科研能力还处在培养形成之中，大学期间主要是学习专业基础理论知识，缺乏运用知识独立进行科学研究的训练。

## 四、目的

大学生撰写毕业论文的目的，主要有两个方面：一是对学生的知识和能力进行一次全面的考核。二是对学生进行科学研究基本功的训练，培养学生综合运用所学知识独立地分析问题和解决问题的能力，为以后撰写专业学术论文打下良好的基础。撰写毕业论文是在校大学生最后一次知识的全面检验，是对学生基本知识、基本理论和基本技能掌握与提高程度的一次总测试。毕业论文不是单一地对学生进行某一学科已学知识的考核，而是着重考查学生运用所学知识对某一问题进行探讨和研究的能力。写好一篇毕业论文，既要系统地掌握和运用专业知识，还要有较宽的知识面并有一定的逻辑思维能力和写作功底。这就要求学生既要具备良好的专业知识，又要有深厚的基础课和公共课知识。通过毕业论文的写作，使学生发现自己的长处和短处，以便在今后的工作中有针对性地克服缺点，也便于学校和毕业生录用单位全面地了解和考察每个学生的业务水平和工作态度，便于发现人才。同时还可以使学校全面考察了解教学质量，总结经验改进工作。撰写毕业论文是培养大学生的科学研究能力，使他们初步掌握进行科学研究的基本程序和方法。大学生毕业后，不论从事何种工作，都必须具有一定的研究和写作能力。在党政部门和企事业单位从事管理工作，就要学会搞调查研究，学会收集和整理材料，能提出问题、分析问题和解决问题，并将其结果以文字的形式表达出来。大学是高层次的教育，其培养的人才应该具有开拓精神，既有较扎实的基础知识和专业知识，又能发挥无限的创造力，不断解决实际工作中出现的新问题；既能运用已有的知识熟练地从事一般性的专业工作，又能对人类未知的领域大胆探索，不断向科学的高峰攀登。

撰写毕业论文的过程是训练学生独立进行科学研究的过程。通过撰写毕业论文，可以使学生了解科学研究的过程，掌握如何收集、整理和利用材料；如何观察、如何调查、作样本分析；如何利用图书馆和网络检索文献资料；如何操作仪器进行实验等方法。撰写毕业论文是学习如何进行科学研究的一个极好的机会，撰写毕业论文的过程，同时也是专业知识的学习过程，而且是更生动、更切实、更深入的专业知识的学习。首先，撰写论文是结合科研课题，把学过的专业知识运用于实际，在理论和实际结合过程中进一步消化、加深和巩固所学的专业知识，并把所学的专业知识转化为分析和解决问题的能力。其次，在搜集材料、调查研究、接触实际的过程中，既可以印证学过的书本知识，又可以学到许多课堂和书本里学不到的活生生的新知识。此外，学生在毕业论文写作过程中，对所学专业的某一侧面和专题作了较为深入的研究，培养学习的志趣，这对于他们今后确定具体的专业方向，增强攻克某一领域科学难题的信心大有裨益。

撰写毕业论文是检验学生在校学习成果的重要措施，也是提高教学质量的重要环节。大学生在毕业前都必须完成毕业论文的撰写任务。申请学位必须提交相应的学位论文，经答辩通过后，方可取得学位。可以说，毕业论文是结束大学学习生活走向社会的一个中介和桥梁。一篇毕业论文虽然不能全面地反映出一个人的才华，也不一定能对社会直接带来巨大的效益，或对专业产生开拓性的影响，但它总是在一定程度上表明一个人的能力与才华，向社会展示自身的价值，撰写毕业论文在学业生涯中是一件值得留恋的事情。论文写作过程中所唤起的对科学研究的极大兴趣，所激发的对科学事业的满腔热情，以及写作中辛勤的耕耘，导师的教诲和拿到学位证书时激动人心的场面等，都会变成美好的回忆，深藏在记忆中。此外，撰写毕业论文是大学生在校学习期间专业考核的重要环节，教学计划规定大学三年级学生要写学年论文，四年级即将毕业的学生要写毕业论文。撰写毕业论文是提高教学质量的重要环节，是保证出好人才的重要措施。同时，通过撰写毕业论文，提高写作水平是和谐社会建设的需要。社会主义市场经济建设，需要大量开拓型人才，他们应当具备科学研究的能力，发明创造的能力，组织管理的能力，获取信息情报的能力、语言和文字表达的能力，社会活动的能力等等，这些能力的培养和形成都是与写作能力的提高密切相关的。写作水平的高低，直接影响着整个国民素质，大学生要写好毕业论文，努力提高自己的写作水平，在今后的工作中发挥出更大的作用。

## 五、规格

毕业论文规格，也就是毕业论文的标准。毕业论文规格或标准，主要是就毕业论文的质量方面而言的，一般说来，一篇毕业论文需要有五到八千字左右。大学生在校期间一般要写两次论文，一次是大学三年级写的学年论文，另一次是大学临近毕业时写的毕业论文。此外，大学毕业后继续攻读硕士学位的研究生要写硕士学位论文，攻读博士学位的研究生要写博士学位论文。学年论文、毕业论文、硕士学位论文和博士学位论文这四种论文是一种由浅入深的关系，它在学术水平上有区别，因而有不同的规格或标准。学年论文是大学生在大学读了三年基础课，具备了一些基本知识之后，初次锻炼运用已有知识去分析和解决一个学术问题的能力。论文的题目不宜太大，篇幅不宜太长，涉及问题的面不宜过宽，论述的问题也不求过深。初学论文写作，主要是取得撰写论文的经验，初步掌握撰写论文的方法，为今后撰写毕业论文和学位论文奠定基础。写论文是要求自己运用前人的知识去解决一些前人没有解决的问题，由于写学年论文是大学生初次学做的一件新工作，所以，撰写学年论文是在有经验的教师指导下进行的。

毕业论文是大学生在大学的最后一个学期，运用所学的基础课和专业课知识，独立地探讨或解决本学科某一问题的论文，它是在撰写学年论文取得初步经验后写作的，它的题目比学年论文大一点、深一点。其基本标准应该是：通过毕业论文，可以大致反映作者能否运用大学三四年间所学基础知识，来分析和解决本学科内某一基本问题的学术水平和能力，它要求有一定的创见性，能够较好地分析和解决学科领域中不太复杂的问题。大学生的毕业论文如果写得好，可以作为学士学位的论文，成为获得学士学位的依据。硕士论文。这是攻读硕士学位研究生的学位论文，其学术水平比学士论文要高。它必须能够反映出作者所掌握知识的深度，有作者自己的较新见解。国家学位条例第五条规定，高等院校和科学研究机构的研究生，或具有研究生毕业同等学历的人员，只有在本学科上掌握坚实的基础理论和比较系统的专门知识，具有从事科研工作和专门技术工作的独立能力者，才可通过论文答辩，取得硕士学位。这就是说，硕士论文强调作者在学术问题上应有自己的较新见解和独创性，其篇幅一般要长一些，撰写前应阅读较多的有关重要文献。博士论文。它是非常重要的科研成果。它要求作者必须在某一学科领域中，具有坚实而深广的知识基础，必须有独创性的成果；它应有较高的学术水平和学术价值，能够对别人进行同类性质问题的研究和其他问题的探讨有明显的启发性、引导性，在某一学科领域中起先导、开拓的作用。

通过上述几种相近论文的比较，可以明确毕业论文的规格或标准，这对写好毕业论文有着具体的指导作用。在论文写作过程中，要多动脑筋，认真思索，紧紧围绕论题，运用专业知识，使论文做到持之有故，言之成理，以体现出综合运用所学知识分析和解决问题的能力。论文虽然不是千篇一律，但要讲究基本的格式规范：(1) 中文摘要(100～300 字)，关键词(3～8 个)；(2) 文章的英文标题、英文摘要、英文关键词；图、表英译文；(3) 每位作者姓名的汉语拼音，每位作者单位的邮政编码，每位作者单位名称的英文及第一作者简介(姓名，性别，年龄，籍贯，工作单位，职称，职务，学历，主要研究方向)；(4) 准确联系电话、传真、e-mail、电子邮箱、手机号；(5) 文章若属省级以上的资助(或攻关)项目，请补充项目名称及编号(附复印件)；(6) 文中插图请一律采用黑白对比明显的线条式插图，一般勿用照片或彩色图片；(7) 参考文献应为近期杂志或书籍，以 5 至 8 条为宜，请按如下格式标注：① 期刊：作者，篇名[J]，期刊名(外文可缩写，不加缩写点)，出版年份，卷号(期号)：起始页码。② 专著：作者，书名[M]，版次(第一版不标注)，出版地，出版单位，出版年，起止页码。③ 论文集：作者，篇名[C]，见(英文用 In)，论文集主编者，论文集名、出版地，出版年，起始页码。④ 学位论文：作者，篇名[D]，出版地(保存地)，出版者(保存单位)，出版年。⑤ 专刊：专利所有者，专刊题名[P]，专利国别，专利号，出版日期。⑥ 技术标准：标准编号，标准名称[S]。总之，论文基本要求是，格式准确，摘要和关键词简明扼要，参考文献齐备，观点新颖，正文丰满而有条理。毕业论文无论在内容或形式上都有一定的要求，这也是考核论文成绩的基本依据之一。

## 六、原则要求

### (一) 坚持理论联系实际

撰写毕业论文必须坚持理论联系实际，理论研究，特别是社会科学的研究必须为现实服务，为和谐社会建设服务，为文明建设服务。科学研究的任务就在于揭示事物运动的规律性，并用这种规律性的认识指导人们的实践，推动社会的进步和发展。因此，毕业论文在选题和观点上都必须注重联系社会建设的实际，密切注视社会生活中出现的新情况、新问题。坚持理论研究的现实性，做到理论联系实际，就必须深入实际，进行社会调查研究，这也是我们正确认识社会的基本途径。人们只有深入到实际中去，同客观事物广泛接触，获得大量的感性材料，然后运用科学的逻辑思维方法，对这些材料进行加工制作，才能从中发现有现实意义而又适合自己研究的新课题。只要我们对现实问题有浓厚的兴趣和高度的敏感性，善于捕捉那些生动而具有典型性的现实材料，通过深入的思考和研究，就能从中引出有利于和谐社会建设规律性的认识，提高毕业论文的价值。当然撰写毕业论文可选择的课题十分广泛，并不只限于现实生活中的问题，也可以研究专业基本理论，中西方比较研究等。但无论选择什么研究课题，都必须贯彻理论联系实际的原则，做到古为今用，洋为中用，从历史的研究中吸取有益于现实社会发展的经验教训，从对外国的研究中，借鉴其成功经验和失败的教训，或为我国的对外政策提供某些依据。贯彻理论联系实际的原则和方法，必须认真读书，掌握理论武器，这是写好毕业论文的前提和必要条件。经验告诉我们，只有具备了相应水平的知识积累，才能理解一定深度的学术问题；同时，也只有具备了某一特定的知识结构，才能对某学科中的问题进行研究。要认真学习哲学基本原理，学会分析问题、解决问题的立场、观点和方法，用来指导毕业论文的写作。

**（二）立论要科学，观点要创新**

立论要科学，毕业论文的科学性是指文章的基本观点和内容能够反映事物发展的客观规律。文章的基本观点必须是从对具体材料的分析研究中产生出来，而不是主观臆想出来的。科学研究作用就在于揭示规律，探索真理，为人们认识世界和改造世界开拓前进的道路。判断一篇论文价值之大小，首先是看文章观点和内容的科学性如何。文章的科学性来自对客观事物的周密而详尽的调查研究，掌握大量丰富而切合实际的材料，使之成为“谋事之基，成事之道”。文章的科学性通常取决于作者在观察、分析问题时能否坚持实事求是的科学态度。在科学研究中，必须从分析出发，力争做到如实反映事物的本来面目。文章是否具有科学性，还取决于作者的理论基础和专业知识，写作毕业论文是在前人成就的基础上，运用前人提出的科学理论去探索新的问题。因此，必须准确地理解和掌握前人的理论，具有广博而坚实的知识基础。观点要创新，毕业论文的创新是其价值所在。文章的创新性，是指有自己的独立见解。人们进行科学研究就是为了认识那些尚未被人们认识的领域，学术论文的写作则是研究成果的文字表述。因此，研究和写作过程本身就是一种创造性活动。毕业论文虽然着眼于对学生科学研究能力的基本训练，但创造性仍是其着力强调的一项基本要求。对毕业论文创造性的具体要求应作正确的理解，它可以表现为在前人没有探索过的新领域，前人没有做过的新题目上做出了成果；可以表现为在前人成果的基础上作进一步的研究，有新的发现或提出了新的看法，形成一家之言，也可以表现为从一个新的角度，把已有的材料或观点重新加以概括和表述。文章能对现实生活中的新问题作出科学的说明，提出解决的方案，这自然是一种创造性；即使只是提出某种新现象、新问题，能引起人们的注意和思考，这也不失为一种创造性。毕业论文的创造性，可以从以下几个具体方面来考虑：所提出的问题在本专业学科领域内有一定的理论意义或实际意义，并通过独立研究，提出了自己一定的认识和看法；虽是别人已研究过的问题，但作者采取了新的论证角度或新的实验方法，所提出的结论在一定程度上能够给人以启发；能够以自己有力而周密的分析，澄清在某一问题上的混乱看法。虽然没有更新的见解，但能够为别人再研究这一问题提供一些必要的条件和方法；用较新的理论、较新的方法提出并在一定程度上解决了实际生产、生活中的问题，取得一定的效果，或为实际问题的解决提供新的思路和数据等；用相关学科的理论较好地提出并在一定程度上解决本学科中的问题；用新发现的材料（数据、事实、史实、观察所得等）来证明已证明过的观点。科学研究中的创造性要求对前人已有的结论不盲从，而要善于独立思考，敢于提出自己的独立见解，敢于否定那些陈旧过时的结论，这不仅要有勤奋的学习态度，还必须具有追求真理、勇于创新的精神。要正确处理继承与创新的关系，任何创新都不是凭空而来的，总是以前人的成果为基础。因此，我们要认真地学习、研究和吸收前人的成果。但是这种学习不是不加分析地生吞活剥，而是既要继承，又要批判和发展。

**（三）论据要翔实，论证要严密**

论据要翔实，毕业论文必须要有充分、翔实的论据材料作为支持，旁征博引、多方佐证，是毕业论文有别于一般性议论文的明显特点。毕业论文必须以大量的论据材料作为自己观点形成的基础和确立的支柱。作者每确立一个观点，必须考虑：用什么材料做主证，什么材料做旁证；对自己的观点是否会有不同的意见或反面意见，对他人持有的异议应如何进行阐释或反驳。毕业论文要求作者所提出的观点、见解切切实实是属于自己的，而要使自己的观点能够得到别人的承认，就必须有大量的、充分的、有说服力的理由来证实自己观点的正确。毕业论文的论据要充分，还须运用得当。论据为论点服务，在已收集的大量材料中如何选择必要的论据显得十分重要。一般来说，要注意论据的新颖性、典型性、代表性，更重要的是考虑其能否有力地阐述观点。毕业论文中引用的材料和数据，必须正确可靠，经得起推敲和验证，即论据的正确性，尽量多引用自己的实践数据、调查结果等作为佐证。如果文章论证的内容，是作者自己亲身实践所得出的结果，那么文章的价值就会增加许多倍。当然，对于掌握知识有限、实践机会较少的大学生来讲，在毕业论文中较多地引用别人的实践结果、数据等，在所难免。论证是用论据证明论点的方法和过程，论证要严密、富有逻辑性，这样才能使文章具有说服力。从文章全局来说，作者提出问题、分析问题和解决问题，要符合客观事物的规律，符合人们对客观事物认识的程序，使人们的逻辑程序和认识程序统一起来，全篇形成一个逻辑整体。从局部来说，对于某一问题的分析，某一现象的解释，要体现出较为完整的概念、判断、推理的过程。毕业论文是以逻辑思维为主的文章样式，它诉诸理解大量运用科学的语体，通过概念、判断、推理来反映事物的本质或规律，从已知推测未知，用已知的事实，采取归纳推理的形式，求得对未知的认识。要使论证严密，富有逻辑性，必须做到：概念判断准确，这是逻辑推理的前提；要有层次、有条理的阐明对客观事物的认识过程；要以论为纲，虚实结合，反映出从“实”到“虚”，从“事”到“理”，即由感性认识上升到理性认识的飞跃过程。此外，撰写毕业论文还应注意文体式样的明确性、规范性。

观点是文章的灵魂。对毕业论文，指导教师首先是检查它的观点是否正确。观点正确与否，表现在选题、主题的提炼以及标题的准确与否上。因此，在写作论文中首先要审视选题、标题和观点方面的问题。

## 七、选题

顾名思义，就是选择毕业论文的论题，即在写论文前，选择确定所要研究论证的问题。在论述选题问题时，我们首先应当把课题、论题、题目三个概念搞清楚。论题不同于课题，课题通常是指某一学科重大的科研项目，它的研究范围比论题大得多。论题又不同于题目，题目是指论文的标题，它的研究范围一般比论题要小。正确而又合适的选题，对撰写毕业论文具有重要意义，通过选题，可以大体看出作者的研究方向和学术水平。爱因斯坦曾经说过，在科学面前，“提出问题往往比解决问题更重要”。提出问题是解决问题的第一步，选准了论题，就等于完成论文写作的一半，题目选得好，可以起到事半功倍的作用。

1. 选题能够决定毕业论文的价值和效用

毕业论文的成果与价值，最终当然要由文章的最后完成和客观效用来评定，但选题对其有重要作用。选题不仅仅是给文章定个题目和简单地规定个范围，选择毕业论文题目的过程，就是初步进行科学研究的过程。选择一个好的题目，需要经过作者多方思索、互相比较、反复推敲、精心策划的一番努力。题目一经选定，也就表明作者头脑里已经大致形成了论文的轮廓。论文的选题有意义，写出来的论文才有价值，如果选定的题目毫无意义，即使花了很多的功夫，文章的结构和语言也不错，也不会有什么积极的效果和作用。一个好的毕业论文题目，能够提前对文章作出基本的估计。这是因为，在确定题目之前，作者总是先大量地接触、收集、整理和研究资料，从对资料的分析、选择中确定自己的研究方向，直到定下题目。在这一研究过程中，客观事物或资料中所反映的对象与作者的思维运动不断发生冲撞，产生共鸣。正是在这种对立统一的矛盾运动中，使作者产生了认识上的思想火花和飞跃。这种飞跃必然包含着合理的成分，或者是自己的独到见解，或者是对已有结论的深化，或者是对不同观点的反驳，等等。总之，这种飞跃和思想火花对于将要着手写的毕业论文来讲，是重要的思想基础。

2. 选题可以规划文章的方向、角度和规模，弥补知识储备的不足

我们在研究客观资料的过程中，随着资料的积累，思维的渐进深入，会有各种各样的想法纷至沓来，所产生的思想火花和各种看法，都十分宝贵。通过从个别到一般，分析与综合，归纳与演绎相结合的逻辑思维过程，使写作方向在作者的头脑中产生并逐渐明晰起来，毕业论文的着眼点、论证的角度以及大体的规模也初步有了一个轮廓。选题还有利于弥补知识储备不足的缺陷，有针对性地、高效率地获取知识，早出成果，快出成果。撰写毕业论文，是先打基础后搞科研，大学生在打基础阶段，学习知识需要广博一些，在搞研究阶段，钻研资料应当集中一些，而选题则是广博和集中的有机结合，在选题过程中，研究方向逐渐明确，研究目标越来越集中，最后要紧紧抓住论题开展研究工作，要做到这一点，必须具备较多的知识积累。对于初写论文的人来说，在知识不够齐备的情况下，对准研究目标，直接进入研究过程，就可以根据研究的需要来补充、收集有关的资料，有针对性地弥补知识储备的不足。这样一来，选题的过程，也成了学习新知识，拓宽知识面，加深对问题理解的过程。

3. 选题可以保证写作的顺利进行，提高研究能力

如果毕业论文的题目过大或过难，就难以完成写作任务，题目过于容易，又不能较好地锻炼科学研究的能力，达不到写作毕业论文的目的。因此，选择一个难易大小合适的题目，可以保证写作的顺利进行。选题有利于提高研究能力，通过选题，能对所研究的问题由感性认识上升到理性认识，加以条理使其初步系统化；对这一问题的历史和现状研究，找出症结与关键，不仅可以对问题的认识比较清楚，而且对研究工作也更有信心。选题是

研究工作实践的第一步，选题需要积极思考，需要具备一定的研究能力，在开始选题到确定题目的过程中，从事学术研究的各种能力都可以得到初步的锻炼提高。选题前，需要对某一学科的专业知识下一番钻研的功夫，需要学会收集、整理、查阅资料等研究工作的方法。选题中，要对已学的专业知识反复认真地思考，并从一个角度、一个侧面深化对问题的认识，从而使自己的归纳和演绎、分析和综合、判断和推理、联想和发挥等方面的思维能力和研究能力得到锻炼和提高。

毕业论文的选题是在教师的指导下进行的，有的学生自己不作独立思考，完全依赖教师给出题目；有的学生缺乏研究分析，不加思索，信手拈来，拿过题目就写。这些做法都是不正确的，因为它一方面不利于作者主观能动性的再调动，限制主观能动性的再发挥，不利于增长知识，提高能力。同时，撰写毕业论文不经过选题这一具有重要意义的研究过程，文章的观点、论据、论证方法"胸中无数"，材料的准备更显不足，这样勉强提笔来写，就会感到困难重重，有时甚至一筹莫展，可能推倒重来。十七世纪法国著名的思想家笛卡尔曾经说过："最有价值的知识是关于方法的知识。"要选好毕业论文的题目，只了解选题原则还不够，还需要了解和掌握选题的一些具体方法。一是尽快确定毕业论文的选题方向。在毕业论文工作布置后，每个人都应遵循选题的基本原则，在较短的时间内把选题的方向确定下来。从毕业论文题目的性质来看，基本上可以分为两大类：一类是社会生活实践中提出的理论和实际问题；另一类是专业学科本身发展中存在的基本范畴和基本理论问题。大学生应根据自己的志趣和爱好，尽快从上述两大类中确定一个方向。二是在初步调查研究的基础上选定毕业论文的具体题目。在选题的方向确定以后，还要经过一定的调查和研究，来进一步确定选题的范围，以致最后选定具体题目。下面介绍两种常见的选题方法。浏览捕捉法，这种方法就是通过对占有的文献资料快速地、大量地阅读，在比较中来确定题目的方法，浏览的目的是在咀嚼消化已有资料的过程中，提出问题，寻找自己的研究课题，这就需要对收集到的材料作一全面的阅读研究，主要的、次要的、不同角度的、不同观点的都应了解，冷静地、客观地对所有资料作认真的分析思考，浏览捕捉法一般可按以下步骤进行：广泛地浏览资料，在浏览中要注意勤作笔录，随时记下资料的纲目，记下资料中对自己影响最深刻的观点、论据、论证方法等，记下脑海中涌现的点滴体会。要做细心的选择，有目的、有重点地摘录，当详则详，当略则略，一些相同的或类似的观点和材料则不必重复摘录，只需记下资料来源及页码就行，以避免浪费时间和精力。将阅读所得到的方方面面的内容，进行分类、排列、组合，从中寻找问题、发现问题，材料可按纲目分类，如分成：系统介绍有关问题研究发展概况的资料；对某一个问题研究情况的资料；对同一问题几种不同观点的资料；对某一问题研究最新的资料和成果等等。将自己在研究中的体会与资料分别加以比较，找出哪些体会在资料中没有或部分没有；哪些体会虽然资料已有，但自己对此有不同看法；哪些体会和资料是基本一致的；哪些体会是在资料基础上的深化和发挥等等。经过几番深思熟虑的思考过程，就容易萌生自己的想法。把这种想法及时捕捉住，再作进一步的思考，选题的目标也就会渐渐明确起来。追溯验证法。这是一种先有拟想，然后再通过阅读资料加以验证来确定选题的方法。追溯验证的选题方法，是以主观的观点为出发点，沿着一定方向对已有研究成果步步紧跟，一追到底，从中获得"一己之见”的方法。但这种主观的观点不是凭空想象，必须以客观事实、客观需要等作为依据。这种选题方法必须先有一定的想法，即根据自己平素的积累，初步确定准备研究的方向、题目或选题范围。但这种想法是否真正可行，心中没有太大的把握，故还需按着拟想的研究方向，跟踪追溯。追溯可从以下几方面考虑：看自己的观点是否对别人的观点有补充作用，再具体分析一下主客观条件，只要通过努力，能够对这一题目作出比较圆满的回答，则可以把自己的观点确定下来，作为毕业论文的题目。看自己的观点是否与别人重复，如果自己的想法只是部分的与别人的研究成果重复，就应再缩小范围，在非重复方面深入研究。要善于捕捉一闪之念，抓住不放，深入研究。在阅读文献资料或调查研究中，有时会突然产生一些思想火花，尽管这种想法很简单、很朦胧，也未成型，但千万不可轻易放弃。因为这种思想火花往往是在对某一问题作了大量研究之后的理性升华，如果能及时捕捉，并顺势追溯下去，最终形成自己的观点，这是很有价值的。

要能够正确而恰当地选题，首先要明确选题的原则，明确了选题原则，就能比较容易地选定一个既有一定学术价值，又符合自己志趣，适合个人研究能力，因而较有成功把握的题目。一般来说，选择毕业论文题目要遵循以下几条原则。

1. 理论联系实际，注重现实意义

毕业论文的题材十分广泛，社会生活、经济建设、科学文化事业的各个方面、各个领域的问题，都可以成为论文的题目。认识论告诉我们，理论来源于实践，理论为实践服务。因此科学研究的选题首先要注意理论联系实际。注意选题的实用价值，选择具有现实意义的题目，所谓论文的实用价值，就是指选题应是与社会生活密切相关、为千百万人所关心的问题，特别是社会生活中亟待解决的问题。这类问题反映着一定历史时期和阶段社会生活的重点和热点，是与广大人民群众的利益息息相关的。我们运用自己所学的理论知识对其进行研究，提出自己的见解，探讨解决问题的方法，这是很有意义的。选择具有现实意义的题目，要注意三个方面的问题：与国计民生有关的重大问题，这类问题关系国家发展方向、速度，是社会公众关注的热点，因而有普遍的社会意义。或期待解决或有疑虑需要进行理论探讨和解答的问题。还有各行各业的经验总结、改革预测、研究决策等。另外，有些题材看似具体小事，却关系着千家万户，也可作为选题。虽属具体又未引起社会重视，却代表一定倾向的问题，一种是意义尚未被认识，作者用理论观点分析、预见到它的生命力。或预测到危害、恶果，及时提出问题，引起社会重视。另一种是群众议论纷纷，反映很大的，要作出理论分析，引导正确对待。要注意选题的理论价值，我们强调选题的实用价值，并不等于急功近利的实用主义，也绝非提倡选题必须有直接的效益作用。作为论文，它着重探讨和研究事物发展的客观规律，阐述自己对这些规律的了解与认识，给人以认识上的启迪。因此，选择现实性较强的题目，还要考虑其有无理论和认识上的价值，即有无普遍性的意义，能否能进行理论的分析和综合，从个别上升到一般，从具体上升为抽象。有些题目也并不一定直接与现实挂钩或有直接的实际用途，但从发展的眼光看，这些题材能够表示某种趋势，或对现实有借鉴的作用，因而也就具有理论价值，这样的题目当然也是可以选的。

2. 勤于思索，刻意求新

毕业论文成功与否、质量高低、价值大小，很大程度上取决于文章是否有新意。所谓新意，即论文中表现自己的新看法、新见解、新观点。有了较新颖的观点，文章就有了灵魂，有了存在的价值。对文章的新意，可以从以下几个方面着眼：从观点、题目到材料直至论证方法全是新的，这类论文写好了，价值较高，社会影响也大，但写作难度大。选择这一类题目，作者须对某些问题有相当深入的研究，且有扎实的理论功底和写作经验。对于毕业论文来讲，限于条件，选择这类题目要十分慎重。以新的材料论证旧的课题，从而提出新的或部分新的观点、新的看法。以新的角度或新的研究方法重做已有的课题，从而得出全部或部分新观点。对已有的观点、材料、研究方法提出质疑，虽然没有提出自己新的看法，但能够启发人们重新思考问题。要发现有新意的题目，首先要善于观察，勤于思索，从大处着眼，小处入手，在事物的运动、发展中寻找适合自己撰写的具有新意的毕业论题。其次，要善于积累和分析资料。过去已经形成的理论，包括教科书上的一些观点，随着实践的发展，研究的深入，还可以进行再认识。在深入研究已有成果的基础上，将收集到的材料作一番加工整理的工作，把别人认识的成果作为自己的起点，在前人和他人认识的基础上写出有自己见解的论文。

3. 知己知彼，轻易适中

知己知彼，量力而行。毕业论文是对学生学习知识成果的综合性考核，选题的方向、大小、难易都应与自己的知识积累、分析问题和解决问题的能力、写作经验相适应，要做到知己知彼。所谓“知己”，即所以选题时要量力而行，客观地分析和估计自己的能力。如果理论基础比较好，又有较强的分析概括能力，那就可以选择难度大一些、内容复杂一些的题目，对自己定下的标准高一些，这样有利于锻炼自己，增长才干；如果自己觉得综合分析一个大问题比较吃力，那么题目就应定得小一些，便于集中力量抓住重点，把某一问题说深说透。其次，要充分考虑自己的特长和兴趣。选题时，要尽可能选择那些能发挥自己的专长，学有所得、学有所感的题材。同时还要考虑到自己的兴趣和爱好。兴趣深厚，研究的欲望就强烈，内在的动力和写作情绪就高，成功的可能性也就越大。所谓“知彼”，一是要考虑到是否有资料或资料来源。资料是论文写作的基础，没有资料或资料不足就写不成论文，即使勉强写出来，也缺乏说服力。二是要了解所选课题的研究动态和研究成果，大致掌握写作中可能遇到的困难，以避免盲目性和无效劳动。有疑点、漏洞的问题，不少是重要的学术论题，以此作为研究的突破口，在理论上修正、补充或丰富已有的结论。

4. 难易适中，大小适度

要选好毕业论文的题目，把握“适中”的原则是很重要的。题目的难易要适中。选题既要有“知难而进”的勇气和信心，又要做到“量力而行”。如果难度过大，超过了自己所能承担的范围，容易使自己失去写作的自信心。反之，自己具备了一定的能力和条件，却将论文题目选得过于容易，这样也不能反映出自己真实的水平，而且也达不到通过撰写毕业论文锻炼自己，提高自己的目的。题目的大小要适度。一般来说宜小不宜大，宜窄不宜宽。题目太大把握不住，考虑难以深入细致，容易泛泛而论。只是掌握了一些基本理论，而要独立地研究和分析一些大问题，还显得理论准备不足。再加上缺乏写作经验，对大量的材料的处理也往往驾驭不了，容易造成材料堆积或过于散乱，写得一般化。选定小题目，有两种方式，一是直接选个小题目，二是在大题目中选定小的论证角度。一般来说，题目还是小一点、具体一点为好。小题目容易驾驭，只要写得丰满深入，同样很有价值。大题可以小作，小题也可以大作，这要根据作者的实际来加以确定。

## 八、研究

选好论文的题目，只是初步明确了研究对象，对选题有一些兴趣和看法，是研究的起点，围绕选题精心细致的研究工作，是毕业论文写作的核心部分，也是毕业论文最关键的环节，必须集中精力，专心致志地投入研究工作。确定选题后，如何开展研究呢？要及时了解掌握与本课题有关的科研成果，包括有关的论文和专著，本课题研究进展，各阶段代表性的研究成果，国内外研究状况等，这样才能了解他人研究情况，把握自己研究的重点和难点，找准自己研究和突破的方向，形成系统而科学的研究提纲和思想观点系列，在展开研究的同时，也顺手牵羊地了解了与课题相关的论文写作材料的情况，甚至还可以借鉴别人有关研究的方法和写作技巧。

### （一）占有材料

撰写毕业论文必须详尽地占有资料，资料是毕业论文写作的基础，没有资料，“巧妇难为无米之炊”，研究无从着手，观点无法成立，论文不可能形成。所以，详尽地占有资料是毕业论文写作之前极重要的工作。毕业论文写作之前，至少应当占有如下五个方面的材料：第一手资料包括与论题直接有关的文字材料、数字材料（包括图表），譬如：统计材料、典型案例、经验总结等等，还包括自己在亲自实践中取得的感性材料。这是论文中提出论点、主张的基本依据。没有这些资料，撰写的毕业论文就只能成为毫无实际价值的空谈。对第一手资料要注意及早收集，同时要注意其真实性、典型性、新颖性和准确性。他人的研究成果，这是指国内外对有关该课题学术研究的最新动态。撰写毕业论文是在他人研究成果的基础上进行的，人们可以以此作为出发点，并可以从中得到有益的启发、借鉴和指导。对于他人未解决的，或解决不圆满的问题，则可以在他人研究的基础上再继续研究和探索。边缘学科的材料，当今时代是信息时代，人类的知识体系呈现出大分化大融合的状态，努力掌握边缘学科的材料，对于所要进行的学科研究，课题研究大有好处，它可以使我们研究的视野更开阔，分析的方法更多样。实践表明，不懂一些边缘学科知识，不掌握一些边缘学科的材料，知识面和思路狭窄是很难撰写出高质量的论文。名人的有关论述，有关政策文献等，名人的论述极具权威性，对准确有力地阐述论点大有益处，研究一切现实问题都必须占有和清楚有关方针政策的材料。背景材料，搜集和研究背景材料，这有助于开阔思路，全面研究、提高论文的质量。

### （二）确立论点

文章的论点是表明作者对某一事物的看法和态度，是作者的立场和世界观的直接反映，论文价值的大小首先要看其论点是否正确。所以确立论点，是毕业论文写作的关键。论文的论点是从对材料的分析、研究中产生的，论点的形成，就是对材料进行整理、分析、概括、提炼的过程。确立论文的论点，必须从分析材料入手。从材料的提炼中确立论点要力求正确，并有新的见解。确立的论点，首先要能说服自己，做到有理有据。做到论点不但能说服自己，而且能得到别人的肯定，这样论文撰写就有了把握。为此，作者在确立论点的过程中，还要虚心地向导师请教，求得指导。除导师之外，还应得到其他有经验教师的指导，导师和有经验的教师理论基础厚、思路广、经验多，经过他们的指导可以少走弯路。毕业论文确定论点的原则是：科学性原则，就是要求毕业论文的作者正确地反映客观事物，并揭示其规律。这首先要求论点正确，作者必须用哲学科学观点观察问题，分析问题，解决问题，才能提出合乎客观实际的结论。其次，论点的表达要准确。客观性原则，客观性与科学性是密切相关的。客观性要求对于客观事物进行周密的调查研究，然后从中引出符合实际的结论，撰写毕业论文，必须尊重客观实际，要从实际中去粗取精，得出结论，决不可凭自己的好恶去捕捉。创新性原则，毕业论文要求作者有自己的见解，要求创新性。所谓创新就是能提出新问题、解决新问题。当然创新不是轻易可以做到的，要填补某一学科的空白，或填补某一学科的某些方面的空白，这是大学生较难胜任的，但可以去补充和匡正，在两方面却为学生撰写毕业论文留下了较大的创新空间。价值性原则，即作者在毕业论文中提出的中心论点一定要具有价值意义。其价值意义表现在两个方面：确定的中心论点应该与经济社会生活和科学文化事业密切相关，具有很强的现实性；确定的中心论点具有学术价值，有时可能产生出它不可估量的意义。

### （三）使用论据

写论文必须首先确立中心论点，这个中心论点要贯穿于论文的始终，确立文章的中心论点之后，还必须形成若干从属论点，通过这些从属论点把中心论点加以展开，使之得到充分的论证和说明。就中心论点来讲，这些从属论点就是其论据。要使论点正确、深刻、能说服人，作者需要使用确实有力的论据。确实有力的论据应当是真实的、典型的、新鲜的、充分的。这在前面已有阐述，这里不再展开。

## 九、写作

### （一）顺理成章，依理定形

文章采用的基本推理形式，决定着文章的内在结构形式。一篇文章主要是想探讨某一事物产生的原因，反映在结构上，必然有因果关系的两个部分。或者由结果推断原因，或者由原因推断结果，缺一不可。论述事物一般与个别的关系，反映在结构上，总是要逐一分析个别事物的特征，然后归纳出一般事物的特性，如果违背了这一发展逻辑，其结构就会显得不合理。

### （二）以意为主，首尾员一

意是文章的中心，要写好毕业论文，就要抓住中心，达到以简治繁的目的。抓住这样的中心，紧扣不放，一线到底，中途不可转换论题，不可停滞，不可跳跃遗隙，这样就能使中心思想的发展具有连续性。层层剖析，前后呼应，作为一篇优秀论文，还须做到每层之间瞻前顾后，中心思想能够贯通始终，文章自然增色。

### （三）层第有序，条理清晰

文章要有层次，有条理，这和材料的安排处理关系极大。一是平行关系，文章各部分材料之间，没有主从关系，在顺序上谁先谁后都可以，影响不大。二是递进关系，有些材料之间的次序不可随意颠倒，这些材料之间是一种一层比一层深入的关系，颠倒了就会造成逻辑混乱。递进关系处理得好，就能造成步步深入，道理犹如剥茧抽丝，愈转愈隽。三是接续关系，前一部分与后一部分有直接的逻辑联系，层次虽分，道理未尽。前一层有未尽之意有待后面续接，不可中断。比如按行进过程顺序安排论据，阐述某些事实，就比较多的采取这一种方式。作者就往往从起缘、发展、完善这样一个行进过程来层层展开，显得层次清楚，有条有理。四是对立关系，文章论述的事理是对立统一体，为正反、表里、前后、质量、胜负、成绩缺点等。它们有联系又有区别，论述的重点在于阐明它们是辩证的统一，不能将它们孤立地对待。那么在论述时，就不能强调了一面而忽略了另一面。总之，理清了事物间的相互关系，并在结构中体现出来，文章的眉目就清楚了。

**（四）接榫细密，转折自然**

要使论文浑然一体，没有断裂痕迹，使文气贯通下来，说理有节奏，接榫和转折是不能不注意的问题。写毕业论文要交代明白联系的媒介与中心环节，通常是通过过渡来实现的。在论文中有段落作过渡和转折，使上下文之间显得得体、自然。我国传统的转折手法还有提法、驻法，有急转、缓转，有在前头宕开一笔、勾魂动魄的后转，也有篇末暗送秋波的前转。具体选取何种方法转折，要看具体情况而定。

**（五）瞻前顾后，调整结构**

论文的结构应是顺畅有序，层次清晰，前呼后应，合乎逻辑。一看各层次是否明白清晰，有无重复或相互矛盾的地方，有无缺少或多余之处，意思上是否连贯通畅，是否达到了各分论点的证明要求；二看各层次之间的过渡与照应是否吻合，起承转合是否自然得体，各段落之间的衔接是否紧密；三看绪论、本论与结论是否协调一致，是否有前已呼而后不应、前面提出问题而后面没有做回答的情况。总之，结构上应做到天衣无缝，不留痕迹。毕业论文的结构形式是多种多样的。但是，它也有其基本型，即绪论、本论、结论的三段式。毕业论文的绪论，在写作上应包括下列内容：说明研究这一课题的理由、意义，这一部分要写得简洁，提出问题，这是绪论的核心部分。问题的提出要明确、具体，有时，要写一点历史的回顾，关于这个课题，谁作了哪些研究，作者本人将有哪些补充、纠正或发展。说明作者论证这一问题将要使用的方法，如果是一篇较长的论文，在绪论中还有必要对本论部分加以扼要、概括地介绍，或提示论述问题的结论，这是便于读者阅读、理解本论的。本论，这是展开论题、表达作者个人研究成果的部分，它是毕业论文的主体部分，必须下功夫把它写充分，写好。一般论文的本论安排，有所谓直线推论，又称为递进式结构。并列分说，又称为并列式结构。两者结合起来运用称为混合型。由于毕业论文论述的是比较复杂的理论问题，一般篇幅又较长，所以常常使用直线推论与并列分论两者相结合的方法。而且往往是直线推论中包含有并列分论，而并列分论下又有直线推论，有时下面还有更下位的并列分论。毕业论文中的直线推论与并列分论是多重结合的，其他一些篇幅较长、论述问题比较复杂的论文也多采用这种方式。结论是论文的收束部分，毕业论文的结论应包括下述内容，写论证得到的结果，这一部分要对本论分析、论证的问题加以综合概括，引出基本论点，这是课题解决的答案。这部分要写得简要具体，使读者能明确了解作者独到见解之所在，结论必须是绪论中提出的，本论中论证的，自然得出的结果。毕业论文要首尾贯一，成为一个严谨的、完善的逻辑构成。对课题研究的展望，个人的精力是有限的，在结论中最好还能提出本课题研究工作中的遗留问题，或者还需要进一步探讨的问题，以及可能解决的途径等。最后，对在整个研究过程中给予自己帮助的同志表示谢意。上面所说的是毕业论文结构的基本型。毕业论文具体结构安排，常见的有如下几种：总提分述，所谓总提分述就是先提出中心论点，然后分别从几个方面去论证，阐明中心论点。这种形式也叫“首括式”（演绎法）；先分论后总论，就是从几个方面比较分析，然后归纳起来得出结论，这种结构形式也叫“尾括式”（归纳法）；总提、分述、总论，三者兼而有之，也称为“双括式”；推进式，就是一步一步深入，是由浅入深的论证方法，也叫退步式；散述式，就是边分析边作结论，没有总提也没有总结，是松散的叙述。

**（六）谋篇布局，编写提纲**

在毕业论文的写作过程中，指导教师一般都要求学生编写提纲。从写作程序上讲，它是作者动笔行文前的必要准备；提纲本身是作者构思谋篇的具体体现。所谓构思谋篇，就是组织设计毕业论文的篇章结构，毕业论文要用大量的资料、较多的层次、严密的推理来展开论述，从各个方面来阐述理由、论证自己的观点，构思谋篇就显得非常重要，于是必须编制写作提纲，以便有条理地安排材料、展开论证。编写提纲，能纲举目张，提纲挈领，掌握全篇论文的基本骨架，使论文的结构完整统一；能分清层次，明确重点，周密地谋篇布局，使总论点和分论点有机地统一起来；能够按照各部分的要求安排、组织、利用资料，决定取舍，最大限度地发挥资料的作用。

编写论文提纲的具体功能有：一是体现作者的总体思路，提纲是由序码和文字组成的一种逻辑图表，是帮助作者考虑文章全篇逻辑构成的写作设计图，使作者易于掌握论文结构的全局，层次清楚，重点明确，简明扼要，一目了然。而且有利于论文前后呼应，有提纲，可以帮助我们树立全局观念，从整体出发，在检验每一个部分所占的地位、所起的作用，相互间是否有逻辑联系，每部分所占的篇幅与其在全局中的地位和作用是否相称，各个部分之间的比例是否恰当和谐，每一部分是否都为全局所需要，是否都丝丝入扣、相互配合，成为整体的有机组成部分，都能为展开论题服务，经过这样的考虑和编写，论文的结构才能统一而完整，很好地为表达论文的内容服务。四是有利于及时调整，避免大返工，在毕业论文的研究和写作过程中，作者的思维活动是非常活跃的，一些不起眼的材料，从表面看来不相关的材料，经过熟悉和深思，常常会产生新的联想或新的观点，毕业论文提纲犹如工程的蓝图，只要动笔前把提纲考虑得周到严谨，多花点时间和力气，搞得扎实一些，就能形成一个层次清楚、逻辑严密的论文框架，从而避免许多不必要的返工，另外，初写论文的学生，如果把自己的思路先写成提纲，再去请教他人，人家一看能懂，较易提出一些修改补充的意见，便于自己得到有效的指导。

编写提纲要掌握如下四个方面原则：一要有全局观念，从整体出发去检查每一部分在论文中所占的地位和作用，看看各部分的比例分配是否恰当，篇幅的长短是否合适，每一部分能否为中心论点服务。二要从中心论点出发，决定材料的取舍，要善于忍痛割爱。三要考虑各部分之间的逻辑关系，为了使论文富有说服力，必须有虚有实，有论点有例证，理论和实际相结合，论证过程有严密的逻辑性，拟提纲时特别要注意这一点。编写毕业论文提纲的方法：先拟标题，写出总论点；考虑全篇总的安排：从几个方面，以什么顺序来论述总论点，这是论文结构的骨架；大的项目安排妥当之后，再逐个考虑每个项目的下位论点，直到段一级，写出段的论点句（即段旨）；依次考虑各个段的安排，把准备使用的材料按顺序编码，以便写作时使用；全面检查，作必要的增删。

# 第九章　应用文体

## 第一节　应用文体概说

### 一、含义

应用文体是指国家机关、企事业单位、社会团体和个人在日常工作生活中，为处理公私事务而常用的具有某种固定格式和直接应用价值的实用文体。应用文体写作是研究应用文体写作规律和方法的一门学科，它具有系统的理论性和极强的实践性。

### 二、特点

应用文体作为一种文体与其他文章写法相比较，除具有一定的共性外，还有其独特的个性。应用文体的特点主要有以下几种：一是实用性，应用文最大的特点在于实用，实用是应用文与其他文章的主要区别之一。应用文体写作主要是为了解决实际问题，是"有事而发"，无事不发。比如要和远方的朋友联系，就要写信；要借款，就得立字据；向上级汇报工作、反映情况，要写报告；推销产品，要写广告等，都是为了解决实际问题的，所以应用文往往被人称为实用文，是"为实用而作之文"。二是针对性，应用文体写作都有明确、直接对象，比如信写给谁？字据交给谁？报告打给谁？都有对象，即使是一些广告、启事也是针对有关消费者和知情者的。三是时效性，由于应用文体是为了解决实际问题而写的，所以它的时间性很强。一旦出现问题，就必须及时反映，否则拖延时间就会给生产、工作、生活带来影响。尤其是当今社会，市场竞争激烈，信息反馈及时，就会给企业带来效益。四是真实性，应用文体写作必须讲究真实、各观，实事求是地反映问题，反映情况。五是程式性，指应用文体写作有其特定、惯用格式，这些格式，有的是长期以来约定俗成、相沿成习的，有的是由国家、有关部门统一制定的，随着社会发展，人们生活习惯和观念的变化，应用文体写作格式也会改变，使它更方便人们表情达意需要，更顺应社会发展需要。六是平实性，由于应用文体注重实用，语言讲究务实，简洁、朴实、明白、准确、规范，便于理解执行。平实是应用文体写作的基本风格。

## 三、类型

应用文体包括公务文书、事务文书、专用文书和日常文书四类。公务文书，简称公文，是行政机关在行政管理过程中形成的具有法定效力和规范体式的文书，是依法行政和进行公务活动的重要工具。事务文书是机关、团体、企事业单位为反映事实情况、解决问题、处理日常事务而普遍使用的文书，它具有很强的实用性、事务性和某种惯用格式。如简报、计划、总结等。专用文书是指在一定的业务范围内，按照特殊需要而专门使用的文书。如：传播文书、谋职文书、经济文书、法律文书、科研文书、礼仪文书、实用文书等。日常文书是指机关、团体、企事业单位和个人在日常生活、工作和学习中所使用的，具有一定规范体式，能起交流思想、沟通感情、传递信息等作用的应用文书。如：书信、日记、条据、启事、对联、感谢信、表扬信、申请书、慰问信、请柬等。

## 四、作用

应用文体在不同社会，不同历史时期，以其不同内容和形式发挥着不同的社会作用。在现阶段，它的社会作用主要表现在以下几个方面：一是公关交际的作用，在当前的社会活动中，任何人、任何单位都免不了与外界接触或打交道。比如开业，要向工商管理局申请执照；双方合作，需要签订协议合同；销售产品，要策划广告，发函等等，都需要用应用文体联系，以此来促进业务的开展，协调各方的联系。应用文体表达清晰、准确，无疑会给企业树立良好的形象，促进企业的发展。二是宣传教育作用，国家政府通过应用文体下达各种文件、法规、制度，向全国宣传国家政府的方针政策，各地区、各部门、各企业也通过应用文体推广先进经验，表扬先进人物，批评揭露不良现象和丑陋行为，制裁不法分子，以此来提高人们的思想政治觉悟，规范人们行为，保障社会安定，推动各项事业健康发展。三是沟通联系作用，应用文体是加强上下级联系的纽带，也是与各有关方面联系的有效工具。比如上下级之间的上情下达，下情上报；各单位之间的信息交流、经验交流，以此取人之长，补己之短，互相促进，共同提高，推动社会主义现代化的建设等。四是凭证资料作用，在社会生活中，应用文体也是开展工作，解决处理问题的依据和凭证。上级下达的文件、国家政府颁布的法规、有关方面的规章制度，都可作为开展工作和检查工作的依据；而一些条据、合同文本、公证材料等，也是业务中的凭证，一旦出现问题纠纷，依靠这些凭证，可通过法律追究对方责任，维护自身利益。另外，一些重要应用文体也是历史档案资料，要了解某一时期政治、经济情况，或某一方面生产经营情况，只要查阅当时存档的应用文体，就可以知道。

## 五、要求

应用文体写作的要求有：一是材料绝对真实。应用写作取材十分严谨，主要是现实的，与本部门有关的材料。材料必须绝对真实，不允许有一点儿虚构，如时间、顺序、地点以至细枝末节方面都不能有任何虚构，只有保证材料的绝对真实，才有说服力，才有利于问题解决。二是主题专一显露，应用文要求一文一事，就是较长的文件，也要求只有一个中心思想。这样，可以使重点突出，防止行文关系混乱，提高工作效率，利于问题解决。写作时，要扣紧主题，围绕中心，不枝不蔓，一气贯通，应用文还要求开门见山，旗帜鲜明地亮出自己观点，表明自己态度。三是结构完整，眉目清楚。结构要完整，简单明了，层次清楚。动笔前先构思，把那些零散材料分析归纳，根据内容与需要，把它们组织成为一个有机整体。此外要注意划分段落，做到各段既有单一性，又有完整性，即每段只能有一个中心思想。做到既有断，又有联，分之为一段，合则为全篇。四是文字准确简明扼要。正确的思想，要通过准确语言文字来表达。应用文体由于它的特殊作用，在文字表达方面，要求有节制，有分寸，做到准确、鲜明。同时要求正确使用标点符号，文面也要求清楚美观。应用文体的务实功能决定了它的篇幅一般较短，要写得简明扼要。用最少的文字，准确、严密地表现最丰富的内容。五是政策明确，风格庄重。应用文体是工作中的公务文书，它的政策性很强。写作前，要认真学习有关方针、政策，领会政策精神，掌握政策界限。在写作中，要处处注意以政策为准绳，根据政策分析问题、解决问题。应用文体由于它内容与功能的特点，决定了它庄重、典雅、朴实、自然的风格。

## 六、能力

应用文体写作，除了要熟悉政策和法规，具有较高的政策水平，要有较宽的知识面和具备较强的文字表达能力之外，还要不断提高写作能力写好机关应用文体，主要应该锻炼四个方面的基本功，即分析问题能力，调查研究能力，专门业务能力以及文字表达能力。

1. 分析问题能力

要有一定的分析和认识问题的能力。谈到写文件，人们往往只注重写作技巧，其实，能不能写好文件，首要的是政治思想水平，是分析问题和认识问题的能力。提高思想水平，重要的是要掌握分析和认识问题的武器，要有正确的理论指导和正确的思想方法，就能够从各种错综复杂的现象中，抓住事物本质，鉴别出是非曲直，做到观点鲜明，立场坚定；就能用正确观点统率繁杂纷纭的材料，写出思想内容比较深刻的文件。同时，还要认真掌握政策，领会上级部门有关指示精神，时刻关心和了社会大局，了解国内外形势发展变化。这样就可以胸有全局，站得高，看得远，能够把一个部门和单位的局部工作，同整个事业的大局联系起来，“以大看小”，看得更深刻；也能以开阔的视野，敏锐的政治眼光，及时抓住问题的症结，“由小见大”，写出思想性强，内容深刻、实际的文件。

2. 调查研究能力

要有掌握情况、调查研究的能力。机关的文件是在对实际情况概括提炼中形成的。因此，文件编写者在起草文件之前，对所写对象和范畴，必须有个全面的调查了解，及时掌握实际工作中发生的新情况，提出的新问题，总结出来的新经验，并加以认真的分析研究。在这个前提下，才能抓住要害，有针对性地提出解决问题，指导工作的意见和措施。要多留心自己周围的各种动态，紧紧抓住典型的事件和思想，进行深入的调查了解，搞清楚其产生的原因，过程、结果和影响等等，做到心中有情况，案头有记载。需要注意搜集和积累情况，随时掌握所属单位面上的动态，注意阅读下属部门上报的文字材料，经常听取他们的口头汇报，同时应特别注意挤时间深入下属单位调查研究，解剖麻雀，以便掌握更具体、更生动，更深一层的实际情况。“平时多积累，用时少费心”。

3. 专门业务能力

要有特定的专门业务能力。各行各业都有自己的专门业务。有关的文件，不论内容和文字，都必须具有科学性，符合本部门的实际，符合客观事物的规律。文件的起草者，必须认真学习、努力钻研本部门、本行业的业务。既要向书本学习，向有经验的内行人请教，更要从群众实践中吸取营养，使自己真正能够精通本部门、本系统的业务。这样，才能具体地把国家方针政策和业务工作中出现的新情况、新问题结合起来，撰写出实在的、能够指导业务工作的，质量较高的文件。

4. 文字表达能力

要有一定的文字表达能力。掌握了实际情况，又有分析问题和认识问题的能力，又是本专业的内行，可以说已经为写文件打好了基础，但还不能说就必然会写出好的文件来。还要做到准确、鲜明和生动，这是文字表达能力的集中概括。准确性，就是如实地、恰如其分地反映客观事物。机关应用文体在这一点上要求更严。“一字入公文，九牛拔不出。”鲜明性，就是对事物要态度鲜明，是非清楚，提倡什么，反对什么，十分明朗。生动性，就是要有文采，生动活泼地写出客观事物的特征，表达出鲜明的思想感情。“言之无文，行而不远”。机关应用文体也需生动。提高文字表达能力，要多读多写，尽可能地多看些优秀的应用文，特别是古今中外的范文。要经常练习写多种体裁的文章。还要做有心人，注意搜集群众中和各种材料中的生动活泼的语言。这样日积月累，积少成多，由生到熟，坚持不懈地训练基本功，写作时，文词就可呼之即来，得心应手。

## 七、准备

应用写作要有充分的准备。有广义和狭义两方面的内容，广义上是长期准备，狭义上是动笔之前的临时准备。从长期准备看，主要是锻炼三种基本功：分析认识问题、调查研究和文字表达的基本功。当然这些基本功的掌握，必须善于学习，肯于钻研，勤于写作，由小到大，由生到熟，日积月累而成的。从具体写作过程看，下笔之前的临时准备主要做好材料、思想观点的准备和构思的准备。一是基本材料准备，这是机关应用文写作的基础。没有材料，写作就无从谈起，材料不充分，也不可能写出好文章，在写作前应把所需要的材料准备好。材料的准备包括材料的搜集、材料的核实和材料的选择。尽可能多地占有材料，是写作前准备工作的第一步。材料搜集得越充分、越全面，从中提炼归纳出的观点就越可靠，越实在，下笔时选择应用材料的余地就越大，写起来就越顺手。对某些问题有了新的认识，很需要用事例去证实，就可随手拈来。在搜集材料时要十分注意核实，要边搜集边核实。材料齐备以后，还要精心选择。即从与主题有关的大量材料中，筛选出典型的、能充分说明主题的事例，动笔时就不必费时费力地重新查找典型事例。二是思想观点准备，这是和搜集筛选材料同时进行的。它主要是指明确写作目的性，针对性，文章主题和中心，多种不同观点比较和认定等。首先要弄清写作的具体目的，也就是文件的主旨。如在撰写简报前，必须确定它要起什么作用，解决什么问题，在什么范围内应用，要事先弄清楚明确。因为不同的目的，不同的应用范围，在使用材料、阐述问题方面是大不相同的。

只有目的明确了，主题的提炼，材料的使用，才有所遵循，写起来才能不走或少走弯路。确定文件主旨的依据之一，是它针对什么问题讲的，即文件的针对性。肯定什么，否定什么，肯定时有哪些理由，否定时依据又是什么，充分不充分，哪些问题是明确的，哪些还不明确，等等，都需要进一步分析研究。只有主题明确，观点鲜明，才能在安排结构、选择材料时取舍有据，详略适当，写起来才更顺手。三是调查研究准备，不仅仅是执笔者自己分析研究，深入思考，还要注意听取多方面意见。对所写文件，领导有什么指示，参与研究的同志有什么深刻见解或不同看法，群众有什么希望和要求，都要认真听取、研究。领导同志对党的方针政策了解得多些，透些，对全局性问题观察得也比较敏锐，他们的意见应当是更全面、更深刻，动笔前必须了解他们对文件的想法和对一些问题的看法，把握住他们意见的主旨。这里也包括中央有关文件和领导讲话在内，这叫“吃透上头”。群众直接接触实际，应当充分听取他们的意见，他们的某些想法、希望和要求，努力摸准他们的思想脉搏，这叫“吃透下头”。吃透这两头，写出的文件就有可能更有针对性，从而也会更有指导意义，更能解决实际问题。作者就要认真分析研究，用正确观点，把两头统一起来，这样上下结合，集思广益，就可能把文件写得更全面，更深刻，更有思想性，更具有实际意义。四是思路格局准备。有了材料和明确的主题思想，就应当考虑这些材料和观点如何围绕主题安排布局，有一个清晰的思路，最好先写个提纲，有助于动笔写作时掌握全局，避免丢三落四，前后重复，本末倒置，既可提高写作质量，也可加快写作速度。一些大型的工作报告、总结报告、调查报告、法规条例等，由于文章较长，头绪较多，就应有较详细的纲目。除了大的格局、层次以外，每个层次的主要观点和材料都应列出来。一些小型的文件，比如工作计划等等，提纲可粗一些，有个大架子就行。还有一些要求急、容量小的文件，如简报、通知等等，有个腹稿也就可以了。提纲如何写，可按文章长短、每个人的写作习惯、写作前对观点材料的熟练程度不同来确定。以上诸方面准备，互相关联，缺一不可，往往同时进行。搜集整理材料、挑选典型的过程，也是综合归纳、提炼主题的过程，这些工作做好了，机关应用文体也就能写好了。

## 第二节 公务文书

### 一、含义

公务文书，简称公文。它是党政机关及其他社会组织在行使职权和实施管理过程中形成的具有法定效用与规范格式的文书，是办理公务的重要工具。可以从四个方面来理解：一是公文形成的主体是国家机关及其他社会组织；二是公文形成的条件是行使职权和实施管理；三是公文是具有法定效用与规范格式的文件，这是公文区别于其他文章的主要特点；四是公文是办理公务的重要工具之一。

人们通常说的公务文书有广义和狭义两种理解。广义的公文指法定机关、社会团体、企事业单位在公务活动中形成的、具有规范格式的文书材料。其中包括党政公文、事务文书、各类专用文书等。狭义的公文，指党政机关公文，是党政机关在管理过程中形成的具有法定效力和规范体式的文书，是依法行政和进行公务活动的重要工具。我们学习的就是狭义的公文，即 2012 年 4 月 16 日中办和国办发布的《党政机关公文处理工作条例》中列出的十五类公文："决议、决定、命令(令)、公报、公告、通告、意见、通知、通报、报告、请示、批复、议案、函、纪要。"公文的发展，反映了政权的性质，也反映了统治者的需要及其对公文在行使政治权力中的重要性的认识程度。公文是统治阶级实现其统治的一种重要工具，文书工作具有鲜明的阶级性，它从属于一定的政治集团并为其服务。

## 二、特点

公文具有以下特点：① 法定的作者，公文是由法定的作者拟制和发布的，所谓法定的作者，指的是依据法律和有关规定成立的能够行使职能的组织或单位，有的党政公文以国家领导人或机关首长的名义发布，这并不代表个人，而仅仅是制发机关领导人行使自己职权的一种表现，党政公文所反映的也应是领导人所在机关或组织的集体意图；② 严格的政策性，公文的政策性是由其反映的内容决定的，国家制定的一系列政策、法律法规都是以党政公文的形式下达，而国家各级行政机关、团体、企事业单位都负有传达、贯彻、执行的责任，各级党政机关、团体、企事业单位行文时，必须与国家的方针政策相一致，以严格保证国家各项政策的贯彻落实；③ 法定的权威性，公文是由党政机关、团体、企事业单位及其领导人，为了特定的目的而制作和颁发的，其法定的权威性主要体现在：一是国家政权赋予发文机关或单位法定的地位和职权；二是国家从法律和行政措施上对公文的权威性给予可靠的保证，要求受文者的思想、行为受到文件的约束、规范、做到令行禁止；三是公文的内容的合法性，能够代表着最广大人民群众的根本利益；④ 体式的规范性，公文是具有规定体式的公务文书，有严格的规范性，它是公文的权威性和法定性的具体体现，也是公文处理的客观需要。2012 年 4 月 16 日中共中央办公厅、国务院办公厅印发的《党政机关公文处理工作条例》(中办发〔2012〕14 号)中就规定了统一的公文名称和体式。国家技术监督局于 2000 年 9 月发布了《国家行政机关公文格式》(GB/T9704—1999)的国家标准，该标准指出："本标准规定了国家行政机关公文通用的纸张要求、印制要求、公文中各要素排列顺序和标识规则。其他机关公文可参照执行。"公文写作必须严格按照这两个文件的规定执行。

## 三、种类

公文种类有：一是按照行文关系和行文方向分，公文可分为：上行文，上行文是指下级机关向所属上级机关呈送的公文。如报告、请示等。平行文，平行文是指平行机关或不相隶属的机关送交的公文，如函等。下行文，下行文是指上级机关向所属下级机关的发文。如决议、命令(令)、决定、意见、公告、通告、通报、通知、批复、纪要等。通知在不同情况下属于平行文或下行文，纪要在不同场合分属下行文和上行文。函一般属平行文，但有时也属上行文(如请示较小事情的函)，有时也属下行文(如答复下级机关询问的函)。二是按公文的来源来划分：对外文件，即对外发出的文件；收来文件，即收到的一切外来的文件；

内部文件，即单位或部门自己内部使用的文件。三是按文件的使用范围来划分，可分为通用文件、专用文件和技术文件。四按文件的发送目的来划分，可分为主送件、抄送件和批转、转发件。五是按照具体职能分，公文可以分为：法规性公文，是用来颁布法令、法律或对有关问题作出规定的公文。如决议、命令（令）等。指挥性公文。是直接体现上级机关的决策意图，对有关事项的处理、有关工作的进行起着指令或指导作用的公文，如决定、意见、通知、议案、批复等。报请性公文。报请性公文是下级机关用来向上级机关汇报、请示工作的公文，这类公文是上行文，如报告、请示等。知照性公文。知照性公文是向有关方面告知情况、关照事项的公文。这类公文既有下行文，也有平行文，如公报、公告、通告、通报等。联系性公文。联系性公文是用于各部门之间联系工作的公文，如函等。实录性公文。实录性公文主要是指真实地记录会议情况和议定事项的公文，如纪要等。我们写作公文，一般按照《党政机关公文处理工作条例》，从用途上把公文分为15类：

1. 决议。适用于会议讨论通过的重大决策事项。

2. 决定。适用于对重要事项作出决策和部署、奖惩有关单位和人员、变更或者撤销下级机关不适当的决定事项。

3. 命令（令）。适用于公布行政法规和规章、宣布施行重大强制性措施、批准授予和晋升衔级、嘉奖有关单位和人员。

4. 公报。适用于公布重要决定或者重大事项。

5. 公告。适用于向国内外宣布重要事项或者法定事项。

6. 通告。适用于在一定范围内公布应当遵守或者周知的事项。

7. 意见。适用于对重要问题提出见解和处理办法。

8. 通知。适用于发布、传达要求下级机关执行和有关单位周知或者执行的事项，批转、转发公文。

9. 通报。适用于表彰先进、批评错误、传达重要精神和告知重要情况。

10. 报告。适用于向上级机关汇报工作、反映情况，回复上级机关的询问。

11. 请示。适用于向上级机关请求指示、批准。

12. 批复。适用于答复下级机关请示事项。

13. 议案。适用于各级人民政府按照法律程序向同级人民代表大会或者人民代表大会常务委员会提请审议事项。

14. 函。适用于不相隶属机关之间商洽工作、询问和答复问题、请求批准和答复审批事项。

15. 纪要。适用于记载会议主要情况和议定事项。

## 四、作用

公文的作用主要表现在五个方面：一是领导指导作用，公文常常用来传达党和政府的方针政策，对重要事项或重大行动作出安排，对下级机关的请示事项作出答复，对重要问题提出见解和处理办法，因此，公文对下级机关具有直接的领导和指导作用；二是规范行为作用，公文担负着行政法律文件和行政法规、规章的发布任务，法规规章对人们的行为具有约束和规范作用，公文中的下行文如通知、通报、通告、公告、批复等规范着人们的公务活动乃至个人行为，任何单位和个人都不得违反公文的执行；三是宣传教育作用，公文具有宣传传达党和国家路线、方针和政策的任务，在指导工作的同时，还起到宣传政策和教育群众的作用；四是联系沟通作用，在工作中，公文起着联系上下左右的纽带作用，是行政机关之间进行沟通的重要渠道，使行政公务活动得以正常有序地开展，取得应有的效果；五是依据凭证作用，行政公文具有法定效力，它既是行政机关办理公务的依据和准绳，又是衡量公务活动正确与否的重要凭证，同时，公文作为公务活动的历史记录，还具有备查的保存价值。

## 五、语言

公文写作要求较好的文字语言工夫，公文语言总体要求是庄重、平实、概括，具体表现为准确、简明、朴实、生动。公文语言功夫的核心是选词。选词一要根据所反映的客观实际需要，二要符合明晰、确切、简练的标准，三要根据具体的语言环境，注意文中所涉及对象和阅读对象。多用书面语和文书用语，少用形象和描绘性词语和口语，不用方言土语，十分规范。需要特别提出公文约定俗成的习惯性用语：① 开头用语。用来表示行文目的、依据、原因，伴随情况等。如：为、为了、关于、由于、对于、根据、按（遵、依）照、据、查、奉、兹等。② 称谓用语。有第一人称：我、本；第二人称：你、贵；第三人称：该。等等。③ 期请用语。请、拟请、提请、恳请、特请等。④ 期复用语。请指示、请审核、请核实、请批复、请函复等。⑤ 征询用语。当否、可否、妥否、是否可行、是否同意、意见如何等。⑥ 过渡用语。如为（对、因、据）此、鉴于、总之、综上所述等。⑦ 引叙用语。前接、顷接、悉、收悉、阅悉、欣悉、惊悉等。⑧ 表态用语。同意、不同意、可行、不可、照办、责成、参照执行、立即执行、以供参考、试行、执行、贯彻执行、研究执行、切实执行等。⑨ 经办用语。如：经、已经、业经、现经、兹经、办理等。⑩ 结尾用语。如：为要（荷、盼）、是荷、特此通知（报告、函告）等。

## 六、撰拟

是指公文的起草与修改，是撰写者代机关立言，体现机关领导意图和愿望的写作活动。公文写作包括起草初稿、讨论修改形成送审稿的整个过程。在机关起草的实践中，起草公文的任务可以由一人承担，也可以由多人承担，这主要取决于公文的重要程度和机关的文书人员队伍条件。

公文写作特点是被动写作，遵命性强；对象明确，针对性强；集思广益，群体性强；决策之作，政策性强；急迫之作，时限性强；讲究格式，规范性强。公文写作的要求有，一是人文要求：政治素质好，有一定的政策理论水平；熟悉业务和机关工作情况；有较宽的知识面，有较好的文字功底；完善自我，勇于创新；博览群书，增长知识；深入实践，勤学苦练。二是文本要求：要保证公文内容在政治上的正确性；要实事求是，在业务上符合客观规律；在文字表述上准确、鲜明、生动、符合语法逻辑；公文起草要符合统一规定的体式与程序；要注意选用书写的载体材料与字迹材料。公文写作的步骤，一是明确发文主旨，先要弄清领导发文的动机和目的，才能尽快确立所发文件的主题思想；二是收集有关材料，接着要围绕公文主题收集有关材料，一党和政府有关的法规文件，二单位部门有关的规章制度，三单位部门的实际情况，四工作中急需解决的实际问题，五有关直接领导的决策或意见；三是拟出写作提纲，在以上工作的基础上，精心思考，全面考虑，列出公文内容的详细结构提纲，并仔细修改和完善补充；四是认真起草公文，有了提纲和以上详细的材料，就可以放手地认真写作公文了；五是反复检查修改，对公文形成的草稿，必须自己认真检查修改，可以从以下几方面入手：一检查或修改与当前有关政策或单位部门规章制度有冲突或矛盾的地方；二检查或修改公文内容不完善不全面的地方；三检查或修改公文形式上不规范或不完备的地方；四检查或修改公文在语言表达和规范方面的毛病。

## 七、体式

公文体式是指公文的文体、构成要素及其在格式上的安排。公文之所以要有一定的体式，主要是为了保证公文的完整性、正确性与有效性，提高办事效率并为公文处理工作提供方便。公文的文体是指在公文写作中运用语言陈述事情、说明问题所采取的具体方法和特点，即公文的表达方式和语体特征。公文除具有应用文体的一般特点外，在表达方式和语言运用上又有它自身的特点：在表达方式上，兼用叙述、说明和议论三种表达方式是公文文体的主要特点；公文在语言运用方面应当做到准确、简明、庄重、得体。

### (一) 书面格式

一份完整的公文由一些规定的数据项目构成，这些数据项目就是公文的构成要素，或称公文的组成部分。《国家机关公文格式》将公文结构的诸要素分为指定项目和选定项目。公文的书面格式是指公文构成的数据项目在公文文面上所处的位置和书写的样式。公文讲求书面格式，这是公文在形式上区别于一般应用文的重要标志。公文的书面格式在文面上一般分为文头、行文和文尾三个部分。

1. 公文文头部分

包括公文份号、秘密等级、紧急程度、收文处理标记、文件名称、发文字号、签发人等项，文头部分占文件首页的三分之一到五分之二，用横隔线与正文分开。① 公文份号。即同一件文件的顺序编号，其作用是便于登记、分发、核查和统计文件。常常用“№00756”表示。② 发文机关标志。由发文机关全称或规范简称加上“文件”二字组成(函只署发文机关名称)，置于首页的上端，用庄重、醒目的大号字体套红印刷。两个以上机关联合行文，牵头主办机关排列在前，也可只用主办机关的文件名称。党委和政府联合行文，党委排列在前。③ 发文字号。由发文机关代字、标于括号内的年份、顺序号组成，位于文件名称之下、横隔线之上正中位置(函的发文字号标注在标题的右上方)。两个以上机关联合行文，只标明主办机关的发文字号。④ 签发人。上报的文件，应当在发文字号的同一行右端标明签发人姓名。⑤ 秘密等级。应视文件内容需要从上至下依次标注在文件名称的左上角。秘密等级分为“秘密”、“机密”、“绝密”三种；⑥ 紧急程度。紧急程度分为“急件”和“特急”。机密、绝密文件应标注份号。⑦ 政府令的文头由套红印刷的“政府令”和编号组成。政府令的编号为“第 X 号”。

2. 公文行文部分

包括公文标题、主送机关、正文、无正文说明、附件说明、发文机关署名、成文日期、机关印章、注释等项。① 标题。公文标题应当准确、简要地概括公文的主要内容，一般由发文机关名称、内容提要和文种三部分组成。公文标题的作用：一是揭示内容，点明主题，使人一目了然；二是给公文定名，标题就是该公文的名称，便于收文机关登记管理，便于查找询问。公文标题位于横隔线之下居中位置，公文标题中除法规、规章名称加书名号外，一般不加标点符号，不能以引用文件字号代替内容提要。公文标题一般有三种：一是规范式，三部分具全：发文机关＋事由＋文种，此种形式常常用于重要、庄重的公务；二是灵活式，又分为两种：发文机关＋文种，事由＋文种；三是“转发＋始发机关＋原通知标题”；四是只有文种，常是不大重要的公务，带有周知性。② 主送机关。指收受、办理文件的单位。俗称“抬头”。除“公告”、“通告”以外，正式公文一般都应标明主送机关。主送机关名称位置一般在标题之下、正文之上左端顶格位置书写。向上级机关的请示，只写一个主送机关，如需同时送其他机关，用抄送形式。③ 正文。即公文的具体内容，是公文的核心部分。需要使用序数符号标明层次时，一般排列顺序是：第一层用“一”，第二层用“(一)”，第三层用“1.”第四层用“(1)”。行政规章视需要按章、节、条、款、项标明层次。正文的位置在主送机关以下。较长的公文一般由开头、主体、结尾三部分组成。正文的写法从内容上讲，要把事情交代清楚，什么事、什么问题，准确无误。观点要鲜明。需要受文单位做什么，解决什么问题，准确明白。从形式上讲，条理层次清楚，文字简练确切，标点符号准确无误，篇幅力求短。公文正文包括三部分：一是发文缘由、依据、目的、情况；二是发文事项：(内容多而重要的分条列项即列出层义，或用小标题或用句子表达)，三是公文结语。公文结语(可以不要)常见有：一是各文种专用语如：“请予批准”、“特此通知”等，二是希望、号召类。正文常常采用以下结构形式：一是并列式，一般写公务横向、静态的情况，各部分相互之间无紧密联系，独立性强，但共同为说明主旨服务。这种结构方法的好处是概括面广，条理性强。并列式内容之间的序码可用数字式，也可用分段式；段中并列的内容可用数字、分号(；)，也可用句子并列式。要求重轻有序，重要的放在前边，依次类推。二是递进式。一般写公务纵向、动态的过程或者事理，各部分层层递进，每一部分也不可缺少，前后顺序也不能颠倒。这种方法的好处是逻辑严密，能说明问题。在一篇公文中，两种方法可以互相交叉，即以一种方法为主，在某一部分即某一层次中用另一种方法。④ 发文机关。是指正文之后、附件之下所署发文机关名称。发文机关的位置在正文之后偏右下方。如果正文占满了公文纸的全页，不得不在下一页落款时，可将落款放在空白页，同时，必须在落款前的空白处用括号加以注明：“此页无正文”。发文机关应写机关全称或规范化的简称。⑤ 成文日期。是以领导人签发日期为准，经会议批准的文件，以会议通过的日期为准，电报以发出日期为准，几个机关联合发文的，按最后一个领导人签发的日期为准。成文日期使用公元纪年，用汉字书写。成文日期的位置一般在发文机关的下面，成文日期是文件生效和查阅的重要依据，要求准确、完备、具体，不能忽视。⑥ 印章。印章是发文机关表示对公文负责并标志公文生效的凭证。公文除会议纪要外，都应加盖印章。联合上报的非规章性文件，由主办单位加盖印章。联合下发的公文，联合发文机关都应加盖在成文日期处，上边沿不压正文，下边沿骑年盖月。会议通过的“决定”，日期可注于标题之下，印章可盖在正文末尾发文机关处。⑦ 附件。公文如有附件，附件名称注在正文之后，文件落款之前，如有两个以上附件应注明附件的顺序。附件与主件订在一起发送，如不能订在一起，应在附件首页左上角注明主件的发文字号和附件的顺序号。⑧ 附注。一般用来说明公文的阅读和传达范围及公文使用注意事项，如是否可以登报，翻印等，或“此件发至县团级”等。它位于成文日期的下一行，左空 2 字，用圆括号括入，它和公文密级有一定关系。

3. 公文文尾部分

① 抄送机关。指除主送机关以外需要了解该公文内容的有关机关。位于主题词之下、印发机关与印发日期栏之上。抄送范围如涉及各方面机关，一般按党委、人大、政协、纪委、法院、检察院、军队、政府部门的顺序排列。发送机关的名称用全称或规范化简称。正文中已标明主送机关的，发送栏只标明抄送机关。抄送机关不能滥抄滥送，也不能漏抄漏送。② 印发机关与印发日期。位于抄送机关之下，左端标注公文印发机关名称，右端标注印发日期，之后加上“印发”二字。翻印文件，此栏标注翻印机关名称和翻印日期。③ 印发份数。标注在印发机关与印发日期栏之下右侧，标注有“共印 X 份”。②③项合称“印刷版记”。发送栏、印发机关与印发日期栏之间分别加横线分开。④ 版记中的反线。版记中的反线是指版记中各要素之下都要加一条反线，相互隔开，宽度同版心。⑤ 版记的位置。版记应置于公文最后一页，版记的最后一个要素置于最后一行。公文的书面格式如下图所示：

**（二）印装规格**

一是公文用纸的规格。公文用纸要采用国际标准 A4 型纸，其成品幅面尺寸为 297 mm×210 mm（长×宽）。公文用纸的页边（留空处）与版心的具体尺寸为：公文用纸天头（上白边）为：37 mm±1 mm，公文用纸订口（左白边）为：28 mm±1 mm，版心尺寸为：156 mm×225 mm（不含页码）。公文排版的规格和要求。正文用 3 号仿宋体字，一般每面排 22 行（以 3 号字高度加 3 号字高度 7/8 的距离为一基准行），每行排 28 个字。要做到版面干净无底灰，字迹清楚无断划，尺寸合乎标准，版心不斜，误差不超过 1 mm。印刷要求。公文应双面印刷，页码要套正，两面误差不得超过 2 mm。黑色油墨应达到色谱所标 BL100%，红色油墨应达到色谱所标 Y80%，M80%。印品着墨实、均匀；字面不花、不白，无断划。公文中未作特殊说明的图文项目，颜色均为黑色。装订要求，公文应左侧装订，不掉页。包本公文的封面与书芯不脱落，后背平整、不空。两页页码之间误差不超过 4 mm。骑马订或平订的订位为两钉钉锯，外订眼距书芯上下各 1/4 处，允许误差±4 mm。平订钉锯与书脊的距离为 3 mm～5 mm；无坏钉、漏钉、重钉，钉脚平伏牢固；后背不可散页明订。裁切成品尺寸误差±1 mm，四角成 90 度，无毛茬或缺损。公文用汉字从左至右横写横排，少数民族按其书写习惯排印，在民族自治的地方，可并用汉字和通用的少数民族文字。公文一律左侧装订。一般采用线装、订装（正面平订和脊背骑马订）或胶帖的办法。装订时，文件页码要折叠整齐，认真编排，注意不可错页漏滑页，以保持公文的完整。

№000578

（秘密） ××市人民政府文件

急件 ×政发〔2017〕16号

---

××市人民政府关于×××××的通知

各县、区人民政府：

根据 ………………………………………………………

现将……………………………………………………… 。

附：《××××》 1份

××市人民政府（公章）

2017年2月6日

（此件发至县团级）

---

抄送：×× ×× ××

---

××市人民政府办公室 2017年2月8日印发

---

共印186份

公文书面格式

## 八、稿本

公文的稿本是指公文的文稿和文本，同一内容和形式的文件，在撰写印刷过程中，以及根据使用时的不同需要，又往往形成不同的文稿和文本。公文的文稿是指公文在起草过程中形成的一次又一次的稿子，包括草稿、定稿两种。同一份文件，根据它们的不同用途，可分为正本、副本、存本、修订本；一些法规性文件又有试行本、暂行本妁形式，同一内容的文件使用不同的文字就又成为不同的文字文本。公文质量直接关系到机关的工作效率问题，关系到党和国家方针政策的贯彻问题，关系到公文本身的效用问题。公文质量主要体现在公文的思想内容与文字表达两个方面。在思想内容方面，应该政策性强、针对性强、科学性强，在文字表达方面，应该结构严谨、语言精当、行文规范。

## 九、要求

### （一）熟悉行文规则

行文应当确有必要，讲求实效，注重针对性和可操作性。行文关系根据隶属关系和职权范围确定。一般不得越级行文，特殊情况需要越级行文的，应当同时抄送被越过的机关。向上级机关行文，应当遵循以下规则：① 原则上主送一个上级机关，根据需要同时抄送相关上级机关和同级机关，不抄送下级机关。② 党委、政府的部门向上级主管部门请示、报告重大事项，应当经本级党委、政府同意或者授权；属于部门职权范围内的事项应当直接报送上级主管部门。③ 下级机关的请示事项，如需以本机关名义向上级机关请示，应当提出倾向性意见后上报，不得原文转报上级机关。④ 请示应当一文一事。不得在报告等非请示性公文中夹带请示事项。⑤ 除上级机关负责人直接交办事项外，不得以本机关名义向上级机关负责人报送公文，不得以本机关负责人名义向上级机关报送公文。⑥ 受双重领导的机关向一个上级机关行文，必要时抄送另一个上级机关。向下级机关行文，应当遵循以下规则：① 主送受理机关，根据需要抄送相关机关。重要行文应当同时抄送发文机关的直接上级机关。② 党委、政府的办公厅(室)根据本级党委、政府授权，可以向下级党委、政府行文，其他部门和单位不得向下级党委、政府发布指令性公文或者在公文中向下级党委、政府提出指令性要求。需经政府审批的具体事项，经政府同意后可以由政府职能部门行文，文中须注明已经政府同意。③ 党委、政府的部门在各自职权范围内可以向下级党委、政府的相关部门行文。④ 涉及多个部门职权范围内的事务，部门之间未协商一致的，不得向下行文；擅自行文的，上级机关应当责令其纠正或者撤销。⑤ 上级机关向受双重领导的下级机关行文，必要时抄送该下级机关的另一个上级机关。同级党政机关、党政机关与其他同级机关必要时可以联合行文。属于党委、政府各自职权范围内的工作，不得联合行文。党委、政府的部门依据职权可以相互行文。部门内设机构除办公厅(室)外不得对外正式行文。

**(二) 选准文种**

公文的文种界限非常明显，不同的文种体现出不同的职权范围和机关之间的关系，也表现出不同的办事目的和要求。因此，发文应根据本机关的职权、所处地位和发文目的，恰当地选用文种。如命令(令)、决定、通知、通报都有表彰先进的功能，但由于这些文种的性质、级别、运行方式等不同，其表彰的内容轻重、先进程度、所达到的目的也就有所不同，表彰时，要根据发文机关的级别、先进单位或人物事迹的轻重确定文种。误用、混用文种，会使公文的质量和效用受到严重影响。

**(三) 严格制定程序**

公文的制发主要是经过：拟稿、核稿、呈批、签发、缮印、用印、封发等程序，公文写作者掌握了公文制文程序，可以提高公文的质量，加快公文的运转过程。

**(四) 明确领导意图**

公文的写作一般是“遵旨”行文的受命性写作，撰写者要遵循机关或组织领导的意图来行文，写作时必须做到：“五清楚”，即任务、对象清楚；思想意图清楚；政策依据清楚；行文方式方法清楚；具体事项清楚。写作者只有做到了“五清楚”明确掌握领导意图，行文才能真实地反映组织活动的面貌，体现发文机关的意图。

## 十、常用公公务文书

### (一) 决定

1. 含义

适用于对重要事项作出决策和部署、奖惩有关单位和人员、变更或者撤销下级机关不适当的决定事项。决定和决议是近似文种，尤其这两种文体在党的机关公文中并存，在写作实践中，一定要区分二者的不同。这些不同大致表现在四个方面：一是内容有所不同。决议涉及的内容原则性、理论性较强，而决定涉及的内容相对比较具体，实践性更强一些。二是形成程序有所不同。按规定，决议的形成必须经过会议讨论通过；而决定，虽然有时也要经过会议讨论通过，但没有规定必须如此。三是表达方式有所不同。决议的一个突出特点在于“议”，所以较多使用议论；决定则较多用来布置工作、提出要求，不一定要展开充分的议论。四是成文日期标写有所不同。决议的成文日期，用括号标写在标题下方，有时还要包括会议名称；决定可以这样标写，也可以像一般公文一样，将成文日期标写在正文之后。

2. 特点

一是权威性。决定是上级机关针对重要事项和重大行动，经重要会议或领导班子研究通过后，对所辖范围内的工作所做的安排。决定一经发布，就对受文单位具有很强的约束力，必须遵照执行。二是指挥性。决定在对重要事项进行决策时，同时也提出工作任务、具体措施和实施方案，要求受文单位依照执行。决定通过原则、任务、措施、方案的确定和安排，指挥下属单位统一思想、统一行动，从而保证工作的顺利开展，并取得预期效果。三是全局性。决定一般不是向某一个具体单位发出的，行文对象有一定的普遍性。这是由于决定所涉及的事项和解决的问题，都有全局性的意义。

3. 种类

一是法规政策性决定。关于建立、修改某项法规的决定，关于贯彻、落实某一法律的决定，关于对某一领域犯罪行为进行专项打击的决定，都属于法规政策性决定。如《中共中央关于全面深化改革若干重大问题的决定》、《国务院关于废止和修改部分行政法规的决定》。二是重要事项和重大行动决定。对重要事项或事关全局的重大行动做出的决定，具有决策的性质。一般要阐述基本原则，提出工作任务、方案、措施、要求。《中共中央关于加强党同人民群众联系的决定》、《国务院关于加强食品安全工作的决定》。三是奖惩性决定。决定也可以对一些事迹突出、有典型意义的先进个人或集体进行表彰，或者对一些影响较大、群众关心的事故、错误进行处理。奖惩性决定跟用于奖惩的命令和通报作用接近，但层次规格不同。决定从规格上看低于命令，但高于通报。一般性的奖惩或者基层单位的奖惩活动，用通报即可。用于奖惩的这三种文体，在写法上也比较接近。

4. 写法

一是标题。决定的标题一般采取公文标题的常规模式，即发文机关＋主要内容＋文种的写法，如《中共中央关于加强党的执政能力建设的决定》。标题中有时可在主要内容部分加书名号，但标题中不得使用其他标点符号。二是正文。正文采用公文常用的结构基本型，由开头、主体、结尾三部分组成。开头一般是写发布决定的背景、根据、目的、意义。如果是批准某一文件的决定，则写明批准对象的名称。如果是表彰、惩戒性的决定，开头部分则要叙述基本事实，也就是先进事迹或事故情况，篇幅要比一般决定长一些。这实际上也属于行文的根据，跟公文结构的基本型仍是一致的。主体写决定事项，用于指挥工作的决定，这部分要提出工作任务、措施、方案、要求等，内容复杂时要用小标题或条款显示出层次来。用于批准事项的决定，这部分要表达批准意见，如有必要，还可对批准此事项的根据和意义予以阐述。用于表彰或惩戒的决定，这部分要写明表彰决定和项目，或处分决定、处罚方法。结尾比较简单，主要用来写执行要求或希望号召。

**国务院关于2016年度国家科学技术奖励的决定**

国发〔2017〕2号

各省、自治区、直辖市人民政府，国务院各部委、各直属机构：

为全面贯彻党的十八大和十八届三中、四中、五中、六中全会精神，大力实施科教兴国战略、人才强国战略和创新驱动发展战略，国务院决定，对为我国科学技术进步、经济社会发展、国防现代化建设作出突出贡献的科学技术人员和组织给予奖励。

根据《国家科学技术奖励条例》的规定，经国家科学技术奖励评审委员会评审、国家科学技术奖励委员会审定和科技部审核，国务院批准并报请国家主席习近平签署，授予赵忠贤院士、屠呦呦研究员国家最高科学技术奖；国务院批准，授予"大亚湾反应堆中微子实验发现的中微子振荡新模式"国家自然科学奖一等奖，授予"亚洲季风变迁与全球气候的联系"等41项成果国家自然科学奖二等奖，授予"高温/超高温涂层材料技术与装备"等3项成果国家技术发明奖一等奖，授予"良种牛羊高效克隆技术"等63项成果国家技术发明奖二等奖，授予"第四代移动通信系统（TD-LTE）关键技术与应用"等2项成果国家科学技术进步奖特等奖，授予"嫦娥三号工程"等20项成果国家科学技术进步奖一等奖，授予"多抗稳产棉花新品种中棉所49的选育技术及应用"等149项成果国家科学技术进步奖二等奖，授予凯瑟琳娜·科瑟·赫英郝斯教授等5名外国专家和国际玉米小麦改良中心中华人民共和国国际科学技术合作奖。

全国科学技术工作者要向赵忠贤院士、屠呦呦研究员及全体获奖者学习，继续发扬求真务实、勇于创新的科学精神和服务国家、造福人民的优良传统，深入实施创新驱动发展战略，坚定不移走中国特色自主创新道路，为加快建设创新型国家、建设世界科技强国，实现"两个一百年"奋斗目标和中华民族伟大复兴的中国梦作出新的更大贡献。

国务院

2017年1月2日

### （二）通告

1. 含义

适用于在一定范围内公布应当遵守或者周知的事项，是党政机关和企事业单位在一定范围内公布应当遵守或周知的事项时使用的公文。通告是周知性的文种，是在一定的范围内，对人民群众、机关团体公布应当遵守和周知的事项的文件。通告公告都同属于周知性公文，但它们之间相比还有其特点。通告所宣告的事项多属于专业性或业务性的，多涉及公安、交通、金融方面，公告为重大事项的发布。通告适用的范围，不仅仅限于上级对下级，不相隶属的单位也可使用。通告发布的形式较多，可登报，可广播，可张贴。而布告以张贴为主，公告多广播、登报。

2. 特点

除具有公开性和告知性特点外，还具有如下特点：强制性，通告公布的大都是让人们遵守或照此执行的法规性事项，具有较强的强制性和约束力；广泛性，通告不仅内容广泛，包括公布法规、政策和一些具体事务，而且使用通告的单位也比较广泛，国家机关、人民团体或企事业单位，都可以使用这一文种来公布有关事项；专业性。在一些带有专业性的政策规定或具体事务的通告中，往往涉及许多专业知识和专业术语。

3. 种类

通告从内容上分，一是法规性通告，这是在一定范围内公布政府有关法令、法规、政策，要求有关人员遵守、执行的通告；如《中华人民共和国公安部通告》；二是针对某一项工作或专门问题发布的事项性通告，这是专业性部门用于公布具体的事务，如停水、停电、因道路维修等原因禁止车辆通行、出租车验照、单位更名等具体事项；从效用上分，又可分为制约性通告和周知性通告，前者属于在一定范围内，为保证某一项工作的开展与某项活动的进行而发布的规定性措施，而后者则是告知一般性事项。

4. 写法

通告一般由标题、正文、结束语三部分组成。标题，通告的标题大体有三种：一种是包括发文机关、事由和文种三要素构成，一种是只写发文机关和文种，一种是只用“通告”二字作标题。正文，通告的正文由通告缘由、通告事项两部分组成。通告缘由，通常用概括性语言写明发布通告的原因、目的和依据；通告事项，事项性通告写明具体的通告事项即可，法规性通告应写明具体规定、执行要求及贯彻执行的时期，其分段与否，应视具体内容而定；结束语，通告的事项结束后，一般应另起一行用“特此通告”或“此告”等语句结束全文，在公文写作实践中，有时可以将这一部分省略。

5. 要求

一是突出中心，尤其是法律性通告，必须内容集中，中心突出，使人们便于遵守和执行；要符合方针政策，通告的事项必须符合并体现党和国家的方针政策；二是通俗易懂，通告的语言表达必须大众化和口语化，并注意专门术语使用的正确，切忌使用含糊晦涩的语言，使人难以理解，影响通告的施行。

公告与通告的区别。公告和通告都是告知性公文，但它们属于两个不同的文件，有着十分明显的区别。一是发布机关不同，公告一般只由国家高级领导机关及其有关职能部门发布，基层机关和企事业单位无权发布公告，通告的制发机关则非常广泛，各级国家机关、人民团体和企事业单位均可制发通告；二是内容特点不同，公告的内容大都是已经发生或确定的，是事后告知，因而具有很强的告知性特点，通告则多用于事前制定某些规定或提出某些要求，让有关方面和广大公众遵照执行，因而具有很强的强制性特点；三是使用范围不同，公告公布的范围是面向国内外的，而通告公布的范围则限制在一定范围内，因而公告的知晓范围比较广泛，通告的知晓范围则相对窄小。

**加强城市道路机动车停放管理的通告**

为加强城市道路机动车停放管理，规范道路停车秩序，有效缓解交通拥堵，根据《中华人民共和国道路交通安全法》、《济南市停车场建设和管理条例》等法律法规，经市政府同意，现将有关事项通告如下：

一、城市道路内停放机动车应当按照施划泊位有序停放。不按规定停放的，由停车管理员劝导至规定地点停放；驾驶人不在现场的，停车管理员粘贴《机动车停放提示单》，并通过拍照、摄像等方式留存证据。留存证据经公安机关交通管理部门审查核实后，依法对违法行为进行处罚。

二、在城市道路内违反禁止停车标志标线停放机动车的，一律处以100元罚款，并记3分。

三、未在城市道路停车泊位内停放机动车或者在停车泊位内未按规定停放机动车且妨碍其他车辆和行人通行的，由公安机关交通管理部门拖移至指定地点。

四、占用城市道路停车泊位连续停放超过5日且无法与车主取得联系的，由公安机关交通管理部门依法处理。

五、未经批准，擅自占用城市道路从事停车收费的，由城管执法、公安、物价等部门依法进行查处。

六、逃避缴纳停车费的，由市停车管理办公室将其录入停车管理系统"黑名单"，通过媒体公开曝光，并逐步纳入社会信用系统；对有欠费记录的，停车管理员可以拒绝为其提供停放服务。

七、本《通告》自2017年1月1日起施行，有效期至2021年12月31日。

特此通告。

济南市公安局

2016年11月30日

**(三) 意见**

1. 含义

适用于对重要问题提出见解和处理办法。它是党政机关对重要事项发表的对工作有指导性质的文件。意见是上级领导机关对下级机关部署工作，指导下级机关工作活动的原则、步骤和方法的一种文体。意见的指导性很强，有时是针对当时带有普遍性的问题发布的，有时是针对局部性的问题而发布的，意见往往在特定的时间内发生效力，如《国务院关于加强乡镇政府服务能力建设的意见》。"意见"的适用范围较宽，就其主体而言，可以适用于党政各级领导机关，就其内容而言，涉及党和政府以及企事业单位的方方面面，如《国务院关于促进海洋渔业持续健康发展的若干意见》。依据发表见解机构地位的不同，其类型可包括直接指导型和批转执行型两种类型。意见的写作要注意内容的政策性、原则性，对下级的要求要明确具体，表述条理要清晰等等。

2. 特点

一是内容的针对性，意见的制发往往是针对工作中急需解决的问题或必须克服的倾向，因此它提出问题及时，分析问题结合实际，提出见解、办法针对性强，目的明确，如《关于加强城市轨道交通人才建设的指导意见》；二是形式的灵活性，意见既可独立行文，也可与其他文种搭配行文，意见既可以用于上行文、也可以用于下行文和平行文，作为上行文，用于下级机关向上级机关上报建议性意见，由上级机关作出处理或给予答复，作为下行文，用于上级机关向下级机关下发指导性意见，文中贯彻执行有明确要求的，下级机关应当遵照执行，无明确要求的，下级机关可参照执行，作为平行文，提出的意见供对方参考，它的行文方向比较灵活。

3. 种类

一是指示性意见，指示性意见是上级领导机关就某一问题或某项工作阐述、说明指导思想，提出原则要求的意见，如《教育部关于规范农村义务教育学校布局调整的意见》；二是计划性意见，计划性意见是上级机关或业务主管部门就某项工作活动作出部署、安排，要求有关单位贯彻执行的意见，其内容具备计划的基本要素，但和一般计划相比，它对工作的指导思想和基本原则和方法、措施、步骤等阐述得较为具体、明确，对任务、目标的阐述侧重于宏观的定性分析而较少提出具体的量化指标，如《教育部国家语委关于进一步加强学校语言文字工作的意见》；三是建议性意见，建议性意见是下级机关或业务管理部门就解决有关问题或推动、改进某项工作向上级机关献计献策，提出自己设想、看法和建议的意见。

4. 写法

意见一般由标题、主送机关、正文、落款四部分组成。标题，意见的标题有二种构成形式：发文机关、发文事由和文种组成，《国务院关于进一步推进户籍制度改革的意见》、《国务院关于深入推进义务教育均衡发展的意见》；发文事由和文种组成。主送机关，上行文的意见一般有主送机关，下行文的意见，执行意图比较明确、针对性较强的、要写主送机关，涉及面较广的可以不写主送机关。正文，正文一般为前言、主体、结尾三部分。前言部分一般交代提出意见的依据、目的、情况、意义等，回答"为什么提意见"，前言部分常用习惯用语"为……现(特)提出如下意见"过渡到下文；主体部分是核心内容，主要是对重要问题提出建议、主张及处理办法等，一般采用分条列项的写法，这部分既要讲道理、明政策、通法律，又要可实施、能操作、便督查；结尾部分，提出希望或要求，如果主体部分说清楚了，也可不写结尾；落款，即标明发文机关和成文日期，由于意见带有较强的规范性，有的意见还将发文机关和成文日期置于标题之下。

5. 要求

一是掌握好表述的分寸，意见的行文方向具有多向性，对不同行文方向的意见，要掌握好文字表述时的分寸，作为上行文意见，应按请示性公文的程序和要求办理，作为平行文的意见，提出的意见可供对方参考，作为下行文的意见，文中对贯彻执行有明确要求的，下级机关应遵照执行，无明确要求的，下级机关可参照执行，总之，意见是供别人执行或参照的，而行文对象不相同，表述和措辞一定要注意把握准确；二是文种选用要审慎，意见的性质和功能介于建议性报告、请示、指示性通知之间，其间的严格区别还有待深入研究，所以在使用意见这一文种时，要特别注意与相近文种的区别。

**教育部关于加强直属高校建设工程管理审计的意见**

教财[2016]11号

部属各高等学校：

根据《教育系统内部审计工作规定》《教育部直属高校基本建设管理办法》和《教育部关于加强直属高校内部审计工作的意见》，为进一步加强直属高校建设工程管理审计工作，现提出如下意见：

一、深化对建设工程管理审计的认识。建设工程管理审计在合理控制建设投资、完善建设工程管理、促进廉政建设方面发挥着重要作用。……

二、实行建设工程管理审计全覆盖。学校各类资金来源的新建、改扩建及修缮工程均应纳入审计范围。……

三、建立建设工程投资评审制度。建设工程投资评审是指在建设工程开工前对建设标准、投资计划、设计概算等进行评审。……

四、突出建设工程管理审计重点。在建设工程管理审计中,要突出内部控制审计、造价审计、招标审计、付款审计等重点。……

五、完善建设工程管理审计结果运用机制。……

各高校要高度重视建设工程管理审计工作,要按照本意见要求,制定或修订学校建设工程管理审计具体办法,并于2017年5月底前报我部备案。我部将对各高校落实意见情况进行检查。

教育部

2016年12月6日

**(四) 通知**

1. 含义

适用于发布、传达要求下级机关执行和有关单位周知或者执行的事项,批转、转发公文。

2. 特点

一功能的多样性,在下行文中,通知的功能是最为丰富的,它可以用来布置工作、传达指示、晓谕事项、发布规章、批转和转发文件、任免干部等等,下行文的主要功能,它几乎都具备,但通知在下行文中的规格,要低于命令、决议、决定等文体;二运用的广泛性,通知的发文机关,几乎不受级别的限制,大到国家级的党政机关,小到基层的企事业单位,都可以发布通知,通知的受文对象也比较广泛,最多的上级公文就是通知;三一定的指导性,通知都具有一定程度的指导性,用通知来发布规章、布置工作、传达指示、转发文件,都在实现着通知的指导功能,受文单位对通知的内容要认真学习,并在规定时间内完成通知布置的任务;四较强的时效性,通知是一种制发比较快捷、运用比较灵便的公文文种,它所办理的事项,都有比较明确的时间限制,受文机关要在规定的时间内办理完成,不得拖延。

3. 种类

一是发布指示的通知,这类通知用来发布指示、布置工作,凡是需对某一事项进行处理、对某问题作出指示,又不适合用命令、决定、指示的形式行文的时候,均可用通知的形式进行办理。如《国务院办公厅关于印发“菜篮子”市长负责制考核办法的通知》,这类通知跟意见的写法比较接近。二是颁发规章的通知。除重要的法律性文件用命令颁布之外,多数法规和规章性文件,如条例、规定、办法、细则、实施方案等,都适合用通知颁发。如《国家发展改革委关于印发〈网络交易价格举报管辖规定(试行)〉的通知》,这类通知的正文通常十分简短,如财政部《关于切实做好2017年基本民生支出保障工作的通知》的开头“在当前经济下行压力较大、财政收入增速放缓的情况下,必须更好地统筹民生政策与经济发展，优先保障民生投入，保障困难群众基本生活。按照国务院部署要求，为切实做好2017年基本民生支出保障工作，现就有关事项通知如下：“如《国家发展改革委国家标准委关于印发〈节能标准体系建设方案〉的通知》的正文“为贯彻落实《中共中央国务院关于印发〈生态文明体制改革总体方案〉的通知》(中发〔2015〕25号)，研究完善节能标准体系，我们研究制定了《节能标准体系建设方案》，现印送你们，请结合实际认真贯彻执行。”由发布对象、发布决定、执行要求组成。这类通知是复合体公文，被发布的规章全文附在通知之后，但不作为附件处理，而是正件的组成部分。三是批转、转发文件的通知。将下级机关报来的文件转发给有关下级机关，叫作“批转”。将上级机关发下来的文件，或不相隶属机关发来的文件转发给下级机关，叫作“转发”。批转、转发文件的通知的正文有时十分简短，如《国务院办公厅关于印发湿地保护修复制度方案的通知》：“各省、自治区、直辖市人民政府，国务院各部委、各直属机构：《湿地保护修复制度方案》已经国务院同意，现印发给你们，请认真贯彻执行。”主要由转发对象、转发决定、执行要求组成。但这类通知的正文并不总是这样简短，如《国务院办公厅关于印发中国防治慢性病中长期规划(2017—2025年)的通知》一文，“各省、自治区、直辖市人民政府，国务院各部委、各直属机构：《中国防治慢性病中长期规划(2017—2025年)》已经国务院同意，现印发给你们，请认真贯彻执行。”在批转对象和批转决定表述完毕之后，还对时代背景、现实状况、性质意义、原则要求、基本任务等进行了进行了说明和论述。四是晓谕性通知，这类通知一般只有告知性，其用途较广泛，机构人事调整，启用或作废公章，机构名称变更，机关隶属关系变更，迁移办公地址，安排假期等，都可使用这种通知。如《国务院办公厅关于调整国家能源委员会组成人员的通知》。五是任免通知，任免领导干部的职务，根据职务的重要程度的不同，可分别采用不同的文种，最高可用任免令，其次可以用决定，再次用通知，最低用公布任免名单的方式。由此可见，任免基层干部时，通常用通知。任免通知，只需写明什么会议决定，任命什么人担任什么职务，免去什么人的什么职务即可，不必说明原因。六是会议通知。这是一种常见的通知，既可用于下行，也可用于平行。一般包括如下内容：召开会议的时间、地点以及会议的名称，会议的中心议题和主要程序，对与会人员身份的要求，对与会人员会前准备工作的要求，报到时间、地点及联络人，其他需要事先说明的事项。

4. 写法

标题，通知的标题一般采用公文标题的常规写法，由发文机关＋主要内容＋文种组成。如《人力资源社会保障部关于做好2017年全国高校毕业生就业创业工作的通知》。也可以省略发文机关，由主要内容＋文种组成标题。如《关于印发〈节水型社会建设“十三五”规划〉的通知》。发布规章的通知，所发布的规章名称要出现在标题的主要内容部分，并使用书名号。批转和转发文件的公文，所转发的文件内容要出现在标题中，但不一定使用书名号。如《国家卫生计生委办公厅关于命名首批“全国幸福家庭”的通知》。主送机关，通知的发文对象比较广泛，主送机关较多，要注意主送机关排列的规范性。如人事部《关于解除国家公务员行政处分有关问题的通知》的主送机关：“各省、自治区、直辖市人事(人事劳动)厅(局)、监察厅(局)；国务院各部委、各直属机构人事(干部)部门、监察局(室)：“由于级别、名称不同，主送机关的称法和排列非常复杂，这个序列显然是经过深思熟虑后确定下来的。正文，通知的正文有通知缘由、通知事项和执行要求三部分组成。通知缘由，发布指示、安排工作的通知，这部分的写法跟决定、指示很接近，主要用来表述有关背景、根据、目的、意义等。晓谕性的通知，也可参照上述写法。如《教育部办公厅关于坚持正确导向促进高校高层次人才合理有序流动的通知》，采用了根据与目的相结合的开头方式："为深入贯彻落实《关于深化人才发展体制机制改革的意见》和全国高校思想政治工作会议精神，指导和推进直属高校人才工作持续健康发展，现就有关事项通知如下："；《国务院办公厅关于成立国家信息工作领导小组的通知》，采用的是以"为了"领起的"目的式"开头方式。批转、转发文件的通知，根据情况，可以在开头表述通知缘由，但多数以直接表达转发对象和转发决定为开头，无须说明缘由。发布规章的通知，多数情况下篇段合一，无明显的开头部分，一般也不交代缘由。通知事项，这是通知的主体部分，所发布的指示、安排的工作、提出的方法、措施和步骤等，都在这一部分中有条理地组织表达。内容复杂的需要分条列款。晓谕性通知，有时需要列出新成立的组织的成员名单，以及改变名称或隶属关系之后职权的变动等。执行要求，发布指示、安排工作的通知，可以在结尾处提出贯彻执行的有关要求。如无必要，可以没有这一部分。其他篇幅短小的通知，一般不需有专门的结尾部分。

5. 要求

一要重点突出，措施具体。通知是要求受文单位了解、协助和执行、办理的公文。因此，写作时要重点突出，把道理讲清楚，任务提明确，措施订具体。只有这样，才便于受文者在执行、办理中不出现偏差或错误。二要注意通知与通告的区别。从使用范围看，"通知"适用于批转下级机关的公文，转发上级机关和不相隶属机关的公文，传达要求下级机关办理和需要有关单位周知或者执行的事项，任免人员等；而"通告"则适用于公布社会各有关方面应当遵守或者周知的事项。从受文对象看，通知的对象一般是机关或单位，通告的对象一般是社会公众。从行文要求看，通知的事项一般需要办理和贯彻执行，而通告的事项只需遵守和知晓即可。

**国务院办公厅关于有序停止商业性加工销售象牙及制品活动的通知**

国办发〔2016〕103 号

各省、自治区、直辖市人民政府，国务院各部委、各直属机构：

为加强对象的保护，打击象牙非法贸易，经国务院同意，现就有序停止商业性加工销售象牙及制品活动的有关事项通知如下：

一、分期分批停止商业性加工销售象牙及制品活动。……

二、积极引导象牙雕刻技艺转型。……

三、严格管理合法收藏的象牙及制品。……

四、加强执法监管和宣传教育。……

各省、自治区、直辖市人民政府和有关部门要高度重视，加强组织领导，明确责任分工，确保停止商业性加工销售象牙及制品活动顺利进行，并妥善做好相关单位和人员安置、转产转型等工作，切实维护好社会和谐稳定。

国务院办公厅

2016 年 12 月 29 日

**（五）通报**

1. 含义

适用于表彰先进、批评错误、传达重要精神和告知重要情况。通报是国家机关、社会团体、企事业单位用以表彰先进、批评错误，传达重要精神或通报有关情况的公文。通报的应用比较广泛，可以用于表扬好人好事、新风尚；也可以用于批评错误，总结教训，告诫人们警惕类似问题的发生；还可以用来互通情况，传达重要精神，沟通交流信息，指导推动工作。

2. 特点

一典型性，通报的人和事总是具备一定的典型性，能够反映、揭示事物的本质规律，具有广泛的代表性和鲜明的个性，这样的通报发出后，才能使人受到启迪，得到教益；二引导性，无论表扬性通报，批评性通报，还是情况通报，其目的都在于通过典型的人和事引导人们辨别是非，总结经验，吸取教训，弘扬正气，树立新风；三严肃性，通报的内容和形式都是严肃的，由于通报是正式公文，是领导机关为了指导面上的工作，针对真人、真事和真实情况制发的，无论是表扬、批评或通报情况，都代表着一级组织的意见，具有表彰鼓励或惩戒、警示的作用，因而其使用十分慎重、严肃；四时效性，通报针对当前工作中出现的情况和问题而发，具有指导现实工作的作用，因此在时间上要求对所发生的典型事件要作出及时迅速反映，通报作用的发挥，与抓住时机适时通报是分不开的；五真实性，情况真实是通报的生命。通报所表扬或批评的情况，要求准确无误，不允许有任何虚假成分，通报的真实还必须有典型性，反映的材料能代表事物的本质特点。

3. 种类

根据内容不同，通报可以分为表彰性通报、批评性通报和情况通报三种：表彰性通报。是指对先进典型、好人好事进行表彰，对先进经验加以肯定、推广，以激励人们学习先进，吸取经验，进一步做好工作。它表彰先进单位和个人，介绍先进经验或事迹，树立典型，号召大家学习。批评性通报。是用来批评、处分错误，以示警诫，要求被通报者和大家吸取教训的通报。它批评错误，使人们吸取经验教训，引以为戒，防止类似错误发生。有的是对典型错误的批评处理，有的是对重大事故或事件的批评处理。如《中共中央办公厅关于王立军事件的通报》。情况通报。是向有关部门人员传达重要情况，发布重要信息，使人们掌握情况，明确问题和工作意图，以指导今后的工作，如《国务院办公厅关于 2016 年第二次全国政府网站抽查情况的通报》、《国务院办公厅关于违法违规行为调查处理情况的通报》。

4. 作用

通报对下级和有关方面的指导作用重于指挥作用，主要是起到倡导、警戒、启发、教育和沟通情况的作用。具体作用是：嘉奖和告诫的作用，在一定范围内对具体的人和事表扬或批评，借以达到鼓励先进、弘扬正气或批评错误、打击歪风邪气的目的，表彰通报和批评通报对当事人的奖励或惩罚，具有行政约束力；交流作用，传达重要情况和知照事项的通报，能及时交流信息，上情下达，并能促进上下级之间、有关部门之间的相互了解。

5. 写法

通报一般由标题、主送机关、正文和落款四部分组成。标题，通常有两种构成形式：一种是由发文机关名称、事由和文种组成，如《国务院办公厅关于对少数地方和单位违反国家规定集资问题的通报》；另外一种是由事由和文种构成，如《关于 2016 年第四次全国政府网站抽查情况的通报》，此外，有少数通报的标题是在文种前冠以机关单位名称，如《中共×市纪律检查委员会通报》；也有的通报标题只有文种名称；主送机关，除普发性通报外，其他通报应该标明主送机关；正文，通报正文的结构通常由开头、主体和结尾等部分组成。开头说明通报缘由，主体说明通报决定，结尾提出通报的希望和要求，通报的正文一般包括如下三个方面的内容：主要事实，包括事实发生的时间、地点、涉及的单位与人员、大致过程、主要情节、结果和影响等，叙述事实的基本情况要真实、准确、扼要，要处理好详略关系，对涉及事实本质，对反映通报意图直接有关的过程、情节等，应该详写，其他可以略写，要让人们从叙述中既可很快掌握事实梗概，又能较快悟出其中的经验教训；分析事实所包含的意义，表彰性通报，需要分析先进事迹的意义和主要人物的可贵精神，主要经验和值得发扬与学习点，号召大家向先进学习的具体要求等，批评性通报，应分析产生问题的主客观原因、主要教训，以及指出防止和杜绝今后发生类似事件的措施等，情况通报要围绕某个问题，列举各个方面的情况，每种情况又分别以典型材料加以说明。结尾，通报如何结尾，要根据通报的性质而定，多数情况通报不另加结尾部分，主体写完就结束全文，有的批评性通报，习惯以“希望引起大家的注意”、“特此通报”等词语结束全文；落款，包括发文机关署名和成文日期两个项目内容，有的在通报标题中已标明发文机关名称，这里就不必再写。

不同类别的通报，其内容和写法有所不同，现具体分述如下：一是表扬性通报。一般在开头部分概述事件情况，说明通报缘由。由于它是作出通报的依据，因此要求把表扬对象的先进事迹交代清楚。叙述先进事迹，包括时间、地点、人物、事迹、怎么做、结果；如果属于对一贯表现好的单位或个人进行表彰，事实叙述不但要清楚明白，而且要注意详略得当、重点突出。对上述事件进行分析、评议，指出其典型意义，或概括其主要经验。语言要简明概括；提出表彰或发出号召。如果是转发式的表彰通报，正文部分先对下级机关所发的这个材料进行评价，加上批语，即对被表彰者进行评议等，再发出号召或提出要求。主体部分通过对先进事迹的客观分析，在阐明所述事件的性质和意义的基础上，写明通报决定。结尾部分明确提出希望和要求，号召大家向先进学习。

二是批评性通报。即将事故或错误事实的经过情况、时间、地点、事故、后果等交代清楚；对事故进行分析评议，重点分析事故发生的原因，指出事故的性质及其危害，并提出处分决定；写明防止此类事故的措施，要对症下药，提出告诫，或重申某一方面的纪律。在机关工作中使用的比较多，对一些倾向性问题具有引导、纠正的作用。批评性通报又分两种情况。一种是对个人的通报批评，其写法和表扬性通报基本一样，要求先写出事实，然后在分析评论的基础上叙写通报决定，最后提出希望和要求，让大家吸取教训，引以为戒。另一种是对国家机关或集体的批评通报。这种通报旨在通过恶性事故的性质、后果，特别是酿成事故的原因的分析，总结教训，从而达到指导面上工作的目的，所以写法和表扬性通报略有不同。其正文主要包括叙写事实、分析原因、提出要求和改进措施等项内容。批评性通报，是针对部分地区或单位存在着的同一类问题提出的批评，这类通报，虽然涉及的面比较广，但因其错误性质基本相同，所以写法上以概括为主，大体和情况通报相近。

三是情况通报。情况通报关键在于对情况的掌握要确实、全面、充分。它的正文包括：叙述情况；分析情况，阐明意义，提出指导性意见。主要起着沟通情况的作用，旨在使下级单位和群众了解面上的情况，以便统一认识，统一步调，推动全局工作的开展。正文主要包括两项内容：通报有关情况，分析并作出结论。具体写法，有的是先摆情况，然后进行分析得出结论；有的是先通过简要分析作出结论，再列举情况，来说明结论的正确性和针对性；总之，写法多样，如何表述可因事制宜，无须强求一律。

通报写作要求。一要注意时效性，发通报要抓住时机，及时将先进典型和经验向社会宣传推广，对反面典型予以揭露，引起警戒，或对某些重大事项和重要情况，及时予以通报，以起到交流情况信息，指导工作的作用，错过时机的通报，就失去了它的时效性，没有行文的意义了；二要注意指导性，选择对工作有普遍指导意义的事项来发通报，通报要有普遍的指导意义，就应选择典型，先进的典型要能反映事物的本质特征，能揭示时代的本质，体现时代的精神；反面的典型，应有一定的代表性，能体现鉴戒的作用。所以，只有选准、选好典型，通报才能起到激励教育、推动工作和批评警戒的作用；三要注意真实性，通报中所涉及的事例，必须是客观存在的，经过反复调查、认为是真实可靠的，绝不允许捏造和虚构，同时，事例的反映要准确，不能夸大或缩小，要实事求是，通报在结尾提出的希望和号召，也必须切合实际，有一定的针对性，使读者能够接受或受到启示。

同时，通报写作还要注意：一通报的内容必须真实。通报的事实，所引材料，都必须真实无误。动笔前要调查研究，对有关情况和事例要认真进行核对，客观、准确地进行分析、评论。二通报决定要恰如其分。无论哪一种通报，都要做到态度鲜明，分析中肯，评价实事求是，结论公正准确，用语把握分寸。否则通报不但会缺乏说服力，而且有可能产生副作用。三通报的语言要简洁、庄重。其中表扬性和批评性的通报还应注意用语分寸，要力求文实相符，不讲空话、套话，不讲过头的话。

**国务院办公厅关于2016年第二次全国政府网站抽查情况的通报**

国办函〔2016〕68号

各省、自治区、直辖市人民政府，国务院各部委、各直属机构：

为进一步加强全国政府网站信息内容建设，更好地发挥其政务公开和服务群众主平台作用，国务院办公厅组织开展了2016年第二次全国政府网站抽查。现将有关情况通报如下：

一、总体情况。2016年6月，按照《国务院办公厅关于开展第一次全国政府网站普查的通知》（国办发〔2015〕15号）确定的检查标准，国务院办公厅随机抽查了各级政府网站746个，大部分政府网站内容保障水平显著提升，“僵尸”、“睡眠”等现象明显减少，总体抽查合格率85%，比一季度有所提高。……

二、网站关停整改工作需进一步规范。个别网站出现关停整改不到位的情况。……

三、一些地方和部门忽视政府网站基本信息填报工作。从全国政府网站信息报送系统中的数据看，一些地方、部门网站主管单位错报、漏报和未及时填报新版网站信息的情况依然存在。……

四、有关工作要求各地区、各部门要高度重视政府网站管理工作，建立完善常态化监管机制，切实提高本地区、本部门政府网站的建设管理水平。

（一）建立完善常态化监管机制。……

（二）加强各级政府门户网站与中国政府网的协同联动。……

（三）做好存在严重问题网站的关停整改工作。……

（四）强化对政府网站的监督考核。……

各地区、各部门要建立健全政府网站绩效考核问责机制，对成绩突出的予以表扬，对多次出现问题且长期整改不到位的要进行通报批评和约谈问责。对本次通报的问题网站，各有关地区和部门要采取有力措施进行整改，并于8月15日前将整改情况书面报送国务院办公厅政府信息与政务公开办公室。

附件：1. 各地区政府网站抽查情况

2. 国务院部门及其内设、垂直管理机构政府网站抽查情况

3. 抽查发现存在突出问题的政府网站名单

国务院办公厅

2016年7月18日

**（六）报告**

1. 含义

适用于向上级机关汇报工作、反映情况，回复上级机关的询问。是下级机关向上级机关汇报工作情况的陈述性公文。报告的主要特点是重陈述和有主见。报告属上行文，是公文中使用频率较高的文种之一。

2. 特点

陈述性，报告主要采用叙述手法，直陈其事，向上级机关讲明自己做了哪些工作，是如何做的，有哪些经验体会，还存在哪些问题，今后有什么打算等等，一般不展开推理论证，不要求上级机关答复，不使用祈使、请求笔法和语气。汇报性，所有的报告都是下级机关向上级机关或业务主管部门汇报工作，反映情况、答复上级机关询问的上行文，是下级机关及时得到上级机关领导和指导的重要途径。

3. 类型

按照内容，报告可以分为例行报告、综合报告和专题报告。例行报告是下级机关根据工作需要，定期向上级机关所写的报告，主要是反映情况，使上级掌握、了解情况，以便更好地指导工作；综合报告，是反映本单位全面情况，以便上级机关全面指导工作的报告；专题报告是下级向上级反映本单位的某项工作、某个问题、某一方面的情况，要求上级了解的报告，专题报告要迅速及时，一事一报。一般来说，机关日常工作中专题报告使用的频率较高，而且多数是需要领导机关给予批转的。按照性质划分，报告有呈转性报告和呈报性报告。呈转性报告是一种针对某些涉及其他平行机关或不相隶属机关的情况或问题，提出处理意见或建议，请上级机关审阅并批转有关机关的报告。这类报告既要反映情况，又要写出具体意见，有时还要拿出切实可行的措施或办法来，经批准的呈转性报告，具有同

批转机关的公文相同的效力；呈报性报告是单纯反映情况，汇报工作，而不要求转发的报告。

4. 写法

开头，主要写明报告的起因和报告的内容，起因即报告的根据和目的，用简洁的语言进行说明，即为什么报告，起因写完后用“现将有关情况报告如下”，作为承启下文的用语；正文，报告的内容即主体部分是报告的核心，一般为四部分：一是基本情况。不论是汇报工作、还是反映情况，答复上级的询问，均应实事求是地将具体情况交代清楚，以便上级了解下情，并以此作为依据，妥善地予以处理和指导。二是存在问题(或具体意见)。呈报性报告写存在问题，以便于上级了解工作进展的情况，同时为报告的下一部分内容(提出要求)打下基础；呈转性报告也要根据基本情况提出具体处理意见或解决办法，以供上级机关参考。三是具体要求或措施。即对今后工作的设想，提出要求或准备采取的措施。报告的结语，要根据报告的性质和内容而定，不能千篇一律，报告的结语一般用“特此报告”、“以上报告，如无不妥，请批转有关部门贯彻执行”、“以上报告，请审阅”等字样。

5. 要求

一是陈述事实要清楚扼要。内容要真实可靠，做到据实报告，即“好处说好，坏处说坏”，不能“报喜不报忧”。二是表述观点要精练清晰。报告的中心应明确，详略得当。三是语言要简洁朴实。文字简洁、流畅，不拖泥带水。报告中切忌使用套话、废话。四是要注意与“请示”的相区别，报告中不得夹带请示事项，结尾不得误用“以上报告妥否，请批示”等语。

**合肥市气象局2016年度政府信息公开工作年度报告**

根据《中华人民共和国政府信息公开条例》(以下简称《条例》)和《气象部门政府信息公开办法》要求，由合肥市气象局编制此年度报告。……

一、政府信息公开工作概述

我局高度重视政府信息公开工作，近年来，我局以依法行政、提高效能、促进反腐倡廉和建设服务型政府部门为目标，不断完善公开制度，拓宽公开领域，深化公开内容，规范公开流程，创新公开形式，推进政府信息公开各项工作，取得了一定成效。现就我局主要工作报告如下：

(一)切实加强对政府信息公开工作的领导。……

(二)做好政务公开政务服务要点工作。……

(三)做好政府信息公开的各项监督和保障。……

(四)加强宣传和培训工作。……

二、主动公开政府信息情况

(一)主动公开的政府信息的类别。……

(二)主动公开的政府信息的数量。……

(三)主动公开政府信息的公开形式。……

三、依申请公开政府信息以及收费及减免情况

四、政府信息公开申请行政复议、提起行政诉讼情况

五、政府信息公开工作存在的主要问题及改进情况

2016 年，合肥市气象局在政府信息公开工作方面虽然取得了一定的成绩。但是，当前社会各界对政务公开的关注度越来越高，对政务服务的要求也越来越高，市气象局政府信息公开工作与新要求还存在一定的差距，特别是工作机制有待于健全，工作方法有待于创新，工作流程有待于规范。

2017 年，我局将按照市委市政府和省气象局的要求，进一步加强和深化政府信息公开工作，不断创新工作思路，改进工作方法，提高工作水平，力争在信息公开的时效性、规范化、制度化、程序化等方面取得新进展，为防灾减灾、服务经济社会发展和人民福祉安康作出更大贡献。

合肥市气象局

2017 年 1 月 10 日

**（七）请示**

1. 含义

适用于向上级机关请求指示、批准。请示是下级机关向上级机关请求指示或批准的报请性公文。请示的用途比较广，凡有不太明确的问题或工作中遇到新情况，需要上级机关表态的事项，都可以向领导机关递交“请示”。如对现行方针政策、法规制度不甚了解，需要上级机关明确答复；下级机关遇到重大或疑难问题，请求上级给予指示；下级机关要办某一件事或上级机关指示办一件事，需要一定的财力、物力、人力，自己无力解决，需要请示上级机关审核批复；对某个问题的解决的办法，不知可否；对问题处理的有效方法，但因权限关系需要由上级机关决定；对上级机关某一决定有不同看法，需要申诉自己的意见，请求上级机关重新研究等，都可以用请示行文。

2. 特点

一请求性。请示一般涉及的是本机关、本部门打算办理或迫切需要办理的某种事情，而自己却无权自行决定，或者无力去做，或者不知应不应该去办，必须请求上级主管部门批准、同意之后才可以去办。二单一性。请示都是一文一事，行文简短，着重写需要解决的问题和自己的意见、要求，不涉及其他内容，以便上级尽快答复。三超前性。请示一般是在事前行文，具有一定的预见性和超前性。

3. 种类

按照内容性质分，请示有：一求示性请示。就是请求上级给予指示、裁决的请示。其内容如工作中遇到的难以解决的关键问题，无章可循的新问题或意见分歧而无法统一执行的问题等。二求助性请示。即请求上级机关予以支持、帮助的请示。其内容如请求增补经费，增加设备，为某事情拨款、拨指标等。三求准性请示。即请求上级批准、允许的请示。其内容如超出本机关本单位无权处理的问题，因情况特殊需要变通处理的事项及按照上级机关规定应当请示的事项等。

4. 写法

标题，请示的标题一般由发文机关、事由、文种三项构成，也有的省略发文机关只写事由、文种；主送机关，即有权接受、批准请示事项的上级机关，一般写在标题与正文之间，单独一行，顶格书写，而且只有一个；正文，请示的正文包括请示的缘由、请示的事项、请示的结语三部分。缘由是请示事项的基础和关键，请示的缘由一定要写得有理有据，实事求是，具体明白，否则就很难达到请示的目的；事项是请求上级机关批准、帮助、解答的具体事项，阐述要实事求是，引用的数字要准确无误，提出的看法或处理的意见要具体明确，切实可行，符合国家的法律、法规和方针政策，让上级机关看后一目了然，能迅速决断，如涉及其他单位的问题，应当预先征询意见，并将商洽的有关情况在文中予以说明，以供上级机关作出正确判断和指示；结语在请求的结尾，明确提出要求，请求上级批准、指示，一般都以请示的惯用语作结尾用语，如“以上意见是否妥当，请批示”、“妥否，请批复”等，语气中肯、果断，能够令人接受。

5. 要求

请示要注意这样几点：一要遵守行文规则；二理由要充分，三要求要合理；四格式要正确，语言要得体。请示应坚持一文一事，不能多头请示。写请示必须严格遵循一文一事的原则，不能把几件事写到一份请示中去，以免在公文的处理中产生麻烦。在行文关系方面，请示应明确一个主送单位，不能搞多头请示，尽量避免越级请示。多头请示有时难免造成上级机关之间不好答复或互相推诿，贻误工作。因特殊情况，必须越级行文时，应抄报越过的机关。除领导直接交办的事项外，请示不要直接送领导者个人，也不要同时抄送同级和下级机关。如：

**关于对沛公路及东环路西侧部分绿化树木、人行道板、路灯杆线等进行迁移的请示**

县政府：

为加快市县“三重一大”工程272省道徐州至沛县公路（沛县段）建设进度，保证建成通车，现该项目与沛公路交接处部分绿化树木、人行道板、路灯杆线等处于施工范围之内，为保证该项目顺利实施，需要对272省道徐州至沛县公路（沛县段）与沛公路交接处影响施工的绿树乔木、人行道板、路灯杆线等进行迁移。

当否，请示复。

沛县交通局

2016年8月23日

**（八）批复**

1. 含义

适用于答复下级机关请示事项。批复是答复下级机关请示事项的指示性公文。批复的主要特点有针对性和指导性。批复与请示，是彼此相互对应的两种公文。请示，是上行文；批复，是下行文，没有下级机关的请示，也就没有上级机关的批复。请示与批复，是正式行政公文中唯一具有相互联系的一种文种，决定了在批复的撰写中，应该充分体现出批复对于请示的针对性。因此，可以说批复是一种针对请求的批答公文。它是一种专门解决请示问题的专用公文，其行文受着请示机关和请示内容的制约，行文关系和行文内容都是特定的。

2. 特点

① 针对性，批复必须是针对下级机关请示事项而发，内容单纯，针对性强。批复的针对性是被动的，它以下级的请示为条件，先有请示，然后针对请示的问题，表明态度，提出

意见和办法。② 权威性，批复是上级对下级的指示，所以具有权威性。批复发自上级机关，代表着上级机关的权力和意志，对请示事项的单位有约束力，特别是那些关于重要事项或问题的批复，常常具有明显的法规作用。下级机关必须严格按批复精神贯彻执行，而不能自行其是。③ 指示性，批复的目的是指导下级机关的工作，因此批复在表明态度以后，还应当概括地说明方针、政策以及执行中的注意事项。

3. 种类

批复按其内容大致分为两类：针对请示的内容主要是请求批准和请求帮助两方面，批复也可以分为两类：表态性批复和指示性批复。指示性批复，这是针对下级机关请求指示的请示而发的，为下级机关在方针、政策等方面释疑解难的批复，以指示性为其突出特点。决定性批复，这是针对下级机关请求批准的请示而发的，就下级机关的请求批准事项作出决断的批复，以决定性为其突出特点。

4. 写法

批复的结构形式与其他公文相同，有标题、主送机关、正文、批复机关和成文日期等。标题，批复的标题需要特别强调两点：一关于发文单位，批复的发文单位即行文主体，既不能不写，也不能随意略写或简化；二关于事由，批复的事由大致有两种写法，一种是用表示关联范围的介词“关于”加上请示或批复的事项来表述，如《国务院关于贵阳市城市总体规划的批复》；另一种是在“关于”和请示或批复事项中间再插入一个表态动词“同意”来表述，如《国务院关于同意将山东省烟台市列为国家历史文化名城的批复》。正文。批复的正文一般包括三部分内容，即引语、主体和结语。引语，批复的开头通常要引述来文作为批复的依据，引述的方法有四种：一是结合请示的日期引述，如“×年×月×日来文收悉”。二是结合来文的日期和文号引述，如“×年×月×日×号文收悉”。三是引来文日期和来文名称，如“×年×月×日《关于……的请示》收悉”。四是引述来文日期和请示事项，如“×年×月×日关于……问题的请示收悉”。主体，引语之后，即正文的主体部分，这是批复的核心内容，这部分应针对下级机关请示的事项，表示同意与否的态度，有时还要阐述同意或不同意的理由，答复请示事项针对性要强，答复要明确具体，简明扼要，表达要准确无误，批复中的指示、决定、意见、要求等，都写在这一部分。一般有两种写法：一是简明扼要的批复主要是提出原则性的意见，不作具体的指示。二是较为具体的批复，对请示的具体事项，要表示其明确的态度，如果同意请示的内容，再进一步阐明之所以同意的理由，以及如何执行等指示性的意见，如果不同意请示的事项，要说明理由，进行必要解释，如果批复的意见不成熟，亦可写上“将另行研究”字样。结语，是批复正文的最后部分，它的写法有三种：一是提行写“此复”或“特此批复”。二是写希望和要求，给执行请求事项的答复指明方向。三是秃尾，就是请示事项答复完毕就自然终结，此种结尾方法使用的频率越来越高。

5. 要求

要写好批复应注意以下几点：一要核实请示缘由的真实性，研究请示所注意所提意见或建议的可行性，有些情况应先作调查研究。二凡请示事项涉及其他部门或地区的问题，批复前都要与其协商，取得一致意见。三及时批复，以免贻误工作。对不按行文的正常渠道办理或一文多头的请示，应予以纠正，以免误事。四答复要明确具体。同意就明确表示肯定意见，并作必要的指示；不同意或只是部分同意就简要说明情况和原因，以便下级机关或单位重新考虑其他解决办法。批复切忌模棱两可，含糊其辞。五行文要简洁准确。批复的篇幅一般不长，行文要求简洁、概括、集中，文字简短、准确。

**国务院关于全国土地整治规划(2016—2020年)的批复**

国函〔2016〕209号

各省、自治区、直辖市人民政府，国土资源部、国家发展改革委、财政部、环境保护部、住房城乡建设部、水利部、农业部、国家林业局：

国土资源部、国家发展改革委《关于审批〈全国土地整治规划(2016—2020年)〉的请示》(国土资发〔2016〕150号)收悉。现批复如下：

一、原则同意《全国土地整治规划(2016—2020年)》(以下简称《规划》)，由国土资源部、国家发展改革委发布实施。

二、《规划》实施要全面贯彻落实党的十八大和十八届三中、四中、五中、六中全会精神，深入贯彻习近平总书记系列重要讲话精神和治国理政新理念新思想新战略，紧紧围绕统筹推进“五位一体”总体布局和协调推进“四个全面”战略布局，牢固树立创新、协调、绿色、开放、共享的发展理念，按照党中央、国务院决策部署，坚持最严格的耕地保护制度和最严格的节约用地制度，实施藏粮于地和节约优先战略，以提升粮食产能为目标，大力推进农用地整理和高标准农田建设，夯实农业现代化基础；以促进城乡统筹发展为导向，大力推进城乡散乱、闲置、低效建设用地整理，推动美丽宜居乡村建设和新型城镇化发展；以精准扶贫、精准脱贫为要求，大力推进贫困地区土地综合整治，加大政策、项目、资金支持，助力脱贫攻坚；以保护生态环境为前提，大力推进废弃、退化、污染、损毁土地的治理、改良和修复，促进土地资源永续利用。

三、通过《规划》实施，“十三五”期间，确保建成4亿亩、力争建成6亿亩高标准农田，使经整治的基本农田质量平均提高1个等级；通过土地整治补充耕地2 000万亩，通过农用地整理改造中低等耕地2亿亩左右，耕地数量质量保护水平全面提升；整理农村建设用地600万亩，改造开发城镇低效用地600万亩，促进单位国内生产总值的建设用地使用面积降低20%，节约集约用地水平进一步提高；全面推进土地复垦，复垦率达到45%以上，开展土地生态整治，使土地资源得到合理利用，生态环境明显改善。

四、地方各级人民政府要加强组织领导，切实落实主体责任，完善各项政策措施，依据上一级土地整治规划确定的目标和任务，做好本行政区域土地整治规划的编制实施，统筹安排高标准农田建设、农用地整理、城乡建设用地整理、土地复垦等各项工作，全面落实《规划》确定的土地整治目标任务。

五、国务院有关部门和单位要根据职责分工，密切协调配合，在规划编制、政策实施、项目安排、资金保障和体制机制创新等方面给予积极支持。国土资源部、国家发展改革委要牵头做好《规划》的组织实施工作，加强跟踪分析、督促检查和考核评估，认真研究解决《规划》实施中出现的问题，推动《规划》各项目标任务落实，重大问题及时向国务院报告。

国务院

2016年12月23日

## (九) 函

### 1. 含义

函适用于不相隶属机关之间商洽工作、询问和答复问题、请求批准和答复审批事项。函是平行或不相隶属机关之间相互洽谈工作、询问和答复问题，或者向有关主管部门请求批准事项时所使用的公文，它是机关之间办理日常公务的交往性公文。函作为公文中唯一的一种平行文种，其适用的范围相当广泛。在行文方向上，不仅可以在平行机关之间行文，而且可以在不相隶属的机关之间行文，其中包括上级机关或者下级机关行文。在适用的内容方面，它除了主要用于不相隶属机关相互洽谈工作、询问和答复问题外，也可以向有关主管部门请求批准事项，向上级机关询问具体事项，还可以用于上级机关答复下级机关的询问或请求批准事项，以及上级机关催办下级机关有关事宜。

### 2. 特点

沟通性，函对于不相隶属机关之间相互洽谈工作、询问和答复问题，起着沟通作用，充分显示平行文种的功能，这是其他公文所不具备的特点；灵活性，表现在两个方面：一是行文关系灵活，函是平行公文，但是它除了平行文外，还可以向上行文或向下行文，没有其他文种那样严格的特殊行文关系的限制，二是格式灵活，除了国家高级机关的主要函必须按照公文的格式、行文要求行文外，其他一般函，比较灵活自便，也可以按照公文的格式及行文要求办，可以有文头版，也可以没有文头版，不编发文字号，甚至可以不拟标题；单一性，函的主体内容应该具备单一性的特点，一份函只宜写一件事项。

### 3. 种类

函可以从不同角度分类。按性质分，可以分为公函和便函两种，公函用于机关单位正式的公务活动往来，便函则用于日常事务性工作的处理，便函不属于正式公文，没有公文格式要求，甚至可以不要标题，不用发文字号，只需要在尾部署上机关单位名称、成文日期并加盖公章即可。按发文目的分，函可以分为发函和复函两种，发函即主动提出了公事事项所发出的函，复函则是为回复对方所发出的函。另外，从内容和用途上，还可以分为洽谈事宜函，通知事宜函，催办事宜函，邀请函、请示答复事宜函，转办函，催办函，报送材料函等等。函按其来往形式可分为四种：一商洽函，是平行机关、不相隶属机关之间商洽工作、联系有关事宜时所使用的；问答函，是机关单位之间用来相互询问和答复问题的函；请批函，是向有关主管部门请求批准的函，这种函多是向业务主管部门或归口管理部门请求批准事项；批答函，是主管部门或经授权的部门以函的形式对有关单位请求审批的事项进行答复，既可用于批准同意的答复，也可用于不同意批准的答复。

### 4. 写法

由于函的类别较多，从制作格式到内容表述，均有一定灵活机动性，这里主要介绍规范性公函的结构、内容和写法。公函由标题、主送机关、正文和落款四部分组成。标题，函的标题有三种结构形式：一是发文机关名称、事由、文种组成，二是事由和文种组成，三是发文机关名称和文种组成，这种情形较少；主送机关，即受文并办理来函事项的机关单位，于文首顶格写明全称或者规范化简称，其后用冒号；正文，函的正文是函的主体部分，其结构一般由开头、主体、结语等部分组成。开头是缘由，主要说明发函的理由，一般要求概括交代发函的目的、根据、原因等内容，然后用“现将有关问题说明如下：”或“现将有关事项函复如下：”等过渡语转入下文，复函的缘由部分，一般首先引叙来文的标题、发文字号，然后再交代根据，以说明发文的缘由，写缘由要开门见山，简明扼要，高度概括；主体是事项，这是函的核心内容部分，主要说明致函事项，函的事项部分内容单一，一函一事，行文要直陈其事，无论是洽谈工作，询问和答复问题，还是向有关主管部门请求批准事项等，都要用简洁得体的语言把需要告诉对方的问题、意见叙写清楚，事项要写得具体、明白、条理清楚，如属于答复函，要注意答复的针对性和明确性；正文结尾一般用礼貌性语言向对方提出希望，或请对方协助解决某一问题，或请对方及时复函，或请对方提出意见或请主管部门批准等。函的结语另起一段，用习惯用语“敬请函复”、“特此函告”、“特此函复”、“特此函达”等，有的函可以不用结束语，如属便函，可以像普通信件一样，使用“此致”、“敬礼”；落款，一般包括署名和成文日期两项内容，署名机关单位名称，写明成文日期年、月、日；并加盖公章。

5. 要求

一内容简洁扼要，直截了当、语言通俗易懂，行文简洁明确，用语把握分寸。二询问、商洽性的去函，语气要恳切，讲究礼貌，语气平和有礼，复函要针对对方提出的问题，及时具体明确地答复，便于对方处理。三函要做到一文一事。四对于复函，则要注意行文的针对性，答复的明确性。五函也有时效性的问题，特别是复函更应该迅速、及时，及时处理函件，以保证公务活动的正常进行。如：

**国务院办公厅关于同意浙江省开展国家标准化综合改革试点工作的复函**

国办函〔2016〕100号

浙江省人民政府、质检总局：

你们关于浙江省开展国家标准化综合改革试点工作的请示收悉。经国务院批准，现函复如下：

一、同意浙江省开展国家标准化综合改革试点工作。浙江省国家标准化综合改革试点工作方案由浙江省人民政府制定发布。

二、试点工作要全面贯彻党的十八大和十八届三中、四中、五中、六中全会精神，深入贯彻习近平总书记系列重要讲话精神，认真落实国务院决策部署，积极实施标准化战略，加快提升浙江省标准化总体水平，为全面深化标准化工作改革提供可复制、可推广的经验。

三、浙江省人民政府要加强对试点工作的组织领导，完善配套措施，健全协作机制，落实工作责任，积极稳妥推进试点工作，确保试点各项目标任务和政策措施落到实处。

四、质检总局要会同国务院有关部门加强对试点工作的指导和协调，适时开展试点评估，总结推广经验，重大问题及时向国务院报告。

国务院办公厅

2016年12月13日

# 第三节 事务文书

## 一、含义

事务文书，顾名思义是指企事业单位在处理内部事务时，所常采用的各种文书形式的总称。事务文书是机关、团体、企事业单位为反映事实情况、解决问题、处理日常事务而普遍使用的文书，它具有很强的实用性、事务性和某种惯用格式，是指除国家限定公文之外的一些内部公文种类。本质上讲，机关事务文书统属于公务文书即公文的范畴，虽然未被列入国家法定公文，却是各单位在处理日常工作事务时不可缺少的手段和工具。

## 二、区别

机关事务文书与法定公文相比，既有相似之处，又有不同之处，主要表现在以下几方面：一是工具和手段的职能。无论法定公文还是日常事务文书，都是上传下达、交流信息、沟通情况、处理问题、指导工作、办理事务的工具和手段。任何一个企事业单位要干好工作、协调各种关系，都必须利用公文这种特殊的形式为自己服务。国家政府的大政方针要贯彻到各基层，各单位的具体工作要得以落实和完成，都离不开各种形式的文件，否则，无法可依，无章可办，无证可凭。法定公文诸如命令、决定、决议、报告、请示等是指导性的间接的管理工具，而日常事务公文诸如计划、总结、调查报告、章程、条例等是更为直接的管理工具。二是政策性政治性与事务性的合一。法定公文往往带有很强的政治性、政策性，它具有传达国家路线方针政策的重要职能，同时也具有办理机关事务的作用；机关事务文书也同样具有以上的职能。但是，法定公文具有法定权威和法定的效力，因而，法定公文的政治性要比事务公文强。相反，事务公文与机关工作联系更直接更严密，它是为解决机关日常事务而存在。如计划、总结、调查报告、简报、条例、规定等，是机关处理日常工作时经常使用不可缺少的，它的使用频率远远高于法定公文，上级文件精神也只有通过这些事务文书才能进一步落实和具体化。另一方面，事务公文的内容总是根据一些法定公文的精神和要求再结合本地与本单位的具体情况拟订的，所以事务公文的一个突出特点就是：政治性和事务性的高度统一。三是相同与不同的使用范围。事务公文和法定公文有其不同的使用范围。作为法定公文，由于它具有法定的权威性，所以，每一种法定公文的使用有较严格的规定和要求，如命令、决定、决议、指示、通报等都是下行文书即向下级单位和部门下发的；报告、请示是上行文书，只使用于下级向上级单位行文。而事务文书的使用范围要宽泛得多，任何一种机关事务文书，无论哪个机关企事业单位都可以使用，也都离不开它们，对各种事务文书的使用没有要严格的规定和要求，只是机关事务和权威效力，一般只限于本单位内部。四是写法上的规定性和灵活性。法定公文有严格的格式要求，有较明显的程式性，作者必须按其格式进行写作，而机关事务文书虽然也有约定俗成的格式，但有较大的灵活性，作者完全可以根据具体内容灵活地采用多种写作方法和多种表现形式。如调查报告的写作，可采用数据图表的形式，也可采用写见闻的形式，还可采用冷静客观的叙述说明的方式等。

## 三、特点

一对象的明确性。事务文书的写作有明确的对象，特定的读者，对于对象有明显的约束力，一般来说受文对象非看不可。如给所属上级单位的计划、总结、简报、调查报告等，所属上级单位或领导必须阅读。再如条例、办法、规定、章程等，凡涉及的人都一定要看。二内容的实效性。事务文书是直接用来处理事务工作的，要注意实用，讲求效率。为此，事务文书从主旨的确立到材料的使用都必须切合实际，讲求效率；写作形式的运用也要讲求实际和效率，以便于文书内容的落实和处理。三是一定的程式性。事务文书一般都有一定的程式性，有约定俗成的惯用格式。虽然它不像法定公文那样有着非常严格的格式要求，但在长期的应用中，事务文书的实用性和真实性决定了它逐渐形成了较为稳定的结构层次、习惯用语、处理程序等组成要素。虽然格式上有一定的灵活性，但总体上是相对稳定的。四较强的时限性。事务文书总是针对工作、生活中的具体事务而撰写的。而一项工作任务的完成，一个问题的解决，大都有一定的时间要求，虽然它没有法定公文那样紧迫，但同样也要在限定的时间内及时完成，否则很难发挥事务文书的作用。

## 四、作用

一是宣传教育作用，事务文书通过分析形势，申明政策，或者介绍经验、表彰先进及揭露时弊、抨击丑恶，可以起到宣传教育群众，使人们统一认识，并提高政策水平和工作热情的作用。二是沟通和指导工作作用，事务文书是沟通机关、企事业单位的桥梁和纽带。各部门之间既有横向的联系，也有纵向的联系。从纵向的联系来讲，在管理者与被管理者之间，上下级之间，存在着指导与被指导的关系。因此，它具有作为这种关系的指导工作作用。三是积累和提供资料作用，有些工作的进行，需要人们积累有关资料，如计划、总结、调查报告、规章制度等文种，可以集中、详尽地反映情况，说明问题，起到为人们提供所需资料的作用。

## 五、常用事务文书

### （一）计划

1. 含义

计划是为完成一定时期的任务而事前对目标、措施和步骤作出简要部署的事务文书。它是人们对未来一定时间的任务提出明确目标、规定具体要求、制订相应措施、作出切实安排的一种文书。计划的实质是对理想、目标的具体化。它对整个工作有着重要的指导、推动和保证作用。制定计划是一种科学的领导艺术。

2. 特点

① 目标性。写计划前要对全局性的各项工作作全面、合理的安排考虑，保证统筹兼顾，防止顾此失彼，因此计划必须要有明确的目标性。目标是计划的核心，计划的全部内

容紧紧围绕着目标展开，为这个既定的目标谋划最优的策略和步骤、落实具体的措施或方案等。② 预见性。计划是事先对活动所作的安排与打算，而任何事物在其发展过程中会出现这样或那样的变化，为实现预定目标，必然要对活动过程中可能出现的情况进行分析与估计，并要对可能出现的困难、问题等，提出切实有效的措施和方案，这样才能确保计划顺利进行，并达到预定目标。③ 规范性。计划的内容不同，可以有不同的写法，但它们都必须具备计划的三要素：任务、措施和步骤，即做什么、怎么做、什么时候做、何时完成，这就构成了计划的比较固定的写作程式和规范。④ 指导性。制订任何一项计划，必须有明确的目的，即在一定的时间内完成什么任务，获得什么效益，这也就成了工作的方向和依据，并具有很强的指导性、规范性和约束性。⑤ 可变性。社会在不断发展，情况在不断变化，这对事先制订的计划来说，很难准确无误地进行预测。因此，计划能不能完成，要从主客观两个方面去总结，如果在计划执行过程中，客观情况发生了变化，就要适时地予以修订，所以计划有可变性。⑥ 执行性。计划要付诸实施，所以它必须定得具体明确，切实可行，符合实际。目标定得过高，无法实现和完成；定得过低，计划又无法起指导、激励作用。计划的步骤、措施、要求、时限不但要写得具体、细致，还要便于检查督促，对照落实。离开实践，或操作性差的计划，将是毫无价值的一纸空文。

3. 种类

计划是个统称，规划、纲要、设想、打算、要点、方案、意见、安排等都是根据计划目标远近、时间长短、内容详略等差异而确定的名称。规划是一种时间跨度长（三年以上），范围广，内容较为概括的计划，如《××市城市建设总体规划》。纲要和规划相同，它们都是各级领导机关根据战略方针，为实现总体目标对某个地区或某一事项作出长远部署，不同的是纲要比规划更为原则和概括，一般只对工作方向、目标提出纲领式要求和指导性措施，如《国家中长期教育改革和发展规划纲要（2010—2020 年）》。设想是一种粗线条的、初步的、预备性的非正式计划，其适用时限较长，如《徐州市拓展就业安置门路的设想》。打算也是一种粗线条的、其想法不太成熟的非正式计划和相对设想，它的内容范围不大考虑近期要做的，如《幼儿师范学校争创文明校园的打算》。要点是将计划的主要内容择要摘编，使之简明突出，它适用于时间相对较短的计划，如《工商局 2017 年工作要点》。方案一般适合专项性工作，是从目的、要求、方式、方法、进度等都部署具体周密有很强可操作性的计划，方案往往须报经上级批准，如《徐州市公务员工资分配制度改革实施方案》。意见属粗线条计划，它适用于上级向下级布置工作任务并提供基本的思路方法，交代政策，提出要求等，如《商业公司关于下属企业 2017 年扭亏增盈全面提高经济效益的意见》。安排是短期内要做的，且范围不大、内容单一、布置具体的一类计划，如《深化医药卫生体制改革 2017 年主要工作安排》。

4. 分类

按计划的性质划分：有综合性计划和专题性计划。综合性计划又称总体计划，是对某一单位或部门在一定时期内的所有工作作出的全面安排和计划。专题性计划又称单项计划，是对某一方面的工作作出安排和计划。按计划的内容划分：有工作计划、生产计划、学习计划等。按计划范围划分：有国家计划、地区计划、系统计划、单位计划、个人计划等。

按计划涉及的时间划分：有长期计划(10—15 年以上)、中期计划(5 年左右)、短期计划(1 年及 1 年以下)。年度计划、季度计划、月份计划。按计划的形式划分：条文式计划、表格式计划、条文加表格式计划等。条文式计划。即把计划分为若干条款或部分，通过文字加以阐述，涉及数字指标也都穿插在有关部分的文字叙述之中。这种写作形式，条理分明，层次清楚，说理性强，容易把计划的内容准确地表达出来，这是目前比较常见的一种写作形式。表格式计划。即用表格来表达计划内容，表内栏目通常包括任务项目、执行部门、完成时间、执行措施等。这种样式的计划比较醒目、简洁、容易使人理解把握，也便于对照和检查。定期的、以数据为指标的计划，适宜用这种方式，如企业的产销计划、国家经济管理部门下达经济任务的计划，常常是定期制订，以数据为指标的，用表格式较为合适。条文加表格式计划。即指计划的内容既有条文的表述，又有表格的形式。条文和表格相配合，能把比较复杂的内容用简洁的方式表达出来。

5. **写法**

计划没有固定不变的格式，可以写成一篇叙述的文字，也可以分条分项列出，还可以采用表格的形式写出，或者把几种方法综合运用，既有表格，又有文字的叙述和说明。总之，应根据实际情况而定。一般说来，计划应包括三个部分。① 标题，计划的标题一般包括制订计划的单位(个人计划的姓名不写在标题内)、计划的期限、事由、文种四部分，如《乳品公司 2017 年新产品开发计划》，这个标题计划各要素俱全，专题性计划的标题常采用这种写法。也有些计划的标题有所省略，如《徐州市国税局 2017 年第三季度工作要点》，标题没有涉及计划的内容，这是综合性计划标题的一般写法。如果所订的计划还不够成熟，需试行一段时间，待征求意见后再进行修改定稿，或者还未经过法定的会议讨论通过，可在标题后或下加上“初稿”、“草案”等字样，并加上括号。② 正文，正文是计划的主体部分，这部分通常包括前言、任务和目标、步骤及措施、结语等几个部分。前言，前言不宜写长，应简明扼要写清楚制订计划的指导思想，包括有关的方针政策和上级的指示；分析现时形势的要求，本单位的基本情况(完成任务的主观和客观条件的分析)；计划的总任务，计划的目的要求等。前言通常以“为此，2017 年(或第 1 季度)要做以下几项工作”来领起下文。上述几项内容，并不是每份计划都必不可少，要根据计划任务的对象、范围情况的不同，酌情取舍。有的计划前言部分可不写，而直接写计划的具体事项。目标和任务，这一部分同下面的步骤和措施部分是计划的核心部分。计划就是为完成一定的任务而制订的，如果没有明确的任务，没有具体的要求和目标，也就没有必要制订计划。计划要明确的写明一定期限内，必须完成哪些任务，实现什么目标，做哪些事，数量和质量上有什么要求等，使计划执行者一看便知道准备做什么，做多少，什么时间完成，由什么部门负责执行等，使之心中有数。步骤和措施，在明确了工作任务之后，计划还要根据主客观条件，设计必要的步骤和措施，以保证任务的完成。步骤是指工作的程序和时间安排，每项目标和任务，在完成过程中都有其阶段性，先做什么，后做什么；主干什么，次干什么；每一步在什么时间，达到何种程度；人财物力如何调配、布局；各阶段如何配合、衔接等等，都必须写得合情合理，环环紧扣，步步落实。措施主要是指达到既定目标需要采取什么方法，动员哪些力量，创造哪些条件，排除哪些困难等。计划的正文要按照“做什么——怎么做——做到怎样”的顺序来安排结构内容，只有这样才能简明、全面、清楚地制订好计划。结语，这一部分是总结全文，在正文的末尾提出希望和号召。也有的计划不写结语，计划事项写完后自然结束。是否写结语，要根据计划的具体情况而定。③ 署名和日期。计划的结尾要写上制订单位的名称与制订日期两项内容。如果标题中已标明单位名称，结尾可省去单位署名，写明制订日期即可。

6. 要求

① 调查研究，实事求是。制订计划前，必须深入实际，认真的调查研究，既要“吃透”上级的精神，又要虚心听取群众的意见，“摸清”本单位的实际情况，分析主客观条件，尽可能预测到计划执行过程中的困难和问题，以便在计划中写明预防和解决问题的方法。制订计划时还要从本单位、本部门的实际出发，任务和指标应是经过各方面的努力可以达到的理想指标，既不要过高，也不能过低。计划切忌说假、大、空话，写得不实用。② 内容具体明确，语言简明扼要。计划是将所要进行的工作作出的安排和打算，为收到良好的效果，计划的整体设想要明晰，并将实现目标的途径和办法一条一条地列出来。计划切忌语言含糊，职责不清，便之无法落实和检查。计划的内容，一般要分条分项来写，叙述要平直，说明要简洁，如内容复杂，每个问题可设小标题，以示醒目。③ 有针对性和灵活性。计划的内容既要全面，又要有针对性，重点要突出。一个单位或部门，在一定的时期内，有许多工作需要做，如果全部并列起来，平均使用力量，就会影响重要工作的完成。因此，我们在制订计划时，要针对本单位、本部门的工作重点，保证计划中能够反映出当前要解决的主要问题。计划是根据客观情况制订的，客观情况在不断地变化，所以计划还要有灵活性，应留有一定的余地，当某种未预见的因素发生时，计划能及时调整、完善和补充。

7. 原则

不论哪种计划，写作中都必须注意掌握以下五条原则：对上负责原则，要坚决贯彻执行党和国家的有关方针、政策和上级的指示精神，反对本位主义；切实可行原则，要从实际情况出发定目标、定任务、定标准，既不要因循守旧，也不要盲目冒进，即使是做规划和设想，也应当保证可行，能基本做到，其目标要明确，其措施要可行，其要求也是可以达到的；集思广益原则，要深入调查研究，广泛听取群众意见、博采众长，反对主观主义；突出重点原则，要分清轻重缓急，突出重点，以点带面，不能眉毛胡子一把抓；防患未然原则，要预先想到实行中可能发行的偏差，可能出现的故障，有必要的防范措施或补充办法。

**大学生新学期学习计划**

一、主要目标

争取获得优良成绩，能切实在大学里学到丰富的专业知识和基础常识。增加文化素养，提升自身能力，端正学习态度，培养积极勤奋的学风。做学习计划来自我敦促，自我勉励。

二、具体安排

1. 坚持预习，坚持在上课前先预习一遍课文，在上课之前对所上的内容有所了解，能提高听课效率。并且在老师上完一章的内容后，能够主动复习。温故而知新。

2. 每周抽一天时间早起背诵英语课文。

3. 每周坚持到校晚自习。

4. 坚持去校图书馆借书阅书，坚持超额完成老师布置的读书任务，并且做好读书笔记。

5. 对于课程知识，要多想多问，并且把其中有收获的部分记入笔记之中。

6. 每个月进行一次学习清算，反思自己这个月是否达成了学习计划，有哪一些做得不足的地方，下个月要注意改进。

7. 订阅英语辅导报，自学报纸上出现的一些英语单词，并且完成报纸上的练习题。

8. 身为一个汉语言文学专业的学生，对于文字的敏感和写作能力是非常重要的，所以应该坚持在平时多写一些练笔。

9. 多学习一些例如《文心雕龙》、《易经》之类的中国古文化典籍。

10. 争取利用周末时间多学一门外语。

计划人：×××

2017年2月18日

### （二）总结

1. 含义

总结是单位或个人对过去一个时期内的实践活动作出系统的回顾归纳、分析评价，从中得出规律性认识用以指导今后工作的事务性文书。常用的小结、体会，也是总结，只是它反映的内容较为单纯或经验不成熟、时间较短、范围有限。

2. 特点

① 自我性，从写作的内容和目的看，总结仅限于本系统、本单位或者本人前阶段的实践活动，总结的目的是为了改进、指导今后的工作，有很强的自我性，总结在写作手法上常用第一人称；② 说理性，总结离不开叙事，要用事实来说明任务完成的情况，它通过对事实材料的分析综合，抽象出带有规律性的经验教训，用于指导今后的工作，总结的表述不但要有材料、观点，还要求有内在的逻辑联系，把实践中的做法理论化，以提高人们认识客观世界的能力；③ 客观性，总结十分重视内容的客观性，即按事物的本来面目加以反映，客观事实是总结的基础，不论是反映全面工作，还是反映局部工作的，虽有概括和提炼，但都要以实际工作活动为依据作客观分析，不允许主观臆断或虚构。

3. 种类

从性质、时间、形式等角度可划分出不同类型的总结，总结也有各种别称，如自查性质的评估及汇报、回顾、小结等都具总结的性质。按照不同的标准划分，有不同的种类：按照性质划分，有工作总结、生产总结、会议总结等；按照范围划分，有地区总结、部门总结、单位总结、个人总结等；按照时间划分，有年度总结、半年总结、季度总结、月份总结、阶段总结等。不管哪一类总结都可以按其内容所涉及的范围，分为全面总结、专题总结、个人总结。全面总结，也叫综合性总结。主要用于对一个部门、一个地区、一个单位在一定时期内的各项工作进行全面的总结。如年终总结、阶段总结等。这类总结，一般是对做完的工作进行一次总的回顾和检查，从中找出经验和教训，以发扬成绩，克服缺点，把今后的工作做得更好。全面总结要全，但这种“全”也不是包罗万象，面面俱到，把什么都写进去，而是要点面结合，突出重点。“点”要详，“面”要略，有详有略，主次分明。专题总结，是对某一项或某一方面的问题进行专门的总结。它一般选取工作中的突出成绩、典型经验或者存在的问题进行分析研究，以便指导工作。专题总结，针对性强，使用广泛，写这类总结，要明确总结的重点，不能把面铺得过宽。专题总结经常用于推广典型经验或揭露问题。个人总结，主要着重总结个人在某个阶段或问题上的工作情况。

4. 作用

① 总结是推动工作前进的重要环节。任何一项工作，不管是个人或群体去进行都需要多次反复操作、辛勤劳动才能完成。每一次具体实践，都有成绩与失误、经验与教训，及时总结就会及时取得经验教训，提高认识和工作技能。不断实践，不断总结，那么人们对客观事物的认识也就越来越深刻，知识越来越广，智慧越来越高，所进行的事业通过总结才会不断发展、前进。② 总结是寻找工作规律的重要手段。任何一种事物、一项工作，都存在内在联系、外部制约，都有它自身的发展、运动规律。遵循这些客观规律办事就能顺利达到预期的目的，否则就会受到违背规律的惩罚而招致失败。而要找寻、发现客观规律的途径就需要总结。③ 总结是培养提高工作能力的重要途径。工作能力是指承担某项工作、执行某项业务、任务的能力。具体表现有两方面，一是专业知识水平，二是解决、处理实际工作能力。在实践中二者常常是糅合在一起，相得益彰。运用所学知识处理实际工作的能力主要通过实践培养起来的，绝不是天生的，因此，总结是提高能力的重要手段。④ 总结是团结群众争取领导支持的好渠道。一件工作、一项任务完成之后必须进行总结，在总结中全面、深入地回顾、检查，找出成绩与缺点、胜利与失败、经验与教训，实事求是地作出正确评价，使大家认识统一，这样的总结群众心服口服，把群众最大限度地团结起来。同时，通过总结把成绩、经验、问题和今后的努力方向等向领导部门汇报，能引起领导的重视，争取领导的支持和指导。

5. 写法

总结一般由标题、正文、结尾三部分组成。标题，总结的标题主要有以下几种形式：

(1) 标题。一般由单位名称、时限、事由和文种四个要素组成，标题各项内容，也可根据具体情况有所省略，如标题中可省略单位名称，有的综合总结，标题中也可省去总结内容这一项；正副标题，正标题概括总结的主要内容或基本观点，副标题说明单位名称、时限、文种等，如《适应新的形势，努力做好财会工作——电子厂财务处2016年工作总结》；不标文种式标题，写成一般文章的题目形式，虽未注明“总结”字样，但标题本身体现出总结的性质或内容。

(2) 正文。这是总结的重心所在。由于具体情况不同，总结的内容也不一样，但各种总结都有共同点，其内容一般包括以下几个方面：① 基本情况。这部分是总结的前言。一般用简洁的语言，概述完成工作的基本情况，交代清楚工作的时间、地点、背景，进行某项工作或认识某个问题的依据，工作的简单过程、基本做法，对工作完成情况的基本看法和总体评价等。有的总结，还在这部分运用数据，说明工作的成绩或不足。概述的内容，根据总结的不同要求有所侧重，不是千篇一律。基本情况这一部分内容要写得提纲挈领、简明扼要，以便读者对总结先有一个大概的了解，为下文具体介绍经验教训打好基础。

② 成绩和经验。这是总结的精华和重点部分。成绩是指实践活动中所取得的物质成果或精神成果，经验是取得优良成绩的原因和条件，如正确的指导思想、积极的工作态度、科学的工作方法、坚强的意志等。这部分的结构方式，要依据总结的目的、作用来决定。向上级汇报工作或向本系统、本单位职工总结工作的，多采用先谈取得的主要成绩，然后概括出几条经验体会的方法。总结取得重大成绩的某项工作，并要向外介绍经验的，常采取先提问题，叙述取得的巨大成绩，然后着重谈经验体会的方法。写好这部分内容，必须力戒就事论事，要在对过去工作情况的分析研究中，提炼出带有理论色彩的观点，以指导今后的工作。要求做到材料翔实、言之有物、条理清晰、脉络分明，能给读者留下深刻的印象，使读者受到启迪。③ 问题和教训。总结的写作，要用一分为二的观点，既总结成绩、经验，也要找出存在的问题和教训。存在的问题和教训，这两者是有区别的。存在问题，是指在工作实践中切实感到应该解决而暂没有解决或没有条件解决、没有办法解决的问题。教训，是由于指导思想不明、方法不当，或其他原因犯了错误，造成了损失而得出的反面经验。总结存在的问题和教训是为了进一步做好工作，因此，我们要着重分析问题和教训存在及产生的主观原因。当然，这部分内容也可视总结的重点来取舍，如果是着重反映问题的总结，则应把这一部分当作重点写；如果是专门总结成功经验的总结，也可以不涉及存在的问题和教训。这部分要根据实践活动的具体情况和总结的目的要求而灵活掌握。④ 努力方向。这部分是在总结经验教训的基础上，针对工作中存在的问题，提出切实有效的改进措施、今后打算、努力方向，或者提出新的奋斗目标，表明决心、展望前景、鼓舞斗志。这部分在写法上要有新意，防止落入俗套。总结的正文是重点，内容较复杂的总结一定要安排好结构层次，就一般情况而言，总结的正文部分常用的结构方式有：时序式、并列式、总分式等。落款，总结的落款包括署名和日期，标题中已标明，或标题下已署名，结尾则可不写，个人总结署名，一般写在正文的右下方。

6. 要求

① 表达要叙述、议论相结合。总结要用第一人称。即要从本单位、本部门的角度来撰写。表达方式以叙述、议论为主，说明为辅，可以夹叙夹议。叙述、议论是总结最常用的表达方法，叙述是总结行文的基础，它通过对过去工作情况的交代，使读者明白某单位、某个人的工作状况；议论则是指分析、综合、论证，它能把分散的、感性的材料转化为具有指导意义的理论。总结写作时应注意，在说明工作过程和列举典型事例时，应以叙述为主；分析经验教训，阐明努力方向时，应以议论为主。叙述是议论的依据，议论又是叙述的分析综合和提高。② 总结出个性。写一个单位的总结，一定要抓住本单位最突出、最能反映客观事物本质特点，最具鲜明个性和特色的东西来。如新的情况、新的问题和新的经验教训等，切忌人云亦云。当然，也不能无中生有的标新立异，要注意新的情况、新的问题及经验教训的代表性和普遍意义。③ 实事求是，"一分为二"。如实地、一分为二地分析、评价自己工作，对成绩，不要夸大，对问题，不要轻描淡写。必须准确把握分寸，实事求是地叙述事物发展的全过程，用"一分为二"的观点，研究事物的内部联系，寻找其中的规律性，才能指导今后的工作。④ 总结要写得有理论价值。一方面，要抓主要矛盾，无论谈成绩或谈存在问题，都不要面面俱到。另一方面，对主要矛盾要进行深入细致的分析，谈成绩

要写清怎么做的，为什么这样做，效果如何，经验是什么；谈存在问题，要写清是什么问题，为什么会出现这种问题，其性质是什么，教训是什么。这样的总结，才能对前一段的工作有所反思，并由感性认识上升到理性认识。

## 大学生活总结

光阴荏苒，时光如梭，在师大的学习生活即将临近尾声，此刻我的心情很激动，这一路走来经历了很多事，也遇到了很多朋友，让我备感珍惜。在菁菁校园中，老师孜孜不倦的教诲，同学之间的友爱互助，课堂的温馨和暖意，以及来自各方面的熏陶，使我在获得知识储备的同时，也懂得了许多人生的道理，可以说这段经历让我受益匪浅，也注定将是我人生道路上又一个深刻的转折点。

学习期间，我始终以提高自身的综合素质为目标，以自我的全面发展作为努力的方向，在树立正确的人生观、价值观和世界观的同时，一直秉承以刻苦的学习态度，和扎实的学风来完成全部学业，并注重点滴积累，并努力实践，逐渐将理论知识转化，并牢固掌握以适应社会的发展，锻炼自身，完善自身，开阔眼界，用更多的金融知识来武装自己，让自己拥有理性的头脑，使得所学可以更好地所用，成为一门实用的技能。

当初选择继续读书纯粹是出于偶然，或许也是很多人口中的“为了混一个更高的文凭”，但或许偶然事物之间往往也存蓄着些许必然，人的一生注定是一个不断自我充实、自我完善的过程，汲取知识、掌握技能的方法势必是多种多样的，但系统化的学习对于工作后再次迈入校园大门的我们来说，可以说是一次巨大的挑战，边工作边学习确实很辛苦，或许这其中的点滴和感悟只有经历过的人才懂得。

我很庆幸这一路走来纵然很辛苦，但我依然坚定的一如往昔，不后悔自己当初的选择，也感谢这样的一段经历让我成长，变得成熟，逐渐褪去了往日的羞涩，腼腆，真正的长大成人，敢于去承担起更多的责任，而不是说多做少。

在求学生涯里，我始终保持“勤奋，刻苦，用心，真诚”的生活和学习原则，学习成绩名列前茅，获得过优秀学生干部的荣誉，我积极投身到知识这个浩瀚的海洋里，工学结合，纲举目张，不耻下问，珍惜时间，切实的让自己学习到更多的技能，并勤于思考，注重方法，与人为善，结交了很多志同道合的朋友，大家互帮互助，克服难关，彼此之间缔结了很深厚的友情，也开启了自己的人脉关系，为将来的发展打下了一个扎实而坚定的基础。

随着学习的进步和深入，我觉得自己不只是学到了公共基础学科知识和很多专业知识，我自身的心智也有了一个质的飞跃，我能够比较快速地掌握一种新的技术知识，并从中体会到了学习的乐趣，也因此提高了自己的工作效率和工作能力，同时升华了自己的理论政策水平和分析能力。

周总理曾经说过“人要活到老，学到老，改造到老”，可见学习是一辈子的事情，即使离开了课堂依然如此，知识注定将是我们人生不可随意屏弃的宝贵财富，在华师大的学习生活是我人生轨迹中的一小段，是闪闪发光的一段，它包含了汗水和收获，为我划平人生的线起着至关重要的作用，但未来我注定还有更长的路要走，有更多大大小小的三岔口需要我去独自作出正确的选择，需要靠我自己来把握自己的人生，但目标坚定一点，信念永远不改变，我会努力将一切做到最好，始终不断地学习，用知识来武装自己。

作为一名即将离开校园的学生，我所拥有的是年轻和知识。年轻也许意味着欠缺经验，但是年轻也意味着热情和活力，我自信能凭自己的能力和学识在以后的工作和生活中克服各种困难，不断实现自我的人生价值和追求的目标。

×××

2016 年 6 月 18 日

**（三）简报**

1. 含义

简报是机关、团体、企事业单位内部，或者是某项中心工作、某次重要会议中使用的沟通信息、交流经验、反映情况、汇报工作的期刊式文字载体。其特点是文字短、内容新、反应快、形式活。常见的“工作动态”、“情况反映”、“简讯”、“内部参考”、“快报”等，都属简报。

2. 特点

① 简。简就是内容集中，篇幅短小，文字简要。内容集中，是指每份简报的内容要做到单一、集中，一事一报，不要在一份简报中写许多项内容。如果为了集中反映某种情况或某个问题，也可以把几个内容相关或有共同性的短文编在一期内。篇幅短小，一份简报最好不超过一千字。有些综合性的简报，内容较多，但字数也应控制在两千字之内为宜。文字简要。是指写作简报时，文字要精炼利落，无假、大、空话。② 真。简报的内容必须绝对真实。简报一个重要的目的是为领导机关反映情况，而领导机关有时可能根据简报所反映的情况做出决策。正是基于这个特点，决定了简报所写的事例，包括时间、地点、人物、事情的前因后果和来龙去脉，引用的数据，人物语言等，都必须准确无误。对上级既报喜也报忧，既不以偏概全，也不以面盖点，力求准确全面，真实地反映实际情况。③ 快。这是对简报时间上的要求。简报的时限性很强，它必须及时地把工作中出现的新情况、新问题、新典型、新动向，报告给有关上级机关和业务部门。如果简报编写不迅速及时，作用就会大大缩小，有时甚至会变成“马后炮”，失去其意义，毫无作用。④ 准。就是针对性强。简报应根据国家的法律、法令及各级政府的指示或上级机关的有关规定，围绕本单位工作的重点，抓住工作中的关键问题，准确地加以反映，为领导运筹决策提供依据。

3. 种类

简报按时间分，有定期的简报、不定期的简报；按性质分，有工作简报、生产简报、学习简报、会议简报；按内容，有综合反映情况的综合简报和反映特定情况的专题简报。从内容和作用上划分，简报大体上有三类：会议简报，主要用于报道会议情况和主要精神，反映与会人员的意见、建议，会议简报一般用于较大型会议，内容简单的会议就不需要简报；专题性简报，是就人们关心的、重要的某一议题专门出一期简报，专题性简报的内容集中、单一，一般是写一个问题或一件事，语言简洁，篇幅短小，时效性很强；综合性简报，是指在内容方面对某些情况或问题作全面的、综合性的反映，这种简报的主要特点是涉及面广，情况复杂，材料丰富，带有综合性，能给人以全面的、概括性的认识。从性质上分，简报又可分为以下几种：一是日常工作简报又称业务简报。这是一种反映本地区、本系统、本部门日常工作或问题的经常性简报。它包含的内容较广，工作情况、成绩问题、经验教训、表扬批评,对上级某些政策或指示执行的步骤,措施都可以反映。它常以定期或不定期的形式出现,在一定范围内发行。而中心工作简报又称专题简报,它是一种阶段性的简报。它往往是针对机关工作中某一时期的中心工作、某项中心任务办的简报,中心工作完成,简报也就停办了。三是会议简报是会议期间反映会议情况的简报,它是一种临时性的简报,内容包括会议中的情况、发言及会议决定等。规模较大、时间较长的会议常要编发多期简报,以起到及时交流情况,推动会议的作用。小型会议一般是一会一期简报,常常在会议结束后,写一期较全面的总结性的情况反映。四是动态简报,包括情况动态和思想动态。这类简报的时效性、机密性较强,要求迅速编发,发送范围有一定限制,在某一个时期、某一阶段要保密。

4. 作用

一反映情况。通过简报,可以将工作进展情况以及工作中出现的新情况、新问题、新经验,及时反映给各级决策机关,使决策机关了解下情,为决策机关制定政策、指导工作提供参考。二交流经验。简报体现了领导机关的一定指导能力,通过组织交流,可以提供情况、借鉴经验、吸取教训,这样对工作有指导和推动作用。三传播信息。简报本身即是一种信息载体,可以使各级机关及从事行政工作的人互相了解情况,吸收经验、学习先进、改进工作。

5. 格式

简报的格式是固定的,由报头、正文、报尾三部分构成。报头,报头部分占 1/3 篇幅,一般包括如下内容:简报名称,常见的名称有"简报"、"工作简报"、"工作动态"、"内部参考"等,名称确定后,一般不要经常更换,为了醒目,简报名称字体应大些,字可用印刷体,也可用书写体,名称一般套红,也可不套红,名称的位置应固定在第一页上方正中;期数,简报期数一般放在简报名称下方,横隔线之上;编发单位,一般在名称下面横隔线之上的左侧;印发日期,标在名称下面横隔线之上的右侧;密级,密级程度一般标在报头的左上角,根据简报内容所涉及机密的程度,可注明"绝密"、"机密"、"秘密"或"内部参考"等字样,如果有传阅范围限制,可以在密级程度下面注上"供××级以上领导参阅"等字样;编号,根据印发份数依次编号,每份一号,以便登记、保存和查核利用,编号一般放在报头的右上角,与密级形成对称;横隔线,在报头的下方,也就是在第一页上方 1/3 处用一条醒目红色横线将报头与报文隔开。正文,是简报的核心部分,一般由标题和正文两个部分组成;报尾,位于简报最后一页下方,一般在最后一页的下端用两条间距适度的平行横线画出,在两条平行横线之内写清简报的发送单位,包括:报(指上级单位)、送(指平行或不相隶属的单位)、发(指下级单位),并在平行横线内的右端注明共印份数。如图所示。

秘密 №0000568

**工作简报**

（第 26 期）

中共××市委办公室编　　2017 年 1 月 2 日

---

编者按：市妇联对中层干部实行聘任制，打破了多年干部委任制的沉闷局面，使得一些有才干的中青年干部脱颖而出，为拓宽知人、用人渠道，将竞争机制引入党政机关创出了一条路子。

本期导读：

1. 市妇联对机关中层干部实行聘任制
2. 简讯二则
3. ××在形势教育中抓好三个环节
4. ××××矿组织职工开展“四情”活动
5. 情况交流
6. “纪要——催办——汇报”制度效果好

---

报：省委办公厅、市委常委

发：各县、区、市直各单位

---

（共印 550 份）

6. **写法**

简报的正文部分，主要有标题、正文、供稿单位三个部分，如有按语，先写按语，然后再写标题。① 按语，对于内容重要的简报，有时要在正文之前加写一段文字，以表示发文单位的意见，这就是简报的按语，按语常常是根据领导的意见起草，对简报的内容加以提示、说明和评注，用以表明简报编者的意向，转达有关领导的看法和意图，以引起读者注意，按语是代简报编制机关立言，是对文稿及使用作出说明、评价，如说明材料来源、转引目的、转发范围，表明对简报内容的倾向性意见及表示对所提问题引起讨论研究的希望等，按语的位置在报头下，标题前，它视需要而使用，一般在转引体、总结体及重要的报道体、汇篇体简报文章前配用按语，按语可分三种类型：一是题解性按语，它类似前言，主要对文稿产生过程、作者情况、主体内容作简要介绍；二是提示性按语，它侧重于对简报内容的理解揭示或是针对当前实践应注意事项的提醒；三是批示性按语，它往往援引领导人原话或上级机关指示结合简报内容对实际工作提出批示性意见。简报文稿通常是一期一篇，根据需要也可以是一期为一组性质接近的文章，如是一组文章，则须在报头下设计“本期导读”一栏作目录，将各篇文章标题先印于此，然后依次刊出每篇文章。② 标题，简报的标题和新闻的标题相似，有单行标题、双行标题、多行标题，简报无论采用哪种标题形式，都应该尽可能地概括出正文的主旨，让人见题知意，单行标题用一句话概括正文的主要内容；双行标题，正标题揭示正文的内容或意义，副标题起补充说明作用，强化正标题的含义；多行标题,引题交代背景或揭示意义,正题概括正文的内容,副题补充或说明正题。③ 正文,简报正文的内容最关键的是要抓准主要问题,简报效果如何,作用大小,主要在于反映的问题抓得准不准。写简报,要认真地研究本单位、本系统在贯彻执行国家的有关法令、方针、政策及上级的指示,开展各项工作中出现的新情况、新经验、新问题,抓住这些重要的、关键性的问题及时反映出来,有利于我们做好工作。简报的正文一般分为三个部分:前言部分,一般用简洁、明确的一段话(有的仅一句话),总括全文的主要事实,先给人一个总的印象,接着交代时间、地点、事件、原因、经过、结果,简报的开头类似新闻开头中导语的写法;主体部分,是简报的主要部分,是对开头部分概括内容的进一步具体化,这部分要选择富有说服力的典型材料,加以合理地安排,中心内容要突出、具体,条理要清楚,语言要简洁,一个自然段最好写一层意思,不要把各个方面的内容都汇集在一个自然段里,段与段之间应按照事物的内在逻辑联系层层深入,环环紧扣,使之无懈可击。④ 结尾部分,用一句话或一段话,概括正文的主要内容,或指明事件发展的趋势,或发出号召,或提出今后的打算,事情单一,篇幅短小的,可不写结尾部分。⑤ 供稿单位,简报一般不具名,必要时在正文的右下方写明"×××供稿"。

7. 要求

① 材料真实,新颖典型。材料的真实是简报写作的"生命"。简报是向领导和有关部门传递信息、报告情况的,上级部门将依据这些信息、情况作出相应的决策。因此,材料的真实可靠应该特别注意。简报不但要注意材料的真实,还要注意所用的材料一定要有新意。简报所反映的问题、经验、观点、信息,都必须具有新意。只有具有新意的东西,才能给人以启发、借鉴。② 以叙述为主,议论为辅。简报写作的特点在于让事实说话。简报有观点、倾向,但不像总结和调查报告那样由作者直接说出来,而是通过事实的叙述显示出来。因此,简报在表达方法上应以叙述为主,为读者提供反映客观情况的真实材料,把事情的来龙去脉交代清楚,不过多议论,读者自会对事实、情况加以理解分析,作出判断。

8. 编辑

(1) 抓准问题,有的放矢。简报应该围绕本单位的实际,反映那些最重要、最典型、最新鲜、最为群众关心、最需要引起注意的问题。① 围绕领导决策,抓"超前型"问题。在领导进行某项活动或者将要讨论决定问题之前,搞小超前,努力收集与此有关的情况,经过筛选加工、研究提出可供领导参考的建议和方案。② 在领导决策之中,抓"追踪型"问题。努力掌握决策贯彻执行的情况、各方面有什么反应、发生什么偏差,迅速地反馈给领导,使领导能及时纠正偏差,使决策逐步完善。③ 要着眼大局,从小中见大。收集情况时,就要从全局考虑,从小处着手,深入上点,"解剖麻雀",抓住有代表性的小问题,作推广放大的思考,挖掘和开拓更广泛深刻的含义。④ 抓新情况、新经验、新问题。在改革、开放的过程中,许多新情况、新问题,迫切需要领导去认真研究和解决,制定符合实际的方针、政策和措施。所以,必须花气力积极地收集,捕捉这类信息,抓这类的问题,提供领导参阅。⑤ 注意抓倾向性、苗头性的问题。对这类问题若不及时发现和注意解决,而任其发展,可能会酿成大问题,给工作带来不应有的损失。⑥ 抓突发性问题。如假期寝室大范围被盗,直接关系到学校治安管理和全体学生切身利益的问题。得到这类信息后,应迅速向领导报告。抓准问题，应该注意四点：一是从全局着眼。简报的作者必须站在单位领导的高度、全局的高度去观察事情、分析问题。一定要跳出自己工作岗位的“小天地”，放眼全局，做到“全局在胸”。二是善于抓趋势。所谓趋势性问题，既不是偶然发生的问题，也不是个别的问题，而是反映事物发展的动向性问题。这种动向，有好的，也有不好的，不论哪一种，只要及时抓住，就能提炼出有针对性好的简报主题。掌握了事物发展的趋势，了解了本单位工作和生产下步朝着哪个方向发展，再去观察问题，就能是非清楚。符合事物发展方向的先进经验、障碍事物发展的不良倾向以及事物发展遇到的实际问题，都是撰写简报应该抓准的问题。三是善于抓苗头。所谓苗头性问题，就是那些代表新生事物的先声、新创造的火花、新经验的先导，具有强大的生命力，采写简报应该对这种代表事物发展方向但还处于萌芽状态的苗头性问题予以高度的注意。不能只注意那些众所周知的典型性事物，还必须特别留神尚未引起人们注意的细小之事，认真剖析，放大比较，沙里淘金，抓出“小中见大”的带有典型意义的问题，用简报宣传、反映。四是具备工作敏感。所谓工作敏感，是指作者对于单位内外各种客观事物具有敏锐的观察能力、判断能力和预见事物发展进程的能力，以及能够及时、准确反映事物的能力。我们要抓准问题，从长远看，必须不断地提高自己的工作敏感。工作敏感不是一日之功，它是长期学习、观察和实践的结果。

(2) 材料准确，内容真实。简报作为加强领导和推动工作的重要工具，内容必须保证绝对真实、准确。简报一是要准确，必须深入调查研究，保证材料绝对真实可靠。也就是说，要做到简报所选用的任何材料，包括人名、地点、时间、情节、数字、引语、因果关系等等，都准确无误，没有丝毫的虚构、夸张、缩小和差错。特别在估计成绩和宣传先进时，更要严格把握分寸，有一说一，有二说二，实事求是，恰如其分，留有余地。二是要强调真实性。必须忠实于事实，保证符合事物本来面貌。必须注意做到不为迎合而弄虚作假，不赶时髦，不歪扭写作角度，不搞事态发展的“提前量”。

(3) 简明扼要，一目了然。简报的写作必须注意做到简短、明快，用尽可能少的文字说清楚必须说明的问题。一注意主题集中，一稿一事，不贪大求全。一份简报只抓住一个问题，不搞面面俱到才能使简报的主题凝聚，篇幅短小，问题说得透彻。如果简报所涉及的内容较多，可以把想说的问题进行归纳、提炼，抓住最能反映事物性质的重点来写，也可以将几个问题，各写一期简报分期介绍，一期一个重点，千万不可使几个观点纠缠在一篇简报上。二要注意精选材料，围绕主题精心挑选典型事例。简报是以个别反映一般，没有必要写尽事物的整体。因此，撰写简报之前，必须对材料进行分析研究，精心选择，善于忍痛割爱。选择材料还要注意选择典型材料，典型材料具有代表性，最能反映事物的本质。通过材料的剪裁突出主题、缩短篇幅，使简报的主题充分而明确得以表现，使简报的内容更加简洁。三注意既要求简，又要写清。简报求简，是在说明问题的前提下求简。

(4) 讲究时效，反应迅速。简报是单位领导对一些问题做出决策的参考依据之一，也是单位推动工作的一个重要手段。简报的功能，决定了简报的编者必须讲求时效，这就要求作者思想敏锐、行动敏捷，对问题反映得快，对材料分析得快，写作构思快，动笔成稿快，同时，还要求简报的编辑、签发、打印、发稿速度快，共同把握发稿时机。

(5) 内容实在，不空洞。简报则和新闻报道一样，是靠用现实生活中活生生的生活事实来宣传党的路线、方针、政策，用事实说话，是简报的主要特征之一，也是我们编写简报应该注意的一个重要问题。

简报的选稿要求。简报选稿必须围绕该所在机关的职能来确定主要选稿原则，“有的放矢”选稿。简报编辑要从大量来稿中挑出好的稿子，需要注意四个问题：一是思想要敏感。简报编辑的思想敏感应该表现在三点上：对政府的方针政策，对上级机关的工作部署和本单位领导工作安排，头脑要敏感，既要能够迅速理解其精神实质，又要能够清醒而敏捷地意识到简报在贯彻落实这些部署中应起的作用；对周围的事物，对各方面工作的变化和发展，对各式各样的信息，反应要敏感，既能够条理清楚地把这些情况输入自己的脑海，又能够迅速地反映出简报工作应采取的对策，对来稿中反映的动向、火花、事物萌芽反应要敏感，既能意识、鉴别，又能牢牢抓住不放，不放过好的稿源线索。二是看问题要有预见性。简报要起到对工作的指导作用，就必须对工作的进程有预见性，编辑看问题、审稿子，要想到工作的下步发展，真正抓住符合事物发展方向的先进经验，抓住阻碍事物发展的不良倾向，抓住事物发展过程中即将遇到的实际问题，选择出有指导意义的简报稿件来。三是判断要准确。简报编辑的水平，体现在对稿子的判断和选择能力，应从三个方面搞好判断：一稿件真伪和准确程度的判断，要对稿件的真实程度心中有数，对稿件在政治上、政策上、理论上以及工作上的正确指导意义心中有数；二搞好稿件实际价值的判断，来稿反映问题是否抓得准，思想清新，具有指导意义，要慧眼识货，百里挑一。二稿件刊发“利与弊”的判断。要把握工作形势，熟悉宣传动态，掌握一定火候。特别反映问题、对工作提出批评意见的稿子，要把握刊发时机，积极而稳妥地做出判断。四是要灵活掌握稿件的写作质量。来稿写作质量差，反映问题很重要，材料翔实的，就应该考虑编发。必要时可以亲自动手重写。

翁源县新时期精准扶贫工作

**简　报**

第 3 期

县扶贫开发工作领导小组办公室　　　　2016 年 5 月 19 日

---

本期导读

※ 人民日报记者采访中心村精准扶贫工作

※ 省发展改革委驻沾坑村精准扶贫工作队召开精准扶贫工作动员会

※ 雷厉风行的驻村工作队——凉桥村入户核查工作基本完成

※ 县发展和改革局驻星光村精准扶贫工作队召开精准扶贫工作动员会

人民日报记者采访中心村精准扶贫工作

5 月 16 日，人民日报记者李建文来到翁源县龙仙镇中心村，对新时期精准扶贫工作进行采访报道。驻中心村精准扶贫工作队彭华副队长详细地向记者介绍了村里的基本情况、精准扶贫计划和驻村工作队工作进展情况。现阶段，驻村工作队大力宣传新时期精准扶贫政策。在采访中，彭华副队长表示新时期扶贫重在扶智，不仅要让农民在经济上脱贫，更要在思想上脱贫，要让农户转变思想，不能依旧“等、靠、要”。首先，人民银行驻村工作队更要发挥自己的优势对农民进行金融扶贫，做到既要“融资”更要“融智”，授人以鱼不如授人以渔。其次，积极向农户开展金融知识宣传，提高农户防范金融诈骗的能力。再次，增进农户对金融的了解，积极构建互信平台，促进惠农政策的发展。人民日报记者对目前中心村精准扶贫工作给予充分肯定，并对村里扶贫项目计划（建造红薯薯干加工厂）深感兴趣。（省人民银行驻村工作队供稿）

省发展改革委驻沾坑村精准扶贫工作队召开精准扶贫工作动员会

5月13日上午，省发展改革委驻沾坑村工作队召开精准扶贫工作动员会，驻村工作队队长兼村第一书记黄盛鹏同志作了教育动员讲话，与参会代表共同研究落实省委、省政府开展精准扶贫精准脱贫的工作目标任务以及下一步的工作安排。沾坑村“两委”干部、全体党员、村小组组长和部分村民代表共40余人参加会议。同时，邀请翁源县发展改革局、翁城镇主要领导到会指导。

会上，黄盛鹏同志结合开展精准扶贫工作，提出三点意见和建议：一是统一认识，充分认识各级党委、政府高度重视这一轮精准扶贫工作，树立打赢脱贫攻坚这项工作的信心和决心。二是落实责任，村“两委”干部、村小组组长和全体党员要起带头表率作用，带领全村围绕既定的目标和任务扎实推进精准扶贫工作，实现脱贫致富。三是严格要求，按照时间节点要求落实“精准识贫、申报程序、建档立卡、帮扶规划、帮扶到户、整村推进、组织建设、社会扶贫、资金管理、工作制度”等十项工作，真正把精准扶贫的目标任务落到实处。在交流讨论中，与会代表纷纷发表各自看法，气氛活跃，一致表示，要立足实际，齐心协力，扎实推进沾坑村精准扶贫工作。（省发展改革委驻村工作队供稿）

雷厉风行的驻村工作队

——凉桥村入户核查工作基本完成

不论是艳阳高照的白天，还是村民晚归休憩的夜晚，人们总是能看见一行走村串户、忙忙碌碌的身影，他们便是韶关市中级人民法院驻村第一书记兼工作队长赖荣生、大宝山矿驻村队员钟建新、新江镇妇联副主任黄井花。他们于2016年5月11日参加完翁源县举办的新时期精准识别培训后，他们便马不停蹄地赶往翁源县新江镇凉桥村，在村“两委”干部的积极配合下，立即展开入户核查。根据“四看”、“五优先”、“六进”、“七不进”的原则，他们逐户查看村民的住房、家庭存粮，了解家庭成员状况、劳动力状况，询问村民家庭收支情况、小孩入学情况等，从中掌握了村民的第一手详细资料。一是对原申报的贫困户进行核查。从电脑中导出了20户相对贫困户资料进行入户逐项核对，对5户不符合条件的农户予以否决。二是对之前没有申报为贫困户的农户进行逐村逐户走访核实，做到确保不漏一户、不落一人。截至5月17日，完成了凉桥村4户五保户、1户低保户、5户扶贫低保户、11户扶贫户的入户核查工作。

为了赶时间、抓紧完成入户核查的工作任务，他们主动放弃了“双休日”，继续驻在村里开展入户核查工作，晚上加班加点整理资料，现在，21户相对贫困户的相关资料复印件均已提交村委。待召开完村民代表评议大会、公示无异议后便可进行录入电脑资料的工作。镇、村干部对他们认真踏实、雷厉风行的工作作风给予了高度的评价。（新江镇扶贫办供稿）

县发展和改革局驻星光村精准扶贫工作队
——召开精准扶贫工作动员会

5月18日上午，县发展和改革局驻星光村工作队在翁城镇星光村委召开精准扶贫工作动员会，会议由翁源县发展和改革局副局长、帮扶村第一书记张安生同志作动员讲话，共同学习省、市、县开展精准扶贫工作文件精神。参加本次动员大会人员有：发改局、翁城镇政府驻村干部，星光村“两委”干部，各村小组组长，部分村民代表等共17人。

会上，发改局副局长、驻村第一书记张安全同志提出三点要求：一是提高认识，加强领导。充分认识各级党委、政府高度重视这一轮精准扶贫工作，树立打赢脱贫攻坚这项工作的信心和决心。二是明确任务，落实责任。村“两委”干部、村小组组长和全体党员要起带头表率作用，带领全村围绕既定的目标和任务扎实推进精准扶贫工作，实现脱贫致富。三是严格要求，确保精准。按照时间节点要求落实“精准识贫、申报程序、建档立卡、帮扶规划、帮扶到户、整村推进、组织建设、社会扶贫、资金管理、工作制度”等十项工作，真正把精准扶贫的目标任务落到实处，努力将星光村建设成为幸福村居。会后，各村小组根据各村小组的实际情况，按照省扶贫“四看”、“五优先”、“六进”、“七不进”工作要求，认真筛选各村小组贫困户共16户作为本次精准扶贫考察对象。并在当天下午由翁城镇政府副镇长刘伟贤同志和张安生同志分别带队，分两组到每一户实地考察。

---

报：市扶贫办，挂钩联系市领导，县四套班子领导成员

---

送：县直机关单位，各镇(场)、省定贫困村

---

(共印160份)

## 第四节　礼仪文书

### 一、含义

礼仪是礼节和仪式的总称，《礼记·儒行》云：“礼节者，仁之貌也。”礼节有言谈、举止、行为、习惯、称谓等多种形式的规范要求。仪式有迎送、会见会谈、宴请招待等典礼或会议多种惯用形式。礼仪通过表示礼貌、敬重的礼节和仪式来满足人们的友爱、合作、尊重和名誉等需要。我国是文明古国，是世界礼仪之邦，人们的社会交往活动和思想感情的交流，有许多都是通过礼仪形式及其文化活动方式来进行。社交礼仪是指社会交往中必须严格遵守的各种行为规范和重要准则。礼仪文书就是人们在各种社交场合、人际交往和礼仪活动中使用的应用文体。礼仪文书的种类很多，常用的是机关、团体、人民群众在节日和红白喜事中用的各种请柬、欢迎词、祝词、题词、欢送词、悼词、祭文、贺信、贺电、讣告、唁电等。礼仪文书多种多样，使用广泛和频繁，它不仅是表示礼仪的形式，而且还是沟通

感情、密切关系的桥梁和手段，可以增强友好气氛，显示彬彬有礼的风范。

## 二、特点

① 简洁明快，礼仪文书的篇幅短小，文字简洁明快，表达直截了当；② 富含感情，礼仪文书是在社交场合和人际交往中使用的，既有理有节，礼貌待人，又热情诚恳，和蔼可亲，富有感染力。

## 三、作用

当今社会，人们之间的交往活动日益频繁，现代礼仪文书在其中所起的桥梁作用愈来愈突出和重要。① 沟通信息。作为社会交往、礼仪活动的文体，礼仪文书主要体现交际双方（有时可能是多方）的愿望、喜好及情感，反映的是一种“双边”关系。它用书面的形式进行互相接触、互通信息，以便达到相互了解、彼此吸取对方的长处和积极因素的目的。为增进友谊、加强合作与促进人际关系的和谐起到催化作用。② 联络感情。在现代社会中，机关、企事业单位及社会团体之间个人之间时常发生各种交往，都要用到礼仪文书，如邀请客人出席招待会、开业典礼、座谈会、宴会、交易会、沙龙与学术讨论会的柬帖；迎来送往、欢送告别、喜庆场合的欢迎词、答谢词、欢送词与祝酒词；向有关单位及公众宣布事项的启事；还有书信、名片、题词及婚丧寿诞方面的文书等。这些礼仪文书有利于增进友情，加深交往的内涵与层次。文书不仅用于交际，也关系到个人的工作效率和交际活动的效果，乃至事业上的成败。

## 四、写法

礼仪文书一般由标题、称谓、开头、主体、结尾和署名部分组成。称谓要有尊敬之意和亲切之感。人名要全名，一般在姓名之前加上“尊敬的”“亲爱的”，后边加上头衔或“先生”“女士”之类，外国元首应加上“陛下”等。开头要引人入胜，营造气氛。主体部分是礼仪文书的核心部分，要以诚相待，给人以真情实意之感，不同场合，用词要谨慎和恰当。常用结构是纵式、横式和纵横交错式，注意过渡和照应，突出结构要求和特点。结尾部分要有结束语，善始善终，不同文种不同表达。另外，也可以将开头、主体和结尾合为一体作正文。

## 五、常用礼仪文书

### 祝贺辞

#### （一）含义

祝贺辞是祝辞和贺辞的统称。祝辞是指在各种喜庆场合中对人对事表示祝贺的讲话文稿，是行政机关、企事业单位、社会团体或个人，在喜庆场合对某人或某项即将开始的工作、事业表示祝福的文章，祝辞一般是在事情未果时而表示的一种祝愿和希望。贺辞是行政机关、企事业单位、社会团体或个，人在喜庆场合对某人或某项已经取得成功的工作、事业表示祝贺的讲话文稿，贺辞一般是在事情既果时而表示的庆贺和道喜。祝辞和贺辞在某种场合可以互用，但它们所包含的含义并不相同。祝辞一般的对象是事情未果，表示祝愿、希望的意思；而贺辞一般对象是事情已果，表示庆贺、送喜的意思，祝辞在事前祝，贺辞在事后贺，祝辞和贺辞的区别是显而易见的，但人们在实际使用时又常常将祝辞、贺辞混在一起，祝贺之间也难以分清，所以我们将其一并介绍。

**（二）种类**

祝贺辞的种类根据不同的祝颂对象，大体上分三种：① 事业祝贺辞，这是常用的一种祝辞，多用于祝贺会议开幕、工程竣工、剪彩、新年伊始，以及某社团、机构、报刊创办或节日纪念日等；② 寿诞祝贺辞，对象主要是老年人。祝贺辞的主要内容，一是庆祝、祝愿某人幸福、健康、长寿；二是赞颂其品性、功德。③ 祝酒辞在现代社会已发展成为一种招待宾客的礼仪。客人初到，设宴洗尘，宴会伊始，主人和客人都要致祝酒辞。酒是人们交往中的一种媒介和祝愿形式。祝酒辞的写法与事业祝贺辞的写法基本相同，只是开头、结尾略有区别，结尾时一般都要提出为参加宴会及与之有关人员的健康、为与宴会有关的事业的发展干杯。

**（三）写法**

祝贺辞通常由标题、称呼、正文和落款四部分组成。祝贺辞的标题一般由两种方式构成，由致辞者、致辞场合和文种共同构成，如《周恩来总理在欢迎尼克松总统宴会上的讲话》；或由致辞对象和致辞内容共同构成，如《贺紫荆山国庆集体婚礼》。称呼写在开头顶格处，写明祝辞或贺辞对象的姓名，一般要在姓名后面加上称呼甚至有关的职务头衔，以求敬重，如“尊敬的斯密斯博士”。正文一般有三项内容构成，一是向受辞方致意，说明自己代表何人或何种组织向受辞方及其何项事业祝福贺喜；二是概括评价受辞方已取得的成就；三是展望未来美好前景，再次向受辞方表示衷心的祝贺。最后在落款处署上致辞单位名称或致辞人姓名，最后还要署上成文日期。

**（四）要求**

祝贺辞要热情洋溢，充满喜庆，满怀诚意地表达自己的良好祝愿，语言要求充满热情、喜悦、鼓励、希望、褒扬之意，以便使对方感到温暖和愉快，受到激励与鼓舞。祝贺辞要写出煽情特色，表达真心和诚挚。颂扬与祝贺要恰如其分，实事求是。

**新年祝词（节选）**

千门万户曈曈日，总把新桃换旧符。

年，就像一个可爱的小孩，一头顶开时间的门帘扑入我们的生活，把温暖的春之气息带进家庭、单位以及我们的周围。给年穿上时尚的花衣裳，让春爆响流行的炸裂声，我们和年一起迎接五谷丰登、六畜兴旺、万象更新的新景象。

新春新气象，新年新心情。

年年有个年要过，年年祝福的话儿道不完。年是我们拼搏的加油站，年是我们奔跑的接力棒，年能催生我们的爱情，年也可增加我们的年轮，年是岁月溜冰的歌，年也是事业起舞的风。

春敲起了战鼓，年吹响了号角！我们把愿望写在今天，听事业的口哨响起，和祖国一起在明天的跑道上冲刺！不管汗能流多少，也不怕血可洒许多，我们在今天铭刻下人生的理想，我们将永远和懒惰与涣散作别！

春回大地，万象更新！春在招手，朋友们，我们一起互相祝愿吧！一年更比一年好。

欢迎词

（一）含义

欢迎词是国家机关或单位在举行隆重庆典、大型集会、欢迎仪式或庆贺宴会上，主人对宾客来临表示热烈欢迎而使用的讲话稿。欢迎词是社交礼仪演讲词的一种，言辞热情，对来宾表示欢迎和尊重，表达友好交往、增强交流与合作的心愿，营造和强化友好和谐的社交气氛。欢迎词具有应对性，一般来说，主人致欢迎词后，宾客即致答谢词。

（二）特点

欢愉性，欢迎词用一种愉快的心情、富有激情地表现出致词人的真诚，给客人一种“宾至如归”的感觉，为下一步各种活动的完满举行打下良好基础；口语性，欢迎词是现场当面向宾客口头表达的，所以口语化是欢迎词文字上的必然要求，在遣词用语上要运用生活化的语言，即简洁又富有生活的情趣，口语化会拉近主人同来宾的亲切关系。

（三）种类

欢迎词从表达方式上分：现场讲演欢迎词，一般由欢迎人在被欢迎人到达时在欢迎现场口头发表的欢迎稿；报刊发表欢迎词，这是发表在报刊或公开发行刊物之上的欢迎稿，它一般在客人到达前后发表。欢迎词从社交的公关性质上分：私人交往欢迎词，私人交往欢迎词一般是在个人举行较大型的宴会、聚会、茶会、舞会、讨论会等非官方的场合下使用的欢迎稿，通常要在正式活动开始前进行，私人交往欢迎词往往具有很大的即时性、现场性。公事往来欢迎词，这样的欢迎词一般在较庄重的公共事务中使用，要有事先准备好的得体书面稿，文字措辞上的要求较私人交往欢迎词要正式和严格。

（四）写法

欢迎词一般由标题、称呼、正文和落款四部分组成。标题，标题写法一般有两种，一是单独以文种命名，如《欢迎词》。由活动内容和文种名共同构成，如《在××学术讨论会上的欢迎词》。称呼，称呼要求写在开头顶格处，写明来宾的姓名称呼。如“尊敬的各位先生们女士们：”、“亲爱的××大学各位同仁：”。正文，欢迎词的正文，语言要朴实、热情、简洁、平易，语气要亲切、诚恳，感情要真挚，宜多用短句，言辞应力求格调高雅，回顾以往的叙述要简洁，议论不要过多，力求精当；对主宾的赞颂和评价要热情而中肯。可以有适当的联想与发挥，采用委婉语、模糊语句，尽力营造友好和谐的气氛，欢迎词的正文一般可有开头、主体和结尾三部分构成。开头，通常说明现场举行的是何种仪式，发言者代表什么人向哪些来宾表示欢迎。主体，要阐述和回顾宾主双方在共同的领域所持的共同的立场、观点、目标、原则等内容，较具体地介绍来宾在各方面的成就及在某些方面做出的突出贡献，同时要指出来宾本次到访或光临对增加宾主友谊及合作交流所具有的现实意义和历史意义。结尾，通常在结尾处再次向来宾表示欢迎，并表达自己对今后合作的良好祝愿。

新员工欢迎词

恭喜你成为祥光的一员！

你进入的是一个充满活力和希望的群体，你面临的是充满挑战与机遇的工作。

在这里，我们应更加珍惜眼前共事的时光，有温暖、有激情、有体谅、有幽默，因而对人生和事业充满信心，我们应该这样逐步成长。

在这里，只要你用心描绘，你一定可以绘出最美妙的蓝图。公司提供发展的平台，希望每一个祥光人，都能做到用无言的默契，用沟通的心灵，用灿烂的笑容，用理解的目光去发展；全身心地投入毕生的精力和才智，回报我们共同的家。

以祥光事业为己任，不以祥光利益为己有。

相信自己，相信公司，相信我们共同的家。

**欢送词**

**（一）含义**

欢送词是行政机关、企事业单位、社会团体或个人在公共场合欢送友好团体回归或亲友出行时致辞的讲话稿。

**（二）特点**

惜别性，欢送词要表达亲朋远行时的感受，所以依依惜别之情要溢于言表，当然格调不可过于低沉，尤其是公共事务的交往更应把握好分别时所用言辞的分寸。口语性，同欢迎词一样，口语性要求遣词造句注意使用生活化的语言，使送别既富有情趣又自然得体。

**（三）种类**

欢送词同欢迎词在分类上大致一样，这里不详加说明，只作一简单的列举。按表达方式来分可分为现场讲演欢送词和报刊发表欢送词两种。按社交的公关性质来分可分为私人交往欢送词和公事往来欢送词两种。

**（四）写法**

欢送词由标题、称呼、正文和落款组成。标题，标题的写法一般有两种。单独以文种命名，如《欢送词》；由活动内容和文种名共同构成，如《在××研讨会结束典礼上的讲话》。称呼，称呼要求写在开头顶格处，要写出宾客的姓名称呼如“尊敬的各位先生们、女士们：”、“亲爱的×××大学各位同仁：”正文，欢送词的正文一般由开头、主体和结尾三部分构成。开头，通常应说明此时在举行何种欢送仪式，发言人是以什么身份代表哪些人向宾客表示欢迎的。主体，这一部分要回顾和阐述双方在合作或访问期间，在哪些问题和项目上达成了一致的立场、取得了哪些有突破性的进展，陈述本次合作交流中双方的合作和交流给双方所带来的益处，阐述其深远的历史意义，对于私人欢送词还应注意表达双方在共事合作期间彼此友谊的加深增进以及分别之后的想念之情。若为朋友送行，还要加上一些勉励的话。结尾，通常在结尾处再次向来宾表示真挚的欢送之情，并表达期待再次合作的心愿，亲朋远行尤其要表达希望早日团聚的惜别之情。落款，欢送词在落款处要署上致词的单位名称、致词者的身份、姓名，并署上成文日期。

**（五）注意事项**

一称呼用尊称、注意宾客身份，致辞要恰到好处，感情要真挚、诚恳而且要健康。二措辞要慎重，要尊重对方风俗习惯。三语言要精确、热情、友好、温和、礼貌。四要言简意赅，篇幅不宜过长，要短小精悍，这样更宜于表达主人的尊重和礼貌。如：

**让我们扬眉出剑**

在解放军外国语学院毕业典礼上的讲话

苗永华

同学们：

花开花谢，潮起潮落，三年的大学时光马上就要结束，作为即将要跨出校门的毕业生，我们应该做些什么？应该怎样把我们自己的形象和最后的努力，自己的梦想和民族的希望紧紧连在一起？

“毕业生”这三个沉甸甸的字眼今天终于落在我们头上。但我们蓦然发现，这并不是什么耀眼的光环，反而是一种压力，甚至可以说是一种无奈，一种你非往前走不可的无奈。

这也是一种动力，一种责任。一种催人奋进的动力，一种青年人不可推卸的责任。不久，我们就会握手言别，各奔东西，但无论你是远赴天涯，戍守边疆，还是工作于条件优越的大都市，有一点是相同的，那就是，我们真正开始了从军报国的生涯。父辈已经把希望寄托在我们身上，我们靠什么来实现父辈的那为之梦回千转的希望呢？

靠的是我们手中的“剑”！

我们手中的剑，不光是指自己的专业知识是否过硬，还有你的报国思想是否坚定，你的身体素质是否优秀……所有这些，铸成了我们手中这把来日依其建功立业的长剑！

十年磨一剑！

这把剑我们已经磨了很久，就要派上用场了。再把剑磨利些，再把剑擦亮些。毕业来临时，祖国、人民都会凝视着我们拔出长剑，看我们手中的长剑是否寒光闪闪？看纷繁的日月，许多勇士冲锋陷阵，谱写了一曲又一曲惊天动地、荡气回肠的歌，我们相信，年轻的军人大学生们也一定能在地平线上立下一柱又一柱的辉煌。

同学们，让我们扬眉出剑吧。

离别是一种无奈，一种非往前走不可的无奈。无奈之中是消沉还是奋进呢？握手言别，今日的分别是为了祖国明天的发展进步，为了建功立业。作为毕业典礼的欢送词，它并没有催人泪下，而是把握了言辞的分寸，为“明天”的“辉煌”奠定基础，恰到好处的致词表达了发言人真挚诚恳的感情与心愿。最后勉励大家“扬眉出剑”去创造“辉煌”“建功立业”。

**答谢词**

**（一）含义**

答谢词是由宾客出面发表的对主人的热情接待表示感谢的讲话稿。

**（二）写法**

答谢词的结构由标题、称呼、开头、正文、结语五部分构成。标题，一般用文种《答谢词》作标题。称呼，与欢迎词同。开头，对主人的热情接待表示感谢。正文，畅叙情谊，或表明自己来访的意图、诚意，申述有关的愿望。结语，祝愿，或再次表示谢意。

**（三）要求**

① 客套话与真情。在礼仪场合，必要的客套话是不能省略的，比如“感谢”、“致敬”之类热情洋溢、充满真情的词语。② 尊重对方习惯。在异地作客，要了解当地的民情、风俗、尊重对方习惯。③ 注意照应欢迎词。主人已经致词在前，答谢词要注意与欢迎词的

某些内容照应。这是对主人的尊重。即使预先准备了答谢词,也要在现场紧急修改补充,或因情因境临场应变发挥。四篇幅力求简短。欢迎词、答谢词都是应酬性讲话,篇幅要力求简短,不宜冗长拖沓。

**答谢词**

×部长××饮料厂公关部的同志们:

我们今天初临贵境,刚下飞机就得到你们的热情接待。刚才陈部长还给我们详细介绍了情况和经验,给我们周到地安排了参观和吃饭、休息,使我们感到就像回到家里一样亲切、温暖,谨让我代表参观团的全体同志向你们——并通过你们向厂领导和全体职工致以衷心的感谢!

我们这次远道慕名而来,不仅想看看你们是怎样生产、学习和生活的,而且想要学习你们改革开放的新思想、新观念和宝贵经验。刚才×部长介绍的3条经验已经使我们感到耳目一新。在今天的参观访问中,我们一定能够学到更多的东西。我们参观团的成员全部来自企业,虽然不都是做饮料的,还有做电器的、微机械的、做家具的等等,但我们相信,你们的宝贵经验于我们都会有极大的帮助和启发。

再次感谢东道主的盛情!

谢谢!

## 第五节 宣传文书

### 一、含义

宣传文书是指为了某种目的将特定信息向公众进行宣传的文书形式。是通过各种传媒公开而广泛地公之于世,使受众对其内容有所了解的一种应用文体。其中有党政机关公文,如通告、公告等文种,有企事业单位的事务文书,如广告、启示、告示、海报、声明、板报、演讲稿,还有新闻媒体的消息等文种。

### 二、特点

① 内容的明确性,它所告知的事项、活动或产品的内容明确而清楚,以利于受众的了解和参与;② 传播的公开性,它不管以广播电视书刊报纸网络等何种传播手段为媒介,还是在车船码头街头巷尾张贴,都是公开传播,让人了解知晓;③ 手段的多样性,它的传播形式的多种多样,可以是文字形式,也可以是图像形式,还可以是灯光形式;可以通过书籍报刊揭载,也可以通过广播和电视传播,还可以在车船街头制作或张贴,传播范围和方式极其广泛。

### 三、传媒

即宣传文书的传播媒体。简介如下:

1. 媒介:原义为使双方发生关系的人或事物,现指传播信息的载体。媒介分类按媒介产生时序与介质属性,习惯分为印刷媒介与电子媒介。(1) 印刷媒介:运用印刷品传递信息的媒介,包括报纸、杂志、书籍、信函、户外广告和其他印刷品。(2) 电子媒介:运用电子信号与电磁波传递信息的媒介,包括广播(广播网)、电视(有线电视、卫星电视)、电影、录像带、唱片、光盘和网络。

2. 大众媒介:报纸、杂志、广播、电视、电影、互联网等传播大规模信息、受众广泛的媒介,被称为“大众媒介”。

3. 媒体:指经营媒介的社会组织。如报社、电台、电视台、出版社,杂志社、电影制片公司、网站等实体,人、财、物是构成要件。

## 四、特点

1. 报纸信息资讯有广度有深度,可读可查、可存可用;想象空间较大。但时效性、感染力弱。

2. 杂志信息资讯有广度有深度,可读可查、可存可用、想象空间大;但感染力较弱,时效性最弱。

3. 广播有信息资讯广度,时效性强、感染力较强;想象空间较大。但时序不可逆;需配接收终端。

4. 电视有信息资讯广度与深度;时效性、感染力最强;但时序不可逆;想象受限;受接收终端和场所限制。

5. 网络信息资讯有深广度,时效性强,感染力较强,可保存复制,应用广泛。但信息可信度受质疑,受操作技能限制。

## 五、常用宣传文书

### 新闻

#### (一) 定义

对于新闻,不同文化背景和意识形态有不同的观点。新闻界对新闻定义,虽然没有一致的意见,但都强调一点,即以事实为本源,事实是新闻的生命。新闻也称消息,即狭义新闻。《现代汉语词典》释“新闻”为:① 报纸或广播电台等报道的国内外消息:新闻广播、采访新闻。② 指社会上最近发生的新事情。而《辞海》对新闻解释是:① 报社、通讯社、广播电台、电视台等新闻机构对当前政治事件或社会事件所作的报道。要求迅速及时,真实,言简意明,以事实说话。形式有消息、通讯、特写、记者通信、调查报告、新闻图片、电视新闻等。② 指被人当作谈助的新奇事情。我国新闻工作者徐宝璜在《新闻学大意》指出:“新闻者,乃为多数阅者所注意之最近事实也。”李大钊认为:“新闻是现在新的、活的社会状况的写真。”邵飘萍在《新闻学总论》说:“新闻者,最近时间内所发生认识一切关系于社会人生的兴味、实益之事物现象也。”胡乔木认为:“新闻是一种新的事实。”范长江在《记者工作随想》说:“新闻就是广大群众欲知、应知而未知的重要的事实。”王中在《论新闻》说:“新闻是新近变动的事实的传布(播)。”甘惜分在《新闻理论基础》中指出:“新闻是报道或评述最新的重要事实以影响舆论的特殊手段。"1943年9月1日，陆定一在《解放日报》上撰文《我们对于新闻学的基本观点》指出："新闻的定义，就是新近发生的事实的报道。"这说明，随着时代的发展，新闻的概念和认识也在发展。美国约翰·B.博加特认为"狗咬人，不是新闻；人咬狗，才是新闻。"他的观点集中地代表了西方新闻学的基本立场，即一切反常的、有刺激性的、人们好奇的事才是新闻。随着科技的发展，西方社会大众的文化素质普遍提高，新闻行业也获得长足发展，新闻理论学术研究全方位开展，因此，新闻定义有许多新的说法。德国柏林大学新闻学教授道比德特认为："新闻就是把最新的现实的现象在最短的时间距离内，连续介绍给最广泛的公众。"日本新闻协会会长小野秀雄认为："新闻是根据自己的使命对具有现实性的事实的报道和批判，是用最短时距的有规律的连续出现来进行广泛传播的经济范畴的东西。"法国巴黎新闻学院教授贝尔纳·瓦耶纳："新闻是刚发生和刚发现的事物。"美国报纸主编人协会会长卡斯柏·约斯特："新闻是已经发生或正在发生的事实的报道。"等，不一而足。我国在各种新闻定义中以陆定一的定义流行最广，影响最大，它概括了消息基本的特征。我们认为：新闻是对新近发生的有社会意义事实传播的信息。这一定义的优点有四：一是抓住了新闻的本质属性是信息；二是强调了新闻的本源是事实；三是明确了新闻选择中最重要的真实性、新鲜性原则；四是突出了新闻传播的主动地位。不但从理论上有着较充分的论证支持，对建立科学的学科体系有基础意义，而且对实际工作会有很较强的指导意义，它简明而深刻地阐明了提高新闻工作的报道质量、传播效果的根本原则。

**（二）沿革**

①"新闻"最早出现在唐朝的《新唐书》，初唐文人孙处玄曾说过："恨天下无书以广新闻"。说明唐代虽未具备新闻传播条件，但人们已意识到新闻的重要。唐朝尉起枢写过一本书名叫《南楚新闻》，现已轶缺，南宋陆游《老学庵笔记》有些书片断，由此看来，《南楚新闻》是汇述当时南方民间新奇风俗、奇闻逸事的书。这里的"新闻"一词意为新近听来的奇闻逸事。宋朝赵升的《朝野类要》中说："其有所谓内探，有探、衙探者，皆衰私小报，率有泄漏之禁，故隐而事情之日新闻。"明朝陈继儒写的《安得长者言》一书，"新闻"一词更明确。"吴俗坐定，辄问新闻。此游闲小人，入门之渐。"（指茶楼酒家的逸闻，街头巷尾的趣事）。②"消息"最早见《易经·剥》："君子尚消息盈虚，天行也。"这里的消息是指事物的盛衰变化或行为的出处进退。意思是说：有本事的人把握天地间万物的兴衰、形势来采取正确对策，就能畅通无阻，取得成功。《庄子·秋水》："消息盈虚，终则有始。"《金史·杜时昂传》："消息盈虚，循环无端。"清代黄师琼《题谢梅庄侍御军中学〈易〉图》诗："愿君进退持以正，消息盈虚任卷舒。"亦作"消息盈冲"。汉代蔡邕《释诲》："时行则行，时止则止，消息盈冲，取诸天纪。"这两段话说明了人类为什么必须从事新闻活动，然后要了解外界不断的变动，作出正确的判断，采取相应的措施和对策。到后来，"消息"一词含义明确，就是指与人们切身利益相关的情况变更。杜甫有诗为证："数州消息断，愁坐正书空。自寄一封信，今日十月后。"（《对雪》）这里的消息是指战争进程。"反胃消息来，寸心办何来?"（《述怀》）这里的消息是指家庭的凶吉。"死别已吞声，生别常恻恻。江南瘴疠地，逐客无消息。"（《梦李白》）这里的消息是指朋友的生死。到了明清时期，"消息"一词含义无多大变化，孔尚任的

"桃花扇"16出"设朝"有:"我等皆系旧大勋旧臣,比不得别个。以后内外消息,须要两相照应,千秋富贵,可以常保也。"这是马士英要大家互通消息。消息是指宫廷内外的各种变化,包括皇帝的举动,宫廷内外对他们的反映,军情等。以上所引可见,"消息"一词具体指的是政治、军事、家庭、朋友等方面的变化情况,这种变化情况关系到人们的利与害,让人们去关心、探听、了解。

明朝以前,新闻和消息的含义泾渭分明。"消息"指自然界、人类社会的强事,动静、顺逆、凶吉、生死的变化情况,和人们的切身利益相关,了解消息是供人们作出判断,决定行动的依据,"新闻"指的是奇闻趣事,街谈巷议,与人们切身利益无直接利害关系,仅仅供人们茶后饭余或游手好闲的人消遣一下。

到清朝以后,"新闻"一词在各种书中出现越来越多,新闻中溶进了消息的内容,如孔尚任《桃花扇》16回《设朝》写马士英入主内阁,布置好爪牙们互通内外消息后,想去内阁看看,走到半路,遇上他的心腹阮大铖。"付净(指阮):恭喜老公祖,果然大了。净(指马):从哪里来? 付净:晚生在朝房芒着,打听新闻来。"清代蒲松龄写《聊斋志异》,把现实生活中的真实事披上鬼神外衣,逃避迫害。他写过一首《感愤诗》倾吐自己不能秉笔直书的苦闷心情:"漫向风主试壮游,天涯浪迹一孤舟。新闻总入夷坚志,斗酒难消块磊愁。"这里的新闻,指他在壮游中了解到的现实社会种种腐败黑暗现象,包括原来意义的"消息"和"新闻"。曹雪芹的《红楼梦》对新闻一词两义的用法也没有把握。如第一回:"当下雨村见了士隐,忙施礼赔笑道:'老先生倚门伫望,敢问街上有甚新闻?'"(饭后茶余消遣的)当甄士隐跟一个疯道人飘然而去时:"当下哄动街坊,众人当作一件新闻传说,封氏知此信,哭得死去活来"。这里新闻和信不同。但在《红楼梦》第四回,贾雨村遇到从京都来的冷子兴:"雨村因问:'近日都中有新闻没有?'子兴道:'没有什么新闻,倒是先生的同宗出了一件小异事'"。这里的新闻已把"异事"排除在外了,主要指官场中的重大事件,冷子兴讲述了贾宝玉衔玉而生,反问贾雨村:"你道新闻不是?"在这里,"异事"能否归入新闻又成了一个问题。可见,在中国明清时期,新闻既是指"消息"——与人们切身利益攸关的政治,经济、军事、文化等方面和自然界的变动情况,供人们作出判断、采取行动的依据;又是指与人们切身利益无直接关系的奇闻轶事,供人们茶后饭余消遣的,现在的新闻就是如此。

**(三)种类**

新闻分广义的新闻与狭义的新闻。广义的新闻包括消息、通讯、特写、报告文学、新闻评论等,是报纸、广播、电视和网络等媒体中常见的报道体裁。狭义的新闻专指消息。新闻类型多种多样,从不同角度看有不同类型。① 按新闻所报道事件的性质分,有事件性新闻和非事件性新闻。事件性新闻是对新近发生事件的报道,时间性强,如动态新闻,特写性新闻等。非事件性新闻,报道的是一个阶段持续发展的事物。如综合新闻、经验性新闻、述评性新闻等。② 按报道内容分,有政治新闻、经济新闻、科技新闻、军事新闻、体育新闻、教育新闻、文艺新闻、社会新闻等。③ 按传播媒体分,有文字新闻、图片新闻、广播新闻、电视新闻、网络新闻、手机新闻等。④ 按篇幅分,有长新闻、短新闻、简讯等。⑤ 按新闻与读者关系来分,有硬新闻和软新闻。⑥ 按写作特点分类,新闻分为动态新闻、综合新闻、经验性新闻、述评性新闻、人物新闻、特写性新闻、新闻公报等。近几年,新闻写作中又出现了解释性新闻、预告新闻等。

**(四) 性质**

新闻具有以下性质:① 真实性。是指新闻必须真实反映客观事物,符合客观事实本来面目,即新闻必须以事实说话,这是新闻的生命。新闻的真实性体现在:一是要真,即新闻报道的事情必须完全真实、客观,不虚构、不掺假;二是要实,即新闻报道的事情是具体的,实实在在的,不歪曲、不掩饰;三是要准,即新闻报道的事情是准确无误的,不夸大、不缩小。② 思想性。是指新闻报道中体现的观点、态度和倾向,即新闻对读者的影响和指导。新闻报道必须用强烈的思想性来回答和解决社会生活中提出的问题,以指导人们的思想和言行。新闻的思想性体现在:一要明,即新闻的态度、观点和倾向要旗帜鲜明;二要重,即新闻报道的题材有分量和力度;三要深,即主题要深刻。但不能以思想来代替事实,要善于"寓意于事"。③ 时间性。是指新闻要迅速及时地反映新闻事实,这是新闻保持新鲜度的重要条件。当今信息时代,新闻报道必须迅速快捷。新闻的时间性体现在:一要新,即新鲜,指新闻的时间新、事实新和角度新;二要快,即迅速及时快捷,这是新闻的时效性决定的;三要宜,即新闻报道要适合时宜和报道的火候和分寸,做到恰到好处。

**(五) 要素**

西方新闻学在理论上曾经提出,构成一条新闻的事实,离不开五个要素,即五个"W"。新闻的五要素是:时间(when)、地点(where)、人物(who)、事件(what)和原因(why)。离开了这五要素,就很难构成消息的内容。我国有人称之为"何人、何地、何时、何事、何因、何果",即五个"W"和一个"H",我们俗称六个"W"。

## 六、写作原则

(1) 坚持四项基本原则,自觉执行党的宣传纪律;(2) 实事求是,用事实说话。① 精选事实;② 多细节,少议论;③ 多解释,少晦涩;④ 插叙场景、背景和人物形象;⑤ 尽量用第三人称说话;⑥ 要注意报道的平衡性;(3) 迅速及时,讲求时效;(4) 写作要朴实、简洁、诚实、迅速。

## 七、作用

新闻在广大读者中间要起到"极大的组织、鼓舞、激励、批判、推动的作用"(毛泽东《给刘建勋、韦国清的信》)。新闻的作用具体说来有:① 宣传党的方针路线和政策,推动党和国家事业的发展。毛泽东曾指出:"报纸的作用和力量,就在它能使党的纲领路线、方针政策、工作任务和工作方法,最迅速最广泛地和群众见面。"新华社每天编发的新闻稿近亿字,其中消息就占80%以上,通过消息播发,推动各项工作和开展。② 褒扬社会新道德,树立社会新风尚。即通过报道正面先进的人物和事迹,启迪开阔人们的思想境界,提高其思想素质,树立社会的新道德、新风尚。③ 批评落后现象,发挥舆论监督作用。对不良现象的报道,能形成强大的社会舆论,以促进精神文明的建设,推动社会进步。④ 沟通信息,传播知识,满足人们的求知欲。使人们"秀才不出门,也知天下事。"给人们以精神食粮。

## 八、素养

新闻写作是一项复杂的、创造性的精神劳动。记者是写作活动的主体，对新闻价值判断是否准确，对新闻信息选择和加工是否恰当，以及对信息传达优劣与否，很大程度上取决于写作主体自身素质。新闻写作过程中，从采集信息，到构思酝酿，再到写成作品等各个阶段，记者都处于主导地位。采集信息阶段，新闻写作所需素材来源于客观现实生活，但大量信息仅为写作主体提供了采访、感受、认识和研究对象，仅为进入新闻写作流程提供了一种可能。能否采集到新闻价值较大信息，占有真实可信、典型生动事实，完全取决于记者素质。构思酝酿阶段，确定了写作对象后，从哪个角度切入，如何立意，采用什么结构形式和表达方式，不同的记者常常因为素养和能力的不同，表现出相当大的差异性。尤其在同一题材的报道上，表现更为明显。表达再现阶段，这是将构思时形成主题，借助语言媒介把它定型化、物质化阶段，记者素质得到充分发挥。新闻写作没有捷径可走。从事这种精神劳动，需要记者具有多方面的良好素质。这种良好素质以优秀的品质素养为基础，由与众不同的思维素质、独特的构思能力以及熟练的传达能力综合而成。它是从事新闻写作的必要条件，也是提高新闻写作质量的保障。新闻工作者的品质素养是人们从事某一种活动所必备的基本品性。对于记者而言，写作技巧是重要的，而品质更为重要。新闻写作要求记者必须具备以下品质：

### （一）新闻品质

1. 强烈的事业心

事业心是记者搞好新闻写作的原动力，记者要全身心地投入到写作活动中去，才能写出好的新闻作品来。新闻写作素材来自社会生活，写作灵感来自外界信息的刺激，但素材不会自动跑到记者的头脑里来，只有强烈的事业心，记者才能主动地深入生活捕捉写作素材。同时，事业心对正在进行的写作活动还具有持续推动作用。新闻写作是一项极为艰苦的劳动，缺乏事业心，很可能会随时中断写作过程。

2. 坚韧不拔的意志

新闻工作特殊性使记者经常陷于外部困难之中，如时间紧迫、心理压力大、写作环境恶劣等等。写作过程各种内部困难更是常见，面对新闻事实各个方面，如何下笔，大到情节结构，小到选择细节，遣词造句，都要费尽心机，精心设计。这种来自自身内部的困难，其阻力往往比外部困难更大，此时，坚韧不拔的意志显得尤为重要。

3. 真诚坦荡的胸怀

新闻写作也需要真诚坦荡，这是一种最基本而又最可贵的写作品质。邵飘萍在《实际应用新闻学》中说："愿有志于新闻事业者，振起其责任心，办事必力求实际真相，以探究事实，不欺阅者为第一信条。"记者只有真诚坦荡，才能正视现实生活，真实、客观和全面地反映现实，写成的新闻作品也经得起历史的检验。

4. 超乎寻常的胆略

新闻写作需要才能，同时还得有胆略。记者要敢于面对事实，敢于说真话，要有忠于事实、坚持真理的勇气和气节，决不能看风使舵，曲意逢迎，主观片面，弄虚作假。尤其在当前新闻官司十分频繁、批评报道越来越难情况下，更需要记者超乎寻常的胆略，不怕得罪人，不怕打击报复，也不怕别人不理解，不怕牺牲个人利益。记者要写出创新之作，就要努力培养自己的胆略，树立献身精神。

**（二）新闻思维**

新闻是客观事实信息经过记者的头脑加工制作以后传达给读者的，它既是客观事物的反映，又是记者思维的产物。记者对于新闻事实的发现、选择和加工，都离不开思维。新闻写作过程是逻辑思维与形象思维相互交替的思维活动过程。记者的思维方式支配着写作活动，不同的思维方式，对外界信息的加工、处理不同，对客观事物的认识、反映也会有很大的差异。新闻写作的思维活动是建立在记者某种心理定势上的审美活动，是记者感知、记忆、体验、情感、想象、经验、潜意识、灵感、直觉等多因素、多层次、主体性和流动性的综合过程，它既表现出因受审美基本规律的约束的同一性，又表现出记者的个性、气质、心境、动机等方面的差异性。新闻写作正是在记者多因素、多层次的思维活动综合作用中完成的。它要求记者不仅具有一般思维能力，而且还必须具有创造性思维素质，即通过思维不仅能揭示客观事物的本质及其内在联系，而且要在这个基础上产生新颖的前所未有的思维成果，具体体现在以下几个方面：

1. 思维的发散性

指新闻写作中思路开阔，思维活动十分活跃，心智活动通畅无阻，能举一反三，随机应变，触类旁通，它要求记者冲破思维定势，把思维变为向四周散射的发散性思维，利用综合、比较、移植、放大、缩小、代替、组合、颠倒等方法设计多种写作方案，最后通过收敛性思维作出最优化的选择。如报道城市公共厕所建设这一题材，记者先从“不足”方面思考，概括出布点不合理、数量少、管理差、卫生糟等方面的表现，然后从“困难”方面思考，归纳为选址难，居民不配合，资金缺乏等原因。再从“长处”方面思考，发现近年公共厕所已发生很大变化，表现为外形美观、新颖，与周围景色很协调，取消收费，加强管理，卫生状况令人满意等。这个思考的过程，体现了记者思维的发散性，表明“公厕建设”这一题材，至少可从三个写作角度切入。

2. 思维的独特性

新闻写作追求新意，不落入俗套，不拾人牙慧。写作的独创性来自记者思维的独特性，记者必须具有独特的思维方式，才会有独特的视角、独特的构思和独特的表现。如前面所述“公共厕所”一例，记者在至少三个角度中进行优化选择，前两点属老生常谈，后一点倒有新意。于是浙江日报记者的《西子湖畔公厕不负四周美景》一稿，成为一篇出色的独家报道。

3. 思维的深刻性

新闻写作有真、快、短、新、活、强的要求，同时也有深度要求。新闻有理论思辨色彩，即新闻要具备思想性，除了题材本身所蕴含深刻意义外，还有赖于记者思考深度。新闻作品是理性认识产物，要求记者必须具备深邃的思维素质。

4. 思维的敏捷性

新闻写作要求“倚马可待”，记者的思维就要做到敏捷、锐利。采访时快速反应，选材时准确精当，表达时出手不凡。

### （三）新闻构思

构思指作家在孕育作品过程中所进行的全部思维活动，它包括选取题材，提炼、确定主题，设计、安排结构和总体布局，考虑情节的展开、人物的活动，探索最恰当的表现形式与主要表现手法等。新闻写作构思，是记者在掌握新闻事实素材的基础上，孕育新闻作品一系列有目的、指向的创造性思维活动，是对新闻作品的整体设想。新闻构思过程，是记者对社会生活感受和认识深化和升华的过程，是记者剪裁、布局、想象、联想能力充分发挥的过程，它集中反映着记者洞察力和概括分析能力，体现着记者思想深度和写作素养。从新闻写作流程看，新闻构思处于预备期和感知期之后，外化期和反馈期之前的“内孕”阶段，记者思维在写作动机的支配下，同时向两个方向运动：一是向多种内在的物象投射，即让思维活动进入内心深处，视觉收回心底，听觉返回脑际，弛骋想象，无拘无束，自由联想；二是向某种内在形态聚合，即内心神游渐渐聚合，所要表现事物轮廓渐渐清晰，内物随之在心中明朗起来，新闻作品雏形在这阶段形成。除一般构思能力外，新闻对记者在构思方面的素质有特殊要求，即构思的快速性，由于时效限制，新闻写作构思表现为时间短暂、节奏快速以及思维频率强度大。所谓“脑子转得快”，主要是指记者构思“快”。记者构思能力要承担以下任务：

1. 连接采访和传达纽带

新闻写作构思居于采访事实和表达事实之间的中介阶段，记者在采集新闻事实、对生活有所认识以后，必须要经过一番“凝思结想”（鲁迅语），等表达内容及相应形式已经思考成熟，才提笔来写。

2. 设计新闻作品蓝图

这是构思主要任务，记者应处理好主体与客体、内容和形式关系。记者通过采访，获得大量的素材，在这些客体的作用下，必然产生种种不同的思想感情。然后通过思维，使新闻事实同主体的思想感情相互交融，孕育出主题。再根据主题的需要，理顺材料，谋篇布局，安排结构，遣词造句，将事实表达出来，整个过程就是设计新闻作品的蓝图的过程。

3. 不断协调写作心态

写作心态是指写作时精神高度集中和兴奋的状态，是一种神情专注的情绪倾向。新闻写作，记者自始至终保持良好的写作心态，在构思中神情专注、平静而持久，心情激动而又舒展沉稳，写作欲望强烈，记者的心态太紧张或太松懈都不利于写作。

### （四）新闻传达

新闻写作的传达就是记者运用语言符号及其形态构成，把构思时孕育在头脑中的内在形态，外化为可供受众接受的新闻作品。新闻写作是一个双重转化的过程。构思是由“物”到“意”的内孕飞跃，而传达则是由“意”到“文”的外化飞跃，这是将内孕继续深化、发展和完善的阶段，是记者逐渐强化对内在形态的感受和把握的阶段。记者揭示出事件谜底，刻画典型新闻形象，描绘多彩画面，展示错综矛盾，最终完成了写作意图。但要把无声的思维外化为规范明朗的、能为广大受众接受的语言，把流动的构思凝固成稳定状态的文字，并非易事，记者必须具备熟练、高超的传达能力。新闻写作的特殊性，要求记者的传达行为必须符合以下原则：

1. 可接受性

新闻写作流程中，新闻反馈是必不可少的环节。记者的传达决不能无视受众存在，要求记者不仅要准确地传达新闻信息，而且要采用最优化的方式加以传达。如明了的叙述，生动的描写，精彩的议论等，一切以方便受众接受为原则，记者是信息的主动传播者，同时也是普通的读者或听众。新闻导语要承担导读的功能，结尾要使人“执卷流连，若难遽别”（李渔语）；主体的展开要符合读者的阅读心理节奏，结构的安排要跌宕起伏；布局的疏密，情节的张弛，音节的长短，情韵的高昂浮沉等，都要符合可接受性的要求。

2. 逻辑性

新闻写作的传达要符合逻辑，新闻事实本身存在着复杂的内在逻辑，新闻写作也有其特殊的规律，记者通过自己对客观事物的认识，挖掘出符合事物本来面目的内涵，并合乎写作规律地表达出去，这正是新闻写作传达的难点所在。

3. 精细性

记者用语言把构思的结果传达出去，称得上是一项精细的工作。构思是内隐的，而传达则是外显的，新闻写作要求记者高度准确地报道事实，将种种判断和设想以文字的形式体精心细致地传达出来。新闻写作主体的传达能力，本身也是一种综合能力，它体现在真正动笔写作的过程中，具体又可分解为：筛选新闻材料的能力，表达新闻主题的能力，驾驭新闻语言的能力，安排新闻结构的能力以及寻找新闻由头的能力等。

## 九、写作

消息即狭义的新闻。消息是对新近发生的有社会意义事实传播的信息。它是报纸、电台、电视台、通讯社和网站最常用的一种文体，因其在新闻诸文体中使用频率最高，数量最多，通常被人们称为新闻，它以简要的文字迅速及时地报道新近发生的事实。

消息分为：

1. 动态消息

它迅速准确地报道国内外重大事件，反映一个部门单位大小事情以及新情况、新成就、新问题、新气象等，它以叙述为主，用事实说话，以事实本身意义来表现作者的观点。一般五个要素须齐备，也包括会议活动。动态简洁，篇幅不长，时效性最强。它大都是一事一报，突出最新鲜、最重要的事实。其特点是，以事物最新变动为着眼点；以时新性与重要性为主要价值取向；以突发性事件为主要报道内容；以客观叙事为基本特征；以开门见山、一事一报为主要写作原则；给人以动感和现场感等。

2. 综合消息

它是综合反映带全局性情况、动向、成就和问题的报道。涉及面广，声势大，给人完整印象。要求占有全面、充分、典型的材料，既有面的形势、成就、趋向，又有典型事例的说明、分析，讲求点面结合及观点和材料统一，善于将概貌介绍与具体事例叙述结合起来，既有深度，又有广度。它的特点是，涉及的新闻事实不像动态新闻那样直观易见，有一定的隐蔽性；要通过综合新闻事实来表现新闻主题；注重点面结合、多角度反映客观事物和人物面貌；注重背景材料的运用；重视新闻根据、新闻来源的交代；注重分析，但又以客观方式来表现，作者尽量不直接出面发议论。

3. 经验性消息

它是对具体部门、单位典型经验和成功做法及规律性经验的典型报道，用以推动全局、指导工作。其特点是，先交代情况述说做法，反映变化，总结经验，由事实中引出道理，从个别中指明规律，比较完整系统。既有概括观点，又有具体作法，偏重于交代情况、叙述做法、反映变化、总结经验。篇幅长，但不贪大求全，应注意针对性。这类消息贵在题材重大、典型，提供的经验具有普遍意义。

4. 述评性消息

它是介乎消息和评论之间的一种新闻体裁，是用叙议结合方式反映国内外重大事件的消息，它边叙述新闻事实边进行评议，故兼有消息和评论两种作用。它有形势述评、事态述评、思想述评和工作述评等。述评性消息应针对问题，分析形势，研究动向，总结经验，以揭示事物发展方向，推动事物深入发展。它以报道事实为基础，叙述事实要概括扼要有说服力，重点要写好议论，分析要"一针见血"，就事论理，以理服人。评论分析讲究逻辑，言简意赅。

5. 特写性消息

是报道重要新闻事件中人物活动片断和事件场景的消息。特点是运用形象语言，再现人物活动过程和场景，给人以如见其人、如临其境的感受。它重描写，要求抓住富有特征的细节。但其描写多用简笔勾勒的白描手法，不事雕琢，重在传神。

6. 人物消息

是以人物为主的消息，迅速反映新闻人物的某种行为或某个侧面。要求抓住人物的本质特征，选取新鲜、典型事实材料来表现人物思想和精神面貌。特点是，篇幅短，叙事单一，内容、主题集中；时效性强，内容必须是"现在进行时"或"现在完成时"，要求快速采写报道；以人叙事、以事显人。注意选准人物，不贪大求全。

7. 解释性消息

是以解释新闻事件为主的新闻体裁，不但报道事实，而且侧重于阐明事实意义、前因后果及发展趋势等。多用于经济工作方针政策和社会生活中出现影响较大的新问题。解释性消息中的解释并非指作者直接、明白的阐释和分析，通常运用背景材料，引用有关方面的说法等多种方法，比较隐蔽地表达记者的观点或倾向。解释性消息侧重于回答新闻事件中的"为什么"。

8. 预测性消息

是对可能发生的事实进行预测和展望的消息。要求记者在采访和调查研究基础上，对某项工作或活动进行科学分析和判断。这类消息常用于展望市场、经济工作发展前景等方面，也用于预测体育竞赛成绩、结果，还有是对重大消息的预告，如国家领导人的出访新闻预告等。

9. 简讯

它最大特点是内容单一，文精字简短而快。在新闻五大要素，只突出何时、何事、何人等要素，一般不交代背景。用几十字或上百字告诉读者一件新发生事件简况，或者把若干同类的简讯，加上栏头，表达一个主题，如《东西南北》、《新闻集锦》、《读者今日来电》、《国际要闻》等等。它占版面少、报道范围广、迅速及时，能起到活跃新闻版块的作用。

**（一）原则要求**

写消息要遵循原则与要求是："真、短、快、活、强"。这是新华社成立五十周年时，习仲勋同志代表中央书记处提出来的。这五个字有机地连在一起，高度地概括和反映了消息的特点和写作要求。

1. 真

消息事实必须完全真实准确，这是新闻写作的根本原则。事实是第一性的，报道是第二性的。没有事实，就没有消息，消息以事实说话，就是这个道理。消息必须完全真实，主要包括两方面：一是消息发生的时间、地点、人物、事情、原因必须真实，事情发生的过程、结果和细节、人物的语言、行动和心理活动以及消息所引用的各种资料、数据等等，都必须核对清楚，准确无误。不能弄虚作假，添油加醋。二是消息的真实，仅仅满足于事实准确是不够的，还要做到真实地反映事实本质。生活中的事实和事物的本质之间，是不能简单地画等号的。

2. 短

消息要求短。这是报纸版面、电台、电视台和网络传播等限制所决定的。同时，人们的工作、学习都非常紧张，时间有限，消息短了，才能满足读者听众的要求。新闻写短了，才能发得快，保证事实新鲜；才能发得多，增加一定时间和空间内的信息传播量，一般以三、五百字为好。如何将消息写得短而好？1. 作者要树立群众观点，要树立写短消息的正确思想，即把主要的事实告诉读者，不必贪"大"求"全"，面面俱到。2. 要写好短消息，还要舍得"割爱"，围绕主题突出主要内容，精选材料。写消息搜集材料越多越好，但写进去的不一定多，要避免"贪大求全"，材料就要"以一当十"，越精越好。如：《我三十万大军胜利南渡长江》，这是一条短而好的消息。

3. 快

消息的快有两层意思：一是要迅速及时地报道事实，这就是新闻时效性。二是报道的事实要新。也就是说，快的目的，是为了"新"。快与新，是紧紧连在一起的。什么是消息的新？它有四个内容：1. 事实新。是过去没有出现过的新事物、新经验、新创造、新成就、新动向和新问题。一句话，即新人新事。2. 思想新。主要是指体现了时代精神，或事实所反映出的思想内容有新意，给人以启迪。3. 角度新。报道一些事物，要避免角度雷同，通过某一侧面或新的角度去反映，才能说读者的新鲜的感受。如《人民日报》曾发表一篇《野山羊来到老西沟》的消息，作者从生态平衡和生物链这个角度，给人以新鲜的感觉。4. 以新带旧。事情很有意义，群众也很关心，就是时间不新，怎么办？这就必须"以新带旧"，找到消息的"新"根据。消息要做到新，就必然而要讲究时效。它要求作者抢时间，争速度。20 世纪五六十年代，在西方新闻界流行着这样一句话："今天的消息是金子，昨天的消息是银子，前天的消息是垃圾"。新闻赚钱虽不可取，但他们强调消息要快，是值得我们重视的，尤其是当今信息社会，新闻传播更应快捷。至于有的消息由于政治上、策略上的考虑，需要看准时机，有时还故意地放慢一点，但这毕竟是少数。

4. 活

就是消息要写得生动活泼，引人入胜。消息要吸引读者，才能起到宣传教育的作用。怎样才能把消息写活？1. 抓住事物的特点。写消息，要抓住最新鲜最精彩的事实。这样的事实才最有特点，最吸收读者。如《经济学家赶集》，这篇报道把经济学家写活了。在一般人的心目中，学者、专家是威严的，而消息却把经济学家写得可亲：他也爱买便宜货，喜欢小玩意儿。如果作者把这些有特点的材料当作无关紧要的零碎加以舍弃，则消息就可能变得干瘪、枯燥。2. 要把消息写活，形式上力求生动活泼。笔调生动，在结构安排上应讲究曲折抑扬、烘云托月、动静交错等等。同时，在文字表达上要力求生动活泼。语言要简洁明快，多用短句，少用长句，胡乔木在《人人要学会写新闻》一文中提出：要把消息写得"色、香、声、味，呼之欲出"。好的消息，都应有这些特色。如新华社发的消息《箭竹复壮熊猫胖》，这是条"色、香、声、味，呼之欲出"的消息：色："一片青翠"；香："有了充足可口的食物"；声："泉水潺潺"；味："这里生长着大片箭竹，竹皮薄，竹味甜"。

5. 强

消息的强是指针对性要强，即思想性和指导性要强。当今新闻，要写得"真、短、快、活"的目的就是为了"强"。消息不仅提供信息，而往往要对信息作出估价和分析，以指导和帮助人们正确认识和有效地利用信息。消息怎样体现"强"？一般有两种方法：1. 在选择新闻事实时，要能体现作者的倾向性，这就是通常所说的："寓思想手事实之中"。2. 有些消息的事实比较复杂或是新生事物，它蕴藏着的思想意义不容易在事实中直接体现，更不容易被读者理解、认识。这就要求作者站在马克思主义的立场，运用辩证唯物主义的认识论和方法论去分析、综合、判断，给予恰到好处的说明、解释，指出它的原因、本质、意义、作用等等，从而"画龙点睛"地显示思想性。如消息《画家擦笔布在美国田纳西州博览会上获头奖》：据塔斯社消息：

美国田纳西州那尔什维的业余美术家查尔斯·方坦尼最近在田纳西州的博览会上获得了头奖，因为他画了一幅"粗俗画"。

方坦尼在得奖后大感遗憾。他说，他根本没有画这幅画，而画布上这幅粗俗的"图画"是由于他每天画油画的时候，在这块旧画布上擦画笔。

据美联社消息说，正因为这样，在画布上绘成了"丰富多彩"的图画。这幅"图画"在方坦尼家里成了开玩笑的对象。然而，在田纳西州博览会举行的时候，它终于被放在框架里送到博览会上去参加比赛。

但是，笑话并没有到此结束，授奖的评判员说，方坦尼的"作品"是值得受奖的，因为这幅画的色彩非常鲜明。是一幅很精致图画。另外一些所谓"抽象艺术"的崇拜者说，方坦尼具有一种"下意识的美术天才，这种天才得到了很好的表现。"

中央电视台也曾在《新闻联播》中播出了美国一小姑娘的画获大奖的新闻，据小姑娘说，她的这幅画是因为颜料溅在了画纸上，她顺势涂抹了几下。但评委会认为："这幅画体现了她卓越的绘画才能和高超的想象能力。"此类消息，作者巧妙地融观点于事实之中，思想性强，主题深刻。

### (二) 结构

结构通常指两个方面的意思。一是指消息构成,即一篇消息稿内容上的结构成分,一般由标题、消息头、导语、主体、背景、结尾几部分组成。二是指消息的结构形式,即作者对已过滤的新闻材料进行总体性安排或布局的方式。写作消息要设想并回答读者的问题,这些问题就构成了新闻五要素,即:When(何时)、Where(何地)、Who(何人)、What(何事)、Why(何故)、How(如何)。在五个"W"和一个"H"中,最主要的是What(何事)、Who(何人)。写作时要认真写好这几个方面的内容。当我们弄清了"我要说些什么",接下来就是"怎么说这些内容",显然这涉及了如何安排消息的结构。只要我们用心分析一下报刊发表的消息,就会发现,消息的结构比较固定、简单,大多数消息的结构都是"倒金字塔"式的,即:最重要的材料放在开头,次要材料放在后面。消息的结构具体表现为:标题、导语、主体、结尾,并在文中穿插背景材料。

1. 结构成分

消息由标题、消息头、导语、主体、背景、结尾六部分组成。

(1) 标题。是消息的题目,它高度地概括消息基本内容(即新闻的基本事实和思想),用以吸引、影响、帮助和指导读者,它被称为消息的眼睛。它用简明的文字说出新闻报道对象,事件主要内容,揭示事件本质意义或产生原因。消息标题有主体类、从属类和整合类。主体类标题是消息标题最基本类型,包括主题、引题和副题。主题又称主标题、正题、母题,是消息标题的核心,揭示消息中最重要、最吸引受众的信息。从表达上看,可是叙述新闻事实的实题,也可是评价新闻事实、揭示其意义或隐含观点的虚题。在单独使用时,应是实题或有叙有议的虚实结合题。如

① 榜上无名 脚下有路　　(引标)
青工董云峰业余发明获两项专利　　(主标)
② 财? (宋体)　　(主标)
才……材!　　(副标)

第一个标题中,前为引题,是虚题,后为主题,是实题,虚实结合,受众能清楚地认识事实的意义。若只取前者为主题,受众则会不知所云。第二个标题是虚实结合的,可单独使用。从句子结构看,主题可为单句也可是复句,通常为一个独立的句子;从外在形式看,主题可占一行也可是二行或三行,但以一行为主,一般不宜超过两行。

引题。又称肩题、眉题。一般用来交代背景,说明原因、烘托气氛、揭示意义等。引题一般多作虚题。如:

① 彩灯映照笑脸 歌声洋溢大厅　　(引标)
中央领导同志和首都小朋友喜庆六·一　　(主标)
②"昔日穷过渡",今天迎"熊猫"　　(引标)
大寨建成电视村　　(主标)
③ 乡县在发展着养猪事业过程中体会到:　　(引标)
政策不落实猪小肉少,政策落实了猪大肉多　　(主标)
④ 淮北春早,热浪滔滔;赶江南,遍野红旗飘;

欲知粮食丰收事，且看：　　　　　　　　　　（引标）

徐州麦海逐浪高　　　　　　　　　　　　　　（主标）

副题，又称子题，副标题。一般用来补充、注释和说明、印证主题。副题一般多作实题。如：

① 清扫穷角落　同走富裕路　　　　　　　　（主标）

无锡市4 000多困难户向贫困告别　　　　　　（副标）

② 两袖清风　一身正气　　　　　　　　　　（主标）

贵县水泥厂领导干部严于律己自觉抵制行贿送礼等歪风。（副标）

③ 山清才能水秀　山穷势必水尽　　　　　　（主标）

浦城把治山造林作为农业基建的重点　　　　（副标）

④ 重视“田秀才”　起用“土状元”　　　　　（主标）

临澧县安排五千多有技术专长的人到适宜的岗位。（副标）

⑤ 啤酒气足　群众气消　　　　　　　　　　（主标）

南昌啤酒罐头厂接受批评，提高啤酒质量　　（副标）

⑥ 吃大锅饭山穷水尽　走改革路柳暗花明　　（主标）

合肥市电子技术研究所去年获纯利24万元　　（副标）

⑦ “善弈者，谋势；不善弈者，谋子”　　　　（主标）

本报记者评述运用经济信息指导生产和消费　（副标）

⑧ “婆”呼一何怒“媳”啼一何苦　　　　　　（主标）

发生在安顺制药厂的风波，受主篇部门的婆婆刁难，濒于破产（副标）

主体类标题按组合不同，又可分单一型标题和复合型标题。单一型标题无引题和副题，只有主题。复合型标题有主、引题组合，主、副题组合和主、引、副组合（又叫完全式标题）。前两种组合前已述及。主、引、副题组合的例子如：

征地造房为啥等煞人？　　　　（引标）

一道公文背着三十九颗印章旅行　（主标）

希望有关部门舍繁就简，多办实事，加快住宅建设步伐（副标）

？——　　　　　　　　　　　　（引标）

收款一元六　发票开两元　　　　（主标）

为拿月度奖拒绝收错款　　　　　（副标）

消息标题除主体类标题外，又有整合类标题，包括栏题和类题；还有从属类标题，包括提要题和分题在此就不作详述了。

功能和制作要求。(1) 功能。标题是消息的眼睛，消息制作标题应起“画龙点睛”之功，标题的功能是多方面的：① 提示新闻内容，传递新闻的主要信息。如：《我国试制成功“全塑”型微型汽车》。② 评点新闻事实，引导读者理解新闻主题。如：

在法律面前人人平等

菏泽地区粮食局副局长朱端斌行凶打人被拘留。

③ 组织新闻内容。用一个总标题，把一组问题相同或从不同角度说明一个问题的几

篇稿件组织在一起，其特色：或火力集中，或声势壮大，或论述全面，或方向鲜明。如：

放宽政策　因地制宜　加速绿化

湖北省进行材业商品基地建设　兰州部队某团创建“百花园”　围场县抓“三空”促造林。

④ 增强新闻的可读性，吸引更广泛的读者层。如：《金大哥找了个穷对象》、《家犬王春生堂而皇之领俸禄》、《两日三告示，浴室阴错阳差》《“停气”一枪　秀才跑肚忙》，《老少擦刀，可怜头发全无》、《人为猪想　猪顶人名》、《姑娘悬赏　顾人打耳光》、《1＋1＋1＝？》。

制作消息标题的要求有：① 准确。是消息标题写作的最基本要求。准确概括、反映新闻事实；准确评价事实；准确运用语言。如《错批一人　误增三亿》、《不恋“天南海北”主动申请到“新西兰”》。② 鲜明。指标题通过对新闻事实的选择、揭示和评价，表现出来的对事实的态度立场要明确，不模棱两可，含含糊糊。也包括态度、立场的正确性。一般有三种情况，肯定的态度，如歌颂、赞扬、支持、同情等；否定的态度，如怒斥、揭露、嘲笑、讥讽等；既不肯定也不否定的态度。如《这样开会好》、《壮哉！科技铁汉刘忠笃》、《壮哉　教师于元贞勇斗窃贼身亡　悲哉　数百围观者竟无一人相助》③ 生动。虚实结合，形式多样，力求形象具体，新颖醒目，消息标题力求优美，吸引读者，应求生动性。方法很多，如运用修辞手法；引用诗词或名言警句、方言民谚等。如《资中县委书记李利顺严格要求自己　下乡少坐车　新房让别人》、《一窝“油老鼠”落网》、《马歇尔歇马　华莱士来华》④ 简练。高度概括，言简意赅，简洁明了，语言传达出消息最准确的信息。如《镇江地区商业部门帮助社队工业解决产销矛盾的好办法　商业部门“搭台”　社队工厂“喝戏”》、《北国倘使春常在　雁儿何劳朝南飞　大批知识分子愿留通河工作》、《我国又作礼宾改革　国宴实施四菜一汤》

作用。消息标题有四方面作用。① 导受。即吸引受众注意，引导受众在最短的时间里获取自己喜爱和需要的信息。随着生活节奏的加快，“标题受众”越来越多；② 导向。标题选择事实，揭示和评价事实，寓有记者(或媒体)的态度和观点。版面中，对标题的设置(如字号、字体、位置等)也寓有立场和态度。③ 美化。消息标题可使版面美化；④ 序化。可使版面内容井然有序。

制作标题注意以下几点：(1) 先搭架子，后作加工，不能求“一次完成”；重要标题得反复多次。(2) 先讲准确，后求生动。(3) 先“画龙”，概括准确新闻事实情况，后“点睛”，再确定主题思想。(4) 先可写得长些，以便把事情或问题说清楚，后再改短，精益求精。(5) 如果时间急促，可先做个稳健的，后考虑标新立异。(6) 为了提高质量，而时间又允许的话，不妨多作几个，然后从中挑选满意的一个。(7) 重要标题或疑难标题，最好采取“会诊”办法，大家来做来改，保证质量。(8) 好标题的标准：(八“一”)① 生动引人——一见倾心；② 简洁明快——一目了然；③ 忠实事实——一片丹心；④ 高度概括——一语道破；⑤ 笔触犀利——一针见血；⑥ 逻辑说服——一言九鼎；⑦ 含意深刻——一唱三叹；⑧ 读者印象——一曲难忘。

(2) 电(讯)头。也叫电头、讯头或消息头，导语前往往冠以“本报讯”、“本台消息”、“××社××地×月×日电”字样，即为消息头，它是新闻发出单位、地点和时间的交代说明。消息头有“讯”“电”两类。“讯”指通过邮寄或书面递交形式向媒体传递的报道,“电”指通过电报、电传、电话、电脑等传输的报道。消息头是版权所有标志,也标明消息来源,易于让受众和编辑一下子将消息与其他体裁区别开来。

(3) 导语。导语就是消息的开头。消息的第一自然段,或开头的一两句话,一般称为导语。它用简洁生动的语言,概述消息中最重要的事实和内容,或鲜明地揭示消息的中心思想,引起受众的兴趣和注意。“导”字有三种含义:开始、启发和吸引。导语的重要性在于:一是用简练的文字将消息最新鲜,最重要的事实反映出来,它是全篇消息最关键的部分;二是吸引读者读完全篇。一般文艺作品把高潮或重要内容安排在后面或结尾。消息则相反。当然有些消息因结构不同,也可以把重要事实放在结尾,这叫无导语结构;消息导语的具体作用,一是引人入胜;二是揭示主题;三是定弦定调。导语写作的基本要求有:一是中心突出,观点鲜明。消息导语一定要把通篇新闻所报道的中心内容加以突出,从而揭示出消息主题思想,起画龙点睛之妙;二是简明扼要,开门见山。即把消息中最主要、最新鲜的事实提炼出来,一语道破新闻主题思想;三是讲究文采,生动活泼,引人入胜。导语的种类很多,具体表现在以下方面:

六要素导语和部分要素导语。这是从导语中所含消息要素的多少来分的。六要素导语,就是消息六要素齐全的导语,也称全型导语。从导语发展看,也是第一代导语。如:萨莫亚·阿庇亚 3 月 30 日电:南太平洋沿岸有史以来最为猛烈、破坏性最大的风暴于 3 月 16 日、17 日袭击了萨莫亚群岛,结果,有 6 条战舰和其他 10 条船只要么被掀到港口附近的珊瑚礁上摔得粉身碎骨,要么被掀到阿庇亚小城的海滩上搁浅。与此同时,美国和德国的 142 名海军官兵,有的葬身珊瑚礁上,有的则被埋在远离家乡万里之外的无名墓地上,为自己找到了永远安息的场所。六要素导语长处是具体、完整。可以独立成一条消息。但内容太多,主次不分,重点不突出,故有人讥之为“晒衣绳”式导语。部分要素导语即指导语中只包含“六要素”中的部分要素,也称微型导语或第二代导语。该类导语通常突出“六要素”中某一要素,组合与之相连的一两个要素。单纯含某一个要素的导语较少。如“欧洲大战于昨天拂晓爆发”、“约翰·肯尼迪总统今天遭枪击身死”之类的导语,可说已极简洁,但在突出“何事”的同时,也包含了“何时”或“何人”等要素。

从表达方式和表现手法上讲,导语又有以下形式:(1) 叙述式导语。它以凝练的语言,扼要而直接地将消息中主要的事实叙述出来,是导语最基本、最常见的写法之一。如:新华社香港 9 月 17 日电　昨天,香港特区行政长官董建华设茶会,与数百位长期默默耕耘、为香港回归和繁荣作出贡献的基层人士共度中秋佳节。(2) 描写式导语。它以展示事物形象和事件场景为主要特征。写作时抓取某一生动形象、鲜明色彩或有特色细节加以描绘。描写时应简洁传神、力避雕饰。如:本报讯　多么威武神气的猫头鹰!一对大眼睛正在扫射着什么,翅膀微微耸起,看来它准备振翼飞扑过去,抓住那狡猾的大田鼠。这只用棕榈树桩因材施艺而雕琢成的猫头鹰,最近飞越太平洋,在美国旧金山的“中国上海民间艺术展览会”上栖息。(3) 评论式导语。即对所报道的事实进行评论,揭示其意义。如:中国在体育方面已不再是“东亚病夫”,相反,她正打算在新德里举行的亚运会上取代日本,成为亚洲首屈一指的体育强国。(4) 对比式导语。就是把有差别的事物相比较,将现在的情景与过去的情景相比，将此地之状况与别处相比等。如：合众国际社伦敦5月20日电 24岁的冈萨雷斯去年在马德里获得了法学博士学位，现在却在做零工，其中最好的工作是遛狗。(5) 引语式导语。即引用新闻人物精彩而生动的语言来揭示消息主题。如："我现在不是资本家，你最好把我说成是一个商人"，荣毅仁说，"人们称我为资本家是因为我引进了资本主义的经济管理方式"。(6) 提问式导语。即将有关问题通过一个尖锐而鲜明的问题提出来，以引起受众的关注。有时是设问，即要求自问自答。如：狠心的年轻父母，你是否想知道被你遗弃的小生命的近况？

直接性导语和延缓性导语。这是以时间远近点来分的。直接性导语多用于时间性很强的消息，叙述已发生或正在发生的事件。大多数消息导语均属此类。直接性导语又可细分为单一要素导语，即导语中只表现一个最重要的新闻事实；多要素导语，即导语中表现多个事实要素；归纳式导语，即将新闻事实加以归纳，使其精华集中于导语中。延缓性导语多用于时间性不太强的消息，它不直接叙述新闻事实，而是通过解释、阐述、设置悬念或场面描写、气氛渲染等引出新闻事实，吊起读者的胃口。两种导语之不同，请对比下例：(1) 华盛顿2月20日讯——丹尼尔·莫伊尼汉今天辞去了美国驻联合国代表的职务。——《纽约时报》(2) 直到最后一刻，丹尼尔·莫伊尼汉还在说，他不知道是否应该辞去美国驻联合国大使的职务。他说，"我下了三十次决心"，"就像马克·吐温讲的'戒烟容易得很，我已经戒了一千次'"。上周，莫伊尼汉最后下定了决心：辞职。——《时代》杂志。从上例可见，直接性导语开门见山，一语中的；延缓性导语则一语不中的，意在引起受众的"读欲"。

消息导语的写作技巧有：

① 一语破的法。好的新闻导语如何做到"抢耳"、"抢眼"，用最短的文字，一语破的，无疑会起到开门见山、立竿见影的效果。如，1945年8月14日，美国杜鲁门总统宣布，日本已无条件投降。美联社在抢发这条爆炸性的新闻时，导语干脆利落："日本投降了！"这条短而有千钧之力的导语，当时就被新闻界公认为"最佳导语"。

② 设置悬念法。在新闻导语上设置"悬念"，事情先不直说，吊起读者的胃口，"逼"得你不得不继续读下去。《人民日报》曾刊发了一篇报道，导语是这样写的："国财贸大会上传说着这样一件事：上海服装进出口公司床上用品组的职工，'救活'了两只鸳鸯，挽回了一大笔外汇。"为什么要"救活"鸳鸯？"救活"了两只什么样的鸳鸯？又怎样挽回了外汇？导语对此一概不说，你想知道就得往下读。

③ 欲擒故纵法。先放开一步，再紧紧抓住，这样的导语写来必有"痛击一拳"之淋漓快感。美联社发了一条讽刺美国经济的稿件，导语是这样写的："就是在罗纳德·里根总统对全国说'美国正在走向经济复苏'之前几个小时，他的儿子普雷斯科特·里根却在这里同失业者一道领救济金。"显然，前后两句自相"矛盾"。但读者是聪明的，知道连总统的儿子都在领救济金，谁还相信美国的经济开始好转了呢？

④ 化静为动法。一个事件性的新闻，用静态的记叙手法写，其导语往往比较枯燥、呆板、索然乏味，但若用动态的表现手法写，导语就会新颖有趣，活脱而有生气，所报道的新闻也就有了灵性，引人入胜。1974年，我国在西安出土了秦始皇兵马俑，引起了国内外的

强烈关注。当兵马俑复制品在比利时首都布鲁塞尔巡回展出时，美国《国际先驱论坛报》记者罗娜·多布森发了一条消息，导语妙语惊人："一支中国军队到达了布鲁塞尔。威武的士兵身穿紧身盔甲，随后行进的是军乐队和骑兵，最引人注目的是他们的身材。"

⑤ 拟人修辞法。巧妙地运用拟人修辞手法写导语，导语和被报道对象就会有"人情味"，给人以亲切感。1993 年 11 月 1 日，《杭州日报》创办了我国历史上第一张下午版报纸。当天，《新民晚报》发了一则消息，导语是这样写的："中国新闻史上第一次响起了一个与众不同的声音：'嗨，下午好！'我国第一张下午版报纸今日由杭州日报正式创刊。"报纸是纸，绝不会说话，作者却以拟人的手法，写出了声音："嗨，下午好！"仿佛一位久违的朋友伸出双臂向你奔来，多亲切！

⑥ 数字对比法。数字是枯燥的，但数字是最有说服力的。把新闻中的主要数字，或读者关注的数字，巧妙地运用到新闻导语中，回答读者的问题，就能提高新闻的价值，给读者留下难忘的印象。平时听人说联合国会议多，文件多，然而联合国文件究竟如何多，恐怕谁也说不清。法新社 1982 年在联合国发的一条电讯稿导语对于这个问题回答得非常清楚："如果把联合国去年在纽约和日内瓦印刷的全部文件首尾相连排列起来，总长度将达 27 万公里。"

⑦ 速写勾画法。新闻一开头，若能先给"五要素"中的人物和地点，描述几笔，勾勒出一幅图画，使读者如临其境，如见其人，如闻其声，那么，这条新闻的可读性就一定会大大增强。1983 年 8 月 2 日，《光明日报》发了一条人物消息，导语写得美极了："一眨眼之间，他已在青藏高原奋战了 27 个春秋了。原来的满头青丝，现在已染上了祁连山的霜雪；脸上的皱纹，就像是风沙雕刻的痕迹。这是少数民族地区科技工作者代表座谈会上，高级地质师胡贤农给记者留下的深刻印象。"

⑧ 巧用背景法。若在导语中巧妙地运用背景材料，用好了，导语就会有"脸面"，就会"满堂生辉"。1994 年 10 月 19 日，《人民日报》刊登了一篇笔者采写的关于"永州养蛇"的消息，导语就是以背景材料取胜的："唐代著名文学家柳宗元在被贬至湖南永州任司马时，曾写下千古名篇《捕蛇者说》，使'永州之野产异蛇'闻名遐迩。一千多年过去了，历代冒死捕蛇为抵租税的永州捕蛇者的新一代又悄然兴起了一股养蛇热，各乡各户竞办蛇场已成为永州农村的一大新鲜事。"

⑨ 古诗名句法。如果避开花哨之嫌，在新闻导语中恰当地引用一点古诗名句，不仅意境深远，而且文采飞扬，可以大大增强新闻对受众的吸引力。1987 年 1 月 9 日《湖南日报刊》登了一篇《我省旅游事业取得突破性进展》的消息，导语就颇具文采："'养在深闺人未识'的武陵风光，已经撩开面纱，深深地吸引着众多的海内外旅游者。"

⑩ 抑扬顿挫法。对报道对象的表现手法可多样化，或先抑后扬，或先扬后抑，一起一伏，峰回路转，使人读来耐人寻味。美联社 1979 年 3 月 28 日发了一条关于我国河北任丘油田的稿子，导语是这样写的："在这里，地面上燃料奇缺，农民不得不靠挖掘玉米根来生火取暖、煮饭。然而，在 3200 米的地下，地质学家们发现了大量石油和天然气。"

⑪ 特写镜头法。导语写作可借鉴电影手法，采用一连串的特写镜头，牢牢吸引住读者。《湖北日报》1981 年发表了一篇歌颂老师的消息，由于导语中用了一个"老师为学生

送棉大衣”的特写，很感人：“9月初的一天早晨，从钟祥县开往武汉的长途汽车就要起动了。考取了北京大学的农家子弟柯洪云欢欢喜喜地登上了汽车。这时，一位中年妇女急急忙忙地赶来，把一件棉大衣塞到了他手上。乘客们以为，这一定是这个学生的妈妈！可是，人们怎么也没有想到，这位妇女却是柯洪云的老师。”

⑫ 曲径通幽法。新闻导语要做到尺水兴波、文短味长，曲折迂回地表达主题，不失为一种好的表现手法。汉城奥运会乒乓球比赛，我国选手的意外受挫成了国内外舆论的焦点，且看法新社的消息导语：“统治世界乒坛数十年的中国男子乒乓球队今天在这里遭受到前所未有的毁灭性失败，这一严重挫折使中国人感到十分沮丧。今天，乒乓球赛新闻层出不穷，倒霉的不仅限于中国人。但是，对中国人来说，这一天将作为黑色的星期四而永远留在记忆中。”

⑬ 一张一弛法。先写人之常情，以唤起读者的共鸣，然后急转直下，矛头直指问题，让人警醒，此所谓“一张一弛法”。“天下做女人的，谁不想当个健康孩子的母亲！然而，事与愿违的是，目前在我国，每出生1000名婴孩中，就有13个是缺陷儿，使得不知有多少这种孩子的妈妈为此泪水涟涟，痛心疾首。”《解放军报》的这条消息导语，从妈妈的美好愿望，到“痛心疾首”，反差极大，写来深具人情味。

⑭ 小中见大法。从小处着手，从小事写起，由小到大，小中见大，这样的新闻导语往往真实可信，具有较强的感染力。1957年11月17日，我国女子跳高运动员郑凤荣刷新了女子跳高世界纪录，震动国际田径界。美联社迅速发出消息：“一位20岁的中国姑娘在北京的有力的一跳警告世界田径界说，六亿中国人民不会是永远落后的选手了。”“一位中国姑娘”与“六亿中国人民”联系起来，这“小中见大”的功夫了得。

⑮ 先声夺人法。“未见其人，先闻其声”，短短一段文字，能够做到开门“闻声”，以“声”导人，当然就会产生出不同凡响的艺术效果。《南方日报》1986年3月8日发的一条报告会消息，导语就写得格外“热闹”：“‘精彩，实在精彩！’‘听到李国桥不惜冒着危险在自己身上做抗疟试验时，我周围的不少人流泪了。’‘你有没有注意，梁启圣老师讲他10多年来用自己的工资抚养黎、苗族学生那一段时，就被6次掌声所打断。’这是昨天上午省先模报告团在广州中山纪念堂做首场报告以后，记者在人群中听到的议论。”

⑯ 拉近时间法。对于已经发生了一段时间的“新闻”，使其“翻新”的办法就是：寻找时间要素的最近点，写出最新的新闻根据。1956年初，上海市政府发出公告，要求取消人力车，到2月25日，当最后两辆人力车被送进博物馆时，新华社却发出了一篇时效性极强的新闻稿（导语）：“上海市交通局今天把上海的最后两辆人力车送给了博物馆。原来的人力车工人曾为此自动集会庆祝，感谢政府替他们挖掉了穷根，帮助他们走上了新的生活。”

⑰ 提问作答法。在导语中，把广大读者普遍关心又感兴趣的新闻报道里已经解决了的问题，先用疑问句式鲜明地提出来，而后用事实加以回答，使之更加引人注目，发人深思。“8点上班的钟声响过之后，中央国家机关多少人迟到？”这是1987年6月15日新华社电讯《一些中央国家机关的情况表明需要加强劳动纪律》的导语，提出的问题非常敏感、突出，一开始就抓住了读者的心。

⑱ 有意重复法。新闻导语最忌重复，颠三倒四地重复一句话，既浪费时间，又浪费版

面，还会使读者云里雾里。然而，对于一些特殊的题材，有意识地重复一些关键词语，反而会收到一些意想不到的效果。请看下面这条导语："85秒！拳王泰森击败挑战者。85秒！历史上最短的拳王卫冕战。85秒！1300万美元尽入腰包。"(1989年7月21日新华社华盛顿电《泰森：85秒卫冕成功》)特意重复使用了3个带感叹号的"85秒!"加深了读者的印象。

⑲ 化整为零法。聪明的记者对新闻导语总是字字斟酌，稍长一点的，就来个化"整"为"零"，分段叙述，绝不一开头就扔给读者一块"铁板"。1981年，电视系列片《马可·波罗》在中国开拍，美联社电讯稿的导语是这样写的："尽管马可·波罗在他那部写于13世纪的名著中并没有提到长城，但是，美国、意大利、中国合拍的电视系列片《马可·波罗》仍从长城开拍。(另起一段)昨天晚上，该片宣传负责人恰克·潘恩特说，这部拍摄费高达2 200万美元的电视片是西方在中国实地拍摄的第一部艺术片。"一则导语，两个自然段，有声有色，有主有次，读起来方便、自然、舒服。

导语的写法还可以有多种，既要从事实出发，又要有创造性。其写作应该注意以下几点：一是不要用公式化、概念化的空洞文字代替事实。二是不要用很多的名字、机构和衔称以及一连串枯燥的，难懂的技术名词和数据。三是要分主次，不要把太多的事实挤在导语里。四是导语不要多用形容词，应多用名词和动词；少用虚词、多用实词；尽可能用单句，少用复句。

(4) 主体。主体是导语之后，构成消息内容的主要部分。它对消息事实作具体的报道和说明。这一部分要用有说服力、充足的材料以进一步阐述消息的主题。一条消息的质量，主要看导语和主体写得怎么样。消息主体的写作要求：① 主题集中，深刻鲜明。即紧紧围绕着导语所确定的主题思想或提出的问题来选用材料，努力做到观点和材料的统一，并注意运用材料的角度，如马大哈丢烟头失火，工人们奋力扑救，若主题是防火，就从不要乱丢烟头角度揭示主题。若以工人救火高尚行为为主，从救火角度来反映。② 结构严谨，层次分明。导语就像总论点，要根据其揭示的主题或提出的问题，层层安排新闻素材，并根据受众的思想逻辑一步步回答产生的问题。③ 点面结合，善于概括。这是主体部分主要手法之一。点，解决深度问题；面，解决广度问题。点面结合，才能使新闻的内涵与外延丰富。概括方法有两种，一是全篇内容的概括(用于动态新闻)；二是部分材料的概括，即点面结合。④ 段落分明，转合自然。新闻，一句话一个意思，一段话一个观点，不同的观点和不同的材料不能放在一个段落里，还要注意段落间的起承转合，上下文在内容和语气上的衔接。西方记者善断裂行文。写消息的主体一般有两种形式：一种是按事实发生、发展的先后顺序安排层次。它的好处可以使读者对事物来龙去脉有一鲜明的印象。如：《共产党员刘胡兰慷慨就义》，这条消息报道了刘胡兰英勇就义的现场情景，是按刘胡兰被捕到壮烈牺牲的顺序写的。按时间顺序写，一定要紧紧围绕主题精选材料，详略得当，不要写成平铺直叙的流水账。再如：

**狒狒酗酒又洗澡　顺手牵手模钱包**

[合众社伊普斯威奇(英格兰)1948年6月15日电]最近，这里一只逃跑的狒狒，在多萝西布鲁莫太太家度过了美妙时光。她喝黑啤酒，吃东西，然后淋浴，上床就寝。而那吓坏了的太太则畏缩在厨房里。

六岁温和的狒狒伊丽莎白，从一个集市跑了出来，走了四分之一里路来到布鲁莫太太的家。当时布鲁莫太太正在厨房里喝咖啡，没有听见伊丽莎白从前跳进来。这只狒狒走进餐厅，尝了橘子和香蕉，然后搜出一瓶脱黑啤酒。

在开怀畅饮之后，伊丽莎白把酒瓶夹在胳膊下，一边吃着樱桃，一边上了楼，她把樱桃核吐在楼梯扶手上。她喝着啤酒进了洗澡间，扭开所有的水龙头，并爬到浴缸里，用手喷头向墙上喷水。

这时布鲁莫太太来到院子里，她往楼上看时，正好瞧见伊丽莎白在卧室窗口兴高采烈地挥手致意。布鲁莫太太把自己锁进厨房，而一个邻居去给警察打电话。

伊丽莎白用粉扑把自己扑了一身香粉。在逛了另外三个房间后，她把自己裹进一床桃红色丝被中，警察赶到时，她已经喝光了啤酒，倒在床上。集市上的一个工作人员很顺利地把她领走了。不过，伊丽莎白拿走了布鲁莫太太的钱包。

“她把我的钱分给每一个人，”布鲁莫太太愤愤地说。

主体的另一种写法是根据事物之间的内存联系或逻辑关系，如因果关系、并列关系、主次关系或点面关系等等来组织层次安排结构。它的好处是便于反映事物本众所周知和意义具有较强的说服力。如：《敌寇凶残赛虎狼》就是用三个性质相同的事实，反映同一主题。再如《三块弹片作遗产》(1982 年 2 月 12 日《新华日报》)。就是四个性质相同的材料，来表现陈洛平同志的高贵品质的。作者叙述这四件事情的时候，不是按时间顺序，而是按主次关系来安排层次的。多年来，追悼会消息的写法基本上形成了一种格式：① 时间＋地点＋人名＝导语；② 追悼会主持者＋致悼词者＋出席名人＝第二段；③ 悼词摘要(罗列死者简历＋评价)＝第三段；④ 有关领导人慰问死者家属＝结尾，“千人一面”缺少变化，而《戏剧艺术大师黄佐临逝世》却突破了追悼会消息的公式化老框框，向散文式化消息的方向迈进了可贵的一步：“深深地，含着泪水一次又一次地鞠躬；轻轻地，将红色玫瑰放在他的周围。龙华殡仪馆，今天上海各界人士送别我国一代艺术大师黄佐临先生。室外，大雨如注，天公同泣泪……”

写消息的主体要掌握好几点：1. 材料要具体，内容要充实，事实要典型；2. 要写得波澜起伏，写作手法要灵活多样，可叙述可白描，或精辟的画龙点睛式的议论；3. 安排主体材料要同导语部分密切联系，前引后随对导语里用的事实，主体要加以发展、补充，但又不能重复，尤其文字形式是这样。如：

据新华社巴黎 8 月 31 日电　英国王储查尔斯王子的前妻戴安娜本地时间 8 月 31 日凌晨在巴黎遭遇严重车祸，送往医院后不治身亡。

据悉，戴安娜与其男友埃及亿万富翁之子法耶兹于 30 日下午来到巴黎。当天午夜，他们在巴黎里茨饭店共进晚餐后，乘坐一辆奔驰 600 型汽车飞速驶向法耶兹在巴黎的一座私邸，一群摄影记者在途中紧追不舍。戴安娜的汽车加大马力急速行驶，试图摆脱摄影记者，不幸在一处公路隧道里与一根立柱碰撞，造成严重车祸。法耶兹和司机当场死亡。戴安娜及其保镖身受重伤。

车祸发生后，抢救人员立即将戴安娜等人送到医院。负责抢救戴安娜的医生不久宣布，戴安娜在车祸中手臂骨折，大腿受伤并发生严重脑震荡，在抢救过程中因胸腔大出血，于凌晨4时死亡。

法国总统希拉克和总理若斯潘对戴安娜不幸身亡表示震惊。据巴黎警方宣布，车祸发生后，尾随戴安娜的7名摄影记者被带到巴黎警察总署接受调查。

这则消息篇幅不长，但层次清楚，起承转合自然，叙述较生动，行文亦波澜起伏。

(5) 新闻背景。狭义的新闻背景指写作过程中涉及的与新闻人物和事件发生、发展相关的历史、原因和环境、条件等方面的材料。广义的新闻背景还包括对导致新闻事件发生、发展的广阔的时代背景的了解，也包含向记者提供消息、介绍情况的人的背景。新闻背景用得好，可解释、烘托和深化主题；可代替作者议论使报道客观；可补充情况、介绍知识、增添情绪。背景材料在消息中位置灵活，可独立成段，也可穿插于导语、主体或结尾之中。新闻背景但常从内容上分为：历史背景、地理背景、人物背景、知识背景等。新闻背景主要有三类：① 对比性背景。主要通过对比衬托，突出新闻事实的意义，阐明主题、表明观点。通过对比，突出矛盾和差异，显出特点和价值。通常有两种情况：纵比，即今昔对比，前后对比。如写农民富裕了，收入增加了，可用如此背景加以突出："十年动乱时期，这里农民的平均收入只有二三十元。不少农民每天工分2分只够买一张8分邮票。"横比。同样写农民收入问题，也可将沿海地区与西部地区对比。② 说明性背景。是对与新闻事实相关的政治背景、地理背景、历史背景、思想状况或物质条件等情况作介绍和交代，以说明事物产生的各种因素，揭示事物发生或变化的意义。如新华社发过一条报道贵州省交通建设的消息。导语这样写道："'地无三尺平'的贵州省建成四通八达的交通网。"这里的"地无三尺"平就点出了贵州省的地理环境背景，这对后面的消息内容作了鲜明的衬托。毛泽东写的消息《中原我军占领南阳》也用了精彩的历史背景从而衬托出南阳是历来兵家必争之战略要地，说明我军占领南阳在政治军事上有其重要意义。③ 注释性背景。对产品(物品)性能特点、科技成果、技术性问题、名词术语、文史知识、风俗人情等进行注释、介绍，以帮助受众掌握消息内容、增长知识和见闻。如《广州日报》消息《阳山发现佳果"皇帝梨"》，报道了这种濒于绝迹的珍稀水果为我国独有，必须及时抢救。为什么叫"皇帝梨"？它有什么特点？消息就写一段背景："它个大，皮薄，肉嫩，核小，汁多，味甜，过去是作为贡品敬献皇帝的，故叫'皇帝梨'"。有了这样的注释性背景，读者一看就明白了。一般说，新闻背景是消息的从属部分。它无固定的位置，但通常安排在主体之中，有时也可成为消息的主要材料。其作用：或是介绍知识；或是补充情况；或是增添情趣；或是强化主题。消息的新闻背景运用得当，可以烘托和深化主题，有助于阐述事物的意义，使消息变得更有深度和主体感。使用新闻背景要注意几点：一新闻背景一定要为消息主题服务，它只能交代与消息直接有关联的材料。不要节外生枝，冲淡主题；二新闻背景是辅助性材料，除特殊消息外一般不宜过长，不要喧宾夺主；三新闻背景的穿插没有固定位置，在导语、主体、结尾都可灵活安排，有时多处运用，但要成为消息的有机整体，不能成为松散的"积木"。

(6) 结尾。结尾就是囊结、凝合、收束文章内容而组成的末段文字。消息要把事实写得完整，逻辑严密，结尾需得响亮有力，发人深思，给人启迪。美国著名记者休·A.马利说："一篇报道既要有好的导语，也要有一个有力的结尾。事实上，我常常在最后一段下的功夫比第一段下的功夫大。"好的结尾，有助于进一步阐明新闻事实意义，加深读者印象，或起到深化主题，引人思索，给人启迪的作用。写好结尾应做到：紧扣事实不空泛，增添信息不重复，启发诱导不说教。消息结尾的写法是多种多样的，要根据消息的内容和要求来确定，其要求有：一是自然得体；二是简洁明快；三是有滋有味。比较优秀的消息大都有精彩的结尾。常见的结尾方式有五种：① 小结式。消息报道的最后，对内容作概括性的小结，从而使读者加深印象。如：《王老师的小屋》："我们歌颂王老师的小屋，却并非歌颂他屋子之小。我们希望那些肩负教书育人重任的老师们，能够不再住这样的小屋。"② 启发式。用启发、激励的言语作结束，使读者从中领会出消息中没有讲出的内容和要求。如《党组织为马寅初彻底平反恢复名誉》："20 多年的是非终于澄清，冤案终于平反。实践宣布了公允的裁判：真理在他一边。"③ 展望式。有的消息结尾不把话说尽，给读者留下思索回味的余地，引人进一步地思考和等待事情的进一步发展。如《北京市工艺美术服务部增开夜市》："9 时许，皓月当空。站在路边向北望去，一些商店橱窗里的灯光已陆续熄灭，而这里，顾客依然进进出出，丝毫没有减少。"④ 引语式。即引用一些有关人物或权威人士的话。如《北京光华木材厂刹住动用公款式请客吃喝歪风》最后一段写道："果然，从此以后，再没有人找领导要求动用公款请客吃饭了。难怪主管生活的副厂长杨树森说：'过去成天为请不请客发愁，如今我可以集中精力抓好职工生活了。'"⑤ 无结尾式。有些消息材料写完了，消息结束了，不另写结尾。如《简讯》、《国际要闻》集纳式消息就属此类。写消息的结尾也应注意尽量写得生动活泼，内容不要和导语、主体重复。写消息的结尾同样没有固定模式，既要从事实出发，又要善于创新。

2. 结构形式

消息的结构取决于事实本身，结构为主题服务。合理的消息结构要符合两标准：一是看它能否用最短的篇幅把事实讲清楚，二是看它能否吸引读者看完全篇。安排消息的结构，一是从总体上把握导语、主体、结尾和新闻背景之间的关系，巧妙地处理好整体与部分，部分与部分之间的组织关系；二是要根据报道的内容与主题，对材料组合、段落安排进行总体设计，形成一种写作顺序。消息的结构形式主要有以下几种：

(1) 倒金字塔式结构。亦称"倒三角"。即按照新闻事实内容的重要程度或受众的关心程度先主后次地安排事实材料。即头重脚轻、虎头蛇尾式结构，把最重要的材料放在篇首，最不重要的材料放在篇末，从导语至结尾按重要程度递减顺序组织安排新闻材料。它的主要特点是：一是打破记叙事件的常规，在材料的时间特征上，呈现以下公式：首先是"总体性倒叙"，即将最后结果或后发生的却富有吸引力的材料，置于篇首。其次是"局部性倒叙"，即"倒叙中的顺叙"。即在局部性倒叙中又用顺叙说明过去一段时间内，"开始如何，后来又如何"。最后是"总体性顺叙"。即"现在正在如何，进一步又如何"。二是它按重要性程度安排材料，决定段落层次的顺序。常呈现为"重要"、"次重要"、"次要"、"更次要"、"补充"、"进一步交代性材料"的顺序。三是导语常是直叙型的部分要素导语，包含了最重要的事实，又往往具有相对独立性，可独立成章，变成"简明新闻"或"一句话新闻"。四是对事件过程的叙述较简略，每段文字都很简要。倒金字塔式结构便于受众迅速掌握全篇精华，满足受众尽快获取最新消息之需求；便于记者迅速报道新闻，将最重要的新闻事实，最先发出去；便于编辑选稿、分稿、组版、删节，如在版面不够时，可从后往前删，无须重新调整

段落。但易于程式化、单一化,比较适宜写时效性强、事件单一的突发性新闻。如:

**副市长上大学**

[《人民日报》1983年8月27日讯] 全国著名劳动模范,北京市副市长张百发被中国人民大学函授学院北京分院录取为函授生。

49岁的张百发在北京市分管基本建设工作,他今年报考了人大基本建设经济专业,但由于出席六届人大,未能参加函授招生考试。为此,中国人民大学党委根据有关政策规定和张百发的文化程度及表现,决定批准破格接收他为函授生。

今年,中国人民大学函授学院北京分院有工业经济、基本建设经济、马列主义理论、财政学、全融学、法律学、新闻学、档案学等9个专业招收了990名新生。他们中有100多人在中央有关部门、中国人民解放军驻京机关、北京市属单位担负着一定的领导工作。

(2) 金字塔式结构。也叫"积累兴趣"结构,此结构形式又叫编年体结构。它完全自然地按照新闻事件发生的时间顺序来写,事件的开头就是消息的开头,它的结束就是消息的结尾。金字塔式结构通常不一定有单独导语,往往按时间顺序安排事实,先发生的放在前面,后发生的放在后面。这种结构叙事条理清晰,现场感强,很适合写故事性强、以情节取胜的新闻,尤其适合写现场目击记。缺点是开头平淡,难以一下子吸引受众;消息精华可能淹没在长篇叙述中。如:

**冻死的孩子重新复活**

美国威斯康星州一个名叫麦肯罗的孩子,今年只有两岁半。一月十九日,在家里人没有注意的情况下,他穿着一身睡衣,只身来到零下二十九度严寒的室外。家里人发觉后把他抱回屋里时,麦肯罗的一部分血液已经'冻结',手脚也都僵硬了。当他被送往医院时,体温已下降到十五点五度。但是,在经过了包括使用心肺泵等先进设备抢救以后,麦肯罗竟然奇迹般地复活了。像这样处于低温状态下的人能够死而复生,在世界上是没有先例的,就是参加抢救麦肯罗的医生也对此感到惊叹不已。

现在,除了他的左手可能会留下由于冻伤后遗症引起的轻度肌肉障碍以外,其他恢复都很正常,估计三、四周内,即可恢复健康。

(3) "倒金字塔"和"金字塔"结合式结构。即采用"倒金字塔"式结构的导语和"金字塔"式结构的顺叙形式,既让受众在开头一下子抓住新闻最新鲜的事实,同时,又"逗"着受众了解新闻发生的过程。如前面的消息《狒狒酗酒又洗澡　顺手牵手模钱包》就是如此。

(4) 对比式结构。重在通过对比,揭示差异,突出新闻主题。如《人民日报》1982年7月18日关于顺义啤酒厂和青岛啤酒厂的报道就用的这种结构。此则消息首先用的是对比性的标题。

两个厂为什么建设一快一慢?

权力下放争主动——顺义啤酒厂一年建成投产

婆婆太多难办事——青岛啤酒厂扩建扯皮两年

然后是对比性的导语,在对比性的导语下,又用了两个对比性的小标题:

"顺义厂:地方有主动权,领导重视,各方配合"。

"青岛厂:婆婆太多,公文旅行,相互掣肘"。

最后，又有一个对比性的结尾：

“两个厂情况如此悬殊，发人深省。”

(5) 提要式结构。通常把新闻中最重要的事实概括到导语中，然后将多项需并列出示的内容以提要形式，用数字程序一一分列出来。有时也可不用数字标示，而用“——”引出各个要点。

(6) 问答式结构。多用于记者招待会报道。记者应善于组织问题，报道内容忠于原意，行文时，也应注意内容的连贯和层次的明晰。

(7) 悬念式结构。通常开始设悬念，使受众逐增兴趣，最后形成高潮。因材料趣味性从导语至结尾递增，故名积累兴趣式。又因其要求设置悬念，故有人称为悬念式结构。它强调将最精彩的、出人意料的材料置于消息结尾。如：

**婚礼唁电　新娘寻死觅活**

春节前夕，解放军某部三连战士肖建军，收到“父病故速归”加急电报，匆匆赶回山西省临汾老家。

跨进门，却见室内张灯结彩，墙上贴着大红“囍”字，小肖一下愣住了。母亲将他拉在一边说：为能使你参加大哥的婚礼，我瞒着家里人发了封假电报，你可要保密。母亲的一片“苦心”，使小肖只好撒谎骗父亲和家里人说自己出差顺路回家。

2月8日哥哥结婚。婚礼程序完毕。亲朋好友正在推杯换盏，频频敬酒时，邮递员送来一封电报，小肖父亲接过连忙展开，只见上写：“闻建军父不幸病故，三连全体官兵致电表示沉痛哀悼。”其父气得浑身颤抖，遂质问儿子。在座的新娘弄清原委，“哇”的一声大哭冲出门去，头撞墙寻死，多亏众人相劝事态才未扩大。其母悔恨地说：“都怪我荒唐行事，闯下大祸”。

(8) 散文式结构。就是吸收散文在结构和表达等方面的特点，材料和层次安排自由、灵活，语言表达不拘一格。如郭玲春写的《金山同志追悼会在京举行》一文即是如此。

**金山同志追悼会在京举行**

［新华社北京1982年7月16日电］　鲜花、翠柏丛中，安放着中国共产党党员金山同志的遗像。千余名群众今天默默走进首都剧场，悼念这位人民的艺术家。

“雷电、钢铁、风景、夜歌，传出九窍丹心，晚春蚕老丝难尽；党业、民功、讲坛、艺苑，染成三千白发，孺子牛亡汗未消”。悬挂在追悼大会会场的这幅挽联，概括了金山寻求光明与真理，为人民鞠躬尽瘁的一生。人们看着剧场大厅里陈列的几帧照片，仿佛又重现了他的音容笑貌。他成功地塑造了爱国诗人屈原的形象。他在电影的《松花江上》的拍摄现场，他为演《风暴》二七老工人谈心，他在世界名剧中饰演的角色，他在聆听周总理的教导。他与大庆《初升的太阳》剧组在一道。他1911年生于湖南，1932年加入中国共产党，自此献身革命，始终不渝。……

此消息导语用简洁形象的语言，烘托出会场的肃穆气氛，恰切地表达了人们的心情。有情有景，情景交融。在现场描写中巧妙地揉进了新闻的基本要素，通过挽联恰到好处地概括评价了金山的一生，并通过陈列的照片，回顾了他艺术上的成就和走过的道路，消息结构灵活，主题鲜明，给人以耳目一新之感。

### （三）新闻由头

新闻由头就是新闻的引子，或者叫“新闻根据”、“新闻依据”。新闻由头是新闻的基本因素之一，是决定新闻价值的重要方面，是写好新闻的重要技巧。一、它告诉受众新闻事实为什么现在成为新闻。有些过时的新闻，现在才进行报道，其中必有缘由。二、它是新闻来源的必要说明。所报道的新闻，是通过什么途径获得的，新闻由头能起到说明新闻来源的作用，它是新闻事实的有力证据。新闻由头的作用：① 增强新闻的时效性，把旧闻变新闻。有些新闻事实发生以后，由于种种的缘由，未能在发生事件的当时就作报道，只能在事件经过若干时日之后再作报道，那么就得寻找新近发生或正在发生的与这个事件有密切联系的有意义的事情，作为报道这件事情的新闻由头，把旧闻变新闻。② 增强新闻感染力，吸引观众。好的新闻由头，不但可以增强新闻的时效性，使旧闻变新闻，而且可以大大增强新闻的感染力。③ 受众通过新闻由头，获知新闻的基本内容。新闻由头的存在，是为了适应现代生活迅速、准确地传播新鲜有效信息的需要。人们在传达一件事给别人时，往往在讲话的开始将所要讲述的内容概括成两句话介绍出来，以引起对方的注意，令对方掌握事情的梗概或调动对方的求知欲望。

寻找“新闻由头”对写好新闻非常重要，一般方法是：

（1）寻找时间上的最近处。在寻找新闻由头时，要从时间的最近处着笔。如新华社曾发过一则上海把最后两辆人力车送给博物馆的消息。导语是这样的：“上海市交通局今天把上海的最后两辆人力车送给了博物馆。原来的人力车工人自动集合庆祝，感谢政府替他们挖掉了穷根，帮助他们走上了新的生活。”上海市大批人力车工人交车是发生在2月25日前的事，新华社2月25日的消息，不把它定在导语前边，而把当天发生的把最后两辆人力车送给博物馆的事写在前面，作者显然是用心从时间的最近处寻找“新闻由头”，使人耳目一新。

（2）挖掘内容上的最新点。新闻要时间新，但时效性并不是新闻的唯一要求，同时还应特别强调内容新。如果能在过时的事件中从内容新上寻找新闻由头，也能够写出好的报道来。如《杜芸芸得十万遗产献国家》，消息中所报道的事情，虽然是几个月前发生的，属于旧闻，但是，这件事的典型性很强，作者从中找出新闻由头，杜芸芸把十万遗产慷慨地献给国家，充分反映出新的历史时期，我国青年一代的精神面貌和高度的爱国主义精神，新时期需要宣传这样的典型，它能够更好地推动我国精神文明建设。在挖掘内容新上找新闻由头，除了注意具有典型性的新闻事实以外，还应当注意具有知识性、趣味性的新闻事实，抓住这样的新闻事实进行报道，能够更多地引起人们的兴趣，给人以知识，给人以启迪。

（3）发现事实上的变动。平时采访中，常遇到“迟到”的新闻。要善于从事实的变动中挖掘“新闻由头”，这样不但能把“死”新闻救活，而且还能写出很好的新闻。如有一篇经验介绍，是某县委书记学开拖拉机的新闻，但稿子是一年前写的，早已成了旧闻。作者重新了解补充了最近所发生的与此有关的事实后，以《一篇迟发的新闻》为题发表了，取得了很好的效果。从发现事实上的新变动中找新闻由头，要处理好新变动与旧闻事实之间的关系，旧闻确实有值得重新报道的价值；新变动是在旧新闻事实基础上的变动，它们之间有紧密和必然的联系，新变动的“新”，应是新闻媒体当前所急需报道的内容。

如何制作好新闻由头？

(1) 新闻由头要挖掘最新最有意义的事情。新闻由头要用最新鲜、最重要、最有意义的事实。如记者以化州市防疫站站长、化州市茶根医院副院长陈文献荣获国家“五一劳动奖章”为新闻由头，详尽地报道了陈文献忠实代表人民利益，几十年如一日扎根茶根医院，把自己的一生无私地奉献给麻风病人的可歌可泣的事迹。这篇新闻播出后影响很大，在当地迅速掀起学习陈文献，努力实践“三个代表”的热潮。

(2) 周密安排，精心制作新闻由头。新闻由头的制作方式多种多样，我们要大胆借鉴优秀作品的新闻由头创作经验。凡是好的新闻由头，都是安排周密，布局合理，制作精良。大体来说，新闻由头的表达要符合以下几个基本要求：一是简洁明了。新闻由头的表达要用最少的字数来表达尽量丰富的内容，如：“今天，私营企业主李子叶终于圆了26年的入党梦。”这个新闻由头字数虽然少，却十分凝练地写出了新闻事实最重要的内容，信息的冲击力很强。二是具体生动。新闻由头要吸引人，就必须在有限字数内做到具体生动地表达内容，把受众最关心、最具个性、最新鲜的新闻事实，具体地凸现在新闻由头。如《“幸福路”上百姓笑，“鸳鸯桥”头青年欢》：“今天，电白县黄岭镇马垌村几十户人家盼望了50多年，几代人为之愁白了头的‘幸福路’，‘鸳鸯桥’终于修通了。村里的8位大龄青年也将与曾经因为路不通差点离他们远去的姑娘喜结良缘。”这个新闻由头既简明扼要，又具体生动，有一定的感染力。三是通俗易懂。新闻由头是一条新闻的开头部分，抓住或失去受众首先取决于这一部分是否具有吸引人的魅力，要迅速而准确地理解新闻由头的内容，表达必须通俗易懂。

新闻由头是新闻的重要组成部分，一篇新闻的好坏，与新闻由头密切相关，正如古人所说的“立片言以居要”。因此，我们一定重视新闻由头，下苦功夫把新闻由头制作好。

总之，要写好消息，应具备如下基本要求：一是应具有新闻的要素，即“五个W”和一个“H”至少要有时、地、人、事。二是客观地叙述事实。用事实说话。三是主题集中，中心突出。四是行文简洁，选材要精粹。五是必须真实，准确无误。六是生动活泼，通俗易懂。

## 二、启事

### (一) 含义启事

启事是机关、企事业单位、团体或个人，需要向公众说明某事或希望公众协助办理某事时使用的一种文书。启事是一种公开文告，单位和个人在有什么需要向公众说明，或希望公众协助办理的事情，往往把它简明扼要地写出来，张贴在公共场所，或刊登在报刊、杂志上，传播方式十分灵活，张贴、信函、电视、电台、报刊都可以作为传播媒介。启事与布告、通告都属于公开文告，但它们之间的差别很大。与布告比较，布告的法规性很强，具有较为严格的约束力，而启事则不具有这种法规性和约束力。与通告比较，发出通告的是单位而不是个人，它重在“告”，就是要告诉公众某种事情，希望大家明白，以便按照实行，而启事则无论单位或个人均可使用，它重在告启，也就是表白自己，不对别人发生任何支配作用。启事的本意是公开陈述事情。“启”，即叙说、陈述之意；“事”即事情。目前有的人把“启事”写成“启示”。“事”和“示”读音相同，但意思不同。“启示”，是启发指示，使有所领悟的意思。

（二）特点

1. 告启性，启事面向大众告知事宜，它只具有知照性，而没有强制性和约束力；2. 简明性，启事要求写得简洁明了，无论是登报、广播、电视或张贴，启事都必须写得十分简明。有的启事三言两语，有的启事用单行单句排列内容，竭力做到一目了然，启事的简明性，除了为读者提供方便之外，同时也受篇幅版面限制。张贴的启事不允许写得长，电台、电视、报刊启事，力求言简意赅。

（三）种类

按内容分，启事有征文启事、招聘启事、招生启事、征订启事、开业启事、迁址启事、征婚启事、结婚启事、离婚启事、寻人启事、遗失声明等。按公布的形式分，启事有报刊启事、电视启事、广播启事、张贴启事等。如：《招领启事》："本院拾到皮夹一个，内有人民币若干和 300 卡一张，望失主前来认领。××医院挂号处 2016 年 8 月 6 日"。

（四）写法

启事由标题、正文、署名三部分组成，有的署名进入正文。标题，用文种作标题，或用内容作标题，或内容和"启事"组成标题，或启事者和内容组成标题，或启事者、内容和"启事"组成标题，拟制标题要注意：标题要醒目，标题应十分简短。正文，撰拟启事的正文时，应注意以下三点：启事正文具有陈述性的特点；启事正文具有公告性质；启事正文的内容具有单一性的特点，一"事"一"启"，如果有两件或两件以上的事，可写成两份或两份以上的启事。启事的正文有多种写法，如一段式写法。启事内容简单的通常一段成文，分段式写法，启事内容稍为丰富的通常分几个段落成文，标题式写法，条款式写法等。结尾，启事的结尾包括联系地址、电话、联系人姓名或者签署启事者姓名、时间等。写作要求。内容要简而明；用语讲求礼貌。

**公司文员招聘启事**

岗位职责：

1. 负责公司各类电脑文档的编号、打印、排版和归档。
2. 报表的收编以及整理，以便更好地贯彻和落实。
3. 完成部门经理交代的其他工作。

任职资格：

1. 气质好，形象佳，能吃苦耐劳，年龄在 20—30 岁。
2. 1 年以上工作经验，文秘，行政管理等相关专业优先考虑。
3. 工作仔细认真，责任心强，为人正直。

工作时间：八小时，双休制。

**海报**

（一）含义

海报是主办单位向公众报道举行文化、娱乐、体育等活动的一种实用文书。是公开面向群众，或提请注意，或寻求帮助，或鼓动参与而写成的文字，重在鼓动合作与参与。它最初属于行业性应用文体，只限于职业性戏剧表演团体使用，由于其特殊的宣传效果而被社会各界广泛采用，现在，海报多用于电影、戏剧、比赛、讲座、文艺演出等活动。海报具有鼓动性与夸张性，多张帖在公共场所。“海报”一词演变到今天，它的范围已不仅仅是职业性戏剧演出的专用张贴物了，变为向广大群众报道或介绍有关戏剧、电影、体育比赛、文艺演出、报告会等消息的招贴，有的还加以美术设计。因为它同广告一样，具有向群众介绍某一物体、事件的特性，所以，海报又是广告的一种。海报可以通过传播，提高企业或个人的知名度，为人们提供重要信息，引发文化思考。

**（二）种类**

海报从内容上看可以分为下列几类。一是电影海报，这是影剧院公布演出电影的名称、时间、地点及内容介绍的一种海报，这类海报有的还会配上简单的宣传画，将电影中的主要人物画面形象地描绘出来，以扩大宣传的力度。二是文艺晚会、杂技、体育比赛等海报，这类海报同电影海报大同小异，这类海报一般有较强的参与性。三是学术报告类海报，这是关于学术性活动的海报，一般张贴在学校或相关单位的醒目处，学术类海报具有较强的针对性。四是个性海报，自己设计并制作的海报。

**（三）特点**

广告宣传性海报，希望社会各界的参与，它是广告的一种，有的海报加以美术的设计，以吸引更多的人加入活动。海报可以在媒体上刊登、播放，但大部分是张贴于人们易于见到的地方。其广告性色彩极其浓厚。商业性海报是为某项活动作的前期广告和宣传，其目的是让人们参与其中，演出类海报占海报中的大部分，而演出类广告又往往着眼于商业性目的。当然，学术报告类的海报一般是不具有商业性的。

**（四）写法**

海报一般由标题、正文和落款三部分组成。标题，海报的标题写法较多，大体可以有以下一些形式：其一，单独由文种名构成，即在第一行中间写上“海报”字样，可以直接由活动的内容承担题目，如“舞讯”、“影讯”、“球讯”等。也可以是一些描述性的文字，如“×××再显风采、××旧事重提”。正文，海报的正文要求写清楚以下一些内容：第一，活动的目的和意义；第二，活动的主要项目、时间、地点等；第三，参加的具体方法及一些必要的注意事项等。正文的结构形式有：一是一段式，内容简单的通常只用三言两语，一段成文。例如“×月×日下午×时，我校和××学院足球队在本校大操场进行友谊比赛，欢迎踊跃观赛”。二是项目排列式，内容稍多的可分项目，分项排列成文。如：“特邀××学院××教授主讲 沟通：××讲座形式：视频为主，辅以讲解。发送时间：××××年×月×日至×日，每晚×时至×时。地点：××××报告厅。人场办法：×月×日起在本馆门口售票处售票，每票××元。”三是附加标语式，有的海报在正文首或正文末加上排列整齐的标语，起画龙点睛，起渲染吸引作用，但要真实，不要哗众取宠。结尾，结尾的内容有主办单位，海报制作时间等，有的结尾还加上一些吸引人的口号。如“售完即止，勿失良机！”之类。如果正文已把有关内容写清楚了，可以不设结尾。落款，要求署上主办单位的名称及海报的发文日期。

**（五）注意事项**

海报一定要具体真实地写明活动的地点、时间及主要内容；文中可以用些鼓动性的词语，但不可夸大事实；海报文字要求简洁明了，篇幅要短小精悍。海报的形式要做到新颖美观，海报的设计要新颖别致，引人入胜。

**海　报**

新春文艺晚会

节目形式多样　　　内容丰富多彩

歌唱新人新事新风　宣传社会主义文明

名角新秀同台演出　优美动听风趣活泼

**声明**

**（一）含义**

声明本来是国家、政府、政党、团体为了公开说明某个问题的真相，或表明自己的立场和主张而发表的文告，后来延伸为一般单位和个人如遇重大问题，需要说明某一事项，或表明自己的立场、态度和观点的，也可以发表“声明”。

**（二）特点**

声明不同于启事，更不同于海报，它是典型的说明文体，具有以下基本特点：行文必须严肃、庄重；要善于抓住事件中的关键和要害表明态度，而且态度要明朗，语气要肯定；内容必须符合法律、法规和公认的事理准则的要求；表述必须准确，清楚，注意把握分寸，尽量避免用多义词和歧义短词；语言必须简练、明确。

**（三）写法**

声明一般由标题、正文、签署三部分组成。标题，一般的发文机关名称加上“声明”，如“中国外交部声明”。正文，声明的正文一般由引言、主体、结语三个部分组成。签署，即落款，发文机关署名，成文日期。如：

**××工作室最新律师声明**

今日下午，××工作室再晒出律师声明，针对近几个月的各种诽谤传言，他们决定用法律武器来维权，并直言曾试图希望时间来证明这一切都不是事实，但在有些人眼里却变成了“默认”。

我们需要一个人与人之间健康友善的相处方式。一个建筑在良知、善意和道德之上的相处方式。

曾经希望能够用清者自清的态度和时间来证明这一切都不是事实，然而，不解释在有些人眼里慢慢变成了“默认”，解释的声明就变成了莫须有的“洗白”，荒唐至极的谣言由此变成了“操控一切的剧本”。

面对这几个月来无休无止的恶意诽谤，我们不想再沉默。因为沉默会让谣言诽谤有更丰沃的土壤去滋生邪恶与是非，会让更多人成为受害者，让网络暴力可以为所欲为。让互不相识的陌生人彼此践踏与互相伤害！如果法律能够捍卫尊严，我们非常愿意依法维权！就这几个月来所有的恶意诽谤一一维权！

2016年11月16日

## 广告

### (一) 含义

广告是公众商品、服务内容或文体节目的宣传形式。它具有实用性、说明性、指导性、艺术性和科学性的特征，广告的目的是促进消费、方便人民生活。广告一般通过报刊、电台、电视、网络、招贴、橱窗布置、商品包装、商务通讯等进行传播。它起始于商品生产和交换，由原始的口头广告、实物广告，发展成现在的文字广告和多种艺术综合运用的广告。中国最早广告要算报纸广告，它是十九世纪末，南洋兄弟烟草公司为产品“白金龙烟”所做的广告：“饭后一支烟，胜过活神仙”，此广告语后来竟作为俗语流传至今。随着市场经济的飞速发展，商品意识日益深入人心，商家在销售自己的商品之前往往是铺天盖地的广告，我们的生存环境正在大幅度地广告化，打开电视机、收音机是广告，翻开报章杂志是广告，挤进公共汽车是广告……有人形象地说：“我们呼吸的空气是由氧气、氮气和广告组成的。”广告在生活中正在扮演着越来越重要的角色。

### (二) 特点

主题鲜明，使人一眼就看出产品的特点；内容真实，富有鼓动性；语言简明生动，朗朗上口，富有节奏感；新创意，巧用修辞，讲究形式美和意境美，具有吸引力。

### (三) 种类

广告按使用媒介分为：报纸广告，杂志广告，广播广告，电影广告，电视广告，邮政广告，传单广告，包装广告，招贴广告，户外广告，文娱广告，展览广告，牌匾广告，灯光广告，音响广告，模型广告，车船广告，路牌广告，活动人体广告等。广告按表现形式分为：格式体广告，简介体广告，新闻体广告，陈述体广告，论说体广告，问答体广告，证书体广告，描写体广告，幽默体广告，小说体广告，戏剧体广告，诗歌体广告等。广告按制作方式和目的分为：系列广告，公关广告，情绪广告，暗示广告，兴趣广告和公益广告等。

### (四) 写作

广告语，又称广告词、广告标语、广告口号。它是广告者从长远销售利益出发，在一定时期内反复使用的特定宣传语句，使公众理解和记牢的一个确定的观念，无形中成为人们购买商品或劳务的选购依据，是广告的一部分，它在完善的广告策略指导下，和整个广告创意一同产生。优秀的广告语可以独立存在、单独使用，被消费者接受并喜爱，如“如来如愿”。

1. 更新理念，锐意创新

这要求在进行广告语的创意思维时，要用正确的思维方法，从整体策略和营销传播目的以及消费者需求感受来更新理念，创新构思，选择能引起读者或消费者兴趣的题材，运用广告心理学，以诱发感情，引起注意，巩固记忆，刺激想象，产生美感，争取信赖；运用多种艺术形式，进行综合表达，增强广告的感染力和节奏感。如“万家乐，乐万家”。

2. 明确广告语的创意思路

实事求是，追求独特，和谐新颖，显示个性鲜明，文约事丰，达到通俗易懂，趣味高雅。如“常来常熟”。因此，写作广告语应该从以下三个层面去思考：

(1) 产品层面。即产品本身有哪些优点、特点等。R. 雷斯的“只溶在口，不溶在手”巧克力广告，具体形象，言简意赅，应和了他提出“独特的销售主张”，即一个广告中必须包含一个向消费者提出的销售主张，它具备三个要点：一是利益承诺，强调产品有具体的特殊功效和能给消费者提供实际利益；二是独特；三是强而有力，要做到生动集中，引起消费者关注。如“华龙面，天天见”。

(2) 消费者层面。即消费者的消费需求，要洞察和击中他们的关注和偏爱。如卡尔戈尼洗碗剂的广告语是：“让你的邻居没话说。”德国夹心巧克力糖梦丝丽的销售一度停滞不前，后来他们把广告口号改为：“用我们的巧克力糖招待客人，定会赢得客人的芳心。”销售量倍增，传奇般的丽诺广告拟人化：“用丽诺洗碗机娇惯你心爱的家庭，这可是你的义务啊。”一句话把家庭主妇从惴惴不安中解脱了出来，新规范代替了旧规范，不仅让她们感到问心无愧，而且还要当成义不容辞的义务。美容化妆品厂说：“我们做的是化妆品，销售的是希望。”麦当劳从来不认为自己是餐饮业，他说自己是娱乐业，说“我们出售快乐。”

(3) 市场层面，即竞争环境层面。市场的空白点，竞争对手在做什么，说什么，有什么薄弱点，我们可以做什么等。台湾“味王”公司的“包种”茶的广告是“北包种，南乌龙”，说“包种”是与“乌龙”平起平坐的另一种好茶，它借力使力，与“乌龙”平分秋色。商品到处充满着同质化，巧克力糖的广告非常难做，杜保罗巧克力广告是“世界上最长的杏仁巧克力。”这“最长的”就是记忆点，就是差异化，量大、耐吃这些优点能形成正面联想。喜之郎果冻：“喜之郎，可以吸的果冻。”产品新鲜、好玩，使自己在其同类产品中鹤立鸡群。

3. 掌握广告拟制方法及技巧

在广告创意思路和定位理论指导下，广告语的具体写作方法有：

(1) 巧用修辞。巧妙运用各种修辞手法，把广告语修饰得优美些、生动些，感人，以生动形象的文字，准确表达广告意图。① 对偶，如推广普通话：“说地地道道普通话，做堂堂正正中国人”，义务献血：“民族在奉献中崛起，生命在热血里绵延”等，有节奏，有韵律，朗朗上口，和谐悦耳，给人以美感，便于记忆。② 双关，就是利用双关赋予词句不同意蕴，耐人寻味。如“中国腾冲，天下和顺”，《知音》杂志，一语双关，利用双关增加层次性和丰富性，词浅意深，回味无穷。如《北京晚报》：“晚报不晚报”。③ 对比，通过鲜明的对比，给人以深刻印象和启示。如“如来如愿”、“常来常熟”、“统一 100，满意 100”（统一方便面），公安局广告：“因为我存在，所以我悲哀；因为我消失，所以我幸福”，这就是利用对比创作出来的广告语录。④ 仿拟，就是套用人们熟知的语句，使其产生一种新的意义，语句为人熟知，让人感到亲切，赢得人们好感，加深印象。如“晋善晋美”、“献血诚可贵，助人价更高”即是化用了裴多菲的名句，“但愿人长久，热血注心田”是化用苏轼的诗句。⑤ 比喻，如“血，生命的源泉，友谊的桥梁”，“普通话——13 亿颗心与心之间的桥梁”，“普通话——人类沟通的桥梁；普通话——人类智慧的结晶”等，这些广告都形象生动地说明了各自的作用。⑥ 设问，运用设问，以激起人们的思考，增强感染力，如“为何血浓于水？因有爱在其中”构思新颖，提问巧妙，发人深省。⑦ 回环法，通过字词的巧妙排列，造成语音、语义上的循环往复，例如：“现代技术，技术现代”。如“请讲普通话，讲清普通话”“让普通话不普通，让平凡人不平凡”，既有要求，又有标准，使人产生深刻的印象。⑧ 顶针法，例如：“车到山前必有路，有路就有丰田车！”⑨ 通过拟人修辞格创作的广告：“把地球抱回家，和您一起看世界”(《环球时报》)，亲切形象，富有感染力。

(2) 言朴情真。就是用日常通俗朴实感人的口语拟制广告，如普通话：“推广普通话，靠你、靠我、靠大家”、“说好普通话，走遍神州都不怕”，《法制文萃报》：“好人得好报”，意味深长；再看足浴店广告：“千里之行，始于足下”，除草机广告：“寸草不留”等。质朴无华，随和亲切，独具匠心，体现了“平平淡淡才是真”的创作意境，显示出特有的魅力。台湾某小建筑业的广告是：“工程不嫌小，太大吃不消”，其业务细微周到，态度诚实谦恭，使人顿生好感；《海外星云》：“见证世界风云，展示环球万象”平淡中表明了报纸的宗旨，更透出大报的大气魄；美国某专送商店的广告“任何物件，任何人，任何地方。”简明、概括、实在，是包票一张，使人放心。“清水出芙蓉，天然去雕饰”，“大智若愚，大巧若拙”，这正是成功的“大实话”式广告的写照。

(3) 注意押韵。拟制押韵，便于受众记忆。如以“生态安徽”：“生态安徽大家创，持续发展奔小康”、“打造生态安徽，建设小康社会”、“山川秀美，生态安徽；美好家园，小康社会”等。这些广告不是经典语句，但在创作中注意了押韵，从而达到了朗朗上口、便于记忆的目的。

(4) 侧面烘托。如一广告：“自 12 月 23 日起，大西洋将缩小 20%。”乍一看，令人大惑不解：“12 月 23 日”是个什么日子？为什么“大西洋将缩小 20%”？这是美国喷气式飞机投入运营的一则广告，喷气式飞机速度快了，乘客飞过大西洋，比原来节约了大量时间，也就相当于大西洋“缩小了 20%”，扑朔迷离，经过思索，悟出答案。此广告巧设悬念，引人注目，曲径通幽，意味深长，广告效果不言而喻。再如瑞士钟表公司：“本公司在世界各地的维修人闲得无聊。”它十分巧妙，是质量上乘、经久耐用的代名词。以上两则广告，都是言在此而意在彼，侧面烘托，令人称奇。

(5) 幽默风趣。运用机智的语言揭示特定内涵的幽默技巧，如用谐音广告：“立即下‘斑’，禁止‘痘’留”』(美容院)、“美好人生，‘机’不可失”(烧鸡店)、“随心所‘浴’”(淋浴器)、“盒情盒‘礼’”(中秋月饼)、“望眼欲‘穿’”(皮鞋)、“终生无‘汗’”(空调器)。交通安全广告是极常见的宣传形式，它要宣传交通安全法规，要对行人和车辆提出若干限制。如丹麦首都哥本哈根：“你打算怎样？以每小时 40 公里的速度开车活到 80 岁，还是相反？”提出了两种车速和伴随而来的两种结果让司机选择，问题问得俏皮风趣，数字对比鲜明，司机见了笑过之后，不得不为车速和寿命作出明确选择。马来西亚：“阁下驾驶汽车，时速不超过 30 里，可以欣赏本市的美丽景色；超过 60 里，请到法庭做客；超过 80 里，欢迎光顾本市设备最新的医院；超过 100 里，祝您安息吧！”广告巧妙地运用了反语和对比等修辞手法，语言幽默，情调浪漫。美国更是别出心裁：“开慢点吧，我们已经忙不过来了！——棺材匠”。这几则交通安全广告语，一改板起面孔训人的架势，语言幽默，妙趣横生，使人捧腹之后，又不能不感受到警告的力量，比之“严禁”一类的话更能过目不忘。

（6）突出特长。抓住产品的特色和专长进行宣传。如香港人头马广告：“人头马一开，好事自然来”如：“钻石恒久远，一颗永流传”，“民以食为天，四海鱼肠味道鲜。”“别以为你丢了头发，应看作你赢了面子”（理发店）概括出了商品或劳务的特长，使人看了一目了然，牢记在胸。

（7）反弹琵琶。即贬词褒用，引人注目，老上海“梁新记”生产的牙刷广告语是“一毛不拔”，声誉鹊起，生意大发，成为上海“刷坛霸主”，北京“王致和”臭豆腐的广告语：“王致和遗臭万年。”别出心裁，臭豆腐越臭，买的人越多，这臭豆腐的名声就越好。这两则广告在于把握住商品自身的特点，反弹琵琶，贬词褒用，既引人注目，又耐人寻味。

（8）巧用语言。广告语的创作是一种语言功夫的表现。“难言之隐，一洗了之”（洁尔阴）语言运用之妙，恰到好处，妙夺天工，将一种很难用语言表现得当的女性专用商品的功能表现得出神入化。“口子酒，生活离不开这口子”（口子酒）“放我的真心，在你的手心”（美加净护手霜），富有生活情趣，温暖人心，意味深长。重庆朝天门商场的“大门朝天开，生意滚滚来”，巧妙地把“朝天门”拆字镶嵌，融入其中，气势磅礴，朗朗易记。

在拟制广告语时要注意以下几个问题：一要注意语法和逻辑。如“今年过节不收礼，收礼只收脑白金”这句广告语是自相矛盾的，要注意语言的语法与逻辑。二不要随意篡改成语。如“刻不容缓”篡改为“咳不容缓”不好。三要注意规范用字。广告语由于作用于人的耳目的时间很长，对人的冲击力特别强，不能乱用错别字。如化妆品的“永保青春”等。

**（五）表现形式**

一是呼唤招揽式。这是比较常见的一种表达样式，吸引观众，刺激观众。如“分了手就别再来找我。”（医院）二是侃侃诉说式。以一种个人感受的方式把广告语诉说出来，娓娓动听，铿锵朗朗。如《经理人》杂志：“管理企业，经营自我”。三是朗读朗诵式。根据节奏、音乐等设计出诗化的广告，如“中国腾冲，天下和顺”（广西旅游），“中国陕西，晋善晋美”（陕西旅游）。四是情节叙述式，通过情节叙述，巧设悬念抓住关节点，把观众带进故事，引人入胜，如公益广告：“父母是孩子的最好老师”五是热情赞颂式，如上好佳食品广告，不同地域的孩子们齐声夸耀：“食品，上好佳，上好佳！”，对产品有更为强烈的热爱，对人有更为积极的劝说，热情洋溢，亲切可信。六是角色对话式，就是“广告电视剧”，如浦发银行的广告：一人说：“我要去趟银行”，另一人嘲弄道：“老土，都什么年代了，浦发手机银行……”剧中人物的语气、腔调、说话的分量，情感状态，恰到好处。此外，还要注意人物的动作特点。是站，是坐，是躺，弯腰，挺背、伸头、转脸等，它决定了角色语言的声音变化。七是说明讲解式，对产品性质、特征、事物表里因果关系解释明白清楚。如葛优为中国移动作画外音广告：“神州行，我看行。”八是推理论证式，就是根据已有前提得出新结论的一种思维方式，广告在于把人引向结论，结论是广告的目的，如“家有三洋，冬暖夏凉”（三洋空调）。九是操作展示式，即操作着商品展示说明，如“有了肯德基，生活好滋味”。十是两人对播式，双人对播，交替进行，真情问答，引人注意，保持新鲜感，如一些电视台的商品推销专题节目就是这样。

优秀的广告生动形象、意味隽永、令人心醉神迷、回味无穷，它用炽热情感包裹冰冷商品，让人感受到一份关怀，一份温情。只要我们努力学好写作广告的理论知识，掌握写作广告的技能技巧，就一定能写出脍炙人口的好广告来。如：“真知影响人生”，《羊城晚报》充满智慧，富有哲理；“不订《咬文嚼字》是你的错，不再订《咬文嚼字》是我的错”攻势强烈，大气自信；法语学习班招生广告语：“如果你听了一课之后发现不喜欢这门课程，那你可以要求退回你的学费，但必须用法语说。”巧设悬念，请君入瓮；美国报纸招聘女秘书广告：“长相像妙龄少女，思考像成年男子，处事像成熟的女士，工作起来像一头驴子！”虽苛刻条件具备，却不乏幽默赞扬；“滴此眼药水后，将眼睛转动几下，可使眼药水遍布全球。”（眼药水）功效显著，富有情趣。

## 第六节 实用文书

### 一、含义

实用文书是人们在日常工作、学习和生活中办理公私务时所使用的一种应用性文章，它通俗易懂，实用性强，与人们的日常生活关系十分密切，随着社会的不断进步和科学文化的迅速发展，实用文的使用范围也越来越广泛。

### 二、特点

实用文书有两个特点，一是实用性，二是其惯用的格式。具体说来如下：实用文书有特定的对象和行文目的，它的对象是十分明确的，写给谁看的，行文者一清二楚。一般的书信类自不必说，就是述职报告也是以其特定的读者为写作对象的。就写作目的而言，实用文书也是明确的，它就某一个事件为其主要内容，发文所希望达到什么样的结果也是明确的。因此实用文书写给谁、写些什么、达到怎样的效果，事先都清楚明白。实用文书有较为固定的写作格式，实用文书是历史留传、人们习以为常、约定俗成的，任何人不可随意违反它的固定格式，否则就达不到实用文书的写作目的。当然我们也要敢于突破，敢于创新。实用文书有较强的时效性，它针对工作学习或生活中所出现的具体事情而写，是为了解决问题的。如开会要写通知，请假要写请假条，入党入团要写申请书等。实用文书的语言要求朴实、简明、准确，条理清晰。

### 三、作用

实用文书具有较为广泛的社会功能，它在人们的日常交往中起着重要的作用。具体来讲，有以下几点：一是交流思想经验、互通信息、联络情感的作用。单位与个人之间的交流都日益频繁，实用文书就起着沟通双方情感、互通信息的重要作用。二是凭证依据作用。实用文书具有凭证性的功能。有些事务、钱财交流的，要有可靠的凭据。三是广告宣传作用。实用文书广告宣传作用就是要将有关的信息刊登发布出来，让人了解知道，从而满足业务或个人其他目的需要。四是提供和保存一些历史资料。实用文反映单位和个人活动，记载各个时期政治、经济和文化等方面情况，可以保存和积累大量历史资料，为今后有关部门和个人研究提供帮助。

## 四、常用实用文书

### 书信

**(一) 含义**

书信是人们在日常生活、学习、工作和公务活动中应用最为广泛有一定惯用格式的应用文。它是党政机关、群众团体、企事业单位之间办理事务、传递信息，交流经验，协商工作或生产上问题，以及个人之间互相学习、互相促进、交流思想的工具，它是日常生活、工作和学习中不可或缺、使用频率较高和常见的文体。书信被赋予书、信、函、札、简、尺素、尺牒等众多的名称。书信具有悠久的历史，随历史的推移不断发展，书信往来成为普遍而频繁的社会现象。书信在人类的交流与沟通的历史上占有重要地位。在手机，电话与电脑这些简单快捷的交流工具遍布全球的今天，仍有一部分人情愿使用书信来互通信息。

**(二) 种类**

书信的种类很多，一般可分为一般书信和专用书信两大类。一般书信即普通书信，是指家人、亲戚、朋友之间询问生活状况、叙谈友情、传递信息、研究工作、讨论问题等写的私人信件，是书信中最为普通的形式，可分为：家信、致友人信、致同事信、情书、电报、传真、明信片等。专用书信又叫事务书信，指专门用于联系、办理、解决某些特定事务的信件，它比一般书信有更严格和特殊的要求与格式，它可分为：介绍信、证明信、推荐信、自荐信、贺信、感谢信、慰问信、求职信、申请书、决心书、保证书、倡议书、号召书、建议书、意见书、挑战书、应战书、检讨书等。

**(三) 要求**

一般书信由称呼、问候语、正文、结尾语、具名、日期和附言七部分构成。一般书信的写作要求：一内容要写得清楚明白，以免造成对方的误会或疑问，耽误事情；二用词要热情、自然、贴切、有礼貌；三要按照书信的格式写，信封写作更要规范，避免投递困难；四字迹要清楚，不能潦草，以免造成误会和麻烦。

**(四) 写法**

① 称呼：顶格，有的还可以加上一定的限定、修饰词，如“亲爱的”等。② 问候语：如写“你好”、“近来身体是否安康”等。独立成段，不可直接接下文。否则，就会违反构段意义单一的要求，变成多义段了。③ 正文。这是信的主体，可以分为若干段来书写。④ 祝颂语。以最一般的“此致”、“敬礼”为例。“此致”可以有两种正确的位置来进行书写，一是紧接着主体正文之后，不另起段，不加标点；二是在正文之下另起一行空两格书写。“敬礼”写在“此致”的下一行，顶格书写。后应该加上一个惊叹号，以表示祝颂的诚意和强度。称呼和祝颂语后半部分的顶格，是对收信人的一种尊重。是古代书信“抬头”传统的延续。古人书信为竖写，行文涉及对方收信人姓名或称呼，为了表示尊重，不论书写到何处，都要把对方的姓名或称呼提到下一行的顶头书写。它的基本做法，为现代书信所吸收。⑤ 署名和日期。写信人的姓名或名字，写在祝颂语下方空一至二行的右侧。最好还要在写信

人姓名之前写上与收信人的关系，如儿×××、父×××、你的朋友×××等。再下一行写日期。如果忘了写某事，则可以在日期下空一行、再空两格写上"又附"，再另起行书写未尽事宜。如：

**写给外星人的一封信**

亲爱的外星人：

原来，你们早已被我们地球人发现行踪了，不要以为来去无踪，也别以为神不知鬼不觉，你们不但被拍摄到，甚至还有外星人被抓了，只是我们没有公布而已。

不知道你们从哪个遥远的星球飞来地球的，远离家乡，一定很想家吧？不知道你的星球，是不是也有空气、水，也有一个时刻照耀的太阳呢？

多么希望能去您的星球拜访，不知道愿意当我的向导吗？如果你愿意大方现身，我绝对愿意当好你的导游，带着你好好认识我们美丽的地球。

我还想跟你们比赛谁的头脑最灵光，最聪明，但不用说，当然我们地球人最聪明。

祝你们成为我们的朋友

昕昕上

2014年6月21日

### 求职信

**(一) 含义**

求职信是求职者写给用人单位的信。是就业或转岗人向用人单位申请职业的信件，它适用于如下情况：一是用人单位发布出信息欲招收职员，应聘的人员根据用人单位发布的用人信息，对照自己的能力和特长向该单位申请就职，这种情况下所写的求职信目的性强，只要有符合条件的人员均可前往应聘。二是求职者无明确的用人单位，而只是根据自己的特长而求职的，适用于那些有意招收员工的用人单位。

**(二) 特点**

求职信的特点主要有以下两点：自我推荐性，求职信是写给用人单位的，目的就是推荐自己，以期成功地获得工作岗位，求职信同推荐信是相同的，那就是要阐明自己的专长和技能，向用人单位推荐自我。个人对单位、组织的行文关系，求职是面对集体单位的，是个人向单位向组织"发文"的一种专用书信，这是求职信的一个显著特点。

**(三) 种类**

求职信有几种不同的分法。从求职者的身份不同分，有毕业生求职信，每年有大量大、中专学生和各种职业技能学校毕业生，他们寻求用人单位，主要就是以求职信的方式进行；有失业下岗人员求职信，他们求职大都也主要靠求职信获得工作岗位；有在岗者求职信，已有工作岗位的人，为了谋求更好的职位，也会向用人单位用求职信寻求工作岗位。若从求职对象的情况分，一是有明确单位的求职信。是指求职者有确定的求职单位，求职信只是写给该单位，意欲在此单位谋职，可以根据该单位的用人情况，目的明确地介绍自己的情况，达到用人单位的使用要求；二是广泛性的求职信，是指求职者无确定的求职单位，求职信是写给所有同类性质的单位。求职信是就业的一个重要工具和途径。

**（四）写法**

求职信一般包括以下几部分：标题，求职信的标题通常只由文种名称组成，即在第一行中间写上“求职信”三字。称呼，要顶格写明求职单位的领导或负责人姓名和称呼，有时也可直接称其职务。如“尊敬的××局局长：”，要在称呼后加冒号。正文，求职信的正文由开头、主体、结尾三部分组成。开头，要交代清楚写信的缘由，说明自己身份、年龄、学历等基本情况，重点介绍自己与应聘岗位相关学历水平、经历、成就等，让招聘单位对你产生兴趣，如果是有明确目标的求职信，还可先谈谈自己看到了该单位的征招信息，以及意欲应聘的想法。主体，中间主体部分要展开具体地介绍自己，说明应聘岗位和能胜任本岗位工作的各种能力，专业特长、业务技能、外语水平及其他潜在能力优点及特长全部表呈出来，要让对方感到你能胜任这个工作，并介绍自己的潜力，向对方介绍自己曾经做过的各种社会工作，所得的成绩，这样预示着你有潜在的管理和组织才能，有发展和培养的前途。这一部分是求职信的关键，所以要多了解用人信息，有针对性地推荐和介绍自己。结尾，在信的结尾，最好表示出希望对方给予一次面试的机会，表明自己希望早日成为其中一员的热切心情，并写明自己详细的联系方式。结尾用语“此致敬礼”等用语要格式规范。落款，在正文的右下方署上求职者姓名及成文日期，还有联系方式等。附件，为了更好地证明自己能力，可将证明自己才能的材料附于信后，求职信一般都要求有一些有效证件，如学历证件、学位证书、获奖证书、荣誉证书等复印件以及简历、近期照片等，在正文左下方一一注明，方便用人单位审核，给对方留下好印象。

**（五）注意事项**

一是实事求是，客观地评价自己。用人单位主要是根据求职信内容来衡量，如实客观叙述自己的能力、特长，才会就业工作带来可能。而且求职态度要诚恳、谦虚。写求职信态度要热切而忠恳，靠自己的魅力去征服对方认可，要诚恳礼貌，不可浮夸自大，言语狂妄。三是要篇幅短小、语言简洁。四是精心选择照片，以便招聘单位目测。无论是免冠半身照，还是全照，都要近期的，图像清晰、柔美、不失真。五是学会用多种文字书写求职信。比如中、英文对照，既表明你的外语能力，又表示你对招聘单位的尊重。如：

**求职信**

尊敬的单位领导：

您好！

首先，向您辛勤的工作致以深深的敬意！同时也真诚的感谢你在百忙之中抽空审阅我的资料，希望给我一个机会！

物识一个掌握扎实专业知识并具有一定工作能力和组织能力的部下，是您的愿望；谋求一个充分发挥自己专业特长的工作单位，并能得到您的关照，是我的期盼；得力的助手，有助于您工作顺心；合适的工作单位，有助于我施展才华。或许我们会为着一个共同的目标而站在一起，那就是：将贵单位的辉煌历史写得更加缤纷！愿为贵单位工作，并奉献自己的青春和才华。期盼和感谢你的选择！作为大三毕业的学生，虽然工作经验不足，但我会虚心学习、积极工作、尽忠尽责做好本职工作。诚恳希望得到贵单位的接约或给予面试的机会，以进一步考查我的能力。

大学生活并不是我们想象中的乐园，更不是我们理想中的天堂，而是一个锻炼人的大火炉。值此锻炼机会来临之际，特试向贵单位自荐给我一个就业锻炼的机会，还你一份成绩。一颗真诚的心在期盼你的信任。一个人的人生在等你的改变。我不求流光溢彩，但求在适合自己的位置上发挥得淋漓尽致；我不期望拥有丰富的物质待遇，只希望早日用我的全部智慧、热忱和努力，来实现我的社会价值和人生价值。

望贵单位能接受我，支持我，让我加入你们的大家族，我将尽我最大的能力为贵单位发挥我应有的水平和才能。我愿与单位同甘共苦，共创未来。希望能得到您的垂青是我有机会为这个集体添砖加瓦，敬盼回音！

诚祝贵公司事业蒸蒸日上！

此致

敬礼

自荐人：×××

2016 年 12 月 20 日

附：个人简历

这是大学生求职者为就业向用人单位发出的求职信，它用语准确，简洁明快，表现了求职者工作能力及内在素质，寥寥数语，简述了自己，表明了意愿，情真意切，真诚礼貌。

**竞聘演讲稿**

**(一) 含义**

竞聘演讲稿是竞聘者在竞聘演讲之前写成用作口头发表演说的文稿。竞聘演讲的目的，就是要使听众对演讲者有充分的了解和认识，从而鉴别其是否能胜任该职位，它是演讲稿的一种表现形式。

**(二) 特点**

目标的明确性，竞聘者向评审及听众一要讲清自己的应聘条件，突出自己的优势足以完成应承担的职务和工作；二要回答"若在其位，如何谋其政"，在有限的时间内完成上述工作，演讲的总体内容应始终围绕一个目标——岗位职务工作进行，做到目标明确，语不离宗；内容的竞争性，竞聘演讲过程，是候选人将自己施政目标、施政构想、施政方案进行展开并和竞争者比拼的过程，除基本素质条件外，更重要的是施政目标与施政措施的竞争。只有具备明确、先进的施政目标，且有切实可行的施政措施来保证，才会取得竞争的成功；演讲的技巧性，竞聘演讲讲究演讲技巧，除要求演讲者具备良好的心理素质和较强的语言表达能力外，还应当充分考虑竞争对手、听众的心态、临场状况等多种因素，据理力争，巧妙说明"他不行，我行"，或"他行，我更行"，当然自我推销要有艺术性，切忌为了竞争而贬低对手。

**(三) 要求**

一气势要先声夺人。竞聘演讲具有竞争性，而竞争实质是争取听众的响应和支持，有效方法就是要有气势，有浩然正气。二态度要真诚老实。竞聘演讲其实就是"毛遂自荐"，当然应该将自己优良的方面展示出来，让他人了解自己。展示自我，态度要真诚老实，实事求是，不能说大话，说谎话。三语言要简练有力。竞聘演讲要用最简练有力的语言把自己的思想表达出来。四内心要充满自信。著名演说家戴尔·卡耐基曾说过:"不要怕推销自己。只要你认为自己有才华,你就应该认为自己有资格担任这个或那个职务。"充满自信,面对众人,从容不迫,以最好心态来展示自己,自信将成为竞聘的力量,变成工作的动力。

**(四) 写法**

开头,竞聘演讲的时间是有限制的,精彩而有力的开头便显得非常重要,有经验的竞聘者常用下面的方法来开头:一用诚挚的心情表达自己的谢意。这种方法能使竞聘者和听众产生心理相融的效果,二简要介绍自己的有关情况,如姓名、学历、职务、经历等,三概述竞聘演讲的主要内容。这种方法能使评选者一开始就能明了演讲者演讲的主旨。主体,竞聘演讲的目的,就是要把自己介绍给评委和观众,让他们了解你的基本情况,了解你对竞聘岗位的认识和当选后的打算。所以,竞聘演讲的主体内容应该包括以下几方面:一介绍自己应聘的基本条件。所谓基本条件就是政治素质、业务能力和工作态度等。这一部分实际上是要说明为什么要应聘,凭什么应聘的问题。竞聘者在介绍自己情况时,一定要有针对性,即针对竞聘的岗位来介绍自己的学历、经历、政治素质、业务能力、已有的政绩等。不要面面俱到,可根据竞聘职务职能情况有所取舍;二简要介绍自身的不足之处。竞聘者在介绍自己应聘的基本条件时,要尽可能地展示自己的长处,但不是对自身不足闭口不言;三表明自己任职后的打算。评委和观众更关心竞聘者任职后的打算。因此,竞聘者在竞聘演讲时,一定要用简明扼要的语言亮明自己的观点,紧紧围绕着评委听众关心的热点、难点问题,提出明确的工作目标和切实可行的措施。结尾,好的结束语能加深评委和观众对竞聘者的良好印象,有利于竞聘成功。竞聘演讲常见的结尾方法有:一表明对竞聘成败的态度。这种方法能使人感到竞聘者的坦诚;二表达自己对竞聘上岗的信心;三调动评委和观众的支持。

**(五) 注意事项**

竞聘演讲为广大人才提供了充分展示自我、表现自我的平台,竞职者要客观公正地作好自我评价,科学合理、切合实际地阐明施政方案,向公众推销一个真实、客观的自我,通过竞争找到适合自己展示才华的工作岗位。竞职演讲作为一种直抒胸臆、发表政见的重要形式,越来越被党政群机关、企事业单位竞聘上岗所广泛应用,成为人们考察一个人综合素质的有效途径。竞职演讲应有"五忌"。一忌信口开河,杂乱无章。竞聘演讲具有较强的针对性和时效性,竞职者必须在事前对要争取的职位作大量的调查研究,全面了解职位特征和胜任这一职位所应具备的素质,在所述的内容上做文章。二忌狂妄自大,目空一切。竞聘演讲者不要过高估计和炫耀自己能力,在谈工作优势时不提当年勇,在谈工作设想时,不脱离实际,高谈阔论,真诚实在,实事求是。三忌妄自菲薄,过分谦虚。竞职者要客观公正地评价自己的竞争优势,大胆发表行之有效的施政纲领。过分谦虚的表白,不仅不能反映自己真实的能力、水平和气魄,也不利于听者对你做出正确的评价。四忌吐词不清,含混模糊。演讲者在规定时间内要言简意赅把自己的基本情况、工作特点、工作设想向听众娓娓道来,注意把握演讲的轻重缓急。五忌服饰华丽,求新求异。登台演讲,服饰是一个人思想品德、内在修养的外在表现和自然流露。竞聘演讲是一项正规、严肃的主题活动，评审员往往会以所竞聘职位的需要和自己的审美观来评判优劣，因此，演讲者的穿着应庄重、朴素、大方，不能服饰华丽，或不修边幅，给评委留下不好印象，影响演讲的效果。如：

### 大学班长竞聘演讲稿

同学们：

你们好！

今天，我走上演讲台的唯一目的就是竞选“班级元首”——班长。我坚信，凭着我新锐不俗的“官念”，凭着我的勇气和才干，凭着我与大家同舟共济的深厚友情，这次竞选演讲给我带来的必定是下次的就职演说。

我从没有担任过班干部，缺少经验。这是劣势，但正因为从未在“官场”混过，一身干净，没有“官相官态”，“官腔官气”；少的是畏首畏尾的私虑，多的是敢作敢为的闯劲。正因为我一向生活在最底层，从未有过“高高在上”的体验，对摆“官架子”看不惯，弄不来，就特别具有民主作风。因此，我的口号是“做一个彻底的平民班长”。班长应该是架在老师与同学之间的一座桥梁，能向老师提出同学们的合理建议，向同学们传达老师的苦衷。我保证做到在任何时候，任何情况下，都首先是“想同学们之所想，急同学们之所急”。当师生之间发生矛盾时，我一定明辨是非，敢于坚持原则。特别是当老师的说法或做法不尽正确时，我将敢于积极为同学们谋求正当的权益。

班长作为一个班组的核心人物，应该具有统御全局的大德大能，我相信自己是够条件的。首先，我有能力处理好班级的各种事务。因为本人具有较高的组织能力和协调能力，凭借这一优势，我保证做到将班委一班人的积极性都调动起来，使每个班委成员扬长避短，互促互补，形成拳头优势。其次，我还具有较强的应变能力，所谓“处变不惊，临乱不慌”，能够处理好各种偶发事件，将损失减少到最低限度。再次，我相信自己能够为班级的总体利益牺牲一己之私，必要时，我还能“忍辱负重”。最后，因为本人平时与大家相处融洽，人际关系较好，这样在客观上就减少了工作的阻力。

我的治班总纲领是：在以情联谊的同时以“法”治班，最广泛地征求全体同学的意见，在此基础上制订出班委工作的整体规划；然后严格按计划行事，推选代表对每个实施过程进行全程监督，责任到人，奖罚分明。我准备在任期内与全体班委一道为大家办十件好事：

① 借助科学的编排方法，减轻个人劳动卫生值日的总长度和强度，提高效率；② 联系有关商家定期送纯净水，彻底解决饮水难的问题；③ 建立班组互助图书室，并强化管理，提高其利用率，初步解决读书难问题；④ 组织双休日里乡同学的“互访”，沟通情感，加深相互了解；⑤ 在得到学校和班主任同意的前提下，组织旨在了解社会，体会周边人们生存状况的参观访问活动；⑥ 利用勤工俭学的收入买三台处理电脑，建立电脑小组；⑦ 在班组报廊中开辟“新视野”栏目；⑧ 及时追踪国内改革动态和通勤生结成互帮互促的对子；⑨ 建立班级“代理小组”，做好力所能及的代理工作，为有困难的同学代购物件，代寄邮件，代传讯息等等；⑩ 设一个班长意见箱，定时开箱，加速信息反馈，有问必答。

我会是一个最民主的班长，常规性工作要由班委会集体讨论决定，而不是由我一个人说了算。重大决策必须经过“全民”表决。如果同学们对我不信任，随时可以提出“不信任案”，对我进行弹劾。你们放心，弹劾我不会像弹劾克林顿那样麻烦，我更不会死赖不走。我决不信奉“无过就是功”的信条，恰恰相反，我认为一个班长“无功就是过”。假如有谁指出我不好不坏，那就说明我已经够“坏”的了，我会立即引咎辞职。

同学们，请信任我，投我一票，给我一次锻炼的机会吧！我会经得住考验的，相信在我们的共同努力下，充分发挥每个人的聪明才智，我们的班务工作一定能搞得十分出色，我们的班级一定能跻身全市先进班级的先列，步入新的辉煌！

**申请书**

**（一）含义**

申请书是单位或个人因某种需要向有关部门、组织、社会团体提出书面请求专用文书，它是个人或集体向组织、机关、企事业单位或社会团体表述愿望、提出请求、要求批准或帮助解决问题时使用的一种专用书信，申请书把个人或单位的愿望、要求向组织或上级领导表述出来，让组织和领导加深对自己或下级的了解，争取组织和领导的帮助与批准，加强了上下之间，集体与个人之间的关系，对促进社会主义物质文明和精神文明的建设具有巨大作用。申请书的使用范围十分广泛，尤其是今天，人们的交往越来越多，申请书的使用大有用武之地。个人对党团组织和其他群众团体表述志愿、理想和希望，要使用申请书；下级在工作、生产、学习、生活等方面对上级有所请求时，也可以使用申请书。申请书和一般书信一样，是表情达意的一种工具，但有区别。一般书信是个人之间交流使用，内容广泛，可以谈公事，可以谈私事，一件或几件；申请书是个人或下级对上级或机关团体组织单位，一般一事一议，内容单纯。

**（二）类型**

申请书的使用范围相当广，种类也很多。按作者分类，可分为个人申请书和单位、集体公务申请书。按解决事项的内容分类，可分为入团、入党、困难补助、调换工作、建房、领证、承包、贷款申请书等。

**（三）写法**

申请书包括五部分。标题，有两种写法，一是直接写“申请书”，另一是在“申请书”前加上内容，如“入党申请书”、“调换工作申请书”等，一般采用第二种。称谓，即在标题下顶格写明接受申请书的单位、组织或有关领导，如“团支部：您们好！”。正文，正文部分是申请书的主体，首先提出要求，其次说明理由，理由要写得客观、充分，事项要写得清楚、简洁。结尾，结尾写明惯用语“特此申请”、“恳请领导帮助解决”、“希望领导研究批准”等，也可用“此致”“敬礼”等礼貌用语。署名、日期，个人申请要写清申请者姓名，单位申请写明单位名称并加盖公章，注明日期。

**（四）注意事项**

一申请的事项要写清楚、具体，涉及的数据要准确无误。二理由要充分、合理，实事求是，以得到上级领导的批准。三语言要准确、简洁，态度要诚恳、朴实。

## 转专业申请书

尊敬的院系领导：

您们好！

我是2016级信息工程专业学生赵勇。经过几个月的学习，发现自己在学习这个专业时，存在难度。经过对本校各专业的了解，我认为中文专业更适合自己。

入校5月以来，在对信息工程专业有一定了解后，发现此专业是我校有影响力的专业，师资力量很强，实验室设备在国内属于一流，就业前景、发展前途光明。

但是，通过本学期专业课程的学习及未来专业课程的了解，我发现自己对本专业的重点专业课程缺少学习兴趣，信息工程专业并非我所喜爱的专业；同时，尽管我在上课时努力学习，课后积极复习，完成实验与作业，取得专业课程成绩排名班级第10名的成果，但这并未达到我的理想。

相比较之下，我更喜欢中文专业，高考时，因对此专业的兴趣而把本校当作高考的目标，本校的中文专业在学科排名中也较前。入学后，我一直关注中文专业，并自学了此专业的一些专业课程，通过这些课程的学习，相信如果转专业成功，得到中文专业老师的指点，我一定能够在本专业取得较好的成绩，不辜负院系领导的培养。

对于将来的就业，我希望从事有关于中文专业方面的工作。请领导相信，我会报以最大的热情全身心地投入到中文专业的学习中。

因此，我向院系领导申请从信息工程专业转至中文专业。希望领导能予以批准。

此致

敬礼！

申请人：赵　勇

2016年3月2日

### 述职报告

**(一)** 述职报告是各级机关、社会团体和企事业单位领导及工作人员向所在单位组织人事部门、主管领导机关或本单位职工群众陈述自己在一定时期内履行岗位职责情况而写成的书面报告。述职报告包括个人职位和岗位职责，以及工作任务的成绩、缺点问题、设想，进行自我回顾、评估、鉴定的书面报告。通俗说，述职报告就是任职者陈述自己任职情况，评议自己任职能力，接受上级领导考核和群众监督的一种应用文，写好述职报告对于各级各类领导干部发扬成绩、纠正错误、改进工作，自觉接受上级机关审议、群众监督，都具有重要意义。

**(二) 特点**

① 个人性。述职报告对自身所负责的组织或者部门在某一阶段的工作进行全面的回顾，从工作实践中去总结成绩和经验，找出不足与教训，从而对过去的工作做出正确的结论，述职报告特别强调个人性。② 规律性。述职报告要写事实，它必须对材料等进行认真的分析研究，从中找出某种带有普遍性的规律，得出公正的评价议论，述职报告的目的在于总结经验教训，使未来的工作能有所进步，有所提高，述职报告具有很强的借鉴作用。策略性也是规律性的一个方面，策略即今后工作计划，是述职报告的重点内容。

③ 通俗性。面对会议听众，要尽可能让个性不同的与会代表听懂，这就决定了述职报告必须具有通俗性，讲究语言的大众化、口语化，适应人们的接受心理，拉近与听众的心理距离。④ 艺术性。述职报告的艺术性是魅力所在，直接影响着整个报告。述职是主体的实质性道理，报告是呈现表象而又整体的艺术生命体。在讲究通俗性的基础上，追求述职报告的艺术性，以增强其艺术感染力，艺术性一般表现在口语化、感情化、个性化的语言上，即写述职报告时要变文字为有声语言。⑤ 评述性。述职报告是报告的一种特殊形式，它的着眼点是"述"自己"职"，自己在一定时期内履行岗位职责情况，称职与否、功过与得失，重在对个人职责范围之内工作的自我回顾、检查、评价。⑥ 限制性。述职报告有严格的时间界限。一是述职内容必须是本人的职务、岗位、任职期内的，不是这一期间做的工作不需写入。二是报告时间的限制性，述职者必须在考核期间，按考核时间的要求写出书面报告，向本部门群众宣读并上交上级有关部门。

**（三）种类**

按照不同的标准，述职报告可分为不同类型。按时间分，有年度述职报告、任期述职报告、临时述职报告。按内容分，有综合性述职报告、专题性述职报告。按述职者分，有个人述职报告、集体述职报告。按性质分，有晋职述职报告、履职述职报告。

**（四）写法**

① 标题。述职报告的标题有单标题和双标题两种写法：单标题。一由文种做标题或在文种前加人称。如《述职报告》或者《我的述职报告》。二由时间、所任职务、文种组成。如《2015 年至 2016 年任教育厅厅长职务的述职报告》。二是双标题。即双标题中的正副标题，正标题提示内容主题，副标题由"人称、文种"组成或"时间、文种"组成。如《恪尽职守搞活经济——我的述职报告（或 2016 年述职报告）》。② 主送机关或称谓。述职报告以书面形式向组织呈送，要写主送机关名称，如果是向有关领导、群众进行口头陈述，则可写称谓。③ 正文。正文由前言、主体、结尾三部分组成。前言。述职报告的前言部分一般包括三个方面的内容：一是岗位职责，包括自己从何时起担任何职，主要负责什么工作，并对内容和范围作必要交代；二是指导思想，说明自己在什么样的思想原则、方针政策指导下进行工作的；三是概括评价，是对自己工作的基本评价，前言部分应写得简明扼要。主体。这是述职报告的核心部分，一般来说包括四个方面的内容：一是任职期间所做工作的基本情况，二是取得的主要成绩；三是存在的问题、缺点和主要经验、教训；四是个人认识和体会和今后工作的设想、意见和建议等。主体部分的内容应该是在前言部分的基础上具体展开，各层次间的结构方式可以按时间顺序排列，也可按工作内容排列，还可以按照对问题的认识，由此及彼、由表及里、层层推进的逻辑顺序排列，主体部分的内容都要求观点鲜明、事实确凿、分析合理、归纳精辟。④ 结尾。结尾一般用几句表态性的话语结束全文；也有的写今后打算或表述自己恪尽职守、胜任职位的决心等；还可用"特此报告"、"专此述职"或"以上报告，请领导和同志们批评指正"等之类的句子结束全文。落款。落款主要包括署名和成文日期两项内容，署名要写明述职人的单位、职务和姓名，此项可放在标题下，也可与成文时间一起署在正文末右下角。

（五）要求

① 突出重点，写述职报告不要事无巨细地把一切情况都一一加以反映，而要有意识地抓住核心问题，突出重要成绩，总结主要教训，凡重点部分要精心组织材料，写得详细、具体、充分、全面，次要部分可略写，有时还一笔带过；② 突出个性，干部的岗位层次不同，述职内容自然各异，即使同一职务的干部或领导也会因分工的不同有不同的工作重点，至于工作方法，就更是各具特色，鉴于这种情况，述职者要突出自己工作的特点，显示自己的工作个性；③ 客观评价，写述职报告不管是叙述成绩还是问题，都要客观、公正、实事求是地加以评价。写成绩，不虚夸，恰如其分，符合客观实际；讲问题，直截了当，不掩饰，抓住要害；讲经验，要有理有据，严谨求实，一分为二，述职报告最忌一味为自己唱赞歌，大谈特谈自己的成绩，对工作中存在的问题和矛盾有意遮掩。

（六）区别

述职报告与个人总结的区别，从陈述范围看，个人总结陈述的范围很宽泛，思想修养、业务进修、工作进展、为人处世等方面，都可以写成总结，都可以单独成篇；而述职报告陈述的范围仅限于履行职责的情况，在陈述履职时，可以涉及思想修养、业务进修等方面，但那是为履行职责提供思想和业务基础；从陈述角度看，个人总结可以按照时间、空间不同，既可从做法的角度写，也可以从体会的角度写；而述职报告只能从履行职责的情况着眼，落脚到干了哪些事，克服了哪些困难，取得了什么效果，述职报告中可以有体会，但不能从体会的角度写；从陈述内容看，个人总结，特别是工作经验总结，可以只讲成绩、经验，至于缺点、不足可以几笔带过，也可以不谈；而述职报告要求成绩和不足并重，实事求是，对履行职责过程中存在的问题，不能轻描淡写，更不能文过饰非；从作者范围看，个人总结是谁都可以写的，而述职报告的作者仅限于有职有责者。

**理想点亮人生**

述职报告

理想，是一种情到深处的执着；是一份沉郁忧伤中的希望；是漆黑寒冷夜中的莹莹星光；是一个一个目标扎扎实实地奠定着人生之基石，让她立得住，站得稳。

没有谁会料到人生的雪何时下，当生命的旅程扬起纷扰的雪花，脆弱的人哪，又该如何抵御这场寒冷？

蓦然回首，当那首青春之歌开始旋转之际，她还懵懂的在寻找十六岁的目标。耳际萦绕的总是亲人殷勤的叮咛：万般皆下品，唯有读书高！但读书为何？读书为何？十六岁的少女如此无知无识。中考的失利并未增添一丝愁绪，反而加深了对未来命运的探寻。

迎着旭日的光辉，她来到这个崭新的天地，没有亲人，没有朋友，只有一份下等的成绩，像胎纹一样印在她的心上。高一的第一次半期考试，第二十五名足以羞死以前所有的光辉岁月。

她坐在公交车上，看行人来来往往，面相不一，神情各异。有乞丐乞讨，有白领忙碌，不论何种生存状态，看似过眼云烟，却幕幕震撼着她的心灵：白领辛劳，为自己生；乞丐卑微，为自己生；学子眷学，亦为自己而生。

霎时而已，她明白为学如何，为人之追求如何。人，不仅仅是要活着，更是要追寻一条路让自己好好地活！像天边划过一道闪电似的，她一下立地成佛！

为了能像荷尔德林说的那样诗意的栖居在这片大地上，她开始迈出了第一站征程！为考上一所好大学，她三年如一日，千日磨一剑，焚膏继晷地，她用一颗赤子之心对待着高中时候的理想！就像一个黑洞似地，她吸纳着各科知识，积淀着勃发的智慧。

于是，高一分科后她是第一，然后是第一、第一、第一，一直到高考放榜那天，她还是第一。她不争第一，而成第一，是因为那个理想一直在对她说：到我这里来吧，别管其他！

她如愿以偿，进了中央教育部直属的六所重点师范类大学之一。然而随之而来的巨大喜悦也往往意味着会带来未知命途的沉重的迷失与悲伤。大一时的彷徨无措让她看着青葱岁月如水般消逝不见，褪去稚嫩应该如何迎接新一轮成长？大学的活与高中的活是多么的不一样！

中文系的导师说：学中文的，要不一无所能，要不无所不能！

她内心凛然：要不，一无所能的活；要不，无所不能的活。前一种是堕落的毁灭，后一种是精彩的飞升！她明白了只有真材实料才能诗意地活！

于是她忙开了：广泛涉猎文化知识，文史哲不分你我，像是学海里的一叶扁舟，更像密密丛林里的寻路人！于是学姐揶揄她：有本事发篇文章看看！可她真的发了！学姐说：有本事！她只付之一笑：发表诗文不为别的，只为证明她能行！

她的公选课种类不少：生物，营销，体育，舞蹈，韩语，日语，新闻……虽然科科只是入门，但是门门都很精彩。对法学二专业的学习，更让她明白人要如何活才能有尊严——人哪，就得不卑不亢：对权不卑，对利不亢；对名淡泊，对人尊重；这是一种坦然而非窝囊，是一种淡定而非轻狂！

她，就这样走着，追寻自己理想的同时造就着理想。她，咀嚼着旅途中的各种滋味，欣赏着路途上旖旎迷人的风景，渐行渐远，却不慌不忙！

她拒绝教授邀她考研的好意，执意奔向真实的社会生活。只为有个声音一直在对她说：到我这里来吧，别管其他！

招聘会打开的大门，像耶和华袒露出的胸膛，他给予子女温暖的希望！

凭着深厚的专业功底，不卑不亢地求职态度，她获得了心仪的工作。走出会场大厅，夕阳正芬芳！

她抬手，透过缝隙看斜阳，它是那么的娇艳欲滴，就像色彩斑斓的理想，指引她走过往昔的绚烂，走向更为绚烂的明日时光！

2016 年 7 月 5 日

# 主要参考文献

【1】陈清华.应用文写作教程.南京大学出版社,2015年3月。
【2】陈清华,俞秀红.应用文写作教程.南京大学出版社,2015年3月。
【3】陈亚丽.基础写作教程.北京大学出版社,2008年7月。
【4】戴盛才.中文应用写作教程新编.复旦大学出版社,2013年7月。
【5】董小玉.现代实用写作训练教程.高等教育出版社,2006年5月。
【6】董小玉.现代写作教程.高等教育出版社,2014年7月。
【7】段轩如,杨杰.作学教程(第3版).中国人民大学出版,2008年9月。
【8】郭其智.公文与申论写作教程.合肥工业大学出版社,2008年3月。
【9】郭雪峰.应用文写作实训教程.清华大学出版社,2012年6月。
【10】何纯,王洁群,赵成林.大学基础写作教程.高等教育出版社,2014年2月。
【11】何明.写作教程.武汉大学出版社,2012年4月。
【12】何梓华.新闻理论教程.高等教育出版社,1999年12月。
【13】侯宏业.实用写作教程.东南大学出版社,2014年12月。
【14】姜灵君.应用写作实用教程.电子工业出版社,2017年2月。
【15】雷逢春.汉语写作教程.民族出版社,2016年8月。
【16】李保均,林可夫.写作学高级教程.武汉大学出版,2004年7月。
【17】李娟.文学写作教程.中南大学出版社,2002年8月。
【18】李秋.新编应用写作教程.浙江大学出版社,2014年5月。
【19】凌焕新.写作新教程(第2版).江苏教育出版社,2012年5月。
【20】刘明华,徐泓.张征.新闻写作教程.人民大学出版,2008年。
【21】马平,黄冬梅.软件文档写作教程.电子工业出版社,2015年9月。
【22】马正平.高等基础写作训练教程.中国人民大学出版社,2010年7月。
【23】孟远.大学生应用文写作教程.经济科学出版社,2015年2月。
【24】王锡渭.新编大学写作教程(第三版).北京大学出版社,2013年8月。
【25】王香平.大学生写作能力教程.中山大学出版社,2007年8月。
【26】王玉.新编应用文写作教程.安徽大学出版社,2014年2月。
【27】王正,西慧玲.现代写作教程.浙江大学出版社,2014年9月。
【28】吴雨平.秘书写作教程.暨南大学出版社,2016年8月。
【29】夏京春.新编应用写作教程(第4版).北京首都经济贸易大学出版社,2013年7月。

【30】徐书奇.应用文写作实训教程.同济大学出版社，2016 年 1 月。
【31】杨晓英，钟翠红.新编应用文写作教程.南京大学出版社，2013 年。
【32】袁学敏，蒋秀碧.创新写作教程.北京大学出版社，2014 年 11 月。
【33】曾方荣，郭虹.现代写作学教程.中南大学出版社，2014 年 8 月。
【34】张浩.新编现代应用文写作培训教程.海潮出版社，2014 年 1 月。